CUBA TOTALITARIA

Henry Eric Hernández (Cuba/España), es un artista visual, investigador social, gestor cultural y editor, que ha obtenido el título de Doctor por la Universidad Complutense de Madrid y el de Licenciado por el Instituto Superior de Arte de La Habana.
Ha obtenido becas como The John Simon Guggenheim Memorial Foundation, The Pollock-Krasner Foundation, The Christoph Merian Foundation - International Exchange Studio Program, The Shigaraki Ceramic Cultural Park y la Fundación Botín - Beca de Artes Plásticas.
Ha publicado *La revancha* (2006), *Otra isla para Miguel* (2008), *Mártir, líder y pachanga. El cine de peregrinaje político hacia la Revolución cubana* (2017) y *Sentémonos a conversar sobre la violencia* (2021), y editado las antologías *El fin del Gran Relato* (2019) y *Pan fresco. Textos críticos en torno al arte cubano* (2019).

Lester Álvarez Meno (Cuba), es graduado en Artes Visuales del Instituto Superior de Arte (ISA) de La Habana, en 2011. Desde entonces realiza obras, organiza y produce eventos en diversos medios, partiendo del ejercicio de la colaboración con personas y espacios vulnerados. Es creador de la editorial independiente La Maleza. Cocreador y coproductor de la webserie *SIN349*, sobre la escena artística y cultural joven que hizo resistencia a la implementación de un decreto para regular la libertad de expresión en Cuba. Se graduó del Máster en Archivo Cinematográfico y Audiovisual de la Elías Querejeta Zine Eskola, San Sebastián, en 2020, y fue becado en las Residencias Academia de Cine de España, 2020-2021. Reside y trabaja en Madrid.

Henry Eric Hernández & Lester Álvarez (eds.)

CUBA TOTALITARIA

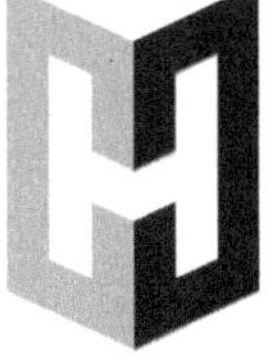

De la presente edición, 2022:

© Henry Eric Hernández
© Lester Álvarez Meno
© Editorial Hypermedia

Editorial Hypermedia
www.editorialhypermedia.com
www.hypermediamagazine.com
hypermedia@editorialhypermedia.com

Edición: Ladislao Aguado
Imagen de portada: Grupo Ritual AR-DE (Jorge A. Crespo, Juan-Sí González, Marco
A. Abad, Ramón García y Ricardo Vega), *Métele caña Moisés*, 1990. Mural. Oleo y tinta
de imprenta sobre 9 cartulinas. Cortesía de Juan-Sí González.
Diseño de colección: Herman Vega Vogeler
Corrección y maquetación: Editorial Hypermedia

ISBN: 978-1-948517-94-2

PRÓLOGO

Lester Álvarez Meno

Los textos y obras reunidas en esta antología dan cuenta, desde distintos posicionamientos, géneros literarios y artísticos, de esa maquinaria totalitaria que es el Estado cubano, especialista en reprimir expresiones de disenso, tanto en el espacio individual del pensamiento y la creación, como en el espacio público de las responsabilidades cívicas. Debería ser un orgullo para cualquier Estado de derecho contar con artistas, escritores, pensadores y activistas como los que aparecen en este libro. Debería ser un orgullo y no una amenaza, como sucede en Cuba.

El terror que ha propagado el Estado cubano en sus ciudadanos a lo largo de décadas, con el objetivo de evitar el disenso y mantener un control bajo la apariencia de la unanimidad, ha incrementado la pasividad y la indiferencia de una ciudadanía que se ve ante la disyuntiva de callar o tener que emigrar. En medio de este paisaje desolador, hay escritores, periodistas, artistas y activistas que desde el interior de la isla o ya en la diáspora realizan obras, documentan hechos y ensayan gestos para una Cuba plural. Jugándose con ello el afecto de sus familiares y amigos, su destino, y hasta la propia vida.

Cuba se ha vuelto un contexto tan grotesco que el 27 de enero de 2021, en vísperas del natalicio de José Martí, un grupo de jóvenes se plantaron frente al Ministerio de Cultura y como respuesta a sus legítimas demandas, el propio ministro, con total impunidad, atacó a un joven periodista en plena calle a la luz del día, como señal para desatar un operativo policial en el que el resto de los presentes fueron detenidos violentamente y apresados en un autobús, donde los golpearon mientras los conducían a toda velocidad hasta una estación de policía.

Algunas de las personas violentadas bajo la responsabilidad del ministro de cultura integran esta selección. Varias de ellas, además de este suceso, han recibido amenazas de muerte, han sentido la punta de una pistola en sus costillas, han sido golpeadas en la calle y en estaciones de policía, han sufrido el desalojo de sus casas, padecen la censura en su país, han estado presas y se han visto forzadas a emigrar.

Estos métodos de coacción, naturalizados como política de estado de la revolución cubana, son lamentables. Representan un retroceso significativo en materia de derechos humanos para el país. Cuba tuvo la primera cátedra de Derecho de América Latina, fundada en 1821 por el eminente sacerdote Félix Varela, quien dijo de ella que era «la fuente de las virtudes cívicas y la base del gran edificio de nuestra felicidad».

En la actualidad, Cuba es un país de personas que en su mayoría no tienen idea, o la perdieron con el desgaste y la humillación cotidiana, de lo que significa el civismo, la democracia y la libertad. No obstante, el 11 de julio de 2021 miles de cubanos y cubanas salieron a las calles a manifestarse simultáneamente desde casi todas las provincias del país. La crisis económica y sanitaria que ha supuesto la pandemia global por COVID-19, que ha afectado significativamente a Cuba por su economía parasitaria, dependiente del flujo de dinero proveniente del extranjero, fue el detonante para que multitudes de personas salieran a la calle en cada ciudad del país, exigiendo el fin de la dictadura. La respuesta del gobierno fue un llamado a la guerra civil por el propio presidente Díaz-Canel en una alocución por la televisión nacional, donde ordenó a los «revolucionarios» salir a defender las calles. Luego vimos ejércitos de personas vestidas de civil y con palos sofocando las manifestaciones.

Es de entenderse que el pueblo es fácilmente manipulable. El Estado revolucionario, responsable de este retroceso, lo sabe bien y lo usa en su favor. Así organiza los actos de repudio en los que enfrenta al «pueblo enardecido» contra el mismo pueblo que disiente pacíficamente. Así transmite en horarios estelares de televisión reportajes falsos para desacreditar a sus opositores, con informaciones tan manipuladas que serían motivos suficientes para demandar a la televisión, si tal cosa fuera posible en Cuba. Así el Estado cubano culpa de todo su fracaso como nación a los Estados Unidos, con quien asocia a todas las personas que se oponen a su régimen. Así, en el momento de escribir este prólogo, se realizan juicios sumarios para los manifestantes del 11 de julio, con condenas de más de veinte años, mientras hay un silencio en los medios de comunicación nacional y extranjeros acreditados en Cuba, un silencio cómplice del que también participa la ciudadanía.

Cuba es un desierto cívico, donde la corrupción moral es la divisa para obtener las prebendas de ese Estado total. Una maquinaria represiva, con una policía política gigantesca que se encarga de aislar y apagar cada gesto en favor de la libertad, para que esta no alcance a abrazar la causa semejante y así evitar que se articulen esos frentes que proponen un futuro distinto para el país. Habrá que seguir alzando la voz contra esa maquinaria y contra la hipocresía internacional que ve en Cuba un aliado conveniente. Mientras, va quedando la satisfacción de actuar con honestidad y ser libres de pensamiento y acción, que no es poca cosa.

BREVE RELATO DE UNA VISITA AL ZOOLÓGICO

Camila Ramírez Lobón

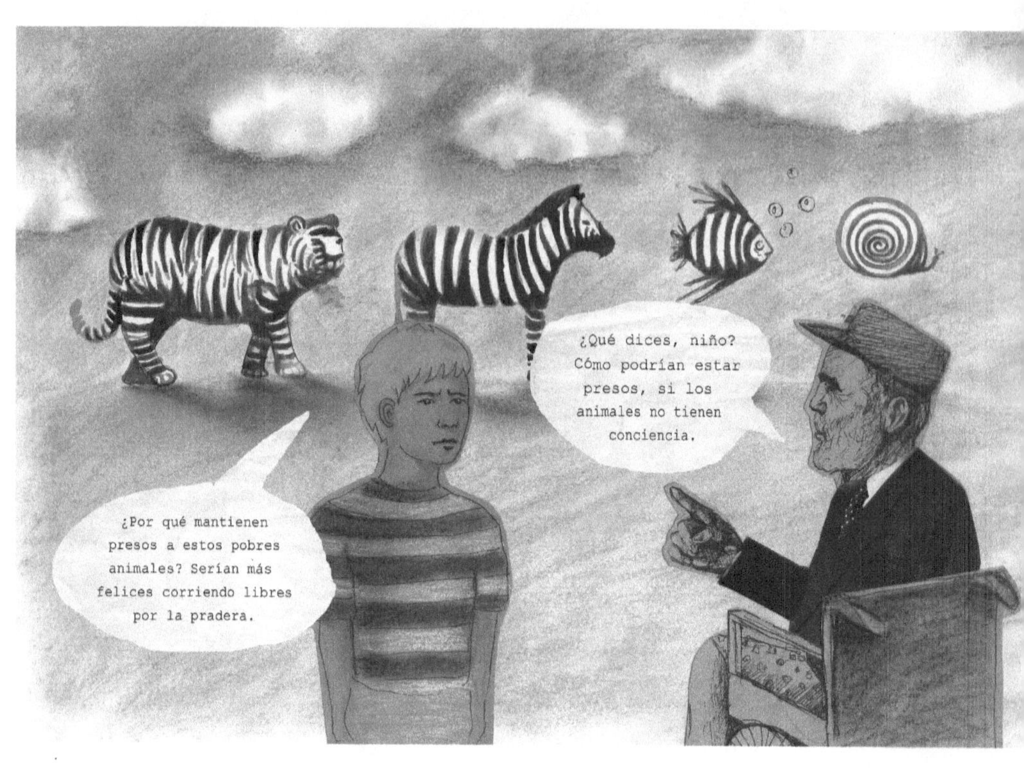

© Camila Ramírez Lobón
Breve relato de una visita al zoológico, 2017
Fragmento del libro homónimo. Impresión digital.
Cortesía de la artista.

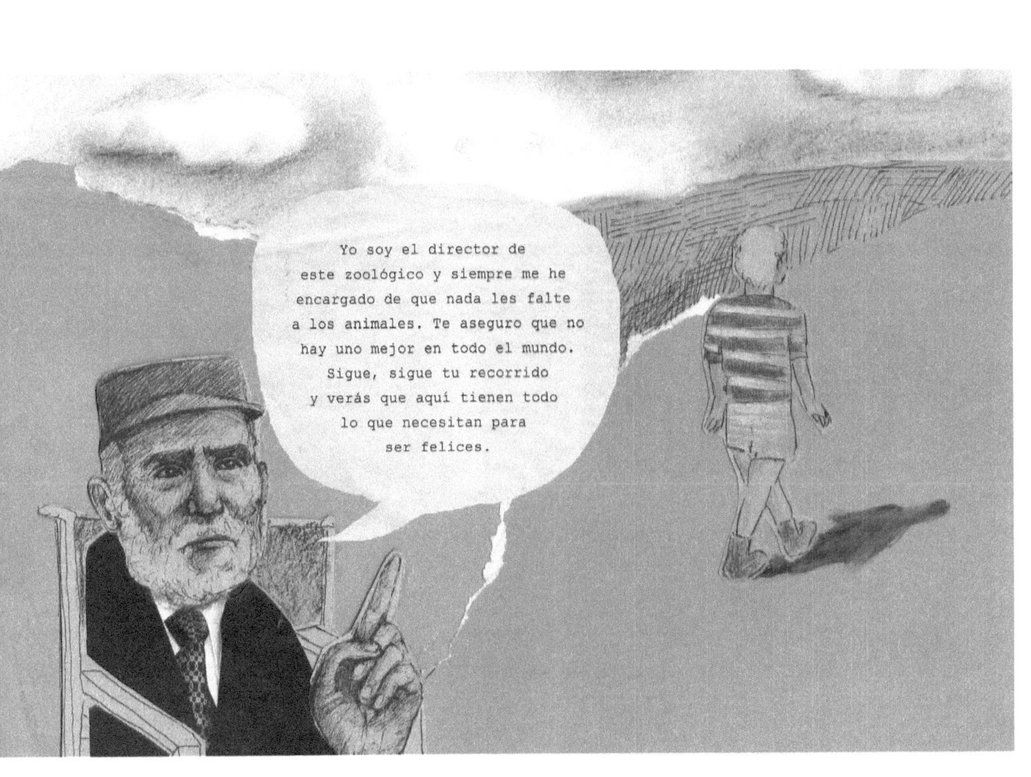

Yo soy el director de
este zoológico y siempre me he
encargado de que nada les falte
a los animales. Te aseguro que no
hay uno mejor en todo el mundo.
Sigue, sigue tu recorrido
y verás que aquí tienen todo
lo que necesitan para
ser felices.

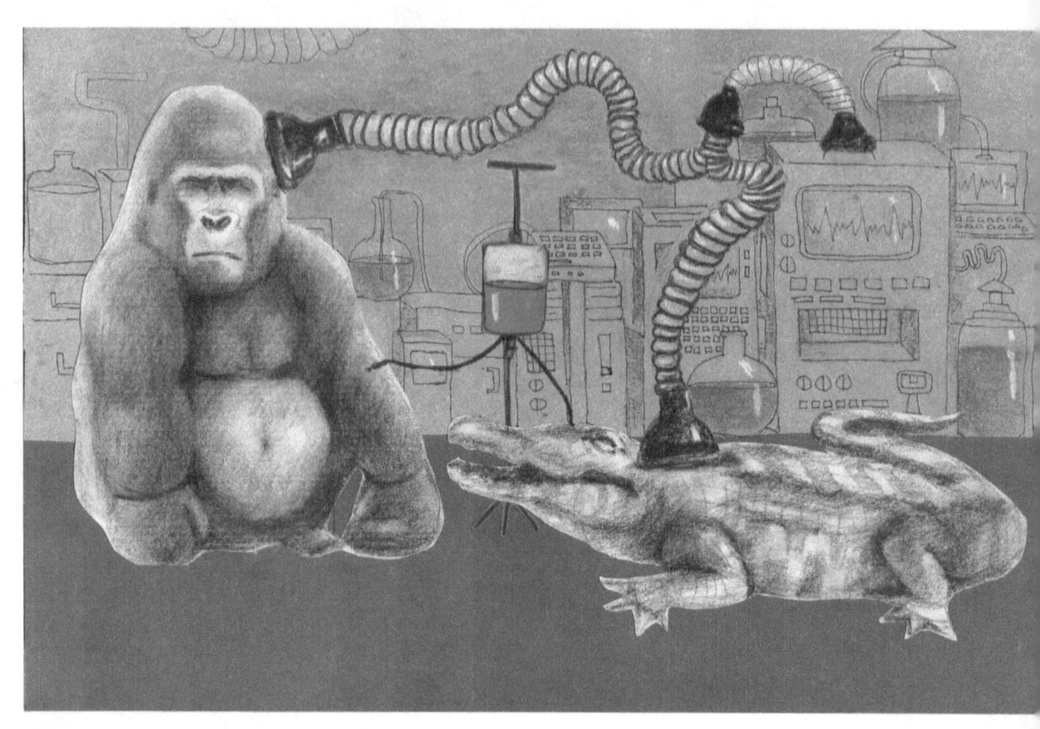

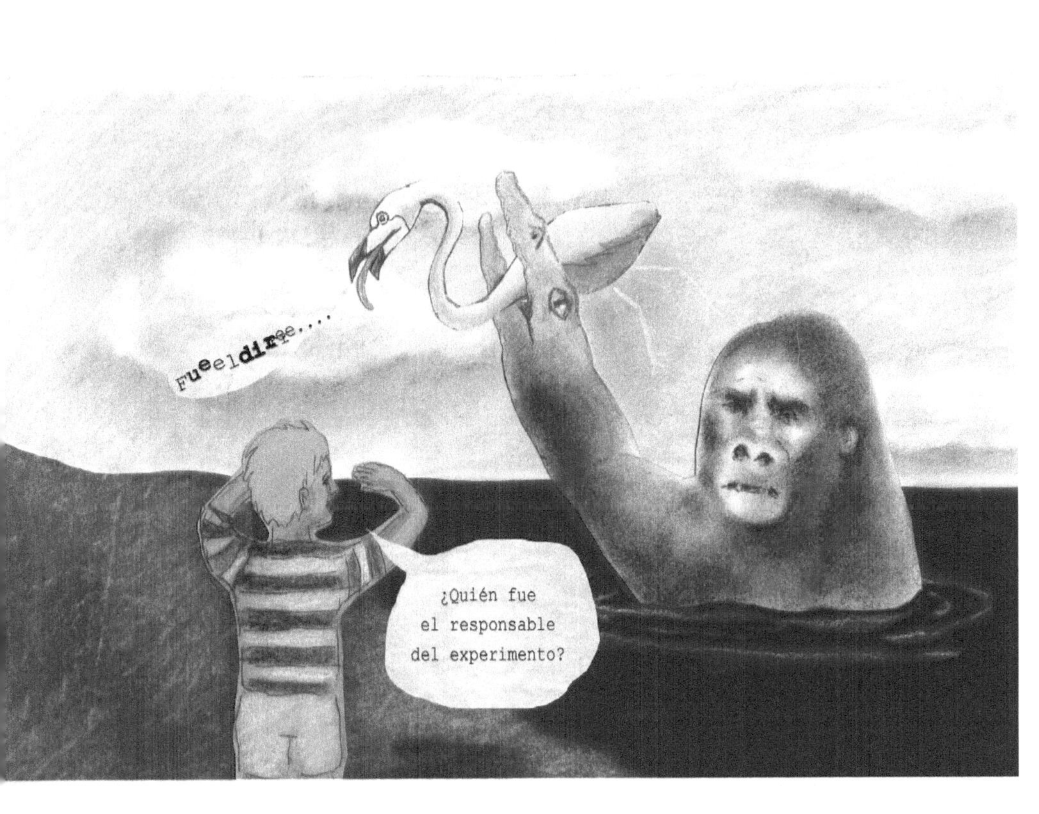

Fue el dire....
¿Quién fue el responsable del experimento?

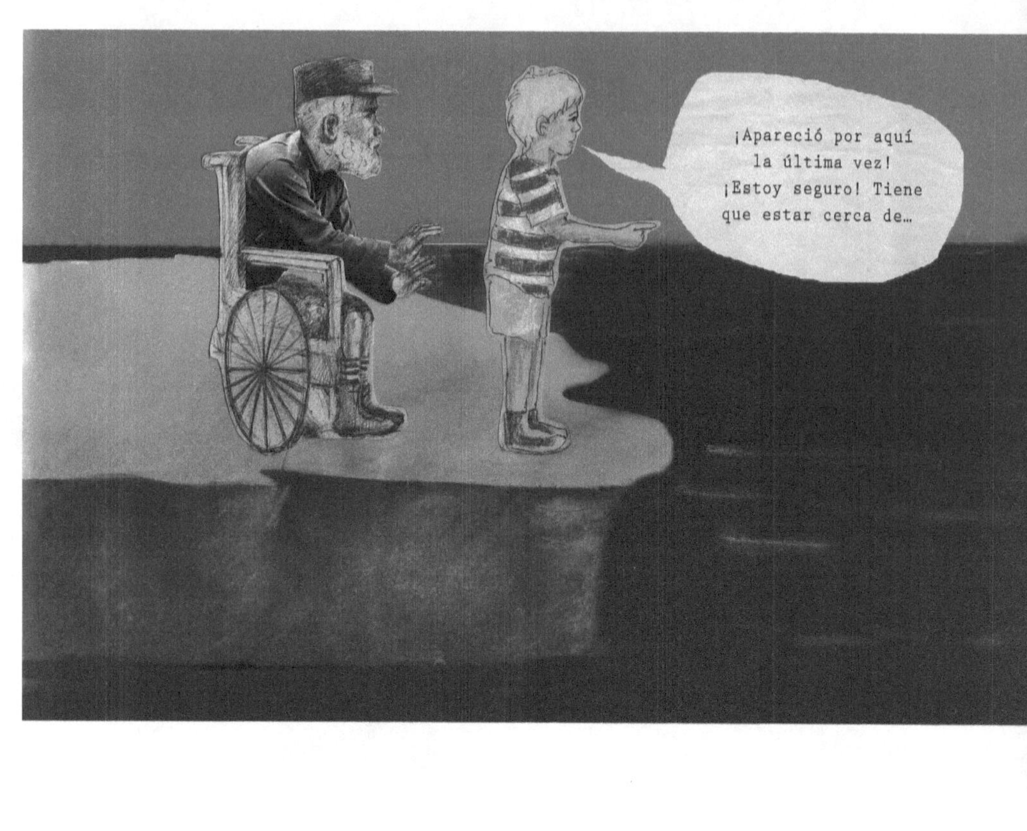

¡Apareció por aquí
la última vez!
¡Estoy seguro! Tiene
que estar cerca de…

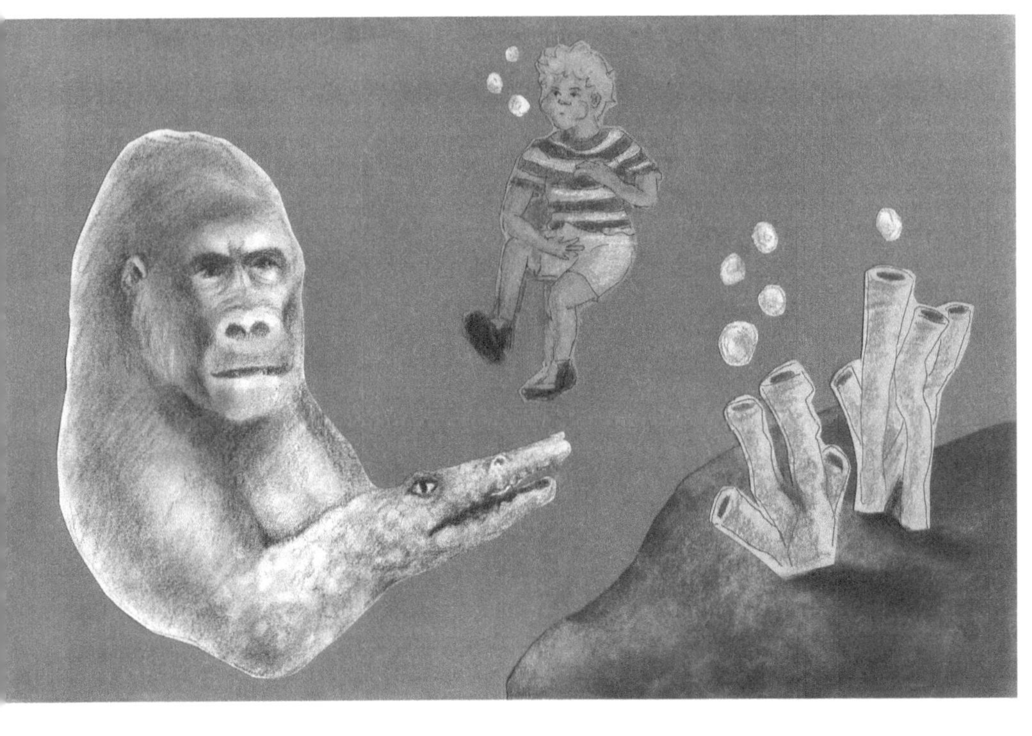

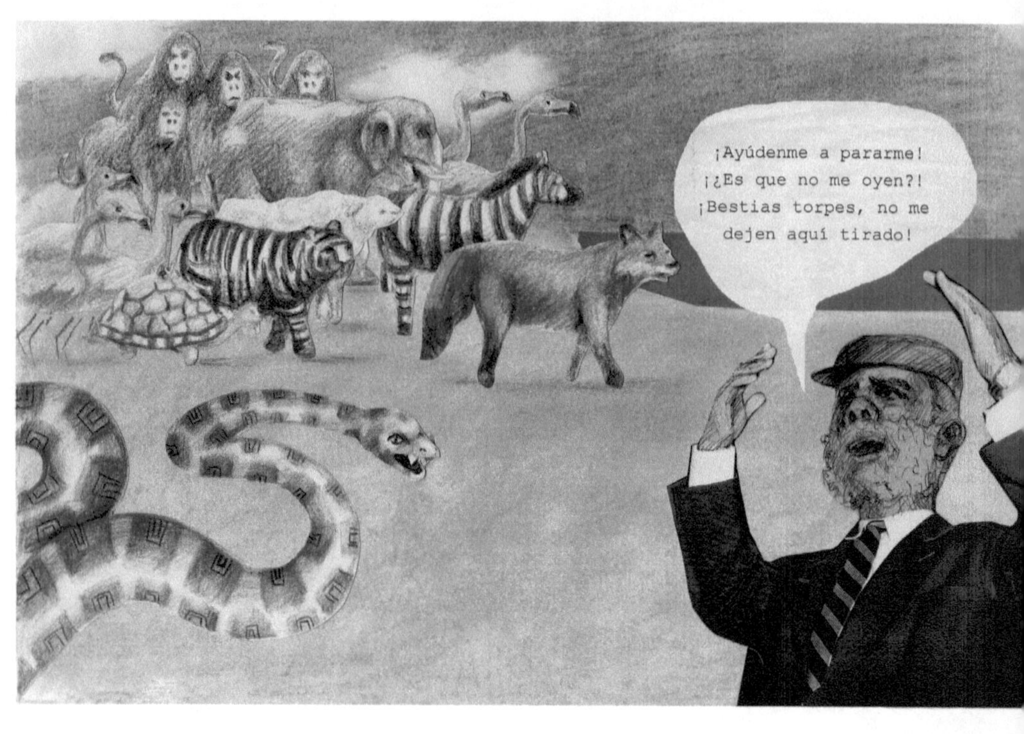

¡Ayúdenme a pararme!
¡¿Es que no me oyen?!
¡Bestias torpes, no me
dejen aquí tirado!

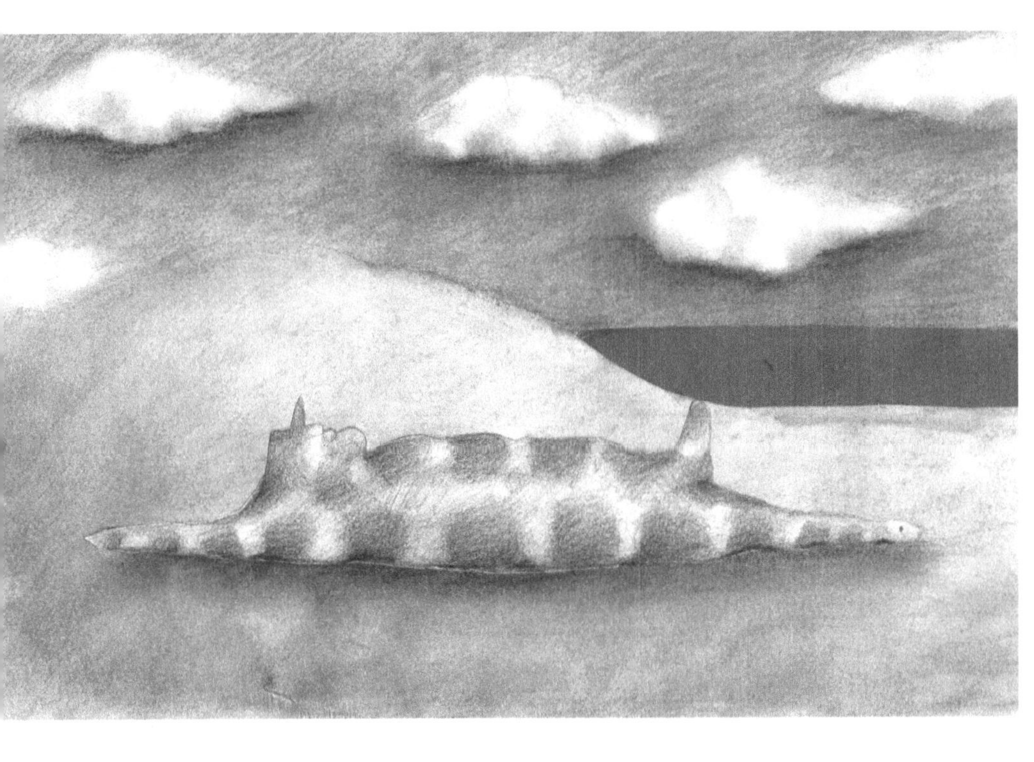

CÍVICA Y POLÍTICA

Rafael Almanza

Cívica es el derecho y la obligación que el ciudadano tiene de preocuparse por la buena marcha de los asuntos públicos. Política es el arte del manejo de los asuntos públicos. Ambas entidades coinciden en esa realidad de la *res publica*, y están claramente relacionadas; pero de ninguna manera deben confundirse. El político debe ser una persona cívica, y su accionar debiera estar cimentado en esa conciencia de obligación por el bien común. Muchos políticos comienzan siendo periodistas, maestros, médicos, arquitectos, incluso militares, profesionales necesariamente vinculados a una u otra variante de ese bien; y es su pasión por ese bien la que los conduce a la política. Pero no cualquier persona cívica se convierte en político: ni debe, ni puede. La actividad política positiva constituye una especialidad de la cívica, en la que la responsabilidad y el pensamiento se convierten en acción. Pues la especialidad de la acción no está al alcance, ni en el gusto, de todas las personas cívicas. Las hallamos en el barrio como personas sencillas, con más corazón que cerebro, con más buena voluntad que capacidad para obrar. Hay una variedad de personas públicas y de políticos, como también es diversa la actitud del pueblo hacia la cívica y la política; pero aquí vamos a intentar un comentario de la generalidad, porque estudiar la tipología exigiría un tratado. Consideremos de entrada a las personas cívicas que viven de tal manera las exigencias de una conciencia poderosa, que intentan dedicarse a la política como un alivio. Fracasarán, a menos que posean dones para el debate, la propaganda, la organización y el mando. A veces poseen una cifra de estos dones, pero no el conjunto, de manera que se convierten en auxiliares de un líder político, que los posee en su integridad y en su eficaz interrelación, o que destaca por el don de mando, que es el decisivo, pero carece de destreza en alguna de las otras direcciones. Esa relación resulta en ocasiones exitosa, como en el caso de Kissinger y Nixon: había la impresión de que gobernaba el canciller, no el presidente; pero cuando el segundo fue capturado en una baja escandalosa de civismo, el primero sobrevivió, tal vez con culpa pero sin máculas de ese linaje. La colaboración del hombre cívico con el político suele ser también desoladora para el primero, ya que el mantenimiento de la cívica cuando se lucha denodadamente por el poder, o peor, cuando se está ya en la silla rodeado de imposibles y de desafectos, demanda una suerte bastante rara de probidad. Por otro lado, el profesional que, siendo una eminente persona cívica, se convierte en legislador, ministro o asesor vinculado a una personalidad de la política, o actúa en forma independiente, necesita abandonar o desatender aquella variante del bien común que es su vocación y con la que está seguro de beneficiar al prójimo. La sospecha de la persona cívica contra la impureza casi inevitable del político, y su propio sentido de la responsabilidad personal, por no hablar del hábito de realización personal que le ofrece su vocación, determinan que muy a menudo la persona cívica se haga a un lado, y aparentemente se desvincule de la política. Es el caso de Fernando Ortiz, antiguo senador liberal, finalmente sabio de la patria.

Estúdiese el momento en que José Martí se niega a participar en el proyecto de dictadura de Gómez y Maceo en 1884. Hacerse a un lado, sin dejar de ser finura, requiere mucha bravura en los héroes: *No me pongan en lo oscuro a morir como un traidor.* Pues en efecto, la persona cívica puede hacerse a un lado en forma definitiva, como Ortiz, pero también volver a la política, como Martí, cuando las condiciones mejoran y no resulta una quimera ocuparse del bien público sin salir manchado. La persona cívica puede estar encerrada en la limpieza de su casa, como Cecilio Acosta en la época del dictador venezolano Guzmán, y el déspota seguir temblando.

Si la persona cívica desconfía del político, hablemos de la actitud del político hacia la persona cívica. Sea cual sea la cantidad de civismo que alienta en un político, siempre posee alguna, mientras que la persona exclusivamente cívica carece de esas cualidades, que ya hemos señalado y que el político disfruta como un privilegio. Por eso el hombre o la mujer que se dedican a la política —nótese que desde el principio estoy tratando de mantener el equilibro de géneros—, suele ver a la persona cívica como alguien incompleto, imperfecto, a menudo inútil o contraproducente para los fines de su política. El político suele quedar decepcionado de lo que considera las pretensiones de la persona pública de vivir una pureza fácil, distante de los riesgos de la acción; y de la rapidez y dureza con que juzga la moral del político, sin sopesar sus propósitos y sus esfuerzos. Existen políticos de un civismo radical a quienes nadie les hace competencia, y cómo se quejarían entonces de las exigencias de las personas cívicas: pero son tan raros como José Martí y Mahatma Gandhi. El político corriente, abocado a los tropiezos y los fracasos de sus aspiraciones, envidia a la persona cívica que se da el lujo de exhibir un éxito profesional tras otro, y además alardear de honesto y de responsable ante sus conciudadanos. A mi juicio el político lleva razón cuando se indigna del abandono gratuito, por confusión o error, de las personas cívicas que debieran apoyarlo. Pues ser una persona verdaderamente cívica no garantiza la infalibilidad de pensamiento o la moral absoluta. Estar al margen de la acción como resultado de una incapacidad responsablemente asumida, puede tornarse una posición cómoda, inmoral incluso, la del que permite que padezcan o mueran otros mientras se asciende a la torre de marfil o se disfruta del *jacuzzi* mental. He celebrado el retraimiento cívico, pero ciertos distanciamientos no tienen nada que ver con la ética; y cuando las personas cívicas de mayor rango se apartan de la dimensión política que les corresponde sin una causa defendible, abren el camino para ser sustituidas por personas de inferior nivel, o simplemente por arribistas, que tal vez el político identifica y detesta pero que se ve obligado a usar puesto que no cuenta con un equipo óptimo y suficiente. El político puede corromperse o perder el rumbo, y la persona cívica no está libre de transmutarse en un fraude muy fino pero de un extravío tan perjudicial como un robo o un crimen: la sociedad pierde con esas personas las referencias de ética y de reflexión que debieran sostenerla.

Se me dirá que este análisis enfrenta de forma despiadada al político y a las personas cívicas. Me limito a describir lo que veo: contradicciones, conflictos, lucha. No defiendo el mito de una sociedad perfecta, por falso y porque ha sido siempre la justificación del despotismo. *El Senado y el Pueblo Romano*, era, no obstante, el lema de aquel imperio paradigmático, y habría que agradecerle el realismo y la franqueza: pues definía, con términos de la época, no la uniformidad sino la unidad conflictiva de una sociedad. No identificaré al senado romano o norteamericano con los políticos y las personas cívicas, pero para mí está claro que la sociedad no es homogénea en nada, y menos aún en la actitud ante los problemas sociales. Las personas cívicas y los políticos están sumergidos en el pueblo. Según la politología contemporánea, el pueblo es el soberano de la política. Eso está bien, pues cualquier otro soberano se llama déspota y debe ser abolido: lo que está mal es la idolatría del pueblo, como si se tratara de una colectividad de santos. La santidad existe, y es popular, pero no hay pueblos sino individuos santos, y muy escasos. Por otro lado, la sociedad incluye, entre otros, a los niños y a los retrasados mentales y a las personas aquejadas de una enfermedad terminal, que no están en condiciones de dedicarse a la *res publica*. Peor: abundan los hombres y mujeres perfectamente sanos e inteligentes a quienes la *res publica* no les importa tanto como la res en la mesa del comedor. Se acuerdan de la política cuando falta la res en la mesa, y aun en ese caso delegan en los políticos la inmediatez del suministro. La mayoría de la sociedad está integrada por ciudadanos que, por una u otra motivación o por carencia de ellas, no son ni quieren ser políticos ni personas cívicas, y que manifiestan hacia estas últimas tanta desconfianza como las personas públicas y los políticos entre sí. Fuera de la vida personal o a lo sumo familiar, estos ciudadanos no encuentran nada de interés, excepto cuando son perjudicados sus intereses personales o familiares, en cuyo caso culparán a los políticos, al karma de la nación o a la divinidad: ellos son inocentes. A fuerza de displicentes y egoístas, se creen ejemplares; y hablan de la suciedad de la política como si estuvieran impolutos de nacimiento. Ahora bien: mientras mayor sea la indiferencia, la pasividad y la suspicacia, peor será la sociedad y su gobierno. Aquí se nos presenta la tentación imperial de incluir a los políticos o las personas cívicas o a una alianza de ambos como un senado de la responsabilidad, que tiene naturalmente el mando y una función magistral frente a un pueblo desidioso. Así ocurre, para desgracia, en la mayoría de las escasas democracias actuales cuando la gente se siente bien, porque en las crisis periódicas aparecen los indignados del pueblo, a quienes no habíamos visto nunca ni coléricos ni complacidos y que desaparecen en cuanto el senado resuelve la crisis. La sociedad no puede ser gobernada ni instruida para el buen gobierno por unas personas que no desean gobernar ni ilustrar a los otros; ni siquiera ilustrarse a sí mismos con la ciencia o por lo menos el respeto del buen gobierno. Pero cuidado: eso no significa que esas personas carezcan necesariamente de gobierno o ilustración. En una sociedad culta contemporánea la mayoría de los ciudadanos tienen suficiente libertad para gobernarse a sí mismos, y suficiente ilustración para entender el buen gobierno. Y *por eso* el pueblo es ahora el soberano, por debajo y por encima de los senadores de la cívica y de la política. El senado romano no ignoraba a su pueblo: existía el Tribunado de la Plebe, que podía desafiar al senado y de hecho lo puso en aprietos en ocasiones. En la política contemporánea, siendo el pueblo el soberano por el poder del voto secreto y libre, las personas de la cívica y de la política, que padecen contradicciones entre sí, sufren su mayor contradicción con el resto de los ciudadanos, de quienes necesitan un apoyo meditado y activo que casi nunca obtienen. Unos y otros acaban conformes con el espectáculo de un consentimiento popular pasivo, forzado o libérrimo, y sin entusiasmo ni esperanza, lo que significa el fracaso de la cívica y de la política por igual.

Los hombres y las mujeres de la cívica y de la política debieran pues estar más atentos a la calidad cívica y política de su pueblo que a la perfección o eficacia de sus propias proposiciones o acciones. Un senado de santos no mejorará de por sí a un pueblo pervertido. Y los santos se mueren, pero el pueblo, tal como sea, permanece. Otra noticia grave: nunca hubo un senado de santos, ni de personas moralmente eficaces, en un pueblo corrupto. Pues las personas de la cívica y de la política son parte del pueblo, han surgido de él, y por mucho que detecten sus deficiencias y errores quedan marcados por ese origen, aunque solo sea por la tristeza y la angustia de las inmoralidades que enfrentan. Además, el ascenso a la cívica o a la política se efectúa en el interior de ese pueblo —aun cuando la persona se encuentre fuera del territorio nacional, pues se trata del alma, no del territorio—, y resulta excesivo esperar que la mayoría de esas personas no hayan sido afectadas, a lo largo de su vida, por los vicios y las limitaciones del pueblo en que nacieron. Dicho de otra manera: a las personas de la cívica y de la política les conviene un pueblo lo más cívico y lo más interesado en la política que se pueda alcanzar, tanto por razones de eficacia social como por las de salvación personal. Para el déspota, por el contrario, la estupidez y la blandenguería del pueblo al que cortejan constituyen la salvaguarda de su poder. Solo un estúpido se mete a déspota; y el déspota tiene voluntad para mucho, excepto para respetar al prójimo, virtud al alcance de una multitud de humildes y que a esos semidioses parece exigirles un heroísmo insoportable. El déspota es el resumen de la basura de sus conciudadanos, y suele comunicarse muy bien con ellos, a través de sus miserias y manipulando sus bondades, y necesita cultivarles la inmoralidad, aunque eleve templos a las virtudes tradicionales de su pueblo. Pero el demócrata tiene que atender a la decencia de los suyos, o tendrá un gobierno populista, no popular; masa degenerada, no pueblo de Dios. La politología contemporánea estudia la participación de la generalidad de los ciudadanos en la cívica y en la política, pero hasta ahora no conozco ninguna fórmula suficiente y universal. El *con todos* de Martí sigue estando en el horizonte. Pero no es un horizonte. Hoy es alcanzable desde el punto de vista técnico: la red informática sería, si quisiéramos, un medio para el referendo permanente, para el plebiscito inmediato, para la comunicación y la decisión cívica y para la educación de todos en el *con todos*. Pero el político, y muchas personas cívicas, suelen distanciarse de ese dificilísimo *con todos* actual. Desde el principio se han erigido en nueva aristocracia: fijémonos en ese título de Asamblea Nacional que desde 1789 califica a unos cuantos parlamentos (se les llamó primero así, por su función de diálogo con el monarca). Una reunión de políticos no es la asamblea del pueblo. No se puede reunir la asamblea de un pueblo y solo la asamblea de la totalidad del pueblo sería

Asamblea Nacional: impráctica e inútil. En otros países se le llama Congreso a la reunión de los políticos electos: franco e igualmente erróneo. Se trata solo de la Representación Nacional, que supone no solo actuar por los otros sino actuar mejor que esos otros, pues de ahí proviene el derecho de representación. El político debiera evitar el suicidio de representar a gente necia y sin carácter, y de lanzarse a esa competencia. Lo que hace a menudo es obviar la representación, fingirla, y decidir como si ellos, los políticos, fueran el *con todos*, cuando a menudo no son sino una oligarquía impotente permitida por los tontos y los flojos. Usurpando la representación, sí que representan: la miseria de los representados. La eficacia del gobierno no está arriba, en las decisiones de un grupo, sino abajo, en la calidad cívica y política de los dirigidos, por la que deben luchar sin cesar los padres de familia, los educadores, las personas de la cívica y los políticos.

De este breve examen habría que concluir que el buen gobierno es, si no imposible, improbable; y que a menudo sufriremos pueblos corruptos, personas públicas insensibles y políticos tiránicos. Lo que no habrá nunca es un gobierno ideal, pero la fórmula del buen gobierno está allí en ese *con todos* martiano, que nos obliga a contar con el otro, sea el que sea, y a no aislarnos en la tontería de las personas públicas infalibles, los políticos predestinados y los pueblos heroicos. Entender que tenemos que contar con todos, incluso con los pésimos y los insalvables, y especialmente con la otra especificidad social, el individuo con el otro individuo, el grupo con los otros grupos, y cada cual con la complejidad del conjunto, nos puede salvar del desastre privado y colectivo. Tanto la persona humana como las sociedades son en sí conflictivas, y la democracia es el primer sistema político en la historia —seguramente no será el último— en reconocer esa conflictividad y proponer un equilibrio de intereses mediante los derechos civiles y los mecanismos de representación en el ejercicio del poder. No hay democracia en el que ese equilibrio no sea frágil y dudoso, o discutible y mejorable, y en todas siguen existiendo los delitos comunes y los candidatos funestos. La fórmula martiana de la democracia, que debiera presidir como divisa nuestro escudo nacional, aporta un elemento fundamental para el logro de ese equilibrio, de esos equilibrios. La noción de que la república existe *para el bien de todos* coloca a la idea del bien como fuente y destino de la acción cívica y política. El bien acordado entre todos: he ahí lo que puede unir al político, a la persona pública, al pueblo que delega en ellos la soberanía; lo que puede limitar los excesos y evitar las indolencias. La república cubana está en posesión, hace más de un siglo, de esta cristalina joya intelectual; y la hemos desatendido siempre. La agonía de nuestro país que es la del socialismo, pero en primer lugar la de tantos vicios acumulados durante medio milenio, de los que el socialismo ha sido solo un episodio, puede prolongarse de forma interminable, incluso, mutando a otras variantes de la desgracia, si los políticos cubanos, del gobierno y de la oposición, siguen desatendiéndola; si las personas públicas de cualquier tipo y opinión no asumen su funcionalidad provechosa; si unos y otros no se vinculan en la responsabilidad por un pueblo desalentado y desorientado, cuya lamentable condición los conduce, a unos y a otros, a un garantizado fracaso. Tal vez porque yo no soy, ni puedo ser, gracias a Dios, un político, es por lo que creo, egoístamente, que este es el momento de la cívica, más que el de la política; que habrá buena política cubana si ahora nos esmeramos en una cívica nacional contra la cual se estrelle una y otra vez el mal que hemos heredado y el que estamos agregando ahora. El totalitarismo burocratiza, envilece, frustra y destruye la autoestima y la capacidad de actuar de los políticos emergentes en su propio bando; persigue y destruye a los de cualquier otro; secuestra, mediatiza, amordaza y pervierte a las personas cívicas; y el pueblo se convierte en masa irresponsable, obediente a cualquiera que detente el poder. La batalla de la cívica es universal y permanente, y en las condiciones de la Cuba de hoy, nada resulta tan constructivo y eficaz, en orden a la instauración de una democracia autóctona y viable, que la restauración del sentido cívico de los ciudadanos, desde la visión de la persona y el barrio hasta los grandes problemas del Estado y la sociedad. Para eso este escritor soporta el suplicio del periodismo independiente, abandonando el paraíso demandante de la creación; para eso releo deslumbrado a Martí; para eso he escrito este artículo.

GALERÍA

JESÚS HERNÁNDEZ-GÜERO

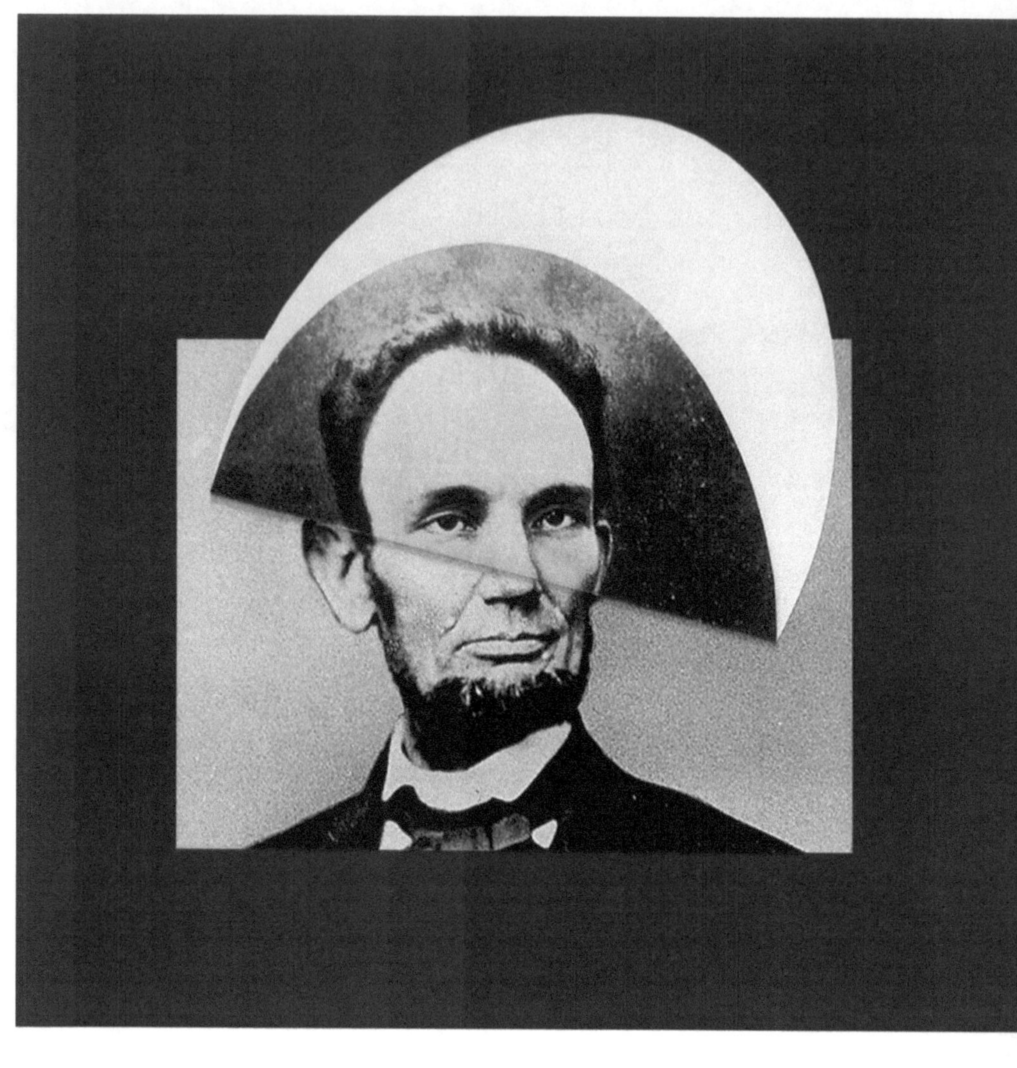

José - Lincoln, 2017. De la Serie: *Síndrome de Proteus*, 2015-2020
Detalle. Collage / Imágenes de archivo.
Cortesía del artista.

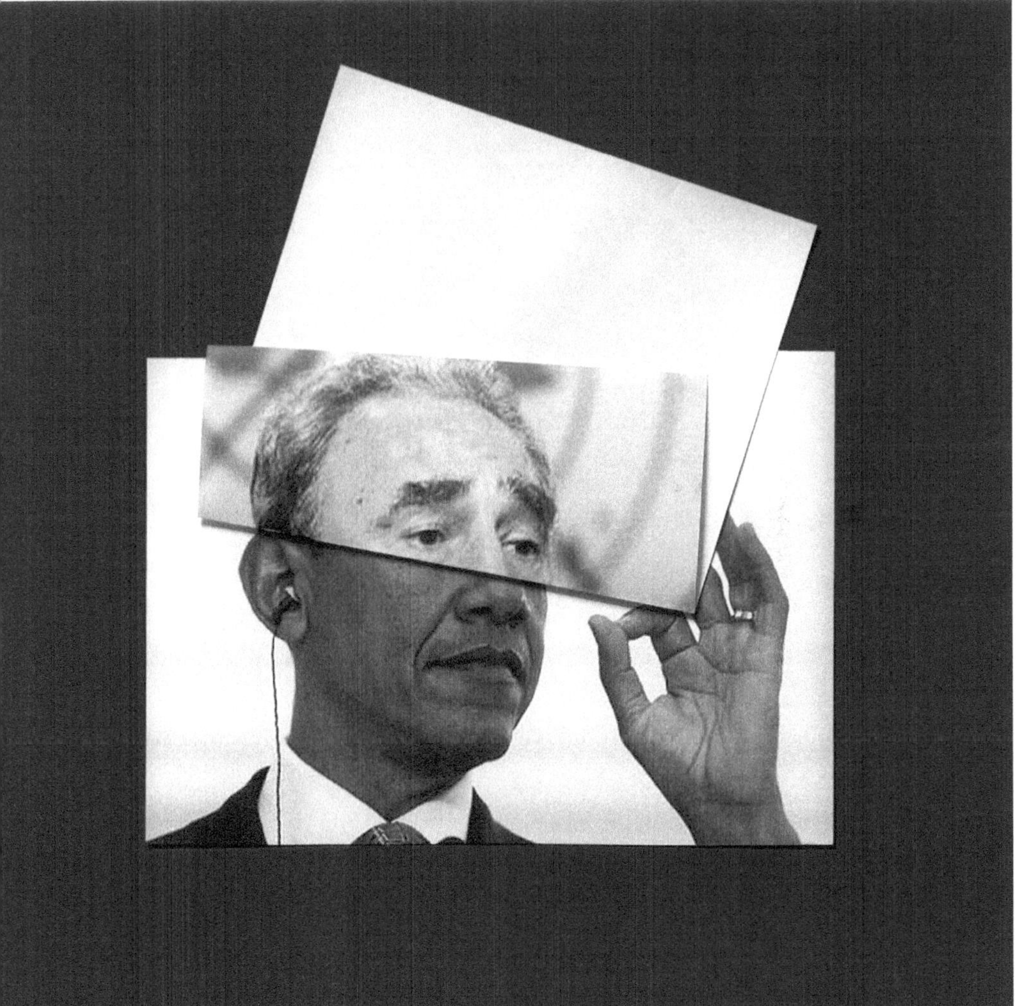

© Jesús Hernández-Güero
Fidel - Obama, 2015. De la Serie: *Síndrome de Proteus*, 2015-2020
Detalle. Collage / Imágenes de archivo.
Cortesía del artista.

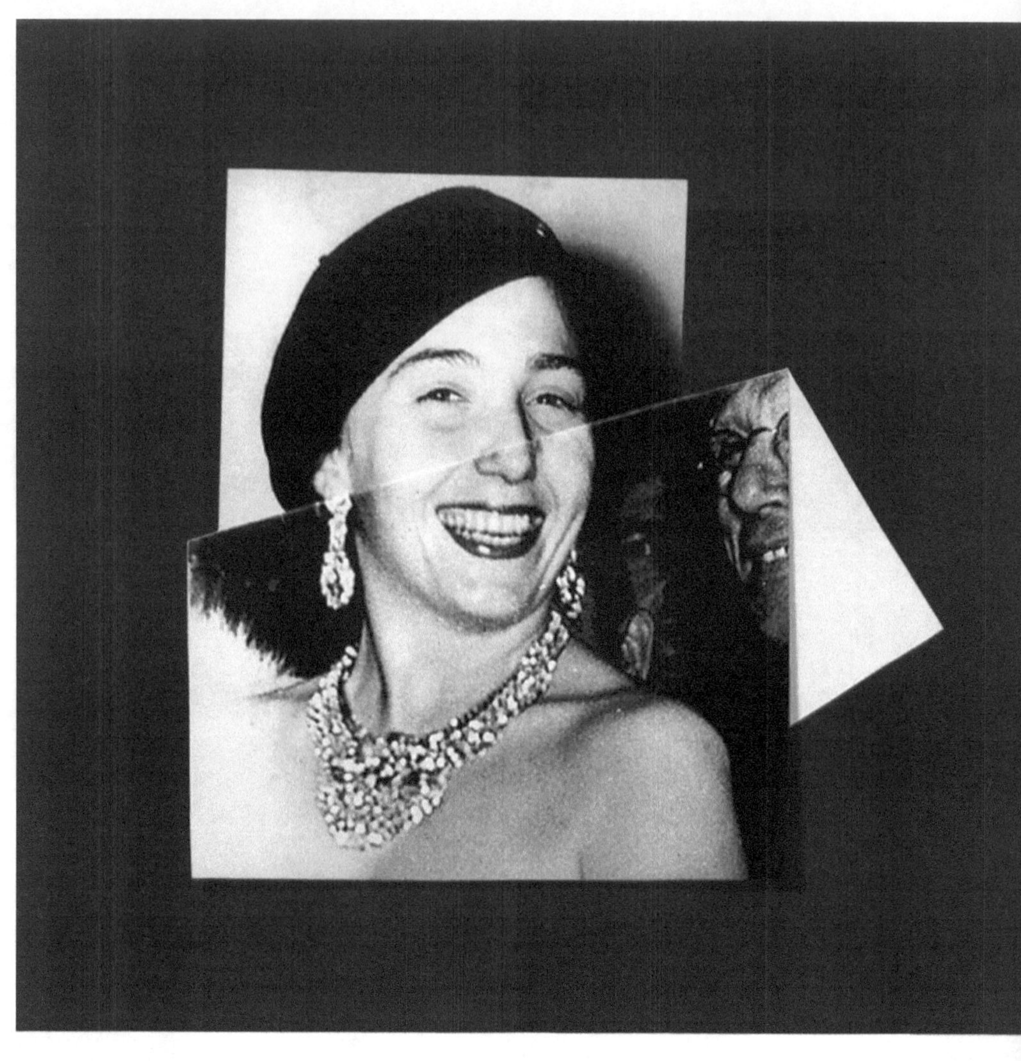

© Jesús Hernández-Güero
Vilma - Perón, 2016. De la Serie: *Síndrome de Proteus,* 2015-2020
Detalle. Collage / Imágenes de archivo.
Cortesía del artista.

Kim - Trump, 2018. De la Serie: *Síndrome de Proteus*, 2015-2020
Detalle. Collage / Imágenes de archivo.
Cortesía del artista.

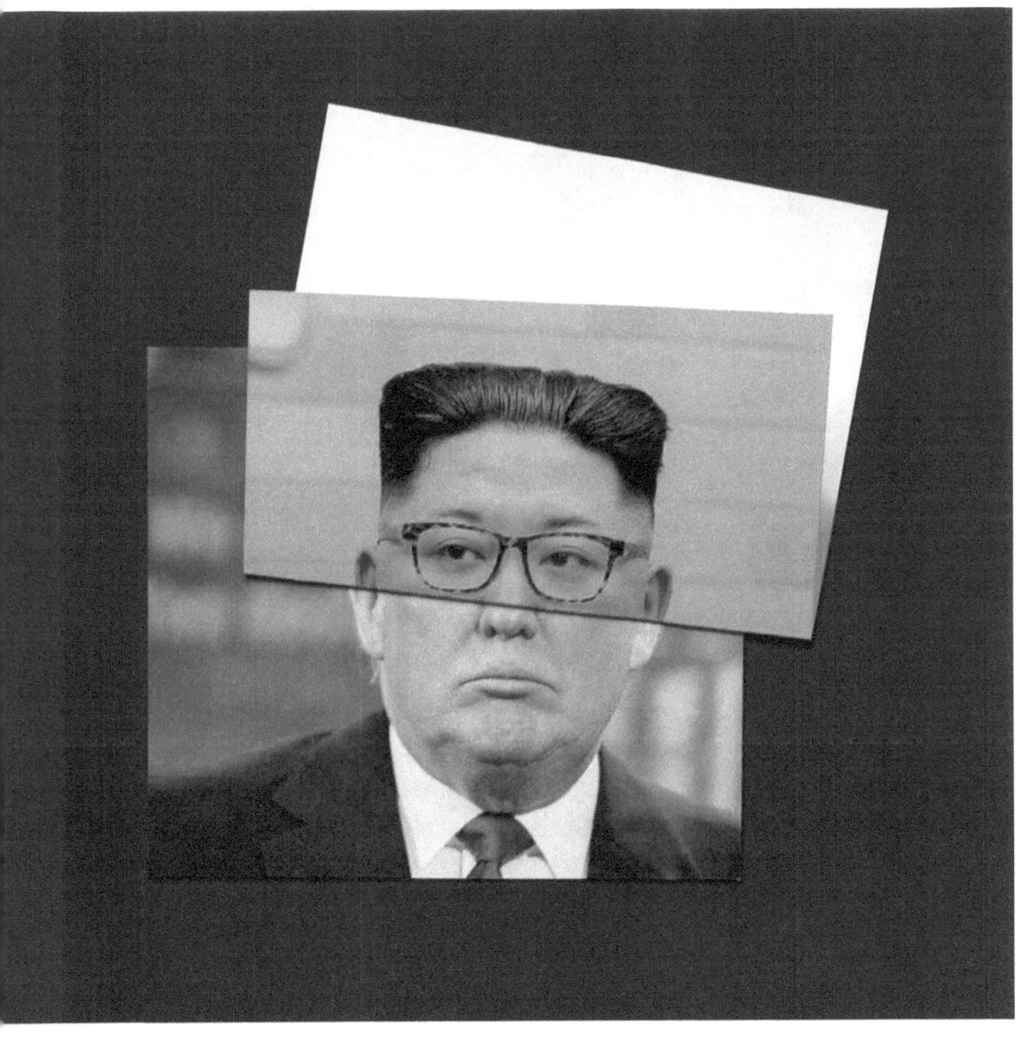

© Jesús Hernández-Güero
Kim - Trump, 2018. De la Serie: *Síndrome de Proteus*, 2015-2020
Detalle. Collage / Imágenes de archivo.
Cortesía del artista.

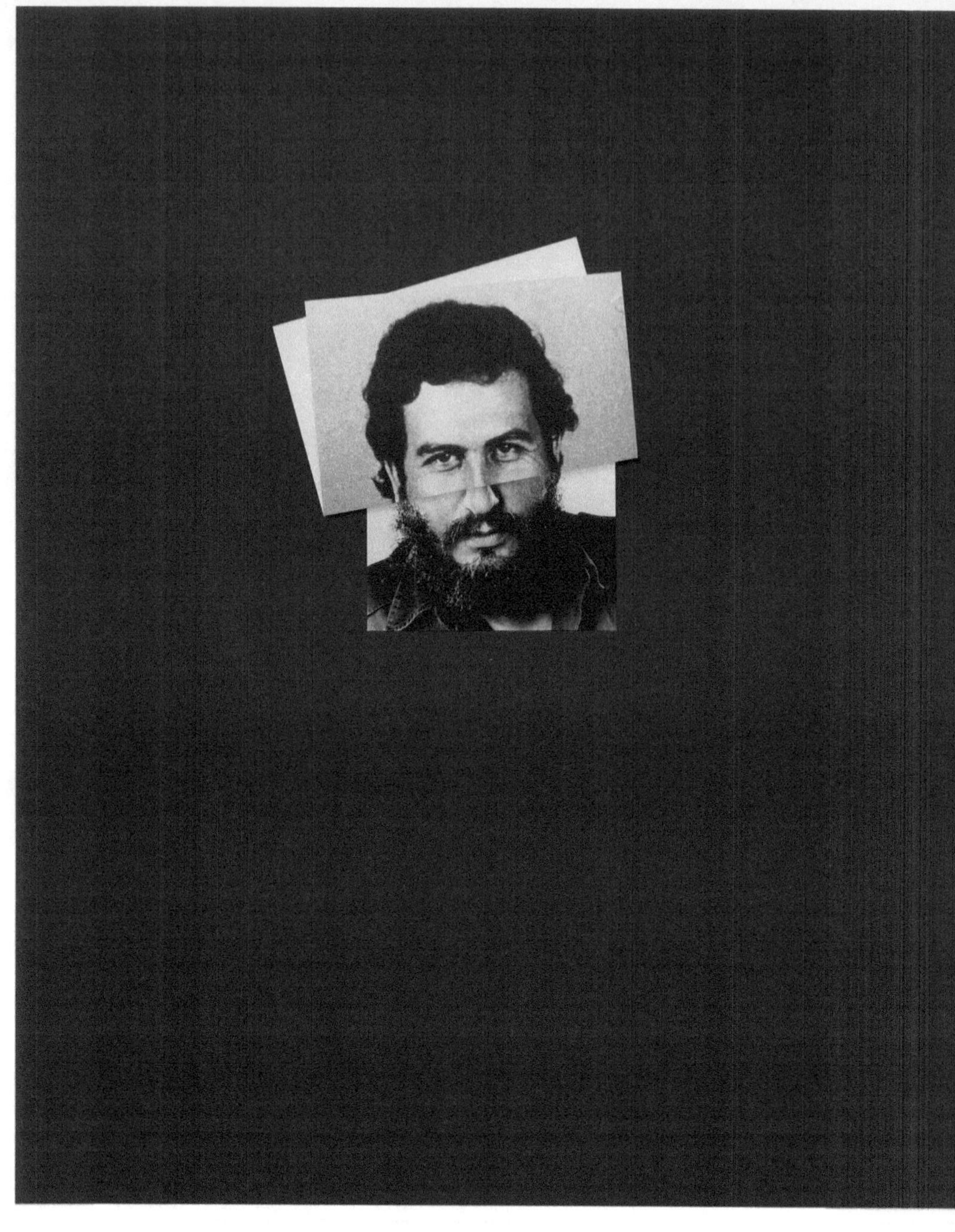

© Jesús Hernández-Güero
Pablo - Castro, 2017. De la Serie: *Síndrome de Proteus*, 2015-2020
Detalle. Collage / Imágenes de archivo.
Cortesía del artista.

ORACIÓN

DAVID D' OMNI

Amor
Discernimiento
Alegría
Verdad
Perdón
Amistad
Valentía
Determinación
Belleza
Pureza
Esperanza
Ternura
Creación
Entrega
Calma
Nobleza
Sabiduría
Fidelidad
Sinceridad
Respeto
Paciencia
Seguridad
Unión
Conciencia
Claridad
Constancia
Fuerza
Mesura
Afecto

Cariño
Humildad
Hospitalidad
Dedicación
Dulzura
Comprensión
Grandeza
Motivación
Elevación
Alcance
Comunión
Fraternidad
Sencillez
Beneficio
Realización
Perfección
Encuentro
Razón
Hermosura
Gloria
Renovación
Armonía
Esplendor
Atención
Enlace
Fluidez
Voluntad
Esencia
Paz
Prosperidad
Hermandad
Inspiración
Bendiciones
Libertad
Consuelo
Protección
Tranquilidad
Ánimo
Bondad

Convicción
Transparencia
Conocimiento
Visión
Compasión
Gracia
Capacidad
Justicia
Entendimiento
Honor
Sutileza
Conexión
Misericordia
Elocuencia
Coraje
Suavidad
Amabilidad
Victoria
Despertar
Frescura
Control
Dignidad
Inocencia
Altruismo
Claridad
Florecimiento
Revelación
Concentración
Emancipación
Samadhi
Fe
Omnisciencia
Omnipresencia
Omnipotencia
Luz

¡Que así sea!

LA PROCRASTINACIÓN DE LA LIBERTAD

KATHERINE BISQUET

En ciudad tan envanecida como esta, de hazañas que nunca se realizaron, de monumentos que jamás se erigieron, de virtudes que nadie practica, el sofisma es el arma por excelencia. Si alguna de las mujeres sabias te dijera que ella es fecunda autora de tragedias, no oses contradecirla, secúndala en su mentira; si un hombre te afirma que es consumado crítico, secúndalo en su mentira. Se trata, no lo olvides, de una ciudad en la que todo el mundo quiere ser engañado.

VIRGILIO PIÑERA, *Electra Garrigó*

#ACTOPRIMERO

26 de enero, 2020, 2:08 p.m.

CORO. *(Abro Facebook. Luis Manuel Otero Alcántara ha organizado un video en grupo.)* «Nada familia. Acabo de ser liberado. Literalmente me secuestraron. Yo estaba esperando a Claudia[1] en la esquina de su casa para que me fuera a recoger en el taxi. De la nada apareció la Seguridad del Estado. Móntate en el carro. Y ahí me transportaron hasta Cuba y Chacón. Ehhh… nada. De momento, ¿qué les puedo decir yo?, ¿qué les puedo decir? Ya esto está como… ¡la cumbre de la locura! No dejan salir a Claudia. A uno no lo dejan moverse. Ya eso atenta contra la libertad de movimiento. ¿Sabes lo que es la libertad de movimiento? Es como, ya no es ni siquiera salir de Cuba, sino que dentro de Cuba ellos deciden a dónde tú vas, dónde puedes estar, dónde no. Es una locura. Es aberrante ya lo que tiene el régimen cubano con el cubano en sí. No te dejan

---

[1]   Exnovia del artivista Luis Manuel Otero Alcántara. Historiadora del Arte y curadora. Extrabajadora de Factoría Habana, galería institucional perteneciente a la Oficina del Historiador de La Habana.

salir de Cuba porque ellos deciden simplemente que no… y aparte de eso, tampoco te dejan a ti moverte dentro de Cuba, adentro de La Habana. Es como ya la locura. Es como muy *top*. Y nada. Pero significa que lo estamos moviendo. Significa que le estamos ganando. Estamos conectados. Esperen cosas gordas. Esperen cosas grandes. Y Claudia nada, vamos a seguir trabajando. Vamos a seguir haciendo cosas. Lo mejor pa' ella. Y mucho aliento y mucha voluntad de seguir trabajando. Estamos conectados. Un beso y un abrazo. Molesto, muy muy molesto, muy empinga'o. Estamos conectados». *(Cierro Facebook.)*

Estos diálogos son de libre representación en una libre puesta en escena. Esta es una obra con libertad de movimiento.

ELEKTRA B. Hace poco leí que la procrastinación no es un defecto del carácter o una maldición misteriosa que ha caído sobre tu habilidad para administrar el tiempo, sino una manera de enfrentar las emociones desafiantes y estados de ánimo negativos generados por ciertas tareas: aburrimiento, ansiedad, inseguridad, frustración, resentimiento y más.

Yo, por ejemplo, me he dedicado, por encima de todas las cosas, a la administración de todos esos estados. He leído, he limpiado, he fregado, he visto cuatro películas al día, he comido, he planchado, he vuelto a leer, he dormido.

¿He procrastinado la libertad?, ¿mi libertad de movimiento?, ¿mi libertad de expresión, de creación, de actuación cívica?

Decir, tener qué decir… algo relativamente importante, decidir, disidir. No en la intimidad, no en las inmediaciones de lo poético, de lo teórico, de lo confortable de la creatividad, ni de la locura, ni de la razón. Tú sabes a qué me refiero. Decir lo que hay que decir en la práctica, como un soldado raso en un campo de batalla, como un maldito hoplita, un hoplita maloliente, radiactivo/creativo/delincuente, un hoplita del Estado que por alguna razón ha desertado y te está diciendo algo.

Hoplita *dixit*: Cuba es un país muy aburrido. ¿Cuba es un país? Cuba es un lugar muy aburrido. ¿Qué significa Cuba libre? ¿Qué significa Habana libre? ¿Qué significa la libertad para los cubanos? ¿Acaso los cubanos quieren ser liberados? ¿De qué? ¿Contra quién la furia de una ciudad entera? La furia de una ciudad entera, ¿contra qué? ¿Cuándo empieza la acción? ¿Cuándo la terminamos?

30 de enero, 2020, 1:07 p.m.

ELEKTRA B. También he procrastinado la cura al hongo que tengo en las orejas. Es un hongo que me entretiene. Es una caspa que brota continuamente en los alrededores del lóbulo de la oreja y en la parte de atrás. Me dejé las uñas largas para desconchar mis orejas, quitarme la caspa todos los días. Ya que no me sale caspa en la cabeza porque empecé a usar un champú anticaspa, algo tendría que suplir a una de mis ansiedades. De igual manera sigo arrancándome el pelo (un pelo) más grueso.

Un mes y 22 días antes

HENRY ERIC. *(Vía WhatsApp.)* Buen día, Elektra B, envié la semana pasada un *e-mail* confirmando la convocatoria de la compilación *Práctica Cívica*. Déjanos saber si viene bien la fecha de entrega de tu ensayo para el 15 de febrero próximo. ¡Un abrazo!
ELEKTRA B. *(Vía WhatsApp.)* Sí, Henry, recibí el correo, estaba con situaciones familiares ¡bastante ocupada! Te confirmo desde ya mi colaboración, ¿¿esa es la fecha tope?? ¡Haré mi mayor esfuerzo para entregar en tiempo! Cualquier duda, te escribo por el camino, abrazos.

1 de febrero, 2020, 5:45 a.m.

ELEKTRA B. *(Vía Telegram.)* Querido Holmes, te mando en un rato los avances. ¡Esto es una mierda! ¡Creo que se va a titular *La procrastinación de la libertad*! No suena muy griego, trágico sí, ¿cómo se dice esto en griego?
YANDEL HOLMES. *(Vía Telegram.)* Elektra B, el texto va bien, me deja embullado… tienes que seguir. Veo muchos focos de la misma elipse: las tesituras del decir, la libertad procrastinada o ¿verdaderamente deseada?, el folletín de Facebook, tu historia personal, la abulia y el aburrimiento. Solo tienes que seguir desarrollando todos esos focos a la par. Encontrar los vasos comunicantes. Y ya tienes el gran tema que lo une todo: la tragicomedia nacional. No lo sé. Solo sigue escribiendo. Suéltalo todo. Habla de ti, de cómo toda la tragedia del año pasado te ha llevado a este punto. Este punto de cansancio con todo. Por cierto, qué bueno que te abriste Telegram, es mejor que me sigas escribiendo por acá, está más encriptado, dicen eso…

3 de febrero, 2020, 3:00 p.m.

Terraza de la última casa donde vivió en Santos Suárez, al frente del 24 horas.

ELEKTRA B. Yo nací en el año 1992. Mi madre embarazada asiste a un discurso de Fidel en septiembre de ese año en la Central Electronuclear (CEN) de Juraguá, Cienfuegos. Mi madre embarazada de mí con siete meses es amparada por el paraguas de un guardia de Fidel Castro, mientras este emite su discurso alentador a los trabajadores de la electronuclear. Anunciaba la clausura temporal de la Central. Llovía a mares. Los trabajadores lloraban.

Años después, Maricela, tecnóloga de las producciones químicas (TPQ), radioquímica, especialista de corrosión, tecnóloga química, me vuelve a contar los hechos. Llorábamos, sí. Pero no sabíamos por qué. Qué iba a ser de nosotros. Ya muchos estábamos casados allí, teníamos hijos, teníamos una casa. No se cumplió nada de lo que nos habían prometido. ¿Frustración? ¿Desamparo? ¿Qué haríamos con nuestros títulos? ¿Para dónde iríamos? Nos quedamos, muchos. En la nada.

Años más tarde, en eso se había convertido la Ciudad Nuclear, en la nada, un lugar apenas reconocible para el resto del país. Un lugar para el des(h)echo.

YANDEL HOLMES. ¿Declamas?

ELEKTRA B. Declamo

YANDEL HOLMES. Sigues la tradición, y eso no me gusta. ¿No te he dicho que hay que hacer la revolución? *(Pausa.)* ¿Por qué no clamas?

10 de febrero, 2020, 3:00 p.m.

ELEKTRA B. *(Vía Telegram.)* ¿Recuerdas cuando hablamos sobre las ruinas de La Habana? De poner un islote en la bahía y mudarnos todos para allí. Entonces quedaría La Habana vacía. Ya no viviríamos dentro de las ruinas. Miraríamos las ruinas con distancia. Haríamos visitas guiadas a esa Habana. De nuestros relojes de pulsera saldría un holograma de Eusebio Leal a escala pequeña y guiaría el recorrido. Podríamos escoger el guía, claro. Me preguntaste entonces si yo querría vivir allí, en el islote. Te dije que no.

YANDEL HOLMES. *(Vía Telegram. Cita "El libro perdido de los origenistas" de Antonio José Ponte.)* «En el folleto donde burla a Nieve, Cesar de Guanabacoa propone irónicamente abrir una colecta pública que permita a Casal irse a París, su patria verdadera. Lo trata como a un loco: de modo parecido familiares y amigos dispusieron el viaje mediante el cual José Jacinto Milanés apaciguaba su locura». No sé Elektra B, a lo mejor estoy sobreleyendo. Pero eso de la colecta para mandar a Casal a París… Pienso en tu necesidad de salir hacia Barcelona. Sobre la actitud de vivir como poeta, de no solo escribir sino de asumir un rol en la sociedad. El activismo poético, que ahora tiene otra naturaleza. Y la idea de la locura impuesta sobre los dos. Ese tipo tan raro está loco. Esa niña de la lectura está loca. No son confiables.

ELEKTRA B. *(Vía Telegram.)* En la historia de la literatura quedará esa leyenda, esa leyenda negra o roja o amarilla. A Elektra B la arrastraron en el

Pabellón Cuba en una lectura de poesía. ¿La gente se acordará de que fui poeta o de que fui arrastrada? En el mejor de los casos, que llevaba una camiseta con un cartel rojo #yovotono. *(Pausa)* Yo clamaba.

YANDEL HOLMES. *(vía Telegram.)* Esa idea del poeta que reconfigura el espacio que lo rodea para que sea una extensión del poema.

ELEKTRA B. *(Vía Telegram.)* ¿Por qué tuve la necesidad de manifestarme? ¿La Ciudad Nuclear habrá sido un augurio? Estar condenada a la tragedia del decir. ¿Estaré condenada al activismo? Habría clamado la libertad. *(Pausa.)* ¿Habré clamado la libertad?

CORO. No tengo nada que decir. ¿Qué decir? Decir (verbo transitivo). Decir 1: Articular, pronunciar o emitir los sonidos de una lengua: ej. dijo «Voto No» y asumió las consecuencias. / Decir 2: Comunicar una cosa con palabras: ej. decir desacuerdos, decir que No al Decreto 349. / Decir 3: Asegurar algo o expresar una opinión: ej. digo que un artista tiene derecho a expresarse libremente. / Decir 4: Expresar o denotar una cosa o dar muestras de ello: ej. ellos dicen que no eres artista. / Decir 5: Nombrar o llamar a alguien o algo de una determinada manera: ej. nos dicen delincuentes. / Decir 6: Contener [un libro, un escrito u otra cosa semejante] ciertos temas, ideas, etc.: ej. este texto dice que ser poeta no es suficiente. / Decir 7 Esp.: Armonizar o convenir [una cosa] con otra: ej. la palabra libertad dice mal con procrastinar. Decirse (verbo pronominal). / Decirse 8: Tener [una cosa] un determinado nombre en una lengua: ej. ¿cómo se dice *La procrastinación de la libertad* en griego? / Decirse 9: Hablar [alguien] mentalmente consigo mismo: ej. se dijeron para sí que esto era una tragedia y pusieron manos a la obra. Todo esto es un decir.

#ACTOSEGUNDO

11 de febrero, 2020, 10:28 p.m.

CORO. *(Abro Facebook,* ADN Cuba *ha comentado.)* «ADN se une a la iniciativa ciudadana #PeligroDerrumbeCuba. Usa esta etiqueta #PeligroDerrumbeCuba y reporta construcciones que representen peligro para la vida de sus habitantes en cualquier lugar del país». *(Cierro Facebook.)*

12 de febrero, 2020, 6:17 p.m.

Faltan 3 días para la entrega del texto.

51

ELEKTRA B. *(Vía Messenger.)* ¡Hola, Juan Manuel! Una pregunta técnica: ¿se puede traducir al griego: procrastinación? Bueno, mejor esta frase: *La procrastinación de la libertad.* Es para una tragedia que estoy escribiendo, ¡si me pudieras ayudar con eso! ¡¡¡Muchas gracias!!!

JM TABÍO. *(Vía Messenger.)* ¡Hola! Busqué y en griego moderno es *anabolé.* Que es algo así como postergación, literalmente tirar algo hacia adelante. La frase sería *Anabolé tés eleytherías.* Con la sintaxis antigua. No tengo alfabeto griego aquí, así que te lo doy transliterado.

13 de febrero, 2020, 1:20 a.m.

Conversación en Los Jardines de La Tropical. En busca de la cerveza Polar.

HÉCTOR ANTÓN. Confirman segundo caso de coronavirus en el Condado de Santa Clara...

ELEKTRA B. ¿Eso de dónde lo sacaste?

HÉCTOR ANTÓN. Alguien lo colgó en su muro de Facebook... no sé ni quién es..., pues ya sabes... ahorita el Kiki Corona virus llega a La Poma...

ELEKTRA B. Hay que cuidarse. Por si acaso no te pegues al pico de la botella de nadie.

HÉCTOR ANTÓN. Ahora me dicen Abstemio Cruz... de Carlos Fuentes, el mexicano legítimo que vivía en Los Ángeles...

ELEKTRA B. ¿Qué piensas de esto? *(Le muestra el manuscrito.)*

HÉCTOR ANTÓN. Me gusta más el tono tragicómico que el dramático a secas. *(Pausa.)* Los textos se calientan con la llama bajita, hasta que se acabe el gas...

ELEKTRA B. El tema de la libertad no es un asunto doméstico.

HÉCTOR ANTÓN. ¿Leíste *Una lengua suelta bajo fianza*? Fue el más leído en *Hypermedia Magazine* en 2018. Modestia, apártate. Es duro comparecer ante un tribunal...

ELEKTRA B. ¿Modesto Díaz te llamas tú?

HÉCTOR ANTÓN. Modesto Díaz Serpa es nuestro «hombre» en Miami. De Villa Pajuela al pantano.

ELEKTRA B. ¡Tú y tus lugares imaginarios!

HÉCTOR ANTÓN. Todo es real, Elektra B, ¿no conoces a Modesto Díaz Serpa? Se graduó de la Facultad de Artes y Letras y trabajó en Villa Manuela...

ELEKTRA B. Villa Pajuela... *(Risas.)* Sí, claro, conozco a Modesto, estudió conmigo. Pensé que era un personaje de tu tiempo.

HÉCTOR ANTÓN. Una vez tallé un rato con él en Villa... y cuando volví a subir... ya había volado de verdad. Los personajes de mi tiempo están todos muertos. «Esperar es un crimen», Trotski. Yo lo cito en *El banquete de Plutón* en *Hypermedia Magazine*. Un fiasco. Es un texto en proceso. Lo reescribí una pila de veces.

14 de febrero, 2020, 10:12pm

Video-llamada vía Zoom.

ELEKTRA B. Hoy es 14 de febrero. Ha pasado un año y dos días de aquella tragedia. Releo este post tan antiguo como las mismas tragedias griegas: «AGREDIDA HOY EN UNA LECTURA DE POESÍA POR EXPRESARME LIBREMENTE». Hoy después de terminada mi lectura de poesía en el Pabellón Cuba, fui agredida físicamente por una trabajadora de La Casa de la Poesía. Ya había decidido un mes antes que en mis lecturas programadas en la Feria del Libro, antes de leer mi primer poema, haría una pequeña declaración en contra del Decreto 349. A eso se le sumó la efervescente campaña por el *Sí* a las votaciones de la Constitución que se realiza en todo el país y decidí, de igual manera, añadir a mi desacuerdo anterior llegarme con un pulóver con un letrero que decía #yovotono. Entré al Salón de Mayo del Pabellón Cuba, ya empezada la lectura de poesía. Esperé mi turno de lectura…». Aquello fue una tragedia. ¿Por qué yo debía tener una tragedia como todos los humanos, una tragedia que cumplir? ¿Por qué habría de publicar este *post*, de sacar a la palestra pública un hecho que debió quedarse en el performance del decir? ¿Por qué habré clamado libertad en Facebook?
YANDEL HOLMES. Yo creo que deberías replant(e)arte ese *post*. Hablar sobre todo lo que has pasado. Si en el reino animal un hecho debe producirse, no habrá justicia que lo detenga, poder divino ni humano que lo impida.
ELEKTRA B. ¡La ley de la posverdad! Alguien se dio cuenta de que no declamaba. ¿Aquello desencadenó mi destino? ¿Si hubiese acallado el golpe no habría tenido este destino?
YANDEL HOLMES. Si tú editas tu historia, ¿no estarías recurriendo al ocultismo de esos acólitos escribas de la Historia? Tú destino ya estaba escrito, Elektra B. La Seguridad del Estado ya te tenía en la mirilla.
ELEKTRA B. Le han extirpado el corazón a mis versos, le han quitado la luz. Me han sacado de los alquileres. Me han amenazado. ¿Se puede vivir en Cuba debajo de un puente? ¿Qué quieren de mí? ¿Acaso no les quedan claro mis principios?
YANDEL HOLMES. El corazón es un músculo muy flexible, diría Woody Allen. Defínete, Elektra B, a estas alturas ya deberías tener claro un partido.

53

ELEKTRA B. Hay que tomar partido. En ese caso sería del partido de las mujeres trágicas, ya que estamos en ello. Las mujeres trágicas tienen principios. Sufren porque tienen principios, por eso perecen. El principio de la libertad.

YANDEL HOLMES. Como las mujeres de Godard.

ELEKTRA B. Godard no sabe nada de mujeres.

YANDEL HOLMES. ¿Por qué me desprecias?

ELEKTRA B. Helena, la replicante de Eurípides. Helena, la activista. La causante de tantos males y muerte de tantos helenos y frigios. La desdichada Helena nunca estuvo en Troya. Lo que quedó de su activismo fue una imagen suya formada de aire. ¿Acaso su perfil de Instagram? Una Helena virtual. Nada fue real. Un vano juego de los dioses.

YANDEL HOLMES. ¿Quiénes son los dioses?

ELEKTRA B. Dioses, ¿qué dioses? Fantasmas de los antiguos dioses. Dioses de nada con ojos de nada. Los no-dioses. Facebook es un no-dios, por ejemplo.

YANDEL HOLMES. ¿Helena, la disidente, fue un galardón otorgado por los dioses a la Oposición o a la Policía Política?

ELEKTRA B. Helena la disidente fue un falso perfil en el estrado público de Facebook. No fue real. Una verdad posible, contada por hombres, futurista, anclada en lo poético. Vivió en el mundo solo para representar.

YANDEL HOLMES. La lincharon allí.

ELEKTRA B. La inventaron allí. La exaltaron allí.

YANDEL HOLMES. Pensé que habrías tenido miedo. ¿Has perdido el miedo?

ELEKTRA B. El miedo se hace, nos lo infundamos nosotros mismos. Creo que hasta en el acto más heroico hay una pequeña dosis de miedo.

YANDEL HOLMES. Sun Tzu en *El arte de la guerra* dice que «… si conoces a los demás y te conoces a ti mismo, ni en cien batallas correrás peligro».

ELEKTRA B. Eso en tácticas de guerra es una manera práctica de ver las cosas; pero de manera simbólica, nunca podemos saber a ciencia cierta por qué la gente hace lo que hace, a veces ni uno mismo lo sabe; por lo tanto siempre vamos a correr peligro en cada batalla; por lo tanto siempre existirá ese miedo intrínseco, misterioso, con el que tenemos que lidiar día a día. Actuamos de maneras muy raras, porque nuestros miedos así se manifiestan. Yo, claro que no he perdido el miedo, ¿pero de qué me sirve?

YANDEL HOLMES. Creo que deberías desarrollar más esta parte del miedo. Darle seriedad al posrelajo.

ELEKTRA B. Puede que exista el mayor miedo en esa heroicidad. Como en toda construcción. Pero esta es muy pública, como te quise decir en ese verso que tanto te gusta… «se introduce en el día/ como se abre una fiera en la pólvora».

YANDEL HOLMES. No lo había mirado de esa manera tan desbocada, tan pornopolítica.

ELEKTRA B. En mi mente existe el miedo de que eso no haya sido lo suficientemente heroico. De haber hecho un mal cálculo. De que haya inferido por heroico un acto tan cotidiano, algo ridículo, insignificante para los otros. ¿Sería yo como una poetiesa?

YANDEL HOLMES. ¿Lo heroico puede no ser heroico?

ELEKTRA B. Sí, en este lugar sin consistencia, sin gravedad, sin seriedad, como ese merengue duro al que se refiere Lorenzo.

YANDEL HOLMES. O puede que los niveles de heroicidad estén muy bajos. O puede que no hayas alcanzado los niveles de heroicidad, no el de los trágicos. ¿Acaso no es la muerte de la heroína más justa? ¿Concreto? Muere, porque no soporta la carga de los principios, de la necesidad. La falsedad de esa historia picoteada por los hombres…

Mi vecina, la pianista, toca un preludio que no logro identificar. Mientras, los de los bajos cantan un karaoke, una canción del Príncipe de la canción José José. Un hombre grita que le tiren la llave de la puerta.

CORO. *(Estribillo de «Mañana Sí», de José José.)* «Mañana sí, puedes marcharte sin pensar en mí. Para borrarme de una vez de tu vida, sin un adiós, sin despedida. Mañana sí, cuando despierte y ya no estés aquí, voy a saber que te perdí para siempre. Pero regálame esta noche».

#ACTOTERCERO

12 de agosto, 2030, 2:29 p.m. (hora en Budapest)

CORO. *(Abro Facebook. Fermín Gabor ha añadido contenido a su historia.)* «Elektra B en el *Diccionario de la Lengua Suelta*». *(Aún no figura en Facebook, tendrá que esperar al 12 de agosto del 2030.)*

15 de febrero, 2020, 4:20 p.m.

Vía Gmail, día de la entrega oficial del texto.

HENRY ERIC. Estimada Elektra B. Espero estés bien. Te comento que la publicación de la compilación se ha cambiado para julio 2020, pues el even-

to del que forma parte se ha movido para septiembre. Así, la entrega de
vuestro texto podría extenderse, como en el caso de algunos colegas que
lo necesitan, hasta el mes de abril. Quedamos al habla. Un abrazo, Henry.

Un día como hoy pero del año 416 a. de J.C. o 1993, no recuerdo bien.

Antonio José Ponte comienza a escribir El libro perdido de los origenistas.

PONTILIO. Me parece que lo que preguntas es un tema que tengo fresco. Precisamente ayer iba para el Vedado desde mi casa en Centro Habana, y uno de mis
conocidos, que me había visto cuando me bajé del taxi, me llamó de lejos: ¡eh!,
origenista —bromeando al llamarme—, tú, Pontilio, espérame. Yo me detuve y
le esperé. Ponte —me dijo entonces—, qué clase de casualidad, hace un momento
pensaba en ti porque deseo informarme de la reunión de Eliseo, Lezama, Cintio
y demás que asistieron en aquella ocasión al banquete y de cuáles fueron sus
discursos sobre el Activismo Poético. Otro que lo escuchó de boca de Reinal-
dito, el ahijado de Lezama, me los ha contado y me aseguró que tú también lo
sabías, pero no supo decirme nada con exactitud. Así que cuéntamelos tú, ya que
eres el más indicado para referir las palabras de tu amigo. Pero antes —vaciló—,
¿estuviste tú en persona en esta reunión o no? Desde luego —le respondí yo—
parece que no te ha relatado nada con exactitud el que te informó, si crees que
esa reunión se efectuó tan recientemente que yo también hubiese podido asistir.
¿No sabes que desde hace muchos años Lorenzo se fue de Cuba, y que, desde
que leo a Lezama y me preocupo cada día en saber qué dijo y qué hizo, no han
transcurrido aún tres años? Hasta entonces yo vagaba en la literatura de un lado
para otro y, en la creencia de que hacía algo importante, era más digno de lástima que cualquier otro, y no menos que tú ahora, que crees que debes ocuparte
en cualquier cosa antes que en el activismo. No te burles más —me replicó— y
dime cuándo fue la reunión esa. Y yo le respondí: En nuestra infancia todavía,
cuando a Virgilio lo venció la tragedia cubana, al día siguiente que celebraran los
de la UNEAC el sacrificio de este. Hace mucho tiempo, según parece —dijo—
pero ¿quién te relató a ti? ¿Acaso el propio Lezama? No, ¡por Dios! —respondí
yo—, sino el mismo que dejó su obra a Kozer. Fue Lorenzo, de Jagüey Grande
de Matanzas, esbelto, siempre bien calzado y que estuvo presente en la reunión,
como el más fiel discípulo de Lezama entre los de su época, según me parece. No
obstante, he leído en Lezama algunas de las cosas que le oí contar y coincidían
con el relato que me hizo aquel. Entonces, ¿por qué no empiezas a contármela?
—dijo—; el camino que lleva a la Ciudad Deportiva se presta perfectamente para
hablar y escuchar mientras se espera en la parada. Así, mientras esperábamos en

la parada del ómnibus, dirigimos nuestra conversación sobre esto, de suerte que, como dije al principio, no estoy mal preparado.

21 de febrero, 2020, 11:07 a.m.

Vía telefónica.

ELEKTRA B. ¿Iso,[2] eres tú? Qué casualidad, ahora mismo me estoy leyendo un libro que me hizo pensar en ti, un libro de David Foster Wallace. Tiene que ver con su estancia en un Crucero de Lujos 7NC. En un momento se refiere a los turistas —los mismos que se bajan en el muelle de Cienfuegos, tus clientes— como patos con sandalias caras caminando por puertos azotados por la pobreza. Él repele eso, lo detesta, pero no puede dejar de sentirse parte, es un turista americano al fin.
ISORA. ¡Ay, Elektra B! *(Suspiros.)* Creo que me estoy volviendo loca. Ya aquí ni entran patos con sandalias. Esto está en candela. ¿Estás comiendo?
ELEKTRA B. Sí, me atraganto con un pan.
ISORA. A mí me da miedo hasta enfrentar este refrigerador. Los otros días ¡tenía un hambre! Tenía el hambre ese que te da la escritura, el que te paraliza el cerebro, porque uno ya está acostado o sentado, tratando de ahorrar la poca energía que tienes, pero el cerebro y los ojos están tan activos que te llegan a chupar la poca reserva que apenas alcanzaba para mover los dedos que hojeaban las páginas, tú sabes. Entonces abrí el refrigerador, y lo único que había era una col. Salí al balcón a comerme dos hojas de col desaforadamente, mirando dos palmeras que quedan al frente de mi edificio, el punto ese que miras para poner la mente en blanco y no pensar en lo que está pasando. De pronto sentí unos ojos encima, unos ojos burlones. Era mi vecino de al lado, me miraba y se reía. Yo me reí también, porque estoy segura de que él se come la col en el cuarto escondido, para que nadie lo vea. Yo al menos me muestro orgullosa, da la sensación de que me como las hojas de col por pura elección y no por carencia[3].

---

[2]   Iso, Isora: Isora Morales, 55 años, escritora de literatura infantil fantástica. Aún vive en la CEN (Ciudad Electro Nuclear). Trabaja en una galería de artesanía en el Boulevard Nuevo de Cienfuegos, cercano al muelle por donde desembarcan en cruceros la mayor cantidad de turistas que arriban a la ciudad.

[3]   En estos momentos el turismo en la Isla en general se encuentra en crisis debido al gobierno totalitario que impera en Cuba, téngase en cuenta que para la fecha aún no se habían cerrado las fronteras para controlar los contagios de la COVID—19, no se deje engañar por las cosas de la política exterior, siempre hay un culpable ulterior que carga con toda la culpa —incluso— del culpable interior. Isora cree que se come ahora dos hojas de col porque D. Trump puso malo el turismo. Pero Isora sabe bien quién es el culpable de que en la CEN haya agua dos veces por semana, o de que ella esté ahora mismo parada en su balcón

ELEKTRA B. *(Silencio.)* ¿Y cómo está la CEN?

ISORA. Esto está en candela, Elektra B, ponen el agua dos veces por semana. Ya todo el mundo se ha ido ¿Sabes que a Atilio le dieron casa en Cienfuegos?

ELEKTRA B. ¡Qué bueno!

ISORA. Sí, qué bueno. *(Con ironía.)* Ya no queda nadie aquí. Yo le digo a todo el mundo que de aquí voy a salir en un ataúd.

ELEKTRA B. ¿En un ataúd o en una patana[4]?

ISORA. En cualquiera de los dos, la verdad. Pa' dónde me voy a ir, si no tengo dinero ni para comer. ¿Cuándo vas a venir? Ya casi termino el libro. Quiero que lo leas. Te va a encantar la historia sobre ti.

ELEKTRA B. Pronto, estoy terminando un texto que tengo que entregar en abril y luego me paso unos días por allá. Quiero despedirme de la CEN. Claro que me va a encantar. A mí me encanta todo lo que tú escribes.

ISORA. ¡Ay, chica!

ELEKTRA B. ¿Qué, Iso?

ISORA. Aquí no hay nadie con el que pueda hablar de literatura.

30 de mayo, 2020, 4:20 p.m.

Fin del plazo para la entrega del texto.

CORO. Definitivamente se cumplió el augurio de Héctor Antón y el coronavirus llegó a Cuba. Elektra B lleva 69 días en cuarentena. De más está decir que el plazo para la entrega de este texto se extendió hasta el 30 de mayo, día actual en que Elektra B escribe las últimas líneas. Ahora vive en Centro Habana, pues los dueños del alquiler de Santos Suárez decidieron, de improviso, vender. Esta vez, la Seguridad del Estado o Policía Política no tuvo nada que ver o al menos eso cree ella. Hasta el día de hoy el número de infectados de coronavirus en Cuba es de 1941, 82 muertos y 1689 recuperados. Luis Manuel Otero Alcántara fue apresado el 1 de marzo acusado de los cargos de «ultraje a los símbolos patrios» y «daños», lo que supondría una condena de entre 2 a 5 años. Luego de una larga campaña y miles de

---

del 5to piso de un edificio gran panel situado en los bordes de la Ciudad frente a dos palmas, de eso no cabe dudas: Estelita, la Secretaria del Partido.

[3a]   Toda esta recurrencia a la culpabilidad de alguien, extenso y gratuito por demás en una cita, es debido a la propensión de David Foster Wallace por las mismas. Cosa que se me ha pegado en los últimos días y que acabé adoptando luego de este ensayo u obra dramática.

[4]   Barco de carga, heredado de la construcción de la CEN, donde ahora se transportan vía marítima los pobladores de la Ciudad Nuclear hacia la ciudad de Cienfuegos.

personas exigiendo su excarcelación en las redes sociales fue liberado un viernes 13 de marzo, con la causa de «daños» sobreseída provisionalmente por falta de pruebas[5]. Isora sigue viviendo en la CEN y hace tres semanas fue asediada en varias ocasiones por un hombre alcohólico del cual no sabe el nombre, pero sí su domicilio. Las autoridades de la CEN no pueden actuar pues no existe una ley contra el acoso y tampoco tienen el nombre del susodicho. Se puso en práctica un nuevo decreto que arremete, en otra medida, contra la libertad de expresión, este se llama 370. Se les han aplicado multas de 3000 pesos moneda nacional y se les ha amenazado y/u hostigado a varios periodistas que trabajan para medios de prensa independientes. Todos los cubanos esperan a que pase el virus o al menos a que se normalice la situación.

ELEKTRA B. He ahí mi puerta, la puerta de no partir. ¡La puerta Elektra! Mi condenada condena de permanecer en el encierro y de buscar la libertad, en el lugar donde debería estar.

---

[5]   Dijo el artista Luis Manuel Otero Alcántara al medio de prensa independiente cubano *14ymedio*: «Ahora solo queda abierta la causa por ultraje a la bandera. No sé cuál es la jugarreta política ahora, pero es así. Esto que ha ocurrido lo considero otra victoria de la presión que se ejerció por todos lados. Hemos ido acumulando victorias, primero el 349 (un decreto que, en la práctica, impedía a los artistas independientes desarrollar su trabajo y que fue parcialmente modificado por la presión de los afectados). Que yo esté en la calle es otro triunfo».

GALERÍA

Sandra Ceballos
Alejandro Aguilera
Ezequiel O. Suárez
Daniela del Riego

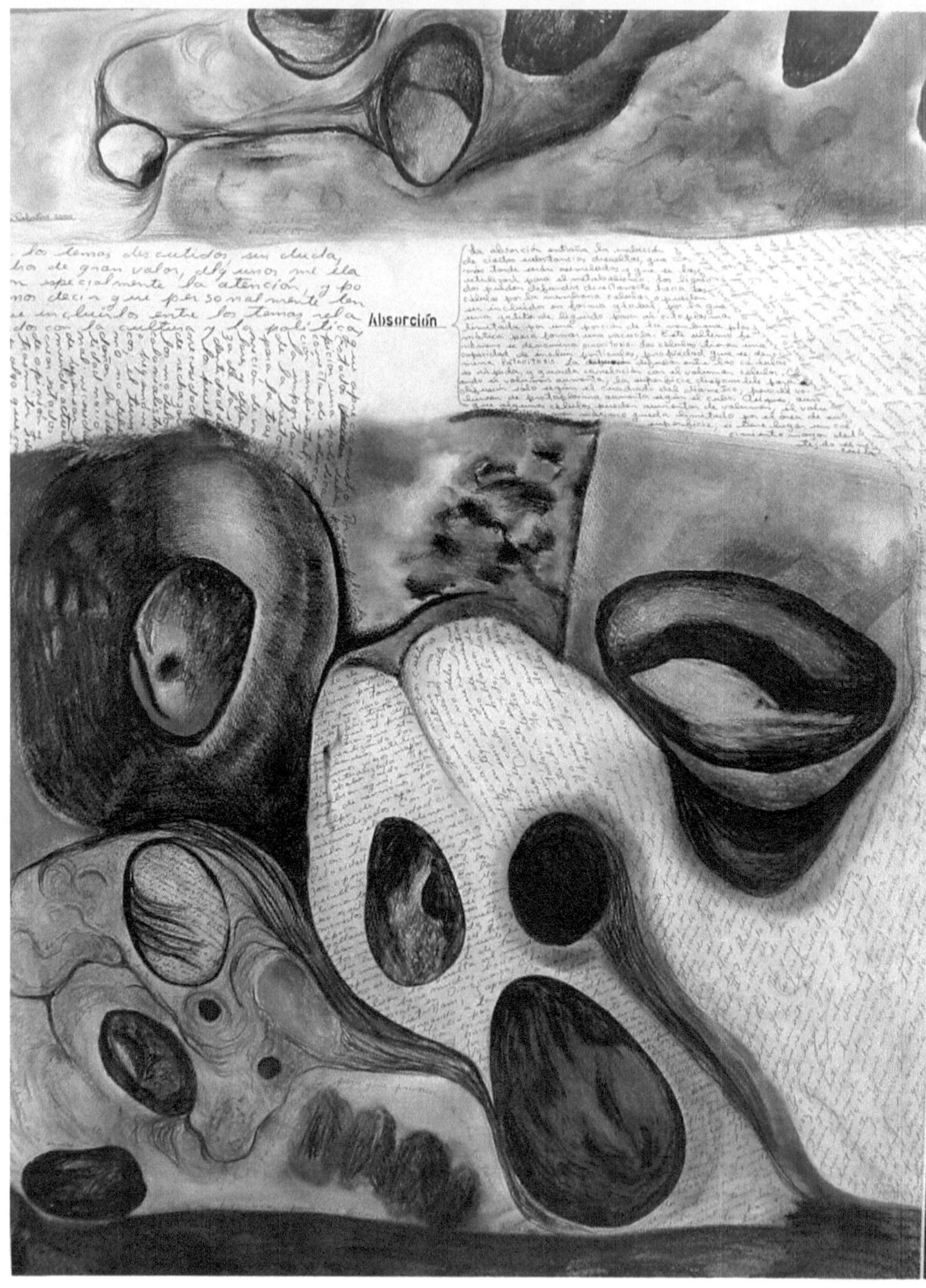

© Sandra Ceballos
Adorado Wölfli, 1998
Lápiz y tinta sobre cartulina.
Cortesía de la artista.

Ladies in White, 2015
Tinta y acrílico sobre cartulina
Cortesía del artista

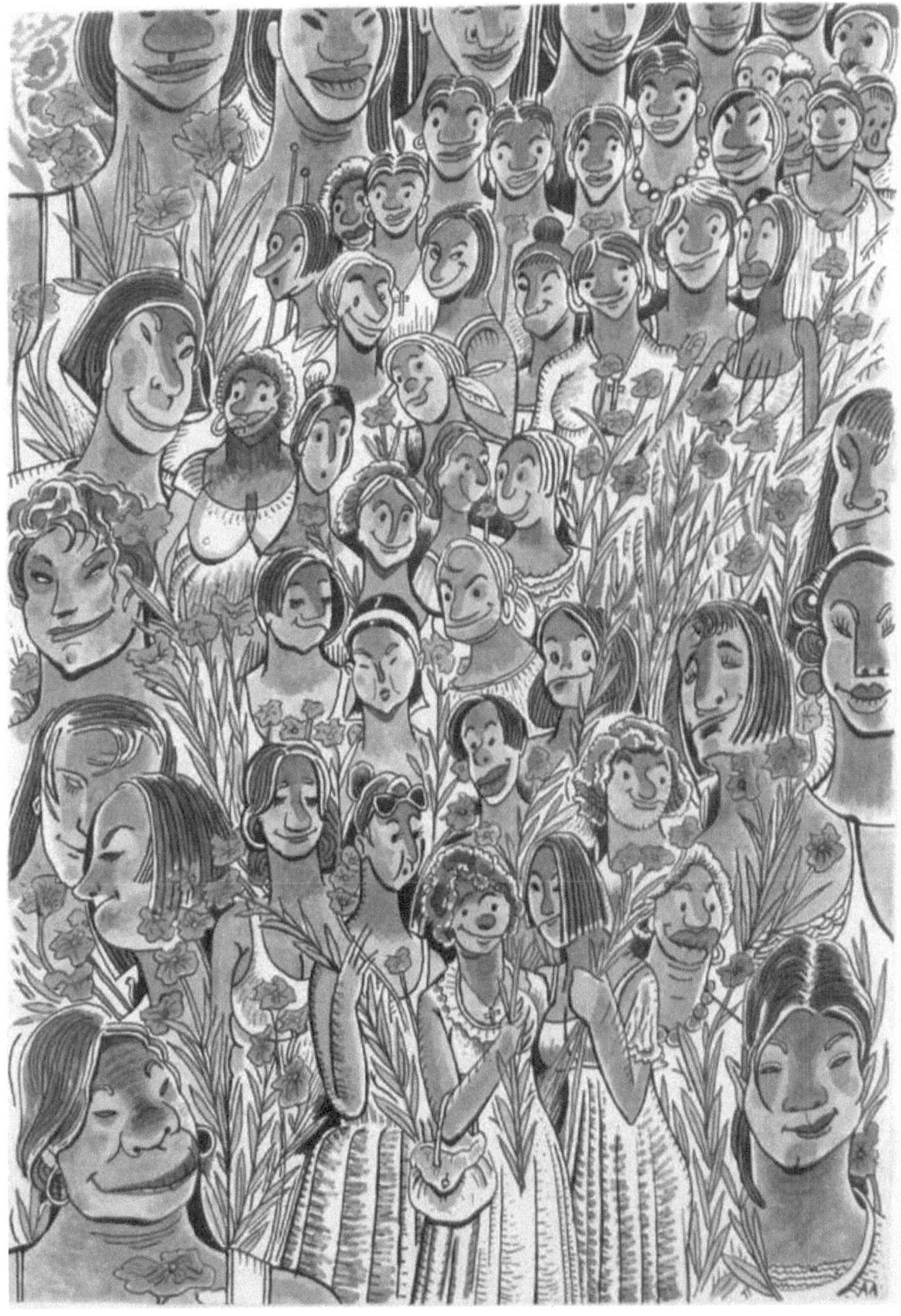

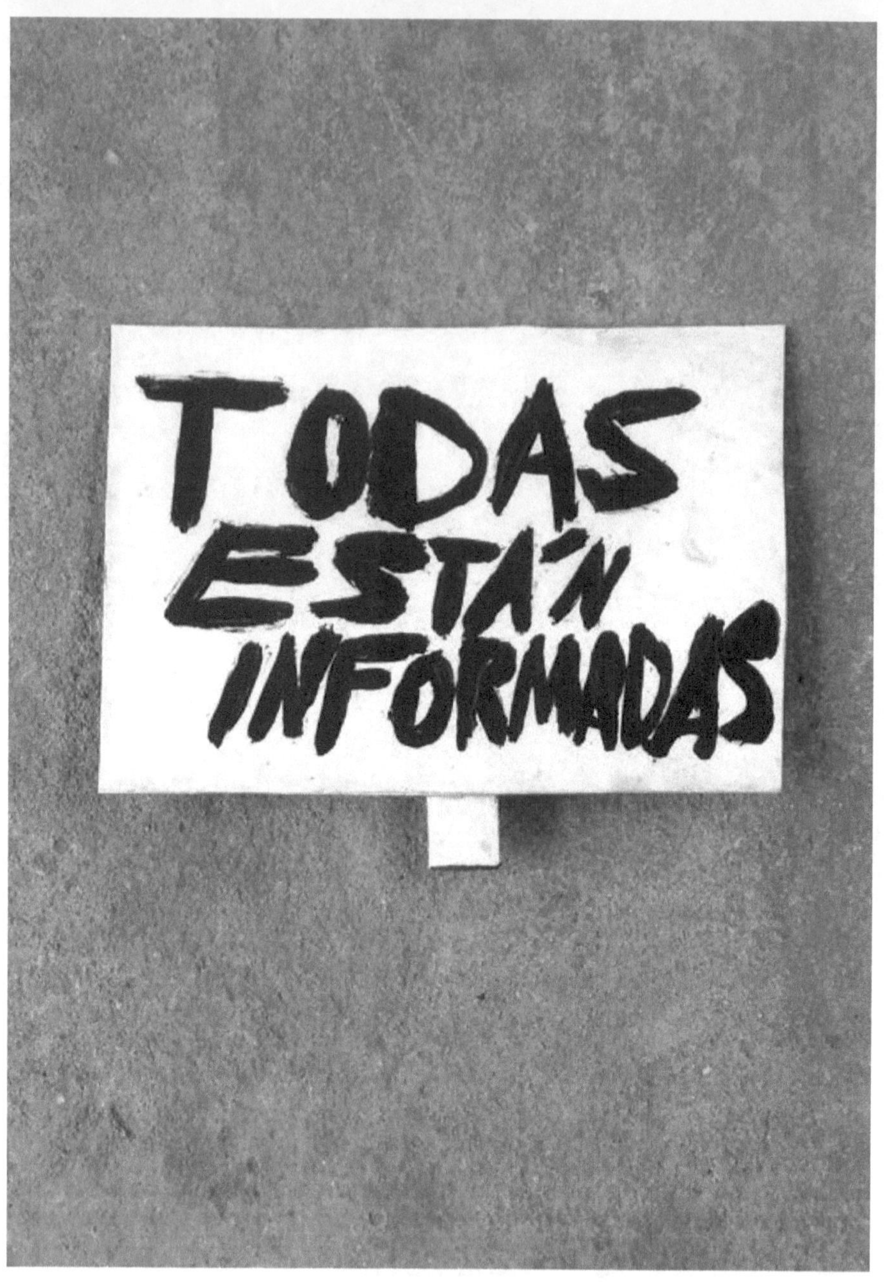

© Ezequiel O. Suárez
Pancartas, 2005-2017
Técnica mixta
Cortesía de Lester Álvarez.

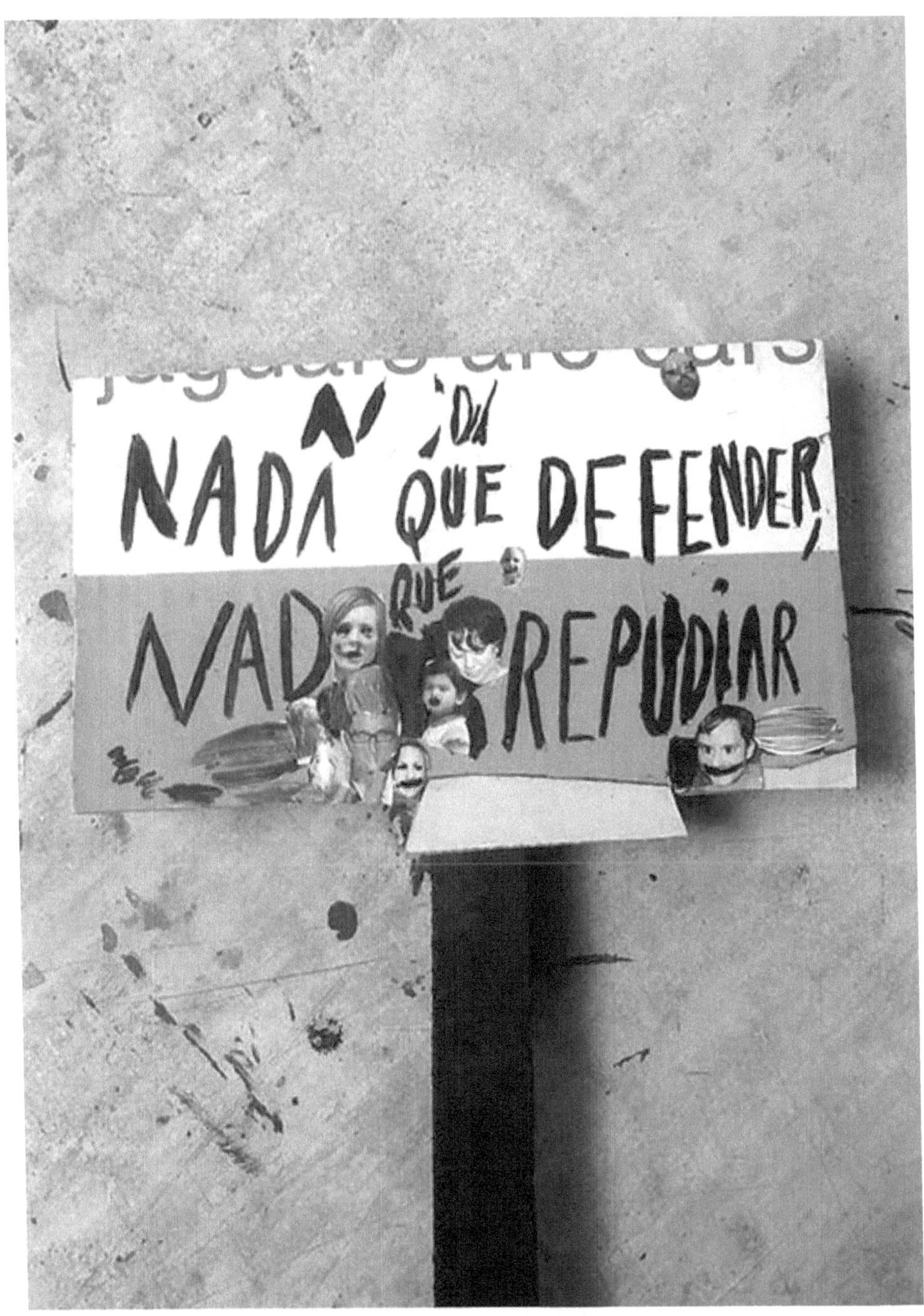
NADA QUE DEFENDER,
NADA QUE REPUDIAR

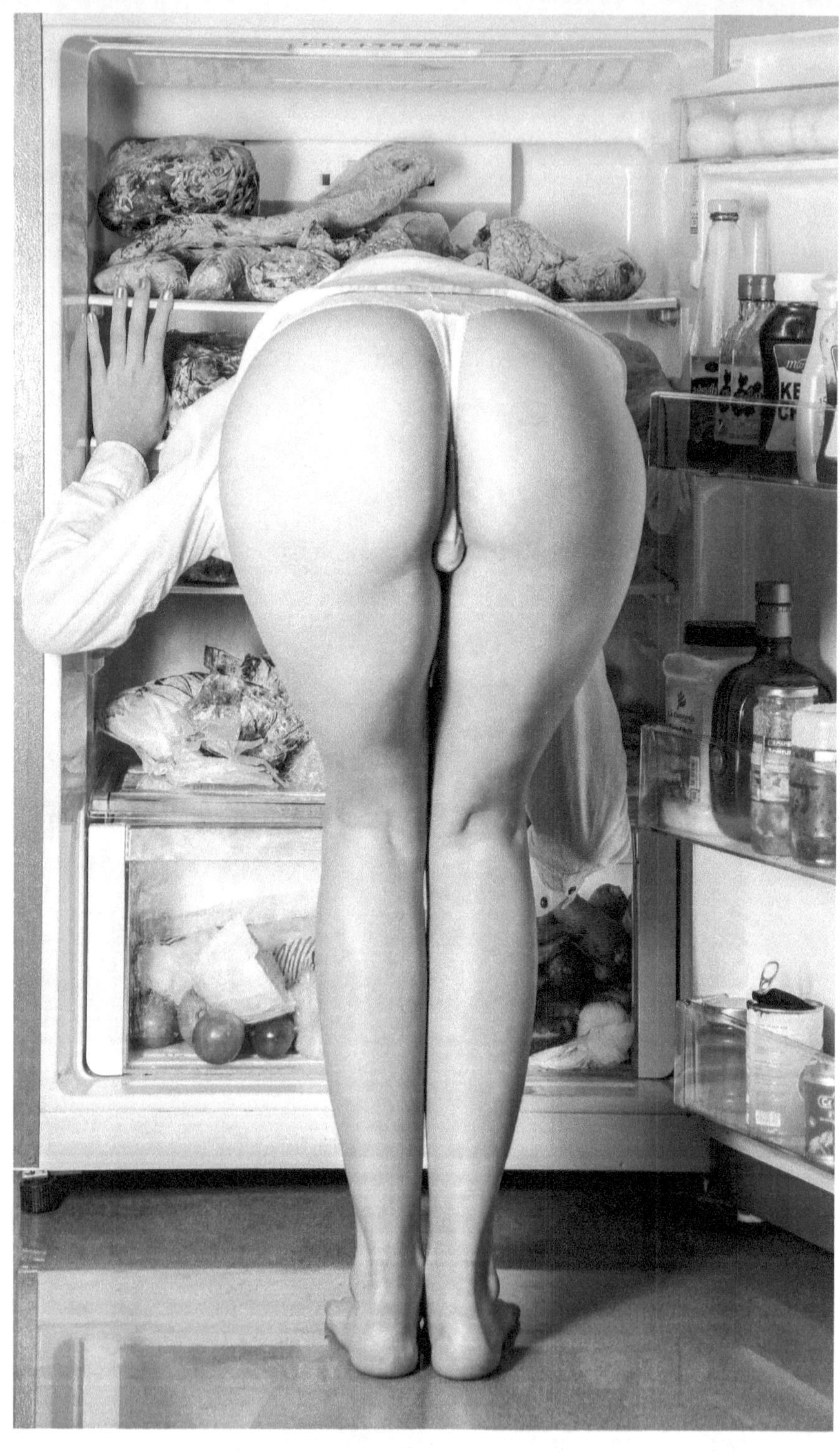

© Daniela del Riego
Inconsciente colectivo (detalle), 2018
Fotografía.
Cortesía de la artista.

SE USA

Luis Manuel Otero Alcántara

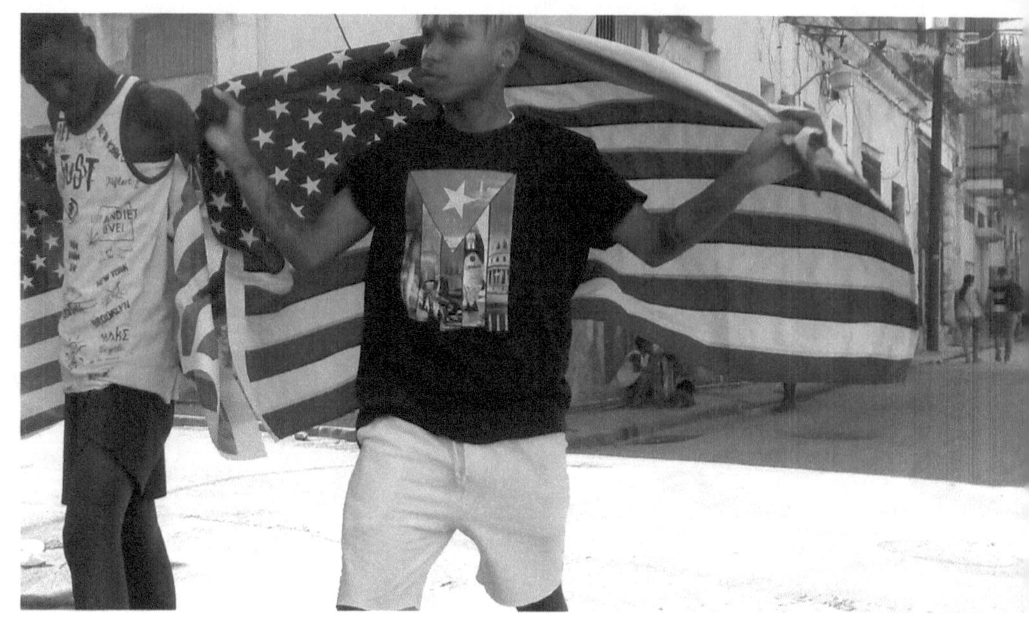

© Luis Manuel Otero Alcántara
Homenaje a Daniel Llorente, 2019. De la serie *Se USA*
Acción pública.
Cortesía del artista.

Homenaje a Daniel Llorente es una acción que rinde homenaje al opositor cubano Daniel Llorente, quien saliera con la bandera norteamericana durante el desfile del 1 de mayo de 2017, por lo que fue represaliado y arrestado públicamente.

La acción consistió en una carrera en el barrio de San Isidro, en la víspera de la apertura de la 13 Bienal de La Habana (11 de abril, 2019), en la cual, los participantes ondeaban la bandera estadounidense vistiendo, a la vez, una camiseta con la bandera cubana; la misma indumentaria que llevaba Daniel Llorente aquel 1 de mayo.

La distancia recorrida por los competidores fue la misma recorrida por Llorente antes de ser arrestado: 66 metros.

El día que realizamos la acción, tanto los jóvenes del barrio que participaron en la carrera como el artista, fueron arrestados por la Seguridad del Estado.

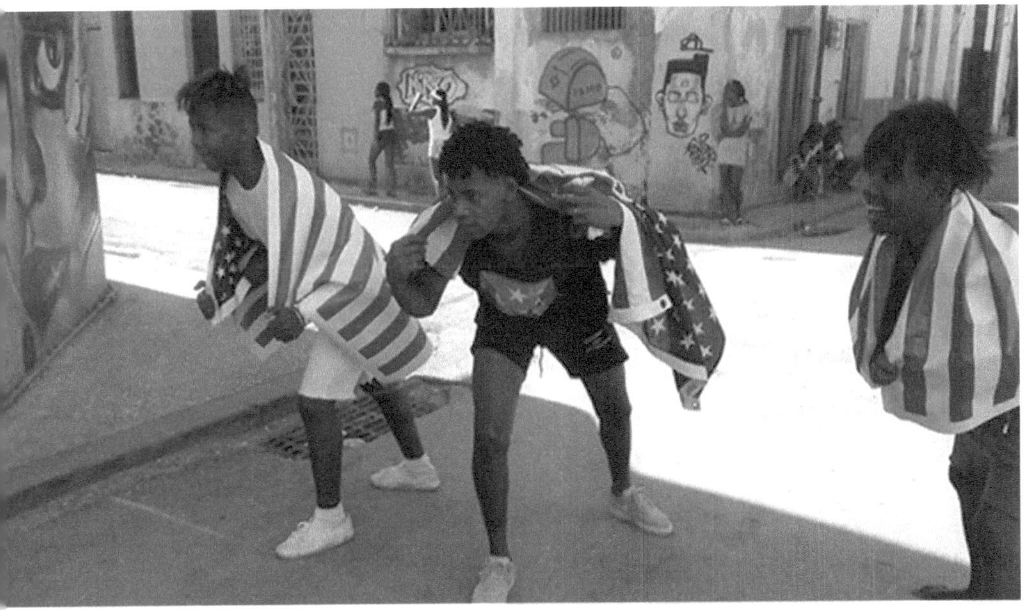

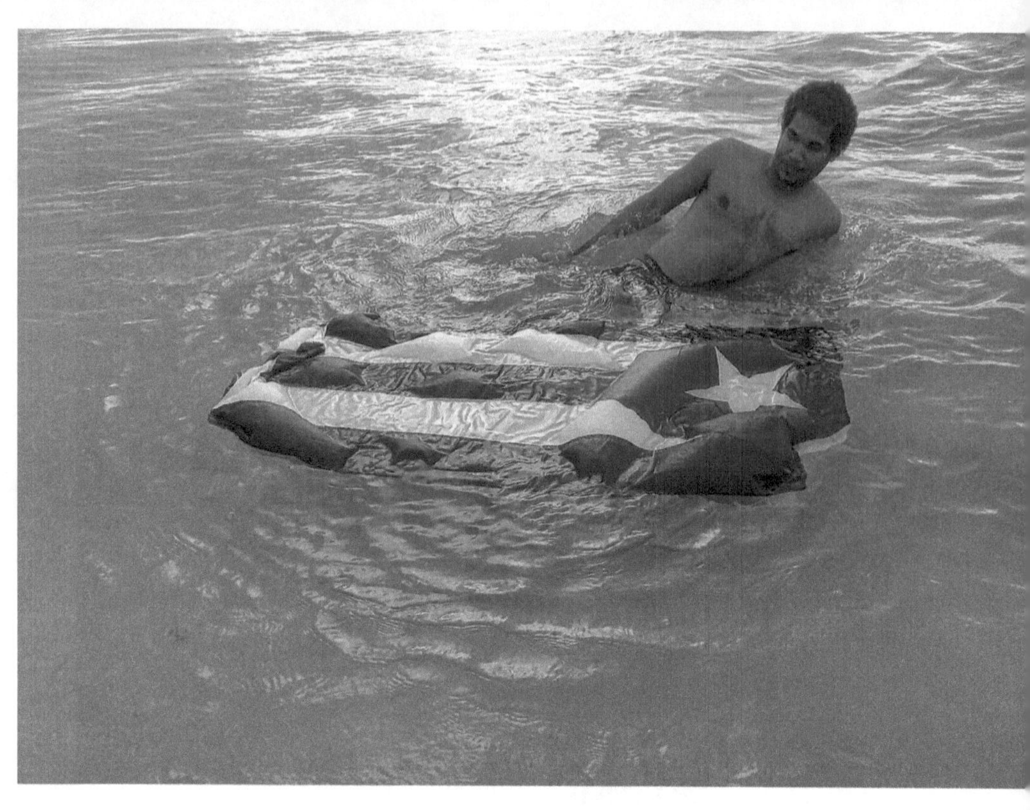

© Luis Manuel Otero Alcántara
Le drapeau, 2019. De la serie *Se USA*
Acción pública.
Cortesía del artista.

Una vez realizada la obra *Homenaje a Daniel Llorente* (2019), Fernando Rojas, el viceministro del Ministerio de Cultura, acusó al artista de anexionista.

Los comentarios de Rojas generaron un debate en las redes sociales y entre algunos intelectuales, con relación a la identidad nacional y los símbolos patrios.

De esta polémica surge *Le drapeau*, acción que consistió en llevar sobre los hombros la bandera cubana —«La bandera como mi segunda piel», era el slogan de la acción—, durante un mes (entre julio y agosto de 2019).

Una vez más, durante la acción, el artista fue arrestado por la Seguridad del Estado.

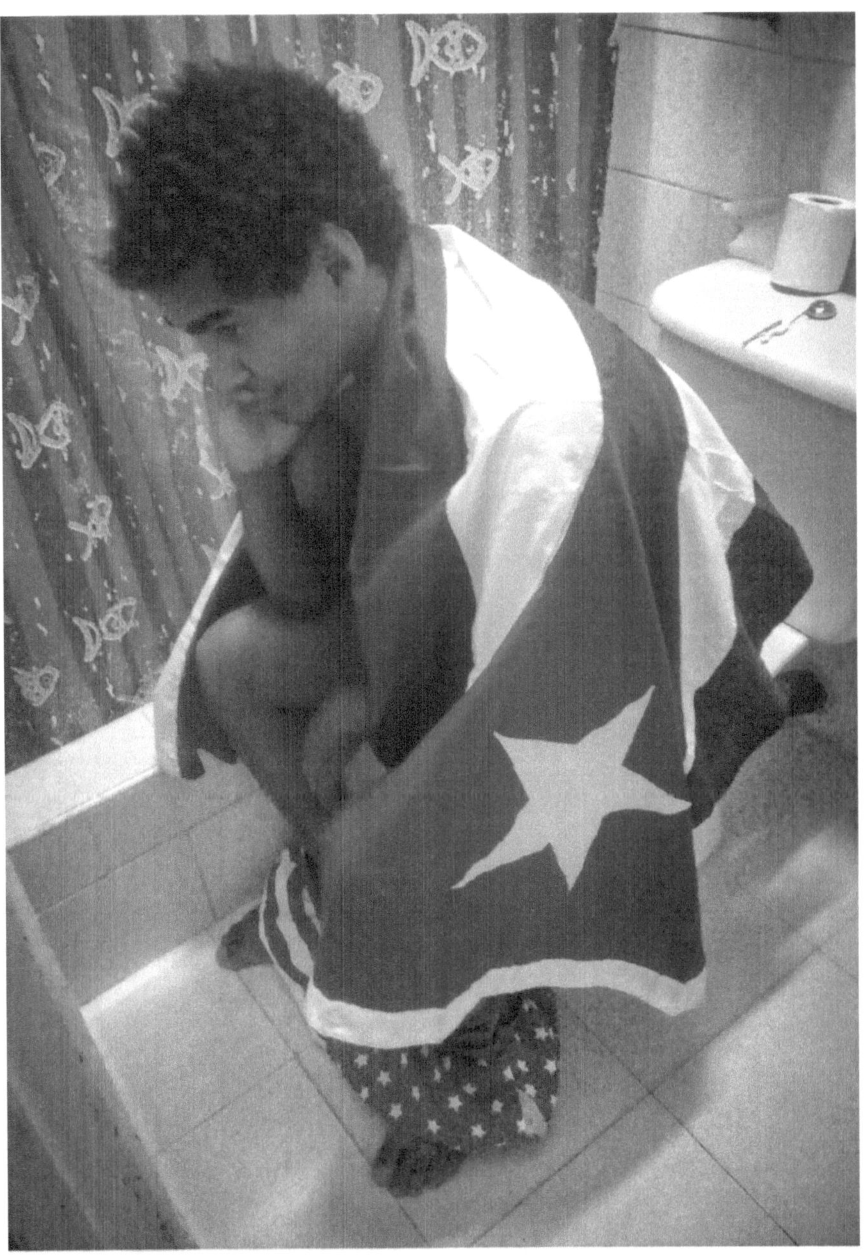

SECUENCIA DEL REPUDIO

CARLOS LECHUGA

EXT. / INT. CABAÑA – ANOCHECER

Andrés está fregando un plato de comida. Por la ventana observa que Santa llega corriendo. La perra brinca sobre ella. Santa está colorada, sudada, muy agitada. Andrés sale apurado de la cabaña.

ANDRÉS

Santa, ¿qué pasa?

Santa está muy agitada, tiene que calmarse, para poder hablar… Andrés la agarra por los hombros y la mira.

ANDRÉS

Santa, ¿qué te pasa? ¿Quieres agua?

Santa niega con la cabeza.

SANTA

Tienes que esconder tus escritos… Se han enterado…

Andrés se sorprende y disimula. Santa mira alrededor, tratando de descubrir dónde Andrés tiene su libro escondido.

ANDRÉS

¿Escritos? ¿Qué escritos?

SANTA

Ellos saben que tienes algo nuevo escrito… Otro libro «gusano» …

ANDRÉS

No… Eso no es verdad…

Andrés se pone nervioso, empieza a sudar. Santa lo sostiene ahora a él.

SANTA

No confíes en mí… No pasa nada… Pero toma medidas… El mudo te delató…

Andrés se mueve nervioso y niega con la cabeza…

ANDRÉS

Yo soy inocente. Tú has visto. Yo llevo años sin escribir…

                    SANTA

«Los factores» están preparándose para venir mañana…
                    ANDRÉS

¿Cómo?

                    SANTA

Mañana. Temprano. Lo siento… Lo siento…

Andrés se queda detenido. Santa le agarra las manos…

                    SANTA

Ahora me voy… Hazme caso… Por tu bien… Por favor…

Santa, agitada, corre abajo y se vuelve a ir. Se vira y observa a Andrés, indeciso e indefenso.

EXT. CARRETERA – AMANECER

Sale el sol. En un punto perdido de la carretera, están Santa, EL JEFE DE SECTOR (40), un policía gordito y bajito, y Jesús esperando. De un camino se acercan TRES COMPAÑEROS cargando unas latas de pintura negra y unas bolsas con globos de condones llenos de agua. Los compañeros se acercan a Santa y a Jesús.

EXT. CAMINO A CASA DE ANDRÉS – DÍA

El grupo de personas sube por el camino para casa de Andrés. Santa es la última. Santa observa las espaldas de todos los hombres que suben en grupo.

Santa observa las manos que llevan palos, huevos, globos de agua… Dos HOMBRES conversan y Santa los escucha…

                    HOMBRE 1

¿Y este qué hizo?

                    HOMBRE 2

Es un agente de la CIA, un «pone bombas»…

                    HOMBRE 1

Pues hay que darle con todo…

                    HOMBRE 2

Estos hijos de puta…

La mujer interviene.

                    MUJER

Dicen que estaba preparándose para hacer algo contra la Casa
de Cultura del pueblo…

Santa les va a responder, pero se calla porque Jesús, inquisidor, la observa desde adelante.

EXT. CASA DE ANDRÉS – DIA

Andrés siente un RUIDO, se acerca a la puerta. El grupo de personas se acerca. Andrés observa el grupo que llega. Al final del grupo, entre los cuerpos, ve a Santa. Santa lo mira con pena. Andrés sale.

ANDRÉS

Buenos días, ¿en qué los puedo ayudar?

Jesús se saca algunos cuerpos del medio y da el paso al frente.

JESÚS

Venimos en nombre del pueblo revolucionario…

ANDRÉS

Bienvenidos…

JESÚS

Ha habido una denuncia en su contra… Manténgase calmado, a un lado, y déjenos realizar el operativo…

ANDRÉS

Por supuesto…

El grupo de PERSONAS, encabezado por EL JEFE DEL SECTOR, sin pedir permiso, entra y empieza a registrar todo. Andrés los observa y con una sonrisa en los labios los deja pasar.

ANDRÉS

Pasen.

Jesús se acerca.

JESÚS

Quédese ahí tranquilo sin interferir…

ANDRÉS

Cómo usted diga…

El grupo comienza a desordenar y virar al revés la cabaña de Andrés. Andrés mira a Santa, que apenada lo mira.

Los hombres viran el colchón al revés y lo pican con un cuchillo. La guata cae al suelo. Debajo de la cama registran y ya no hay nada. Tiran a un lado el saco con las conservas y todos los pomos se rompen.

HOMBRE 1

Nada…

JESÚS

Busquen en la cocinita y en la letrina…

La vecina, con el palo, vuelve a salir y comienza a romper la letrina. No encuentra nada en la letrina. Jesús observa a todos los hombres que se miran entre sí y levantan los hombros. No han encontrado nada. Jesús se acerca a Andrés.

JESÚS

¿Dónde tienes el libro?

ANDRÉS

¿Qué libro?

JESÚS

¡No te hagas!

ANDRÉS

De verdad, no sé de qué hablan…

JESÚS

La autobiografía que estás haciendo…

Jesús mira a Santa sospechando. Ella con disimulo levanta los hombros y baja la vista… Jesús se acerca a Andrés …

JESÚS

¿Alguien te dijo que veníamos? ¿Te preparaste, verdad?

ANDRÉS

Compañero Jesús, no sé de lo que habla… Yo no he escrito una palabra hace años…

Andrés señala y mira a Santa.

ANDRÉS

Pregúntele a ella… que ha estado aquí vigilando… Yo no escribo, ni ando en nada raro…

Jesús mira a Santa, que no sabe qué hacer y baja la vista.

JESÚS

Sí, con ella ya hablaremos aparte.

Santa baja la vista, sabe que ha caído en desgracia. Andrés levanta los hombros.

JESÚS

Bueno, si no vas a colaborar, usted se lo buscó…

Jesús hace una seña con la mano y reúne a todos.

JESÚS

Este no colabora. Vamos a dejarle bien claro que la revolución es intocable…

Jesús, los trabajadores y los compañeros, como una manada de animales, con globos de agua en la mano, comienzan a GRITAR consignas.

JESÚS

¡Viva la revolución! ¡Abajo la gusanera!

COMPAÑERA 1

¡Abajo la gusanera!

Varias manos agarran los globos con fuerza. Jesús le da un globo a Santa y la mira para que tire.

JESÚS

Hoy tú eres la que más vas a tirar…

Todos comienzan a tirar globos contra la cabaña… Andrés observa cómo Santa, con los ojos aguados, le lanza un globo.

JESÚS

Coge otro y tira.

Santa agarra otro y lo tira. Andrés comienza a cubrirse y se adentra… Uno de los hombres agarra una brocha y comienza a pintar la cabaña con carteles: «Gusano» «Lumpen»… Otro empuja las débiles paredes, con la intención de destruir la choza. LA MUJER, vestida de militar, se acerca y saca a Andrés del brazo para afuera.

MUJER

¡Para afuera! Ahora no te escondas…

JESÚS

¡Viva Fidel Cojones!

ANDRÉS

¡Viva Martí!

Andrés se resiste y la mujer lo inmoviliza en el suelo. Andrés comienza a golpear a la mujer…

JESÚS

Vamos, que le está dando…

Santa se asombra… Jesús va a separarlos, pero aprovecha y golpea a Andrés también, en un enredo, para que no se den cuenta… Santa, con los ojos aguados, observa a Andrés tirado en el suelo.

GALERÍA

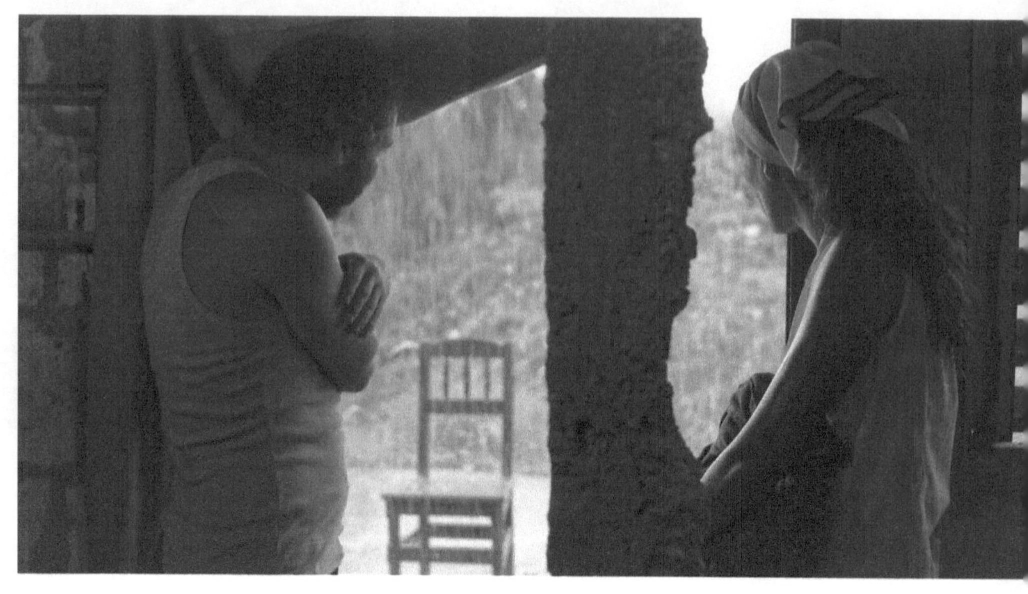

Santa y Andrés, 2016
Video digital. Duración: 107'
Dirección, Guión, Producción: Carlos Lechuga / Producción: Claudia Calviño / Co productores: Samuel Chauvin, Gustavo Pazmin / Fotografía: Javier Labrador / Edición: Joanna Montero / Música: Santiago Barbosa / Vestuario: Celia Ledón / Arte: Alain Ortiz / Sonido: Raymel Casamayor / Santa: Lola Amores / Andrés: Eduardo Martínez / Isabel: Luna Tinoco / Jesús: George Abreu / Mudo: César Domínguez. Imágenes cortesía del director.

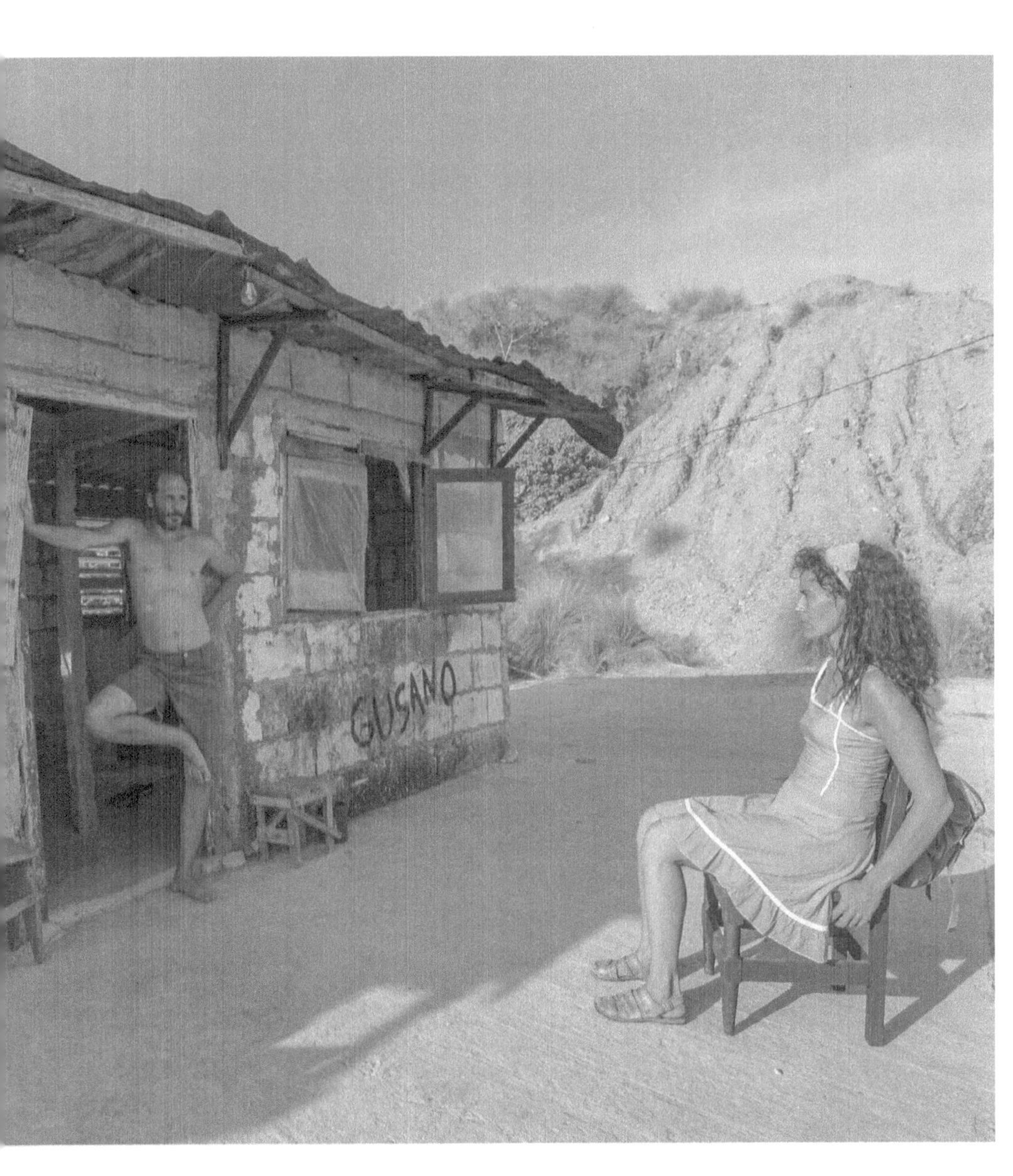
GUSANO

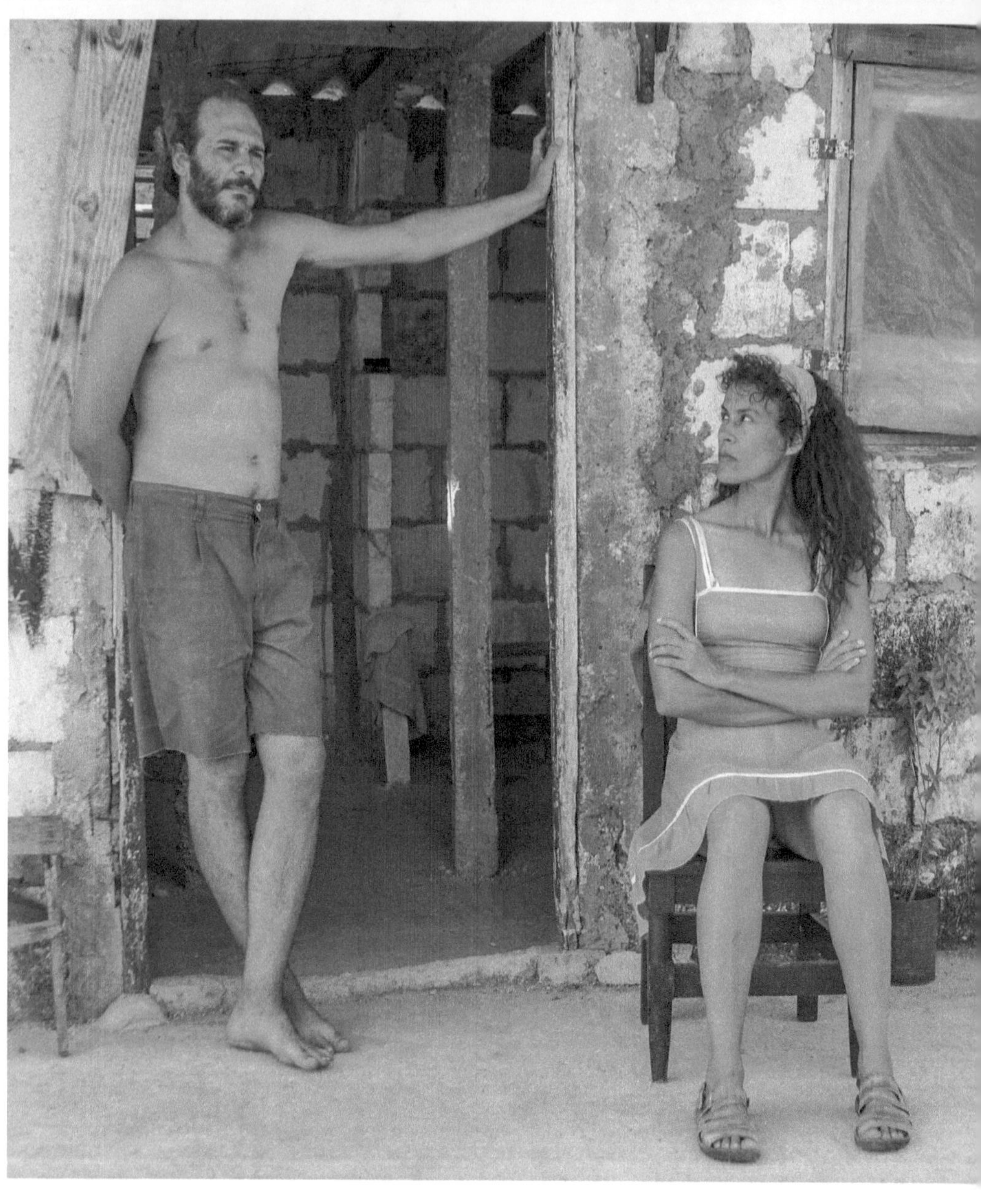

EL PASO DEL MULO EN EL ABISMO

Ahmel Echevarría

Es lento y seguro el paso del mulo en el abismo (Lezama Lima 1949). El mulo, el poema y Lezama nos permiten mirar y mirarnos, en y desde el presente, con una supuesta proyección lanzada hacia un porvenir. También permiten mirar hacia atrás. No hay mejor ni peor metáfora que la de ese animal «fajado por Dios, que entra poderoso en el desfiladero» (Ibíd.), para observarme a mí mismo en un devenir. El de Cuba. O mejor: el de la Revolución.

Ubicarme en ese marco temporal tiene un único afán: el del testigo o el supuesto testigo de un evento acontecido en el entorno de Lo Real. Sería un sujeto que, además de interesarse en el Archivo, también se afana en juntar fragmentos escamoteados del (re)cuento de la historia. A fuerza de creer, ese personaje comienza a sospechar.

Mientras (me) confirmo que el margen temporal al que haré alusión comprende las cuatro primeras décadas de la Revolución, una imagen vuelve a mi cabeza. En el centro de esa construcción o estado mental toma cuerpo una plazoleta, un estrado con un busto de Martí tallado en piedra blanca a un costado, y una bandera ondeando entre los rayos del sol filtrado en el follaje. En la imagen estoy vestido de completo uniforme. Soy un niño. Visto una camisa blanca de poliéster, *short* rojo, pañoleta azul. Es de mañana, Altahabana y Boyeros. La escena tiene lugar en una escuela primaria de diseño arquitectónico similar al de las becas esparcidas a lo largo de las zonas rurales. En el estrado, al director de la escuela lo acompañan varios profesores y un par de alumnos. Estoy situado debajo, parado casi al final de una de las tantas filas de pioneros reunidos en el área de formación.

Del director no solo recuerdo su brazo levantado y el índice enhiesto, ese mismo dedo acusador blandido por el Comandante de Oliva en Jefe Fidel Castro en sus discursos. Fijados en mi memoria están su cara y el tono de la voz. Se le hinchaban las venas del cuello. Perdía casi la voz cuando, con la tensión arterial por los cielos, nos arengaba según las efemérides del día o la más importante del mes. Una vez en el aula le tocaba el turno a la maestra. Su perorata nos cercaba y cundía en otro tono; dígase así: era medio maternal, incluso, cuando la movía el espíritu de la Revolución. Ella era una mujer «de Patria o Muerte», decía emocionada.

¿A qué viene esta estampa de finales de los 70 y principios de los 80? Tanto en la plazoleta como en el aula se ponía en marcha una suerte de dispositivo de captura y control. Ese dispositivo a la par «iluminaba» y todavía «ilumina» con una bombilla de luz negra, el devenir de la Revolución. Era y es un dispositivo que propicia, en sentido figurado y real, la captura y el encierro.

Si «en el sentado abismo, paso a paso, solo se oyen, las preguntas que el mulo va dejando caer sobre la piedra al fuego» (Ibíd.), como el animal en el poema lanzo sobre el mismo pedrusco ardiente una interrogante: ¿La cubana es una sociedad disciplinaria o de control? «Si en las sociedades de disciplina siempre se está empezando de nuevo —de la escuela al cuartel, del cuartel a la fábrica—, mientras que en las sociedades de control nunca se termina nada —la empresa, la formación, el servicio son los estados metastables y coexistentes de una misma modulación, como un deformador universal—» (Deleuze 1991), ¿acaso en Cuba no se vinculan ambas características?

El niño, tras abandonar el espacio doméstico, alejado de los agenciamientos de los padres, de ese desear el Bien cualquiera sea el supuesto «querer el bien» para el niño, entra en la órbita de disciplina/control desplegada por una cándida y vieja maestra y un férreo director. Pero quienes hablan a los pioneros en el aula y la plazoleta no son exactamente una mujer y un hombre cualesquiera. Lo que todavía escuchan las sucesivas generaciones de alumnos es la voz del hombre vestido con un traje oliva y grados de Comandante en Jefe. Es la voz de un hombre muerto, traducida y multiplicada *ad infinitum*. Entreverado en fórmulas, reglas ortográficas y efemérides, fluyen los comandos de una ideología al servicio de un Estado, y, sobre todo, en beneficio de una suerte de Junta Militar camuflada en los giros del discurso del fallecido Comandante.

LUZ NEGRA

«Vocación de narrador es vocación de testigo» —escribe Lorenzo García Vega (2007), quien, además, se pregunta si puede testificar el que vive en un más allá de sí mismo. Tras un súbito recuento de *Los años de Orígenes*, en mi cabeza estallan nuevas interrogantes: ¿Dónde estamos viviendo? ¿Podemos testificar? ¿Qué ha pasado con nuestros testimonios?

«¿Puede ser testigo quien deja de ver lo que supera al sujeto del objeto?» (Ibíd.), nos dice García Vega. A lo cual agrego: ¿Qué hemos estado viendo? ¿Qué nos está superando? Ante la imposibilidad de testimoniar y la probabilidad de perpetrar un ensayo donde se derive hacia el error, pienso entonces en un descabellado ardid: la transcripción de un sueño donde incluyo, sin pudor, una sumatoria de eventos aparentemente baladíes. Casi como hizo Mario Levrero en *La novela luminosa*.

En el veleidoso diario —porque justo eso es *La novela luminosa*—, Levrero registra lo «intrascendente»: delirios, enfermedades, síntomas y medicamentos, obsesiones, la composición de su dieta, conversaciones, comentarios de lecturas, detalles de las caminatas en la ciudad, el cortejo y la cópula entre una paloma viva y una muerta, la adicción a los juegos de cartas de Windows y a la programación en Visual Basic, el corrimiento de los horarios de la vigilia y el sueño y con ello la alteración de las rutinas…

Tal como Levrero, lo anotaría todo para justificar la no concreción del texto pactado. En el caso de Mario Levrero se trató de una novela. En el mío, de un ensayo. Sin embargo, allí donde parece verificarse la imposibilidad de crear, de novelar, Mario Levrero arroja luz sobre su vida. Consigue a su pesar un texto muy singular.

Puesto que en el siglo XXI una novela y un ensayo se parecen más a un virus y no a lo que una vez dictó el canon, el virus muta una y otra vez buscando no liquidar al hospedero, entonces el diario de Levrero es una intensa y ambiciosa novela. El texto proyecta un haz, nos devela lo que nunca hubiéramos podido saber del autor a propósito de los entresijos de su vida. Visto así, dígase: transfigurado en la transcripción de un sueño, mi ensayo aspira a pensar no tanto las prácticas democratizadoras en la Cuba actual y sí, la consecuente violencia política como réplica gubernamental. En el ensayo previamente pactado, una metáfora se instalará cual punto de partida: la luz negra. Sí, esa extraña luz de la que se echa mano para iluminar ambientes oscuros y destacar algunos colores sobre otros, buscando un efecto singular. La bombilla de marras sepulta en la oscuridad el resto de los colores y desplaza a un primerísimo plano lo blanco, lo fluorescente. ¿Lo impoluto? ¿Acaso no es una práctica común en los regímenes totalitarios, «iluminar» a su antojo determinado «objeto», a partir de un antinatural juego de luces y sombras? Entiéndase por «objeto» un capítulo de la historia (el desembarco del Granma); un individuo (José Martí); un escenario rural (la Sierra Maestra) o urbano (la Plaza de la Revolución); un inmueble (el cuartel Moncada); un cultivo (el *Coffea arabica* o la «dulce gramínea»); incluso, un animal (Ubre Blanca).

Tal cual sucede en una discoteca, a fuerza de durar, el incómodo efecto de iluminación obligará al ojo a acomodarse. El poliéster blanco, la misma tela empleada en el uniforme de los pioneros, resaltará bajo el disparo blanco violáceo de la bombilla del totalitarismo. Irreal y cotidiano, el atroz diseño de luces sepultará cualquier tipo de práctica democratizadora.

Antes de perpetrar la transcripción del sueño, una larga interrogante se instala en mi cabeza: ¿Al igual que Levrero, pero teniendo de norte la violencia política como réplica gubernamental, podré registrar lo microscópico, lo aparentemente baladí, la enfermedad y la medicación, las obsesiones, el corrimiento de horarios y la abolición de rutinas, costumbres y tradiciones bajo el encierro? ¿Incluso, tendrá su espacio la necrofilia, entendida aquí como el gesto de apelar a una iconografía de próceres previamente deslavada y editada para luego inocularse en el imaginario social, cultural y político?

EN VEZ DE UNA ESFERA, UNA LONGANIZA DE HIERRO DE PARCO FULGOR

Se trató de un sueño. ¿Un mal sueño en una lluviosa noche de un 25 de mayo de 2020? Supongo que no. Tanto en mi sueño como en el viejo Ford Crown Victoria, al volante iba Orlando Luis Pardo Lazo. El escritor, el fotógrafo, el activista. No hablaré de Orlando Luis en el párrafo que sigue, sino del automóvil:

En los Estados Unidos, el rol del Crown Victoria era equivalente al que todavía tiene el Lada 2107 en Cuba. Esta comparación no está interesada en las dimensiones, la comodidad, tampoco en las prestaciones. Sino en los usos y los públicos que viajan en el asiento trasero de ambos autos. Flotas de Lada 2107 y Ford Crown Victoria han circulado en formato patrulla y en modo taxi amarillo. PNR (Policía Nacional Revolucionaria) o DSE (Departamento de Seguridad del Estado) / NYPD (New York Police Department) o FBI (Federal Bureau of Investigation); Cubataxi / Yellow Cab. Razones solo justificadas por lo onírico de un sueño, o por las segundas lecturas que de un sueño o un artículo pueden propiciar un psiquiatra y un escritor, situaban a Orlando Luis al mando de un carro de segunda mano otrora taxi o patrulla.

Orlando manejaba atornillado al asiento. Lo supe, cuando Mariela Castro Espín, con un par de señas, me conminó a mirar por entre los barrotes. Las barras de acero corrugado nos separaban del habitáculo reservado al chofer y a un supuesto copiloto, si aquel viejo carro hubiera sido una patrulla.

A estas alturas no logro extraer del sueño, es decir, de los fragmentos que del sueño todavía puedo recordar, por qué Mariela Castro y yo viajábamos en un mismo carro. Sé que en Ciudad México puedes compartir un Uber, cual variante de taxi rutero. Según me explicaron, porque nunca tomé uno, puedes compartir la ruta con alguien que no conozcas, que viaje en una dirección más o menos similar a la tuya, y previamente o después de ti haya contratado el servicio. Desconozco si en USA hay una versión tan solidaria con el planeta y los pasajeros, ¿tan (pos)proletaria, diría Orlando? Porque Mariela, Orlando y yo estábamos en Saint Louis, Missouri, dentro del Ford, parqueados a la salida del mirador con forma de gran arco, las ventanillas abajo y un calor cabrón. Entonces, el Crown Victoria debía ser un Uber.

En mi sueño no podía explicarme la presencia de Orlando Luis atornillado a una variante de silla eléctrica, con las manos encadenadas al volante, porque el Ford era automático. ¿Orlando manejaba así tras la ira de varios lectores a propósito de la novela *Espantado de todo me refugio en Trump*? (Pardo Lazo 2019). Desde «un cenicero del Mid-West llamado Saint Louis» (Ibíd.) el narrador-personaje llamado Orlando espeta:

> *Me odian en Missouri igualito que en nuestra Cuba, donde me odiaba desde el Ministro de Cultura en persona, hasta su más sumiso súbdito (…).*
> *Lo cierto es que los cubanos no hemos hecho nada con exiliarnos. Seguimos en las mismas. En la misma miasma.*
> *Y no me odian únicamente a mí. No.*
> *Mis colegxs latinxs de izquierdx odian que Castro no me haya asesinado en una cuneta cubana. Odian que la Revolución me haya expatriado sin antes extirparme la lengua. Odian hasta el oxígeno exógeno que estamos forzados a compartir en clase, pulmón a pulmón. Como odian la forma de mi entrepierna entreabierta entre los pupitres del aula.*
> *Me odian porque me temen. Los tengo aterrados. Como conejillos de izquierda.*

Si Orlando condujera una variante de Uber en Cuba, quizá estaría clavado a una silla de madera y el cuello apresado en el mecanismo del garrote. Llevaría la mano derecha esposada a la palanca del Lada, la izquierda amarrada con alambre al timón.

Justo cuando el sol colgaba de su punto más alto, en mi sueño me vi sentado en el meridiano del arco de St. Louis. Sí, porque en un sueño cumples un raro doble rol: el del narrador extra diegético y el del personaje. Entonces era el mediodía en mi sueño. Padecía el resistero del sol sobre el techo del arco y no dentro del mirador refrigerado. Sin embargo, el escenario de cuanto acontecía en mi cabeza no era el exactamente St. Louis.

Demasiado sofoco el mío allá en el arco, calor de horno a vapor. El sol se filtraba entre el fieltro gris nuboso. Demasiada humedad y nada de brisa. Con la pulsión del suicida, o con la de quien sabe que el único modo de bajar es lanzarse y planear como un ladrillo, sacaba medio cuerpo al vacío. Para calcular. Para decidirme. Yo, tan solo en la coronilla de aquella estructura levantada como un par de piernas sin cuerpo, muy abiertas, sobre un islote de pavimento gris. Podía amortiguar la caída allá en el pasto verdísimo con moscardones y paseantes sofocados, pero un ladrillo no planea tanto. El arco rebrillaba.

Frente a mí corría lento y gris el Mississippi crecido por sobre las riveras, ¿o era ya el Missouri? Detrás no había rastros del *downtown*. Donde debían estar los rascacielos y edificios chatos se destacaban, cual pústulas entre los cañaverales, las barracas de las Unidades Militares de Ayuda a la Producción (UMAP). Debía lanzarme si quería abandonar la soledad del pensador de fondo. Otra cosa no debía estar haciendo yo en la coronilla del arco, sin barbijo, sin la Covid-19 rodeándolo todo como un cáncer.

Me sentía solo como carajo. Una sensación similar padecí ciertas noches de Miami, Washington DC, New York, St. Louis. Una soledad similar me ha corroído en La Habana, Cienfuegos, Matanzas, Santiago. *The United Solitude of América* —me dije, y no pensaba solo en Estados Unidos.

Arrojarse al vacío en un sueño y no llegar al piso es un lugar común. Y de mi lugar común la estación siguiente fue despertar con el corazón pateando a mil, azorado, intentando asociaciones en el trayecto de la cama al baño. Trataba de encontrar pistas mientras descargaba la vejiga sentado en la taza —para no mear los bordes.

No hay peor noche que aquella donde empatas un sueño en el que te lanzas al vacío. Pero no hay mejor noche que aquella donde te encuentras por segunda vez en un sueño con alguien entrañable, aunque hayas decidido desafiar la gravedad. Por si fuera poco, cuando me volví a dormir Mariela Castro Espín todavía estaba allí. Volvíamos a coincidir dentro del Uber, los dos, sin nasobucos. Es decir, los tres, porque Orlando seguía atornillado al asiento y encadenado al volante.

Íbamos atravesando valles, a bordo de aquel Ford tan viejo como un tren lechero camino a Camagüey. Porque si detrás del arco de St. Louis no estaba el *downtown*, sino una llanura de interminables cañaverales atestada de campamentos cercados con vallas de 27 pelos de alambre erizados en púas, con sistema antifuga y garitas con soldados portando armas largas, otro no podía ser el destino. Al menos, no en mi sueño.

«El destino travieso me coloca bien lejos de aquí», cantaba un Silvio comprimido en mp3 desde el estéreo del Uber. Y «lejos de aquí» era estar muy lejos de la casa de Orlando en St. Louis, de mi casa en Habana del Este, y de donde sea que esté y del tamaño que tenga la casita de la Castro Espín.

Mariela se quitó los espejuelos, sonrió, se ajustó el turbante.

A propósito de esos retos que pululan en Facebook *a-favor-de* y *en-oposición-a*, para el #ChallengeAfricano se enrolló el corte de tela en la cabeza y posó para unas fotos que postearía en su perfil.[1] «Es mi granito de arena por África…, me quedaba tan bien que decidí dejármelo» —dijo.

A través de la ventanilla entraba el aire caliente de un Camagüey anterior a la división político-administrativa de 1976. Los vuelos o vueltas de su turbante eran azotados por las ráfagas y subió la ventanilla dejando solo un resquicio entre el cristal y el marco de la puerta. La uña de su índice golpeó varias veces el cristal. Entonces dijo: «¡Mira…! ¡Míralos… si es como si fueran a la escuela al campo!».[2]

Me volví hacia ella. Me quedé colgando de los puntos suspensivos en espera de escuchar lo que faltaba en la oración. Mariela viajaba detrás del asiento del copiloto. Y allí, en la zona hacia donde el cañón de su índice apuntaba, ruidoso y sacudiéndose, avanzaba un larguísimo tren con pasajeros y guardias armados. Estábamos en medio de La Nada. Al igual que Silvio en el archivo mp3, Camagüey era una provincia nueva para mí.

¿Sabías que en ese tren viajaron los chamacos que fueron a alfabetizar? —algo así dijo Orlando al volverse hacia atrás. Además casi dijo: Ahora en el mismo tren algunos de esos chamacos van para las UMAP.

Tal como escribió Borges en «El Aleph», lo que vieron mis ojos fue simultáneo, lo que transcribiré sucsivo, porque el lenguaje lo es. Algo, sin embargo, recogeré:

Aquel tren era una longaniza de metal de un parco fulgor en cuya superficie acontecían, o se reflejaban, eventos a un mismo tiempo. Una

---

[1] La captura de pantalla del post de Mariela Castro aparece en el artículo «¿Qué ha pasado con el Challenge Africano en Cuba?», de Alina Herrera Fuentes (https://negracubanateniaqueser.com/2020/05/23/que-ha-pasado-con-el-challenge-africano-en-cuba/).

[2] Mariela Castro, directora del Centro Nacional de Educación Sexual de Cuba (CENESEX), fue invitada por Edmundo García a su programa de YouTube *La tarde se mueve*. Hablaron sobre las Unidades Militares de Apoyo a la Producción (UMAP). Fragmentos de la conversación aparecen en «Mariela Castro: las UMAP fueron como una escuela al campo» (http://diariodecuba.com/cuba/1588974952_19112.html).

longaniza casi infinita. En el tren viajaban alrededor de 30.000 hombres[3] la mayoría jóvenes reclutados por el Servicio Militar Obligatorio (SMO) custodiados por militares con fusiles. Reflejadas en las ventanillas vi el alba y la tarde y las noches donde los chamacos, mocha en mano, cortaban abajo bien abajo cañas y tendones de brazos y piernas. El jugo de la caña y la sangre humedecían la hoja de acero; para que perdurara el efecto y propiciara la baja médica, cubrían con fango las heridas. Y sin conocerlos de nada, es decir, sin que aconteciera un encuentro previo entre esos chamacos y yo, vi la cara de Héctor Santiago,[4] la de Benjamín de la Torre,[5] la del Alberto L. González Muñoz,[6] la de Víctor Mozo,[7] la de Félix Luis Viera[8] y la de Jorge Ronet.[9]

Pensando que era un aura, vi volar sobre el tren una enorme paloma negra.

Fueron tantos los eventos reflejados al unísono en aquel aleph atroz, que debí hacer un punto y aparte para mirar a Mariela. ¿En verdad se podían comparar cuarenta y cinco días, o el mes, en la Escuela al Campo con tres años de SMO en los campos de trabajo forzado bajo mando militar? Y yo, que nunca quise, pero tuve que ir a la Escuela al Campo en la otrora provincia Habana en los 80, hice un recuento de mis jornadas agrícolas, de solaz y de «extrañadera» en Güira de Melena, San Antonio y Melena del Sur.

---

[3]   *The UMAP, las Unidades Militares de Ayuda a la Producción, were agricultural forced-work camps operated by the Cuban government between November 1965 and July 1968 in the east-central province of Camagüey. Two years before the first internees were sent to UMAP camps, the Cuban government published Law 1129, which established a three-year SMO – Servicio Militar Obligatorio (Obligatory Military Service). Under the pretense of the SMO, those considered unfit for the regular military service were sent to the UMAP camps. Two former Cuban intelligence agents have both estimated that of approximately 35,000 UMAP internees (...).* En Tahbaz, Joseph: *Demystifying las UMAP: The Politics of Sugar, Gender, and Religion in 1960s Cuba* (http://www1.udel.edu/LAS/Vol14-2Tahbaz.html).

[4]   Héctor Santiago: Teatrista; estuvo vinculado a Ediciones El Puente, controvertido proyecto cultural de la Cuba de los 60.

[5]   El breve arco de tiempo vivido por Benjamín de la Torre está contenido en el testimonio *Benjamín. Cuando morir es más sensato que esperar*, de Carolina de la Torre.

[6]   Alberto L. González Muñoz: Pastor, presidió la Asociación Convención Bautista de Cuba Occidental desde 2002 al 2007. Escribió *Dios no entra en mi oficina*, un libro de memorias a partir de su experiencia en las UMAP.

[7]   Las crónicas de Víctor Mozo, donde relata su experiencia en las UMAP, están publicadas en el blog *El Lugareño* (http://www.ellugareno.com/search/label/Victor%20Mozo).

[8]   Félix Luis Viera es autor de la novela *Un ciervo herido*, en la cual recrea su experiencia en las UMAP.

[9]   Jorge Ronet escribió *La mueca de la paloma negra*, libro de memorias sobre su experiencia en las UMAP.

No tenía comparación con la vida en las barracas de las UMAP, el *bullying* brutal que vi en los albergues, letrinas, duchas o en los campos del *brave new world* que la Revolución seguía construyendo, según sus eslóganes. Acaso, porque se trataba de un régimen disciplinario y de control enfocado en el encierro y el trabajo agrícola cual método pedagógico, donde importaba poco o nada la eficiencia económica, ¿eran similares las Escuelas al Campo y las UMAP?

¿Mi compañera de viaje se refería solo a las Escuelas al Campo de los finales de los 60 y principios de la década siguiente? ¿Acaso, porque viajaron en trenes similares y se alojaron en barracas con literas, la comida era poca y mala, y el trabajo agotador la experiencia debía ser parecida? ¿Las preguntas que me hacía contenían palabras en inglés, porque en el inicio del sueño estaba yo en St. Louis? Miré primero al turbante, después la cara de Mariela, luego al tren. En el casi infinito y opaco aleph vi el rostro de un muchachito absorto. Orlando se volvió y dijo: «Ese es Arturo La Estrella más Brillante y no lo dudes, porque…».

Dejó la frase en suspenso y yo, entre el zumbido del viento que entraba por la ventanilla a medio abrir y el sonido del tren, escuché una voz en sordina. Era la voz de Reinaldo Arenas doblada por Javier Bardem: «(…) el delirio de la construcción, el hechizo, el goce de la creación, era el poder de hacerlo todo, el poder de participar en todo, el poder de poder zafarse de pronto de la mezquina tradición, de la mezquina maldición, de la miseria de siempre, el rompimiento con esa figura tenebrosa, encorvada, pobre, asustada y esclavizada que había sido él (Que son ellos, los otros, los demás, todos) y ahora, libre, Dios, crear el universo añorado, su universo (…) (Arenas 1984)».

Tras la voz de Bardem-Arenas escuché tres disparos.

Vi también estadios de pelota situados en la ruta a Camagüey, iluminados por reflectores en la alta madrugada; estadios sin peloteros ni público, pero con centenares de hombres en su mayoría jóvenes reunidos en el terreno, y vigilados por militares con armas largas y las bayonetas caladas. Sí, aquellos hombres del SMO serían arreados y montados en convoyes de camiones con destino a una terminal como la Estación Central de Trenes en La Habana Vieja, y luego, tras sacarlos del estadio, los subirían a otra caravana de camiones rumbo a los campamentos esparcidos entre los cañaverales.

Reflejado en los cristales vi seis corros de muchachos muy afeminados, cada grupo tenía un militar al centro. Los militares tenían el mismo rostro, o el mismo sujeto había sido clonado seis veces. Lo llamaban Alférez y el alférez les mechaba el culo con sus múltiples pingas. Ese mismo militar clonado recibía luego un machetazo de un negro abducido de la prisión del Castillo del Príncipe y reubicado en las UMAP, al que llamaban Elegguá. Y también vi y escuché a un corro que se maquillaba el rostro. Muy cerca del grupo, Héctor Santiago explicaba tácticas y estrategias: «Un ladrillo molido proveía polvos de distintos tonos —desde naranjas a colorados—, que al igual que las tierras y las arcillas se podían ligar con aceite creando una pasta, el talco ligado con mercurio cromo servía de colorete para los pómulos, los jugos de algunas flores silvestres servían como pintalabios, para las pestañas se mezclaban el hollín de las velas y del fondo de las cazuelas con sebo o manteca, y el betún de zapatos. Las sombras para los párpados se sacaban del óxido verde del cobre, raspando los espejos y las limallas de los machetes al ser afilados, aplicándolo ligado con grasa. Los rostros de geishas de «Sayonara» se lograron con loción de calamina y polvos de zinc» (Santiago 2019).

Vi uniformes entallados en la brigada de confinados camino al cañaveral, llevaban sombreros de bordes deshilachados y flores secas cosidas al guano. Con un par de quillas agrandaban las patas de los pantalones las «damas de compañía» en la boda de dos confinados, celebrada en una barraca.

Vi mucho más, como aquel inmenso arco levantado sobre la línea del tren, en cuyo lomo se podía leer: «EL TRABAJO LOS ARA LIBRES». ¿Era una señal la ausencia de la H en el verbo? Mutado el verbo HARÁ en sustantivo ARA, los campamentos de trabajo forzado se erigían entonces como pedestales. Si el verbo perdía su función, significaba que el duro trabajo agrícola nunca equivaldría a la verdadera libertad de los más de 30 mil confinados.

El arco era tan alto como el de Saint Louis. En el punto medio entre las «dos piernas» tenía una enorme bombilla de luz negra. Ya el casi infinito tren había introducido la locomotora y los primeros vagones; desde el Ford ese tercio del convoy tenía un aura diferente, un rostro otro, remarcado por una enorme tela de poliéster blanco, impresa con tinta fluorescente: *UMAP: forja de ciudadanos útiles a la sociedad.*[10]

Fue Orlando el que dijo: «¿Lo viste, Ahmel? Fíjate bien, mira eso… no es un aura ni una paloma». Al arco lo sobrevolaba un zepelín a ras del letrero. En él viajaban el Mayor Ernesto Casillas y el Capitán Quintín Pino Machado. El zepelín tenía un rótulo: Mayor General Ignacio Agramonte.

«En el infierno no todo es infierno —dijo Orlando tras volverse hacia nosotros, movía los brazos según el grado de libertad y movimiento permitido por las cadenas—, recuérdalo cuando te llegue la hora de narrar lo que crees que debes narrar».

---

[10] *Lead* del artículo «UMAP: forja de ciudadanos útiles a la sociedad» (*El Mundo*, jueves 14 de abril de 1966): Brillante iniciativa de cuadros militares. Fidel les dio nombre. Un ejército más con que cuenta el pueblo para defenderse.

Mariela Castro, que miraba a Orlando, entrecerró los ojos. Vi en su rostro una sonrisa y en su mano un breve abaniqueo. ¿Un gesto de desdén? Antes de repantigarse en el asiento y dormir, miró por última vez la escena nupcial reflejada en las ventanillas del segundo tercio del convoy, que pronto atravesaría el arco. Y sonrió.

A bordo del Ford ella dormía. ¿Al igual que Silvio en el estéreo imaginaba cantos soñando un porvenir? ¿Qué cantos, qué porvenir...?

Orlando hizo sonar las cadenas y rogó que no me preguntara nada más, porque la iba a despertar —y señalaba a Mariela—, que del viaje todavía quedaba un tramo demasiado largo y prefería manejar con «esa mujercita bien dormida».

Cruzamos miradas a través del retrovisor. Él hizo un guiño. Asentí. Entonces apretó el acelerador.

El monótono ruido del motor no era mayor que el súbito alarido que sentí. Miré hacia el último tercio del convoy: vi un hombre en la noche amarrado a un poste, vestido solo con un pantalón militar, en la cabeza tenía una corona de marabú y en el torso, los brazos y la cara, un manto de mosquitos; otro había sido enterrado en un hueco hasta el cuello y a su alrededor varios soldados reían; un tercero fue obligado a hundirse hasta el mentón en el agujero de los excusados anegado en mierda y orina; del cuarto, conducido hacia un claro en la maleza por un sargento y varios soldados armados con fusiles y balas salvas, no quise saber nada más.

A través de las ventanillas el tren, el arco y el zepelín se fueron quedando atrás, muy atrás. A babor y a estribor del Crown Victoria el paisaje seguía siendo un mar de cañaverales rizados por la brisa, con algunas palmas y árboles destacando sobre el fondo azul moteado en blanco. «¿*Brand new day*...?» —dije, para mí, y no dije más.

El Ford se acomodaba bastante bien a la carretera. Tras cada bache chirriaban las cadenas que colgaban entre los brazos y el timón de un Orlando que, mientras conducía, recitaba un largo poema.[11]

EL SONIDO DE LAS PREGUNTAS QUE EL MULO VA DEJANDO CAER SOBRE LA PIEDRA AL FUEGO EN EL ABISMO

El reto de todo texto es su proyección de futuro, esa manera en que, desde el pasado, intenta leerse y ser entendido en un porvenir alejado del alcance

---

[11]   Se trata del texto «Pésimo poema» publicado en http://orlandoluispardolazo.blogspot.com/2010/06/pesimo-poema.html?m=1

de la bombilla de luz negra. El reto mayor serían las preguntas y no las respuestas que pretenda formular. Sí, como las del mulo en el poema de Lezama, esas interrogantes que va dejando caer sobre la piedra al fuego, allá en el abismo. El sonido de las preguntas crepitando en los guijarros al rojo vivo.

BIBLIOGRAFÍA

Arenas, Reinaldo (1984): *Arturo, la estrella más brillante*. Barcelona: Montesinos Editor.
Deleuze, Gilles (1991): «Posdata sobre las sociedades de control». En Ferrer, Christian (Comp.): *El lenguaje literario* (T. 2). Montevideo: Ed. Nordan.
De la Torre, Carolina (2018): *Benjamín. Cuando morir es más sensato que esperar*. Madrid: Editorial Verbum.
García Vega, Lorenzo (2007): *Los años de Orígenes*. Buenos Aires: Bajo la Luna.
González Muñoz, Alberto L. (2003): *Dios no entra en mi oficina*. Editorial Bautista.
Lezama Lima, José (1949): «Rapsodia para el mulo», en *La fijeza*. La Habana: Orígenes.
Pardo Lazo, Orlando Luis (2019): *Espantado de todo me refugio en Trump*. Editorial Hypermedia.
Ronet, Jorge (1987): *La mueca de la paloma negra*. Madrid: Editorial Playor.
Santiago, Héctor (2019): *La homofobia de Estado en Cuba: un recuento de sus primeros años*. En https://blogacademiaahce.blogspot.com/2019/06/las-manifestaciones-artisticas-y-la.html.
Viera, Félix Luis (2003): *Un ciervo* herido. Puerto Rico: Editorial Plaza Mayor.

GALERÍA

Julio Llópiz-Casal
Juan Pablo Estrada
Marco A. Castillo
Levi Orta

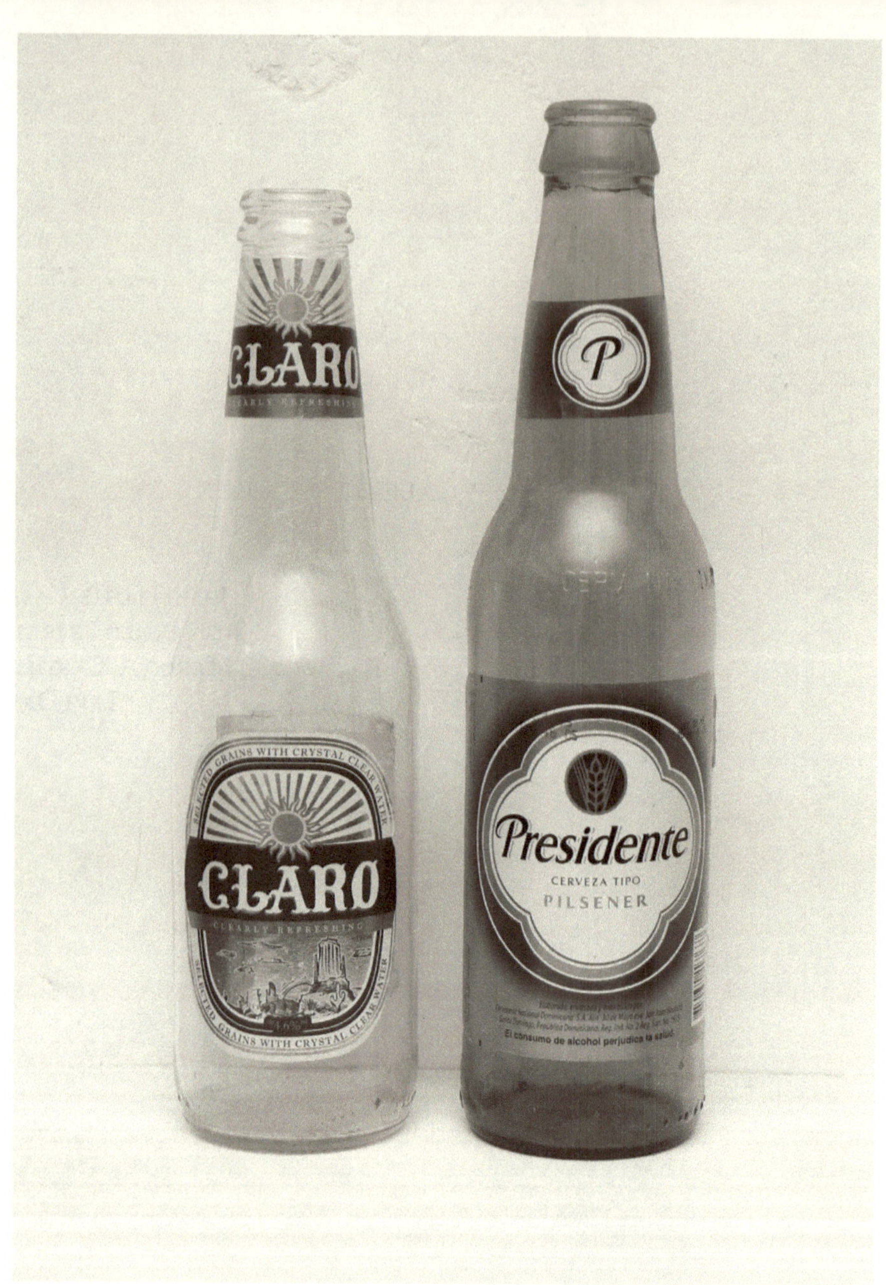

© Julio Llópiz-Casal
Claro presidente, 2015
Instalación.
Cortesía del artista.

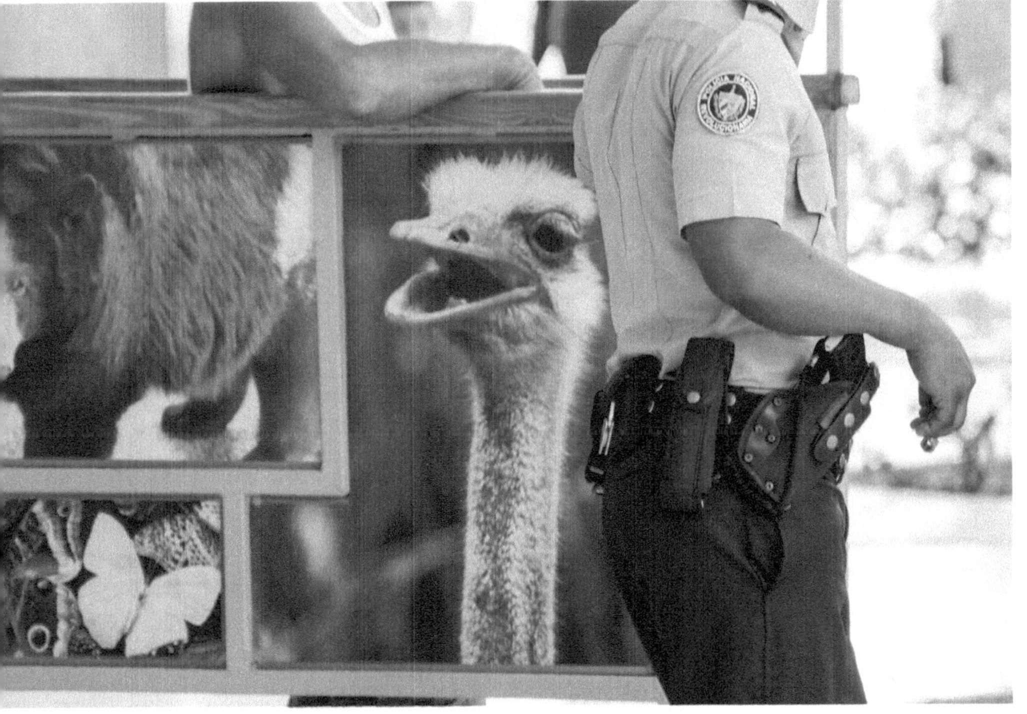

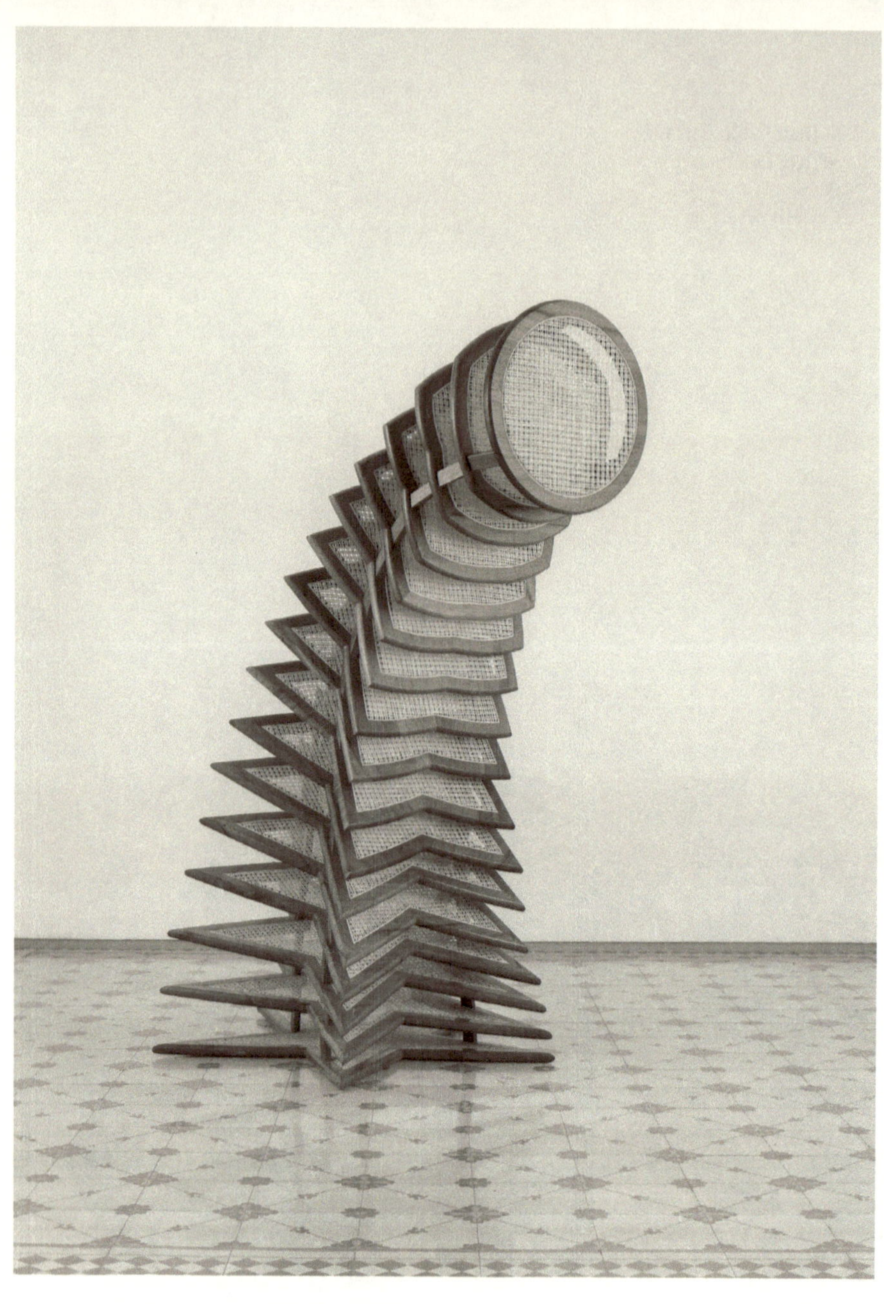

© Marco A. Castillo
Córdoba (vertical), 2020
Madera y pajilla.
Cortesía de KOW, Berlín.

El partido de un solo hombre, 2015
Acción-instalación.
Documentos certificados ante notario y estatutos de partido.
Cortesía del artista.

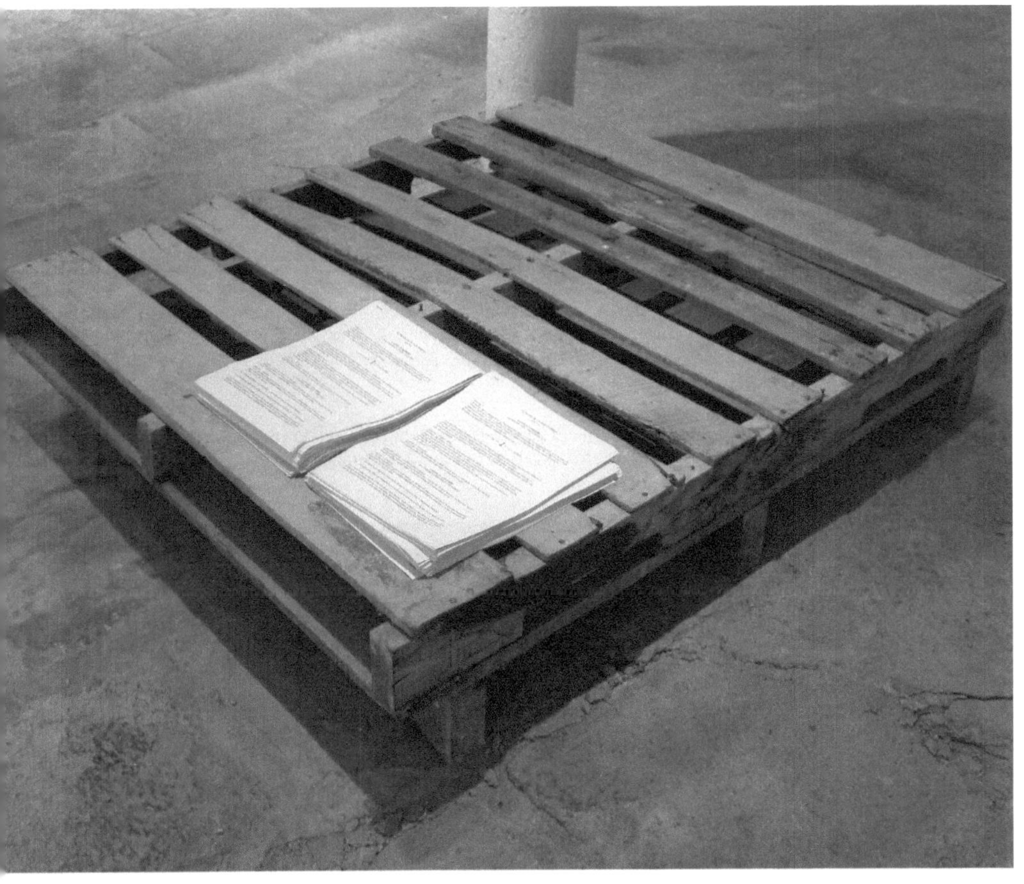

-El Partido de Un Solo Hombre-
Estatutos

CAPÍTULO PRIMERO
DENOMINACIÓN, FINES, DOMICILIO

Artículo 1.
Al amparo de los artículos 6º de la Constitución Española y 1º de la Ley Orgánica 6/2002, de 27 de junio, de Partidos Políticos (LOPP), se constituye el partido político denominado El Partido De Un Solo Hombre, cuya siglas son El Partido de Un Solo Hombre y siendo el símbolo del partido una representación gráfica del nombre completo del partido con el numero uno.
El símbolo del partido es el que se reproduce a continuación:

EL PARTIDO DE **1**N SOLO HOMBRE

En su funcionamiento, El Partido De Un Solo Hombre se rige por lo establecido en los presentes estatutos, la LOPP, las demás disposiciones legales vigentes y los Reglamentos que se desarrollen.
El Partido De Un Solo Hombre cumplirá con las obligaciones documentales y contables previstas por la LOPP, las cuales serán asumidas por el secretario general de El Partido De Un Solo Hombre de acuerdo con sus responsabilidades.

Artículo 2. Ámbito y Fines
El Partido De Un Solo Hombre es un partido político de ámbito internacional sin la intención de incurrir en ningún proceso electoral. Es constituido para contribuir al empoderamiento del ciudadano común y a la creación de nuevas alternativas políticas, así como para experimentar la aplicación de formulas artísticas en el escenario de la política ciudadana, con arreglo al siguiente fin:
-Promover la aplicación del arte como una herramienta política en todos los ámbitos sociales, políticos e institucionales.

Artículo 3. Domicilio.
El domicilio social de El Partido De Un Solo Hombre radica en Girona, provincia de Catalunya.
El domicilio podrá ser modificado por decisión del Secretario General.

CAPÍTULO SEGUNDO
SEGUIDORES. DERECHOS Y DEBERES

Artículo 4. De los seguidores y las seguidoras
Podrán ser seguidores, pero nunca miembros, de El Partido De Un Solo Hombre, las personas físicas, mayores de edad, y que no tengan limitada ni restringida su capacidad de obrar.

Artículo 5. Admisión.
5.1. La inscripción de seguidores a El Partido De Un Solo Hombre será individual. Previa solicitud, podrá seguir a El Partido De Un Solo Hombre cualquier persona que acepte los principios y el funcionamiento de El Partido De Un Solo Hombre.

5.2. La admisión formal de las solicitudes de alta la llevará a cabo el Secretario General.

5.3. Los seguidores deben ser avaladados por el Secretario General de El Partido de Un Solo Hombre.

5.4. Las peticiones de alta en El Partido de Un Solo Hombre serán tratadas y resueltas en la primera sesión de trabajo del Secretario General. Las solicitudes deben formalizarse por escrito, siguiendo los formularios que facilitará El Partido de Un Solo Hombre, haciendo constar expresamente la solicitud de alta en la

© Levi Orta
El partido de un solo hombre, 2015
Acción-instalación.
Documentos certificados ante notario y estatutos de partido.
Cortesía del artista.

LA PLAZA VACÍA

Coco Fusco

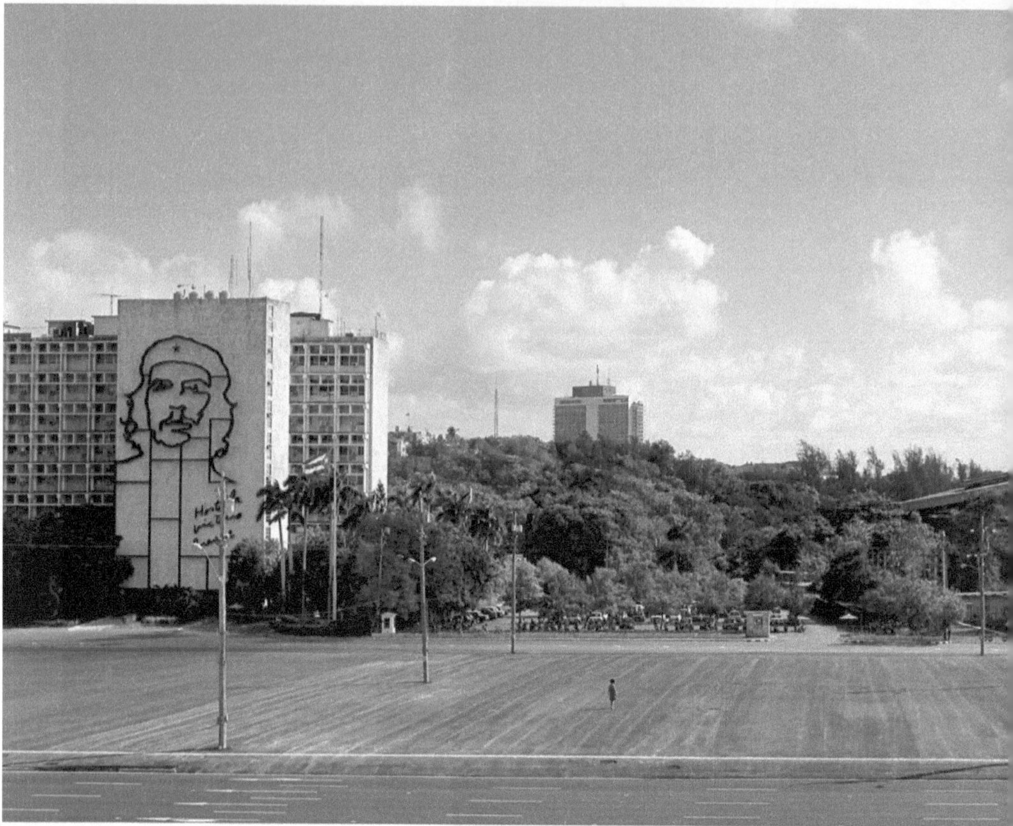

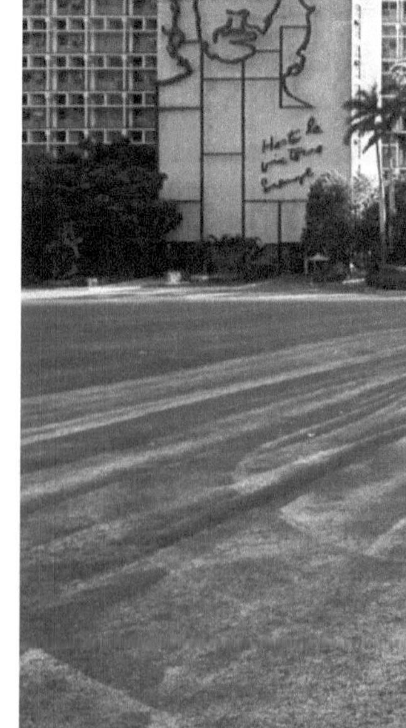

© Coco Fusco
La plaza vacía, 2012
HD Vídeo, 12'.
Cortesía de la artista.

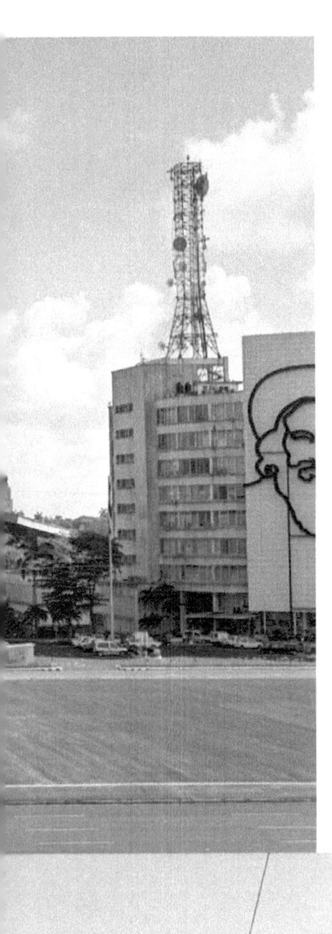

Un aura tiñosa sobrevuela la torre de la Plaza de la Revolución y pasa casi rasante a la antena que corona la cúspide. Su sombra parece una flecha enorme que discurre por allá abajo, fragmentada cuando se desliza por la tribuna, intacta al proyectarse en la explanada. Hay un instante en que las alas del pájaro se muestran como una impresión lúgubre justo encima del lugar donde tantas veces un barbado líder gritó consignas, pronunció discursos, y azuzó a las multitudes. Esa ave autóctona de Cuba ha sido dotada por el imaginario popular de los más fúnebres augurios. La gente se santigua cuando la ve, porque está asociada a la muerte, a los cuerpos inermes que quedan expuestos a su curvado pico. Así que el sitio que ha servido de escenario para tantas congregaciones populares, para los primeros de mayo repletos de banderolas rojas y los desfiles de uniformados, es el espacio de encuentro preferido de estos animales de rapiña […].

(Fragmento de la narración en *off* de la obra, escrita y declamada por la periodista Yoani Sánchez).

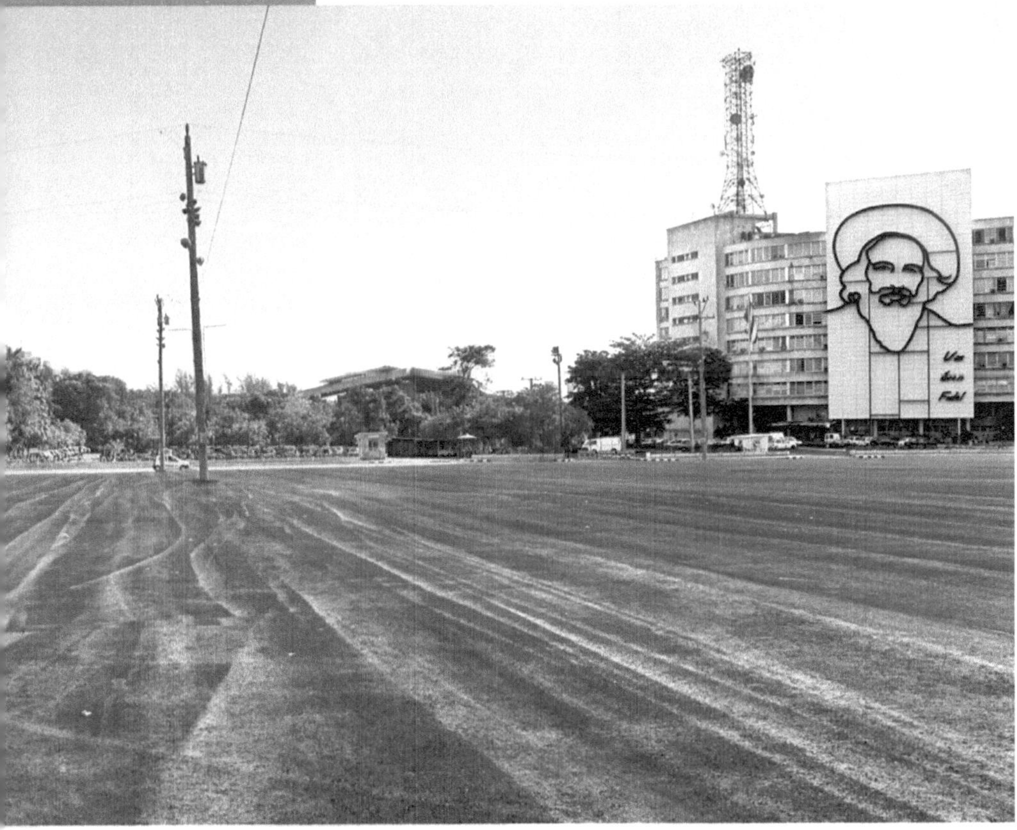

EL ACTIVISMO DE ESTADO EN CUBA:
VIOLENCIA ESTRUCTURAL Y DOMINACIÓN

Claudia González Marrero

Allí, donde la violencia indiscriminada se expresa, su naturaleza es incuestionable: en ella todo lo que sucede es de constatación lograda, de fácil impugnación, de condena moral inmediata, impermeable a la reflexión política. De ahí que las representaciones de violencia política tradicional contengan escasos argumentos ante la coacción física. Vemos, por ejemplo, como tiranías y dictaduras enfrentan críticas fáciles de articular. Son regímenes que sustituyen temporalmente el poder, con un fin inmediato, pero no son la variante última de la dominación. Desde la filosofía y la sociología política coexisten procesos de convulsión política que, de similar duración, han llegado a calar profundamente en el imaginario societal, con consecuencias a muy largo plazo, y ahí, podemos decir, reside la dominación política más feroz.

Para Hannah Arendt, la violencia explícita no es la expresión más acabada de la opresión; tampoco, la principal ruina de la política; ni siquiera, connota el poder que resulta de la autoridad —donde sí existe un reconocimiento de obediencia sin necesidad de coerción— (Arendt, 1970: 44-47). En este sentido, debemos actualizar la mirada de poder desde la violencia, a la fortaleza de la autoridad más allá de su uso como impotencia del poder, como simple relación de comando y obediencia (Arendt, 1970). Cabe repensar la violencia allende sus ejercicios específicos que, aunque pertinentes y gráficos, ubican la lectura en una condena inmediata y dejan en segundo plano la total percepción ordenadora de la realidad, desde otro tipo de violencia menos palpable, más institucionalizada y eficiente. Sobre todo, porque existe una dominación por otros medios, donde las capacidades ciudadanas no son truncadas abiertamente, pero marginalizadas bajo imperativos aparentemente nobles para justificar el 'mal necesario' de anular la democracia. El diagnóstico arendtiano se enfoca en la reproducción de la esterilidad política como dominación, logrando sin mayores represiones físicas, coactar discursos de descontento, reivindicación y reparación; disponer de políticas locales; administrar la discusión sobre las racionalidades y tipologías de los modelos políticos allende el establecido; así como promover alianzas y solidaridades gremiales afines a su cosmovisión.

Hoy día, teorías sobre control social, normatividad, comportamiento colectivo y política contenciosa, en los estudios de movimientos sociales, parten de que la violencia de Estado se ha complejizado. Estructuras y dinámicas estatales —incluso, en sistemas de registro democrático—, pueden llegar a ser violentas, o peor, camufladas o legalmente violentas (della Porta 1995; Earl, Soule y McCarthy 2003; Davenport 2007). Sobre todo, en gobiernos como el cubano, donde una gran parte de su avatar se ha centrado en la promoción de códigos de justeza social, la alerta sobre la violencia sigue siendo opaca debido principalmente a una posición común dentro de los estudios de movimientos sociales y comportamientos colectivos desde los 60, donde la capacidad de movilización social del proceso se ha descrito con admiración.

Pasado el ímpetu de un evento que ya cuenta seis décadas de duración, el interés por la repercusión de activismos promocionados por el Estado ha sido desplazado en el ámbito internacional por los logros de movimientos más novedosos, como movimientos feministas, LGBTI+, animalistas, entre otros que llevan un tiempo prudencial exponiendo diferentes ejercicios de autoridad. El nuevo espacio de las redes sociales y otros recursos de una ciudadanía que intenta empoderarse a pesar del Estado, ofrecen un placebo esperanzador a una academia que celebra sus surgimientos como celebró las marchas del pueblo cubano en los 60, sin asimilar el contexto de origen ni cuestionar su surgimiento; incluso, ausencia, allí donde no se dan dinámicas propicias para ello. Existe una tendencia marcada de no involucrar la regulación estatal sobre los movimientos sociales a sistemas no democráticos, autoritarios y totalitarios, ya superados para la agenda de dichas academias. De hecho, la imaginería de gobiernos totalitarios resulta irracional para gran parte de la academia que prefiere relegarla a eventos que responden a la aproximación maniquea de la expresión totalitaria, en su ideal comunista o fascista.

Este ensayo propone explicar la dominación como aniquilamiento político en un sistema como el cubano, de importante soporte social, pero de un automatismo dependiente que marca tanto la vida cotidiana, como el pensamiento futuro de la nación. Para ello, plantea revisitar las consecuencias generales de una ordenación que ha dominado la práctica cívica, absorbido las dinámicas naturales de su yo político y acuñado un regente de activismo social. Se expone asimismo el alcance canalizador de natura burocrática y socio-jurídica, que ha implicado una dominación importante, al reproducir la precaria capacidad de defensa/resistencia según los modelos de administración y representación establecidos por el Estado.

ACTIVISMO DE ESTADO

Dentro de estudios de movimientos sociales y comportamiento colectivo, los activismos promovidos por el Estado, en forma de *State-sponsored social movements*, refieren a movimientos populares iniciados y avalados por la élite política del Estado y organizados por los aparatos de gobierno (Gal y Kligman, 2000; Krook, 2005; Lovenduski, 2005; Snow, della Porta, Klandermans, et. al; 2013; Froissart, 2014). Aunque la composición de estos movimientos depende de ciudadanos en sus capacidades de actores no directamente estatales, sus exigencias y objetivos, liderazgo, fuentes financieras y estructuras organizacionales provienen del Estado mismo y de entes estatales en sus capacidades oficiales.[1] Gobiernos con este tipo de base popular pueden ser democráticos o autoritarios indistintamente, pero en los últimos el volumen de dichos movimientos es mayor, sus reclamos y objetivos no pueden divagar del programa original ni expandir su base de manera plural, tampoco pueden despejar sus asuntos de legitimidad mediante un debate y un sistema de competencia plural.

El activismo de Estado, según la etapa más idealista o más pragmática del proceso, puede tener una naturaleza discorde. Un rasgo presente es su carácter promocional, centrado en la ritualización, la ceremonia y la acción colectiva, que proclaman y practican determinados valores como el patriotismo, el igualitarismo, el conflicto de clase. En otras ocasiones se llegan a suscitar ejercicios de persecución, donde los movimientos sociales oficiales son movilizados para remover dentro de la población sujetos 'incómodos' a la cosmovisión oficial. Estos toman forma de purgas, como las que tuvieron lugar dentro de los mítines de repudio durante los 80 en Cuba, donde el Estado básicamente promovió el odio y la discriminación entre semejantes como práctica cívica.

---

[1] En su estudio sobre la relación de la sociedad civil, el Estado y la cooperación internacional para el desarrollo Unnithan y Heitmeyer identifican incluso un nivel de corrupción asociado al activismo de Estado cuando este asume el papel de gestionar incentivos financieros internacionales y al mismo tiempo redactar los informes de resultados, absorbiendo estos fondos en la dinámica estatal sin necesidad de declarar sus destinos en el terreno doméstico (2012: 291). Donde el activismo oficial tiene la venia estatal de canalizar toda ayuda exterior sucede entonces un mecanismo mayor de regulación que asfixia toda posibilidad de que asome un movimiento alterno, que necesariamente dependerá de recursos que le son negados en lo doméstico.

Que un rasgo sea en tiempos más pronunciado que otro no deja de albergar una connotación represiva del sistema mismo. Sin embargo, la consecuencia más notoria del activismo de Estado no son los eventos puntuales de violencia que patrocina, sino la prerrogativa que brinda al gobierno de aglutinar todas las disposiciones e impactos de un movimiento activista convencional, aunque con un propósito contrario, el de contención política.

El activismo de Estado anula cualquier compromiso político como opción individual en tanto no sea definido previamente por su compromiso a la comunidad política oficial, o no sea del todo clara su membresía, participación y deberes. En panoramas donde movimientos alternos a los promovidos por el Estado no tienen capacidad de existir, los últimos cumplen el papel de un activismo total. Este paradigma interfiere directamente en los procesos de discusiones participativas donde, ya Arendt alertaba, no puede confundirse opinión pública de opiniones en plural en tanto la noción de una opinión pública unánime sería incompatible con la libertad de opinión (1988: 77).

Los principales beneficios del activismo de Estado cubano residen, primero, en la dominación como mantenimiento de una ciudadanía, que para refrendar sus derechos debe mostrarse ante el Estado revolucionaria y militante, pero pasiva, conformada por los deberes que subordinan y restringen los derechos civiles y políticos a la salud del sistema. Segundo, como legitimación: en modelos de gobernanza donde esta no tiene el acceso adecuado para presionar las instituciones de poder, la adopción estatal del idioma global de derechos integra el lenguaje, las prácticas y representaciones de la sociedad civil, asumiendo su papel al tiempo que ofrece la imagen de una sociedad democrática (Unnithan & Heitmeyer 2012).

La sobrevivencia de esta cosmovisión y sus múltiples negociaciones, ha otorgado una apreciación miope del bienestar y democracia de la sociedad cubana, donde la promoción política busca justamente implementar sus administraciones afines, siempre tomadas 'desde arriba' y 'hacia el pueblo'; en detrimento de una ciudadanía que exclusivamente replica las políticas estatales, sin estar involucrada en asuntos de interés común —en tanto cuestionen las políticas estatales—, sin poseer la libertad para disputarle al Estado disposiciones que impliquen una acción efectiva, sin constatar los resultados de un impacto deliberativo real (Bobes 2007).

La absorción de toda causa 'desde arriba' y en las coordenadas del mensaje oficial sortea el imperativo de una representación en sus características fundamentales: formal, descriptiva, simbólica y sustantiva (Pitkin, 1967). El derecho ciudadano de representación dentro del activismo de Estado, dispone que *no debe haber*, un feminismo allende la oficialista Federación de Mujeres Cubanas (FMC), un activismo LGBTI+ fuera de los predios del Centro Nacional de Educación Sexual (CENESEX). No existen asociaciones vecinales que respeten los intercambios comunales de convivencia, sino los Comités de Defensa de la Revolución (CDR), que velan por que sus habitantes permanezcan alistados y reproduzcan, de una forma u otra, los paradigmas del sistema.

Esta relación transita en iguales patrones de dependencia en el ámbito sindical con la Central de Trabajadores de Cuba (CTC), en el estudiantil con la Federación de Estudiantes de la Enseñanza Media (FEEM) y la Federación de Estudiantes Universitarios (FEU), así como en ramos profesionales, como el caso de la Unión de Periodistas de Cuba (UPEC) y la Unión de Escritores y Artistas de Cuba (UNEAC), entre otros.

Estas organizaciones, aunque porosas y de diferente rigor en su negociación, responden a la misma tipología: contienen a franjas enteras de la población, actúan como mecanismos de transmisión y socialización de las directrices del gobierno bajo un modelo vertical y de autonomía restringida, sus agendas son parte de los proyectos de justicia social que propone el proceso, sus estatutos aspiran a organizar y movilizar a su base social en la defensa del mismo.

El correlato principal de la participación política en Cuba está mediado por esta composición. Sin batallas libradas desde la ciudadanía activa, los valores y atributos de esta estructura responderán en lo simbólico al compromiso con la entidad que le otorga legitimidad, y sus acciones estarán orientadas en este sentido. Este activismo de Estado sirve por naturaleza a la institución de la diferencia entre el «bien común» del proceso, la irreversibilidad del socialismo y del sistema político-social *vs* todo lo que, desde lo instituyente, pueda leerse contrario a su proceder o incluso proyección o legitimación (Guzman, 2017: 104-106). La percepción de la buena administración, abanderada por el activismo oficial, reduce toda dimensión antagónica constitutiva de lo político revolucionario, la sujeta a la identificación de toda visión revisionista como utilitaria y ajena al constructo social. La naturaleza de una relación que dicotomiza así el campo político siempre será disruptiva: acuñará la suficiencia del activismo de Estado *per se*, evitará un consenso por diálogo, y propiciará una construcción discursiva del enemigo en apariencia endógena y orgánica (Laclau, 2009; Mouffe, 2007).

El confinamiento de tipologías alternas en un único y riguroso planteo de lo cívico, ha sido un recurso político, jurídico y administrativo central para despejar todo sentido autónomo en la política. Sin embargo, la operatividad de una conciencia cívica únicamente canalizada desde el Estado no puede verse como un mecanismo bruto de represión. Se ubica en la asimilación, durante sesenta años, de mecanismos deliberativos herederos del periodo de provisionalidad, del gobierno *de facto* del proceso, que naturalizó alocuciones y mandatos personalistas como dirigencia legal de la nación. No únicamente el cuerpo legislativo repite los pasos de subordinación de rigor, sino que, combinado con el diseño de la sociedad, instituye una práctica en lo estético-cultural, cívica, social; domina la praxis académica; reduce toda experiencia memorística y colectiva a la referencia del proceso como un *locus* nacional pasado, presente y futuro. En un sistema así institucionalizado, la resignación del cuerpo social a esta relación de gobernabilidad asume que la política pública ha sido convenientemente delineada, que la opinión pública —en el sentido detractor de Arendt— resulta de una libertad incontestable, que en su virtud los reclamos grupales que se perciben legítimos se han archivado y que la sociedad construye un camino estandarizado al ideal de justicia social.

Bajo el activismo de Estado, el individuo debe autodefinirse por su adscripción a estamentos y corporaciones colectivas, y no como ente autónomo capaz de extender sus derechos, de discutirle al Estado sus políticas públicas. Semejante distorsión convive también en Arendt en su crítica a las exclusiones entre lo público y lo privado, que conllevan a la liquidación de la vida política auténtica y evitan la aparición y actuación en un concierto legítimo, y en torno a un paradigma autónomamente tramitado (1993).

Hannah Arendt explica el resultado prolongado de la superposición de la voluntad popular y la cuestión social en lo público, como la ocupación forzada del espacio concerniente a la libertad (1988: 65). La libertad, en este sentido, implica mucho más que la encapsulación moderna en la narrativa de DD. HH. La capacidad de compartir (actos, recuerdos, temáticas), de reproducir material y simbólicamente posturas de todo tipo, resulta afectada por la unicidad emancipatoria aparente del activismo de Estado. En sus predios, el espacio público no es tal, porque no existe terreno de emulación. De última, las relaciones públicas, naturalmente conflictivas, devienen un sustrato ontológico fijo en su discurso y temporalidad, imposibilitadas de invertir canales por los cuales exigir derechos legales, políticos, sociales y de participación. Y es esta disrupción de la acción política la que se ha entronizado por más de tres generaciones de cubanos, como una 'marca genética' que mantiene una fragmentación difícil de reconciliar, convive como un fractal, en cada una de las peculiaridades que definen la realidad cubana.

En Cuba, cualquier derecho ciudadano no puede ser ventilado de manera asociativa independiente, sino que debe elevar su reclamo desde las plataformas estatales existentes. Esto asegura que la demanda, para lograr tener un diálogo medianamente asequible, deba ampararse previamente en la norma ética-ideológica subordinada al orden mayor de la lucha de clases y el derecho a la autodeterminación de los pueblos, la construcción de la sociedad socialista, y el resguardo de la soberanía nacional.[2] Una vez que el cuerpo de creencias, actitudes y predisposiciones socializa el civismo bajo el sello del activismo de Estado, este puede fijar las condiciones de acceso al sistema dentro de sus procesos sociales y en el desdoble de ciertos comportamientos normados.

La inexistencia de canales alternativos a este *locus* fortalece el brazo burocrático como instrumento de dominación dentro del activismo de Estado, ubicando mayor potestad en decisiones verticales para regular jurídicamente dentro de ámbitos y procesos administrativos. La exigencia social, así monopolizada por los paradigmas estatales, reciente la salud del ecosistema político en lo ciudadano (derecho al voto, a la asociación y reunión, y a la protesta, transparencia informativa), así como en lo legal (representación imparcial, libertad de expresión, de prensa, de privacidad y a la propiedad), entre otros factores que nutren al sujeto político (Janoski y Grant 2012). Esta dicotomía explica la opaca relación gubernamental entre la promoción de vinculación en procesos públicos —como deliberaciones laborales y vecinales comunes en Cuba, que pueden denominarse populares pero no democráticas— y el mantenimiento de áreas políticas oscuras donde la acción del gobierno tiene un respaldo legal y remite a 'técnicas limpias' para faltar a la voluntad cívica plural —como la exclusión en estas asambleas de temas «contrarios a la moral socialista», donde caen todo tipo de temas externos a sus dogmas como la defensa de libertad de cátedra, la promoción de activismos diversos, entre otros.

Gracias al engranaje burocrático, en regímenes no transparentes el activismo estatal llega a resultar de alguna forma 'digno', en una relación paternalista que garantiza un presupuesto de endeudamiento como legado político, para

---

2 La Constitución Cubana en su Art. 5 (2019) prevé que el Partido Comunista «es la fuerza dirigente superior de la sociedad y del Estado, que organiza y orienta los esfuerzos comunes hacia los altos fines de la construcción del socialismo y el avance hacia la sociedad comunista». Ello presupone que los derechos ciudadanos (legales, políticos, sociales y de representación) connaturalizan exigencias sociales en términos orgánicos al organigrama oficial, sin llegar a modificar estos derechos o alcanzar nuevos sin que medie el Partido.

priorizar su condición civil, su derecho a la asociación, sus mecanismos de pacto y contratación. No sería del todo acertado hablar de activismo de Estado sin entender la capacidad burocrática de diseño, ejecución y control de las políticas estatales, que ocupan el espacio de las públicas bajo esta cosmovisión.

No solamente la burocracia otorga a las instituciones oficiales una apariencia más competitiva, sino autoridad suficiente para implementar localmente procederes coactivos a discreción, sancionados desde la administración y sin necesidad de instrumentar un proceso penal de mayor transparencia. Bellver y Kaufman ubican los ejercicios de una burocracia opaca como principal recurso de contención cívica, en tanto obstaculizan «la transparencia como herramienta para facilitar la evaluación de las instituciones públicas, la información proporcionada para dar cuenta de su desempeño» (2005: 5).

Esta es una de las razones por las que algunos politólogos desdeñan la estructura burocrática como elemento de análisis de gobiernos funcionales o democráticos y priorizan, en cambio, hablar en términos de transparencia, de estructuras deliberativas realmente efectivas (Kono, 2006; Rejali, 2007; Hollyer, Rosendorff y Vreeland, 2015).

Allí donde el activismo de Estado no puede disimular su naturaleza burocrática, la larga escala organizativa de la misma visibiliza su incompatibilidad con los estamentos democráticos. Su estructura puede simular rasgos funcionales: condiciones y propósito social, inventario de miembros y varios niveles de organización interna, con categorías, rangos y comités (Gamson 1990: 91). Aún así, el activismo de Estado —piénsese en las Organizaciones Sociales y de Masas (OSM), por ejemplo—, tiende a ser oligárquico, dirigido por una pequeña minoría, terreno de delegados, políticos, profesionales de confiablidad y burócratas deficientes. De hecho, sistemas de transparencia deficiente reconocen los beneficios de la burocracia que implica el liderazgo, gestión e inspección de organizaciones amplificadas, tendiendo una relación clientelista con sus líderes, más preocupados por conservar sus propias posiciones que por comprobar la veracidad de acción de la organización.

Esta dependencia describe la relación trunca de la ciudadanía cubana dentro del proceso: «… en la medida en que las relaciones entre los gobiernos y sus súbditos sean intermitentes, mediadas, coercitivas y particulares, los incentivos para sumarse a las reivindicaciones públicas y colectivas […] serán mínimos y, en su mayoría, negativos» (Tilly y Wood, 2010: 267).[3]

---

[3] Esto autores admiten incluso que en regímenes unipartidistas la tendencia a restringir la acción de las organizaciones de la sociedad civil —ONG y movimientos sociales— es aún mayor que bajo otras formas de autoritarismo.

Según autores como O'Donnell (1973) y Hinnebusch (2007), en estos regímenes llega a existir una tecnocracia de élite, con comando cívico-militar, que moviliza con apariencia genuina a la sociedad. También existe una dirigencia más popular que moviliza 'desde arriba' a las clases suboordinadas, en defensa y soporte del régimen.

En «Participación y construcción de la subjetividad social para una proyección emancipatoria» D' Angelo verifica la estructura oficial como un mecanismo regulador sin necesidad de violentar, y relaciona las limitaciones en la expresión social con el temor a ser estigmatizados por el sistema, ambas características muy familiares a la administración de la Cuba postrevolucionaria como:

> *el conocimiento implícito o atribuido acerca de cuáles son los marcos restrictores establecidos —en lo normativo y en la interpretación ideológica—, que pueden conllevar una carga de autoatribución de culpa y de punición velada o represalias sutiles como mecanismo grupal o social de castigo real por la disensión expresada sobre determinadas normas o construcciones ideológicas sobre las que está prohibido debatir y, por tanto, se constituyen en la instancia psicológica individual y colectiva, como un mecanismo de autoveto, autocensura o autorrepresión (2004: 95).*

El condicionamiento de actores sociales heterogéneos, a una convergencia del imaginario oficial ha sido revisado por autores como Yuri Levada, en el contexto ruso; pero aplicable a la realidad cubana bajo la forma de pequeños «juegos» de complicidad, acuerdo y consenso. Se constituye, según el autor, una práctica cultural y de sobrevivencia, consintiendo operaciones en el ámbito privado, siempre y cuando su papel colectivo siga mostrando un apoyo entusiasta al Estado (2000: 17). Para entender esta disonancia cognitiva, Levada tomaba de George Orwell el término «doublethink»: ser consciente de la veracidad mientras se emiten mentiras cuidadosamente construidas; mantener simultáneamente dos opiniones que se cancelan mutuamente; convivir y creer en ambas, sabiendo que son contradictorias (2000: 18).[4]

Levada propone también que, lejos de resultar un mecanismo de autocensura o ejercicio hipócrita, esta conjugación de muchos de los estatu-

---

[4]   Aplicadas al caso cubano, esta es una de las razones por la que no puede hablarse ya de «doble moral» en tanto no existe un cuerpo estructurado de valores y creencias vinculadas al sistema ideológico y político, tampoco un contrario formado de este; más bien existe la práctica instituida de asumir naturalmente contradicciones evidentes, asumirlas y repetirlas sin fricción.

tos rigiendo el discurso oficial con la experiencia vital del sujeto, resulta constante y es inevitable para la sobrevivencia y negociación del mismo, deviniendo en una práctica cultural, arraigada en la identidad social. Advierte, además, que esta pretensión relacionada con los aspectos más fundamentales de la ciudadanía nutre una espiral que tiene como resultado final la desintegración de la estructura de la personalidad misma. A su vez, representa un principio de acción doble: de regulación y control; mientras que, por su naturalización, como pacto con el Estado. Entonces, allí donde ocurran estos ejercicios 'paralelos', no se determina necesariamente una resistencia efectiva contra o a pesar del Estado, sino que contribuyen a su funcionamiento, por lo que el sujeto puede recibir para su sobrevivencia política. Es de esperar, por tanto, que en estructuras como las del activismo de Estado, la burocracia tributaria del Estado reproduzca de manera muy conservadora lo anterior, sin ventana a planteos más agudos que puedan salir de sus propias bases.

Linz y Stephan (1996) son optimistas en la medida en que sugieren que, en regímenes no democráticos, la emergencia de protestas y movimientos sociales potencia factores democratizadores que pueden acompañar periodos de transición/liberación. Sin embargo, los mismos autores advierten sobre la amplia tipología de regímenes que llegan a evitar el surgimiento de lo anterior eliminando cualquier pluralidad, obstaculizando el desarrollo de organizaciones y redes que oxigenen el *status quo*, monopolizando todo movimiento en legitimidad del régimen. En este sentido, el activismo de Estado tiene como principal objetivo plantear innecesaria una sociedad civil robusta, que llegue a tener la capacidad de generar alternativas políticas, monitorear el gobierno y ayudar a promover transiciones, resistir contra reversos, articular estados de instauración democrática, junto al resto de procesos que son invaluables para la oxigenación de la nación (Linz y Stepan, 1996: 9).[5]

Fuera del léxico político que informa el imaginario instituyente, podría visualizarse en esas condiciones una actitud autonomofóbica por parte del Estado, orientada a recelar, vigilar, coactar y, finalmente, sancionar a cualquier expresión de autorganización, autonomía de pensamiento y movilización independiente de ciudadanos, incluso, en aquellos casos que estas no proyecten objetivos e identidades estrictamente políticos (Chaguaceda y González, 2019).

---

[5]   En Cuba, por ejemplo, la disgregación de las esferas cívica y política se encuentra tan acentuada, que la identificación de un ejercicio ciudadano como un movimiento político descalifica inmediatamente su accionar. De este modo, sectores sociales enteros pueden ser «excluidos por indiferencia» (marginalización por demandas «fuera de lugar»), por la «no admisión de diferencias y de una coexistencia pacífica» (Fontes, 2005: 45).

Como resultado de la singular ingeniería deliberativa que la burocracia autonomofóbica escolta, se sistematiza una ciudadanía fragmentada, retraída, reproductivista y desnutrida, habitante de un entorno político exento de retro-alimentación, flujos de ideas y espacios dialógicos con el Estado. Si la política es un 'músculo' que requiere de ejercicio, en el caso cubano no representa más que un apéndice atrofiado: la ciudadanía no alcanza a mediano plazo experiencia suficiente para impulsar procederes que nutran la vida civil del país en cuestiones de identidades, memoria colectiva, narrativa social.

¿Cómo tramitar derechos sociales dentro de una causa que se ha definido justamente por su justeza social? ¿Cómo generar protocolos de representación propios en una relación donde el imaginario dominante asegura hablar por el cuerpo dominado: Partido-Pueblo-Uno? ¿Cómo defender una representación contrapuesta a un Estado que ha monopolizado la narrativa historiográfica del país adjudicándose la mayor de las gestas? Sobre todo, ¿cómo generar cultura cívica dentro de las rutinas militantes en las cuales todo ciudadano debe situarse para poder certificar su diálogo/reclamo con el gobierno? Considerando las dimensiones prácticas del engranaje político oficial, ¿cómo defender las lógicas necesarias para instituir demandas colectivas, visualizar problemas comunitarios e incidir en lo público en la isla desde lo cívico, fuera del *pas de deux* con el gobierno?

Estas preguntas podrían evocar la advertencia de Michel Foucault sobre la institucionalización de las prácticas sociales, como forma de poder que aplica a la vida cotidiana inmediata y que clasifica al individuo, lo marca por su propia individualidad, le atribuye una identidad, le impone una ley de verdad que debe reconocer y que otros deben reconocer en él, haciendo del sujeto un objetivo político (1982: 782).

Este objetivo político, sin embargo, coexiste en la ausencia de fórmulas gestionadas *vs* el 'lugar común' que reproduce el concepto abstracto de Revolución. La esterilidad resultante determina la persistencia por privación del cuerpo social, la atadura al sistema por incapacidad, la reproducción de prácticas colectivas bajo las nomenclaturas inciertas y automáticas del proceso como único 'código tutor' conocido e implementable. En este sentido, aunque la ideología no funcione como dispositivo de sentido, su propio déficit sigue siendo efectivo como constricción: ninguna realidad nueva, hecho social o forma de conducta permite otra lectura que encuentre conexiones centrales con la vida real para la resolución de conflictos públicos y privados, que no desenlace en el 'lugar común' en el que hemos debido centrarnos.

Una reflexión crítica de la relación entre ideología y comportamiento colectivo, incluso, allí donde la primera ha dejado de ofrecer rutas verificables, subraya la importancia del mantenimiento estéril de la política como dominación. Esta es una lectura societal necesaria hacia un proceso que dura ya más de tres generaciones, durante las cuales se han debido inscribir las consecuencias de una ciudadanía ocluida en el propio sistema de valores, ideas y estéticas del *Weltanschauung* posrevolucionario.

La Revolución como 'lugar común' y denominador del consciente activista no ha necesitado engrasar mayores premisas ideológicas, cuando lo político ha tomado la esfera pública, ha modificado su léxico socio-político, monopolizado las capacidades de deliberación, retribución y reclamo, acaparado los repertorios de identidad y acción.

La resonancia de un sistema de creencias particular depende estrechamente de ordenamientos sociales, que se nutren de ideogramas de la cosmovisión oficial. No podemos desconocer que la construcción simbólica de una ideología no culmina con su gestación, sino que pervive en sus patrones de dispersión, inaugurando significaciones y sentidos que aseguran cohesión social. Sociólogos como Robert Wuthnow (1985) avisan que, cuando los reclamos ciudadanos se canalizan mediante el Estado, es incluso posible reconocer la institucionalización de sistemas de creencias, sin necesidad de asumir la ideología como instrumento de coacción y represión.

Esto tendría mucho sentido en el imaginario social cubano, donde no se reconoce hoy día ningún elemento ideológico como constitutivo o articulador de la sociedad en sí. La ideología debería asumirse en este caso en términos estructurales de dominación legal y burocrática. Dentro del activismo de Estado, el foco se centra en cómo propiedades ideológicas del discurso, estructura de dominación existentes y repertorios institucionales modelan e informan la acción que se debe presentar como colectiva.

El establecimiento de normas y hábitos dentro de la cámara de eco revolucionaria llega a ser tan fuerte en un sistema de elevado orden normativo y previsualización de la acción colectiva que, incluso, cuando hemos visto expandirse la disonancia entre su ideario abstracto y la aplicación de sus políticas concretas, cuando aumenta la percepción de retroceso del otrora Estado protector con un aumento de la desigualdad, las apelaciones de justicia social, aún relegadas a un terreno honorífico y simbólico, estas siguen siendo reproducidas como argumentos de negociación por amplios segmentos poblacionales.

Precisamente, es esto lo que resulta alarmante en la medida en que se agota la narrativa del derecho de los más vulnerables como prerrogativa del Estado y da espacio a un campo de mayor competencia, pero sin una cartera de derechos sociales ganados en la defensa de la ciudadanía, sin una gobernanza participativa exenta de interpretaciones normativas, que violenten los derechos de unos por los de otros, otorgados o por otorgar, nunca gestionados.

La reproducción del concepto abstracto de Revolución y los *statements* automáticos que lo acompañan, llega a ser tan efectivo como enclave auto-referencial que, en ocasiones, despeja otrora preocupaciones de términos y procederes 'duros' en la historia del proceso.

El sistema legalista cubano se ha flexibilizado, las rutinas movilizativas y las depuraciones político-emotivas han caído en desuso, el léxico político aparenta un giro democrático —a golpe extensivo de una neolengua esquiva que idea términos como «excepcionalidad positiva», o funda criterios disidentes en términos como «independiente»—. Una autonomía selectiva a la hora de tratar la ciudadanía en el proceso actual ha favorecido, además, un incremento del alcance económico, de emprendimiento y movilidad, de modernización digital, pero no así de información, educación y participación política, responsabilidad y valores cívicos, esenciales para pensar en lo nacional fuera del modelo sistémico.

La sociedad cubana resulta hoy día más dispersa en torno a los postulados del sistema, pero no podemos confirmar la relación imaginario instituyente-instituido como disuelta, las regulaciones y normas cosmovisivas se mantienen rigiendo la práctica racional como sentido común dentro del proceso, ahora más naturalizada que nunca.

Llegados a este punto, cabe repensar la violencia estructural que concierne al activismo de Estado, su brazo burocrático y normativo, así, como la reproducción estéril de una política rotulada por ritos y emblemas, como engranajes de una dominación mayor, más extendida, más dilatada y mejor asentada.

Este orden de cosas alcanza a naturalizar las antinomias dentro del sistema de creencias del sujeto, al punto de aceptar como práctica cultural, la disonancia cognitiva entre la realidad y el discurso oficial, entre los derechos percibidos y los deseables, entre las demandas alcanzables y las irrealizables. Crea, además, un espejismo sobre la administración pública y las funciones cívicas, legitimando sus procederes de cara a observadores extranjeros, justificando sus ejercicios autonomofóbicos en la oficialidad. La funcionalidad de estas posturas no reside únicamente en su capacidad para anular proactivamente manifestaciones de derecho de representación, ejercicio que lo identificaría como una estructura dictatorial, sino, que, en paralelo, necesita canalizar exitosamente reflexiones contrastantes, incluso contrarias, absorbidas en el constructo abstracto de la Revolución, como pieza fundacional de la cosmovisión oficial, y repetida cacofónicamente, en valla segura, desde su propio activismo.

BIBLIOGRAFÍA

Arendt, H. (1970): *On Violence*. New York: Harcourt, Brace and World.

— (1988): *Sobre la revolución*. Madrid: Alianza Editorial.

— (1993): *La Condición Humana*. Barcelona: Paidos.

Bobes, C. (2007) *La Nación Inconclusa. (Re)constituciones de la Ciudadanía y la Identidad Nacional en Cuba*. FLACSO.

Bellver, A y Kaufmann, D. (2005) «Transparenting transparency: Initial Empirics and Policy Applications». World Bank Policy Research.

Castoriadis, C. (1991): *Philosophy, Politics, Autonomy – Essays in Political Philosophy*. Oxford: Odeon y Oxford UP.

Chaguaceda, A. y González, C (2019). «Fear and loathing of civil society in Cuba». In: *Global Americans*. https://theglobalamericans.org/2019/05/fear-and-loathing-of-civil-society-in-cuba/

Davenport, C. (2007): «State repression and political order». *Annual Review of Political Science* 10, 1-23.

D' Angelo, O. (2004). «Participación y construcción de la subjetividad social para una proyección emancipatoria». *La participación. Diálogo y debate en el contexto cubano*. Linares Fleites, C. et al. (comp.). Centro de Investigación y Desarrollo de la Cultura Cubana Juan Marinello, La Habana.

Della Porta, D. (1995): *Social Movements, Political Violence, and the State: A Comparative Analysis of Italy and Germany*. New York: Cambridge University Press.

Earl, J. (2004): «Controlling protest: New directions for research on the of protest.» *Research in Social Movements, Conflicts, and Change* 25, 55-83.

Earl, J., Soule, S.A., and McCarthy, J. (2003) «Protest under fire? Explaining protest policing.» *American Sociological Review* 69, 581-606.

Fontes, V. (2005). *Reflexões im-pertinentes*. Bom Texto, Rio de Janeiro.

Froissart, C (2014): «The Ambiguities between Contention and Political Participation: A Study of Civil Society Development in Authoritarian Regimes», *Journal of Civil Society,10* (3), 219-222.

Foucault, Michel. (1982) «The Subject and Power.» *Critical Inquiry*, vol. 8, no. 4, pp. 777-795.

Gal, Susan y Kligman, Gail (2000) *The Politics of Gender after Socialism*, Princeton University Press, Princeton.

Gamson, W. A. (1990). The strategy of social protest. *Homewood, IL*: Dorsey.

Guzman, H. Y (2017). «Los mecanismos de democracia directa en Cuba: diseño normativo y práctica». *Perfiles Latinoamericanos*, 25 (50), pp. 103-127.

Hinnebusch, R. (2007) Authoritarian persistence, democratization theory and the Middle East: An overview and critique. En: Volpi, F., y Cavatorta, F. (eds), *Democratization in the Muslim. World: Changing Patterns of Power and Authority*. Routledge, London, pp. 11-33.

Hollyer, J. R., Rosendorff, B. P., y Vreeland, J. R. (2015). Transparency, protest and autocratic instability. *American Political Science Review, 109*(4), 764-784.

Janoski, T. y Grant, B. (2012) «Political citizenship: Foundations of Rights.» *Handbook of Citizenship Studies*. E. Isin & B. Turner (eds.). SAGE.

Kono, D. Y. (2006). Optimal obfuscation: Democracy and trade policy transparency. *American Political Science Review, 100*(3), 369-384.

Krook, M. L (2005), «Quota Laws for Women in Politics: A New Type of State Feminism?», *European Consortium for Political Research*, Conferencia 14-19 Abril, Granada.

Laclau, E (2009), «Populismo: ¿qué nos dice el nombre?» *El populismo como espejo de la democracia*, F. Panizza (comp.) FCE, México DF.

Linz, J. y Stepan, J. (1996) Problems of Democratic Transition and Consolidation. Johns Hopkins University Press.

Lovenduski, J. (2005), «Introduction: state feminism and the political representation of women». *State Feminism and Political Representation*, Loni Lovenduski (ed.), Cambridge University Press, pp.1-10.

Mouffe, C. (2007). *En torno a lo político*, FCE, México DF.

O'Donnell, G. (1973) *Modernization and Bureaucratic-Authoritarianism: Studies in South American Politics*. University of California Press, Berkeley.

Pitkin, H (1967). *The concept of representation*. University of California Press, California.

Rejali, D. M. (2007). Torture Makes the Man. *South Central Review, 24*(1), 151-169.

Snow, D; della Porta; Klandermans; et. al. (Eds.) (2013): *The Wiley-Blackwell Encyclopedia of Social and Political Movements*, Blackwell Publishing Ltd.

Su, Y (2013): «State-sponsored social movements.» *The Wiley-Blackwell Encyclopedia of Social and Political Movements*. (Ed. David A. Snow, Donatella della Porta, Bert Klandermans, et. al). Blackwell Publishing Ltd.

Tilly, C. y Wood, L. (2010). *Los movimientos sociales 1768-2008. Desde sus orígenes a Facebook*, Crítica, Barcelona.

Unnithan, M y Heitmeyer (2012): «Global rights and state activism: Reflections on civil society-State partnerships in health in NW India». *Contributions to Indian Sociology, 46* (3), 283-310.

Wuthnow, R. (1985) «State structures and ideological outcomes». *American Sociological Review* 50, 799-821.

GALERÍA

LEANDRO FEAL
TANIA BRUGUERA
HAMLET LAVASTIDA

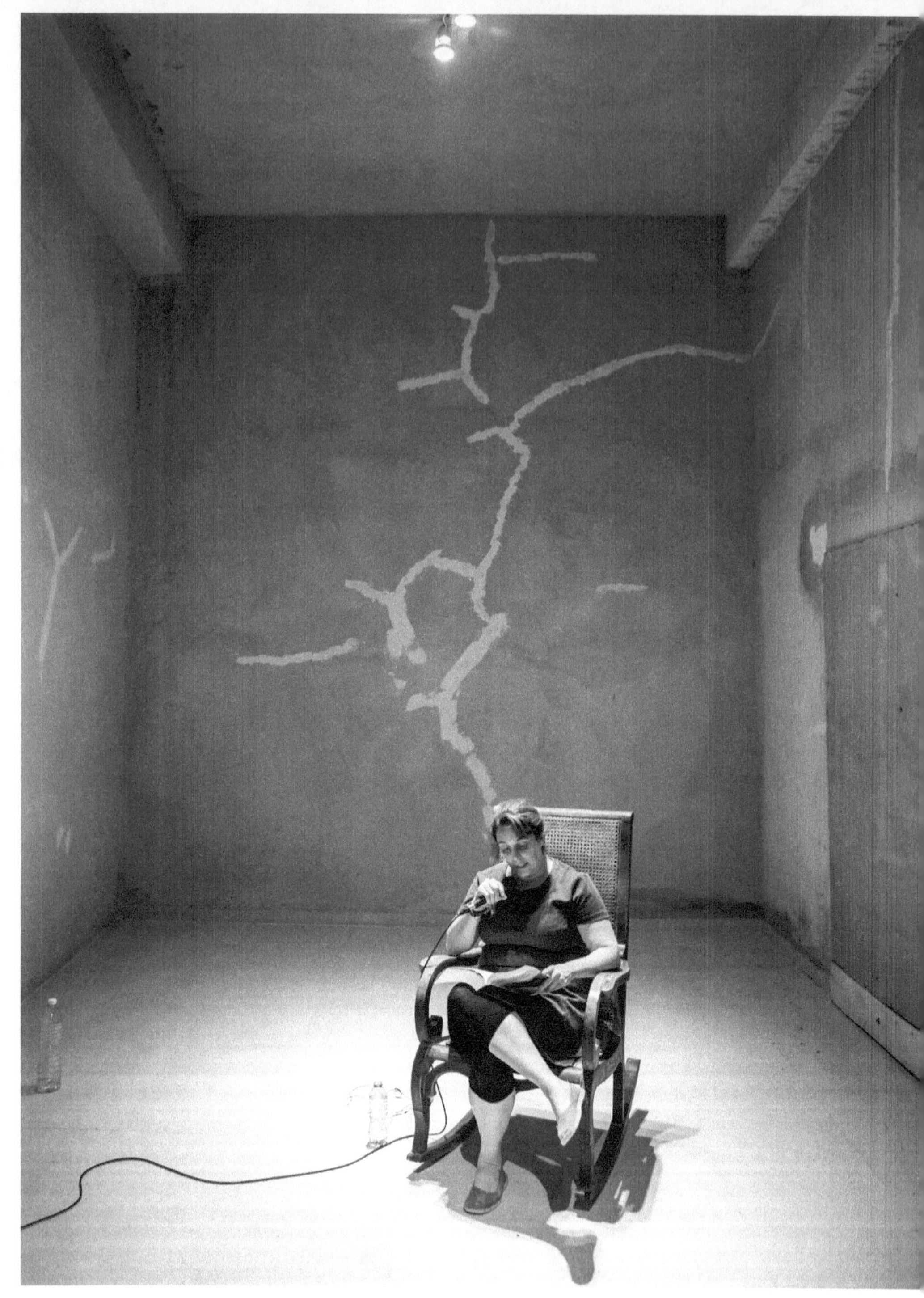

© Leandro Feal
Archivo 349, 2015-2020
Tania Bruguera, performance *100 horas de lectura de 'Los orígenes del totalitarismo', de Hannah Arendt,*
INSTAR (Instituto de Artivismo Hannah Arendt), durante la 12 Bienal de La Habana, 2015.
Fotografía.
Cortesía del artista.

© Tania Bruguera
Donde tus ideas se convierten en acciones cívicas (100 horas de lectura de 'Los orígenes del totalitarismo'), 2003-2015
Performance.
En la fotografía, sesión de lectura en INSTAR durante la 12 Bienal de La Habana, 2015.
Cortesía de Estudio Bruguera.

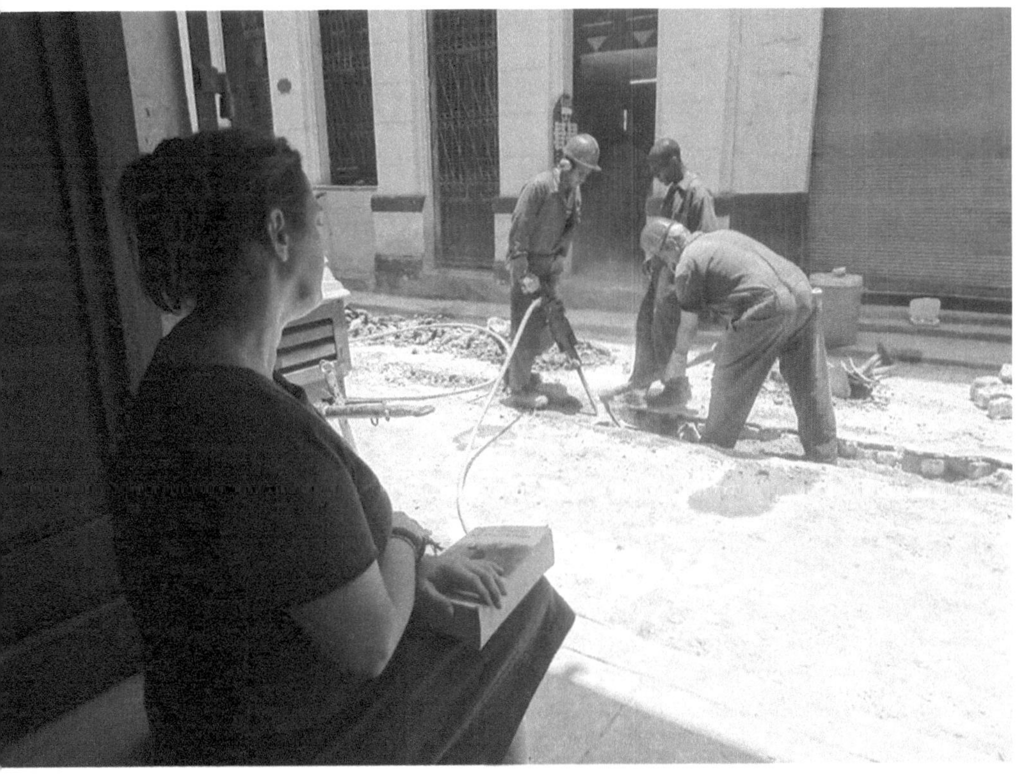

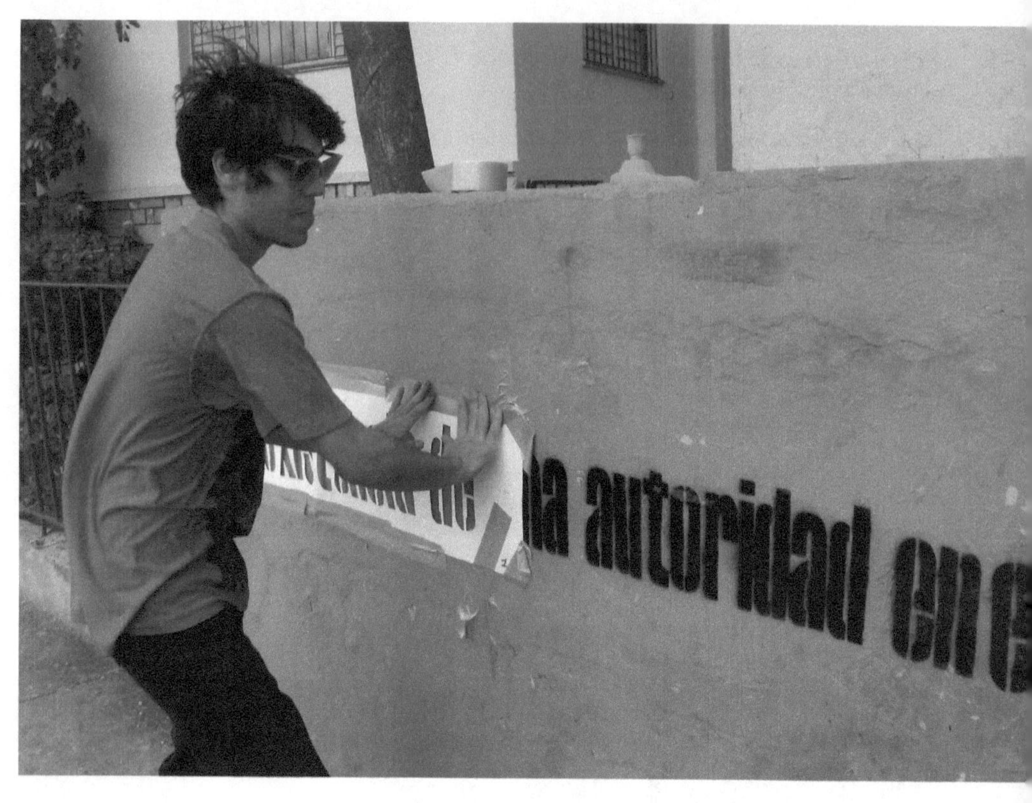

© Hamlet Lavastida
Intelectuales sin Palabras, 2009
Intervención pública en la escalera y muro exterior de la Galería Habana (Calle Línea, La Habana), como
parte del ciclo de exposiciones *Estado de Excepción*, realizadas por la Cátedra de Arte de Conducta.
Cortesía del artista.

La intervención consistió en imprimir en el espacio público el siguiente fragmento del discurso *Palabra a los Intelectuales*, realizado por Fidel Castro en la Biblioteca Nacional en 1961:

«La existencia de una autoridad en el orden cultural no significa que haya que preocuparse por el abuso de esa autoridad. Porque, ¿quién es el que quiere, o el que desea que esa autoridad cultural no exista? Por el mismo camino podríamos aspirar a que no existiera la milicia, que no existiera la policía, que no existiera el poder del Estado».

Tres días después, la dirección de Galería Habana decidió sobrepintar dicho fragmento, o sea, borrarlo sin contar con el artista y el resto de los implicados en la exposición.

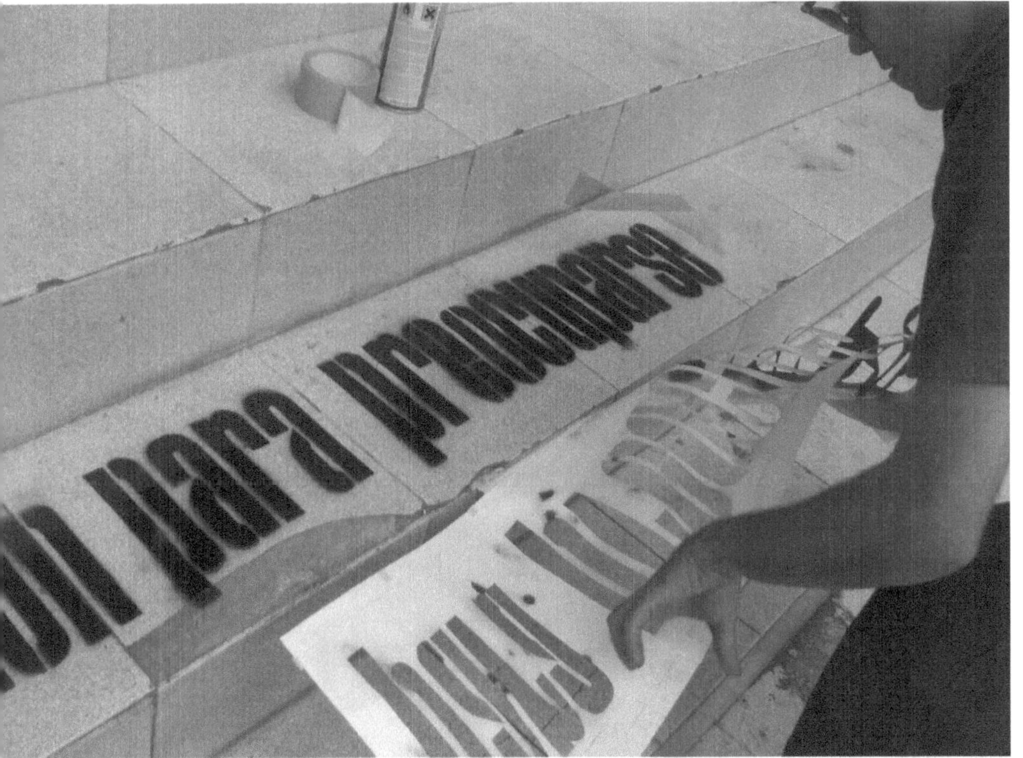

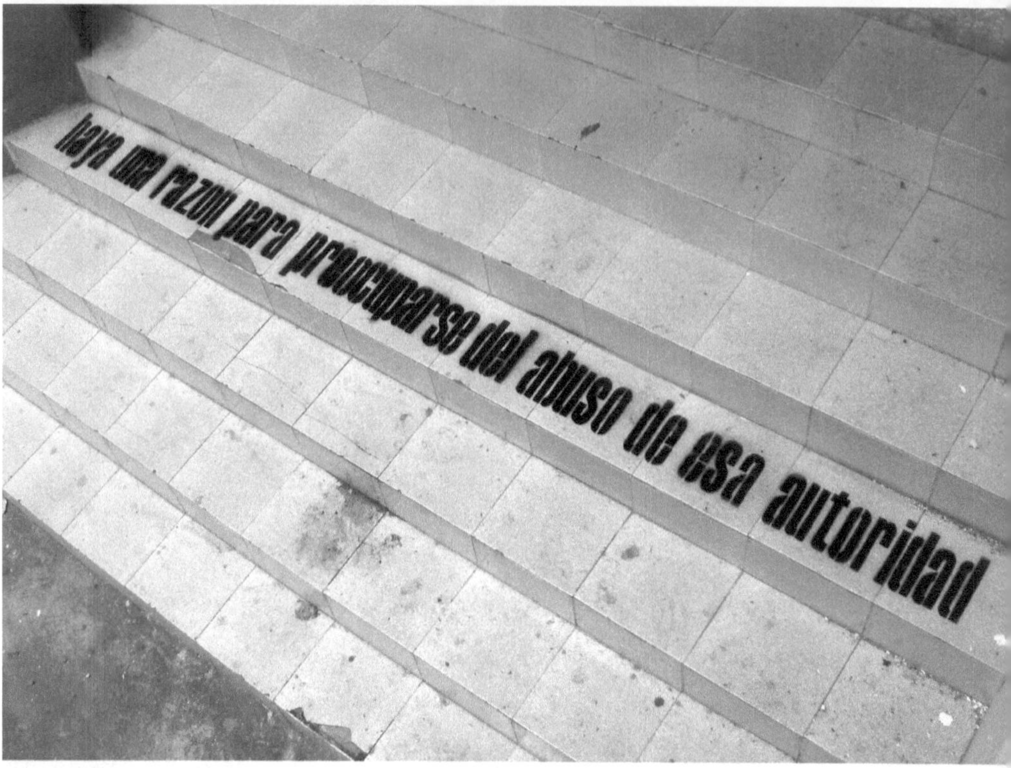

haya una razón para preocuparse del abuso de esa autoridad

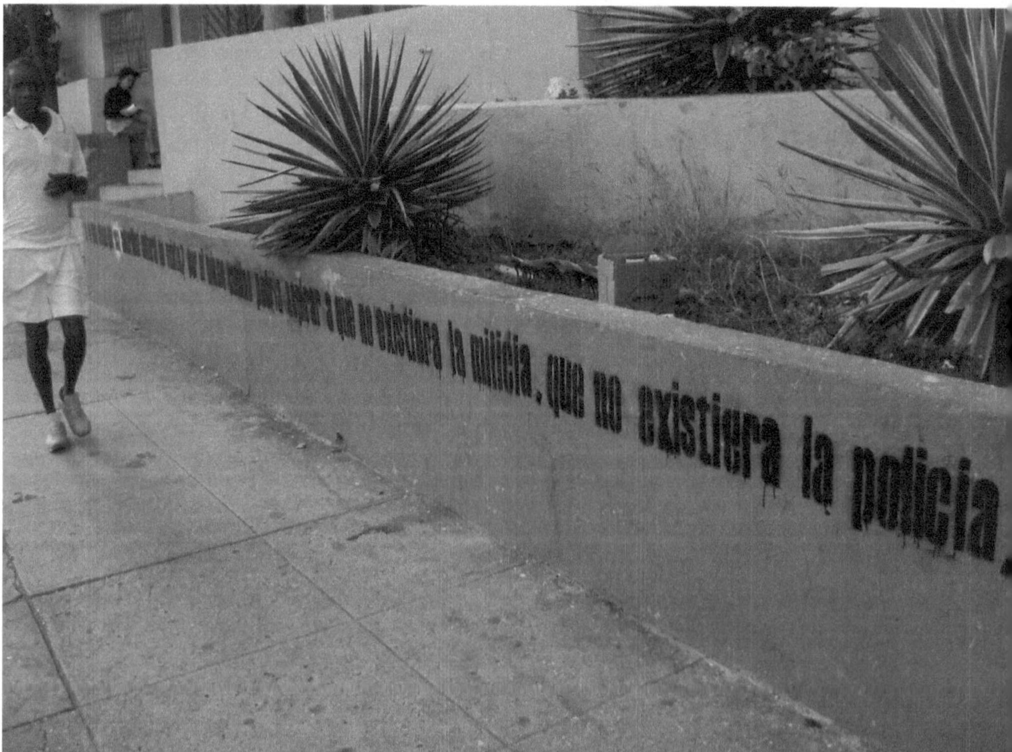

para esperar a que no existiera la milicia, que no existiera la policía,

DEL GULAG A LAS UMAP.
HISTORIA OFICIAL Y CONTROL DE LA MEMORIA

ABEL SIERRA MADERO.

Yuri Brokhin, un cineasta soviético que desertó en 1972 y se instaló en Estados Unidos, contó que a fines de la década de 1960 planeaba comprarse un carro marca Volga. En todo Voroshilovgrad, Ucrania, solo había unos doce automóviles disponibles para la venta a la población, pero ya estaban destinados a jugadores de fútbol. Uno de los comisionados de la policía que quería «entrar» en la Historia, le dijo que si hacía una película sobre los logros de su departamento, lo podía ayudar con el asunto del carro. «Debemos mostrarle al pueblo en qué consiste, cómo luce un campo de reeducación moderno», recomendó (Brokhin 1975: minuto 3:40).[1]

Por el entusiasmo con el que lo describió, cuenta Brokhin, era posible que los soviéticos estuvieran escogiendo mal sus destinos vacacionales. Era mucho más placentero irse a un campo de trabajo forzado, que a un balneario.

Cuando el equipo de filmación llegó al gulag de Voroshilovgrad Oblast, dedicado a construir calderas para locomotoras, encontró en la entrada, atado a la cerca de alambres de púas, un cartel con la inscripción: «El trabajo convirtió al mono en hombre. Federico Engels» (Ibíd.).

El cineasta quedó impactado, pero solo pensaba en su Volga. Como la idea era mostrar el «milagro» del campo de trabajo forzado, filmaron a varios confinados, entre ellos a un tal Sidorov, que había sido acusado de robos a mano armada. En una escena colorida y romántica, Sidorov paraba de trabajar y saludaba al comisionado con un cálido estrechón de manos. Inmediatamente, él y otros reclusos protestaban y preguntaban por qué no recibían más materiales ideológicos para leer. Por ejemplo, los cinco volúmenes de los discursos de Leonid Brézhnev, el líder del Sóviet Supremo, y más libros de Marx y Lenin. También hicieron tomas a la zona residencial

---

[1] La traducción es mía.

del campo. En las escenas aparecían unas barracas que lucían impecables, con el césped verde y recién cortado. Era probable, reflexionó Brokhin, que las instalaciones tuvieran buenas condiciones porque no había presos políticos, o quizás, estaban acondicionadas para labores de propaganda y relaciones públicas.

La película se preparó de modo tal, que los guardias aparecían junto a varios confinados que estaban a punto de ser puestos en libertad. Uno de los guardias presentó ante las cámaras a los entusiastas camaradas que hablaron del milagro de la reeducación. Entre ellos a Savchenko, alias Pot, quien fue introducido como «exladrón y homosexual activo».

«Ciudadanos, por primera vez en mi vida, entiendo qué significa la colectividad. Gracias al colectivo me he convertido en un hombre cambiado», dijo Pot (Ibíd.: 105). De acuerdo con Brokhin, varios a su alrededor murmuraron: «Sí, sí, ha cambiado de ser un homosexual activo a ser un homosexual pasivo» (Ibíd.: 105). Otros oradores criticaron al imperialismo estadounidense e hicieron un llamado a incrementar los niveles de producción. La película termina con el himno «El Partido es nuestro guía», de Vano Muradeli. El comisionado cumplió su palabra, y para fines de 1967 ya Yuri Brokhin manejaba un Volga.

En la empresa de cambiar y exportar una imagen optimista del gulag, no solo participaron los cineastas como Yuri Brokhin o hasta el propio Eisenstein, sino también fotógrafos, pintores y escritores, entre ellos Máximo Gorki. En 1934, el dramaturgo editó, junto a S. G Firin (Semen Georgievich) y Leopold Averbach, un crítico que fue fusilado en 1938, Belomor. El canal «Stalin» entre el Mar Báltico y el Blanco. Historia de su construcción. Se trata de un volumen encargado por la policía secreta (GPU) para producir una memoria positiva sobre el gulag. En el proyecto participaron varios escritores y confinados, quienes, en tono de autocrítica, celebraban la política de reeducación y el papel de la policía política.

Pero la representación del gulag como balneario ya había sido ensayada con Solovki, una película dirigida por Aleksandr Cherkasov en 1928, a quien la GPU le había encargado un filme con objetivos propagandísticos. El material formó parte de una estrategia para contrarrestar las denuncias de Sergei Malsagov, quien se había fugado de Solovki y daba declaraciones a la prensa inglesa.

La visión de la cinta de Cherkasov nada tiene que ver con el horror. Al contrario, en ella el cineasta retrata un campo «modelo», y el espectador puede apreciar un lugar con alojamientos confortables, comida deliciosa e, incluso, atracciones culturales: teatro, espectáculos de variedades y conciertos. El gulag de Solovki contaba, además, con un museo, un periódico, una escuela y una biblioteca. No podían faltar las escenas de jóvenes dándose un chapuzón después del trabajo o practicando deportes.

El campo de Solovki o Soloviets ocupó las instalaciones de un antiguo monasterio de clausura. A la entrada, una tela con letras inmensas daba una cordial bienvenida: «Con mano de hierro conduciremos a la humanidad hasta la felicidad» (Solzhenitsyn 2002: 321). El filme de Cherkasov es, al mismo tiempo, complaciente y aterrador, con un claro mensaje ejemplarizante para los enemigos del Estado soviético. La película narra el tortuoso y largo ciclo de la rehabilitación. «Los espías, especuladores, ladrones, bandidos, los que alteran el orden y los contrarrevolucionarios son enviados a las islas Solovki, en el Mar Blanco», explicaba la narrativa textual de la cinta (Cherkasov 1928).[2] De acuerdo con Alexandr Solzhenitsyn, a Solovki eran enviados religiosos, entre ellos monjes ortodoxos, prostitutas, e intelectuales, como Lijachov y Pável Florenski (Solzhenitsyn 2002: 25).

La misión del campo, aclaraba un cartel, era «crear el hábito de trabajo y reducar a personas socialmente dañinas para convertirlas en miembros útiles a la sociedad» (Cherkasov 1928: minuto 12:45). En el filme se dan algunos detalles administrativos. «Aquellos que se resistan a la educación mediante el trabajo son trasladados a una sección de castigo en la montaña Sekirnaya», se advierte (Cherkasov 1928: minuto 18:55). En una formación o un parade de tipo militar, a los internos se les describe irónicamente como la «nata» o la «morralla» de la sociedad, términos propios de la jerga biopolítica comunista.

Las escenas del traslado masivo en trenes de personas escoltadas por militares con armas largas son sobrecogedoras. La coreografía de confinados en una fábrica de botas, la composición de máquinas, fraguas, tornos y braceros dando pico y pala en medio de la velocidad y el silencio propio del cine «mudo», construyen un ambiente aún más opresivo. Un rebaño de cerdos alineados se convierte en la representación de los reclusos.

LAS UMAP QUE NOS HAN CONTADO. EL CONTROL DE LA MEMORIA

En Cuba, la historia de las Unidades Militares de Ayuda a la Producción (UMAP), también ha sido maquillada y distorsionada por las narrativas

---

2 Agradezco a mi madre, Noemí Madero, las traducciones del ruso al español de esta película.

oficiales. Pero a diferencia de los soviéticos, que vieron en el cine y la literatura un instrumento para lavar la memoria sobre el gulag, los líderes de la Revolución Cubana no tomaron ese riesgo. La instalación de esos infames campos de trabajo forzado, entre 1965 y 1968, se manejó como un secreto de Estado. Pero cuando las atrocidades y los abusos comenzaron a generar un pánico internacional por los síntomas autoritarios que estaba mostrando la Revolución, la estrategia cambió. Entonces se produjo una política de control de daños orientada a construir otra memoria pública del campo de concentración.

No voy a detenerme en detalles de estructura, diseño y organización de las UMAP, tampoco en los castigos. El objetivo de este ensayo es otro. En 2016 hice un par de contribuciones al tema que los lectores podrán consultar. Se trata de «Academias para producir machos en Cuba», un artículo que fue publicado por la revista *Letras Libres* y de «'El trabajo os hará hombres': Masculinización nacional, trabajo forzado y control social en Cuba durante los años sesenta», un ensayo un poco más extenso publicado en el número 44 del *journal* académico *Cuban Studies*.

La política de control de daños emprendida por el gobierno con respecto a las UMAP, se basó en la construcción de narrativas sobre el éxito económico y el «milagro» de los campos de trabajo forzado como modelo educativo. *Adelante*, el periódico de la provincia de Camagüey, fue una de las plataformas desde las que se intentó gestionar la memoria de las UMAP. En esa región se instaló la mayor parte de las unidades.

La campaña comenzó por recomendaciones del propio Raúl Castro. El 9 de abril de 1966, unos meses después de emplazados los campamentos, Castro visitó Camagüey y conversó con algunos periodistas. «Yo no sé si ustedes tendrán tiempo de hacer un reportajito de las UMAP por ahí» (AA 1966). Inmediatamente, un periodista alegó: «El problema es que no hay autorización para hacerle reportajes a las UMAP» (Ibíd.).

Al parecer, los periodistas recibieron el permiso, porque los «reportajitos» sobre los campamentos comenzaron a salir pocos días después. El 13 de abril de 1966, el periodista Luis M. Arcos publicó en las páginas de *Adelante* un panfleto en el que afirmaba —con el lenguaje típico de los manuales de filosofía marxista-leninista— que las UMAP tenían un carácter formativo, educativo, y desempeñaban «un papel importantísimo en la transformación radical de la nación» (Arcos 1966). Decía, además, que los campamentos habían sido creados para el bienestar social y que estaban siendo objeto de «incesante especulación por parte de elementos contrarrevolucionarios» (Ibíd.).

Estos contenidos, publicados en medios controlados por el Estado, distan mucho de un periodismo de investigación. Se caracterizan, generalmente, por editorializar el reportaje con una intención propagandística. La curaduría de las imágenes y las citas apoyan tácitamente el relato oficial.

Las Fuerzas Armadas Revolucionarias (FAR) y sus órganos de prensa, también vendieron la idea de que a los confinados con gran rendimiento en el corte de caña se les recompensaba con artículos materiales. El 30 de octubre de 1966, la revista *Verde Olivo* publicó una nota con algunas fotografías, en la que se aseguraba que los «compañeros» habían sido recompensados con motocicletas, refrigeradores, radios y relojes.

Es probable que la ceremonia de premiación fuera una puesta en escena para las relaciones públicas. El texto citó un pequeño discurso de José Q. Sandino Rodríguez, jefe del Estado Mayor de las UMAP, en el que aseguró que ese acto de premiación «desbarataba una vez más la sarta de mentiras echadas a rodar por los enemigos de la Revolución», quienes trataban de presentarla como una «institución de sometimiento» (Armas 1966).

En uno de los pasajes de su libro *Tras cautiverio, libertad. Un relato de la vida real en la Cuba de Castro*, Luis Bernal Lumpuy se refiere a las labores de maquillaje que los guardias realizaban en las instalaciones de la unidad en la que se encontraba, cuando esperaban visitas de la prensa. También habla de la performance a que eran obligados cada vez que esto sucedía.

En la primavera de 1966, cuenta Bernal Lumpuy, recibieron al comandante Ernesto Casillas, entonces jefe del Estado Mayor de las UMAP, que iba acompañado por periodistas y camarógrafos. Los militares que estaban en la comitiva, relata, llevaron guantes, bates y pelotas, y los repartieron entre los confinados. «Dieron un almuerzo tan abundante que luego afectó la salud de los prisioneros hambreados, y prepararon un acto en el campamento para que hablara el comandante» (Bernal Lumpuy 1992: 62). Este prometió visitas de familiares, «como si eso fuera un acto generoso de la Revolución, y hasta mintió al decir que ese mes se nos daría permiso para ir a nuestras casas, lo que no sucedió hasta meses más tarde».

Habían logrado, finaliza Luis Bernal Lumpuy, que las cámaras captaran «el entusiasmo de algunos que se prestaron al juego de la propaganda». Pocos días después «la prensa, la radio y la televisión nacional mostraban a grupos de jóvenes de las UMAP cargando en hombros al comandante Casillas como si fuera un héroe» (Ibíd.).

Como parte de esa campaña que he venido describiendo, el Ejército decidió escoger algunos de los confinados y otorgarles grados militares. Se les concedió el título de «cabos de escuadra». Esta estrategia buscaba que se asentara en la opinión pública la idea de que las UMAP no eran campos de concentración, sino unidades del Ejército. De acuerdo con el testimonio de José Caballero Blanco, algunos cabos «eran abusivos a cambio de prebendas. Nada nuevo si se tiene en cuenta que hay cárceles que utilizan a algunos prisioneros para reprimir a sus compañeros» (Caballero Blanco 2008: 65).

Efectivamente, en otras experiencias concentracionarias, era muy usual que los cancerberos utilizaran a los confinados para reprimir a los compañeros y hacer el trabajo sucio. En los campos nazis, por ejemplo, es conocido el triste papel de los Sonderkommandos, judíos encargados de ayudar en la maquinaria de exterminio de su propia gente. Sin embargo, la categoría de Kapos (o Funktionshäftlinge), se ajusta más a los cabos de escuadra que se crearon en los campos de trabajo forzado en Cuba. En el gulag se les conoció como capataces (*nariádchik*).

DENTRO DEL CENESEX TODO, CONTRA EL CENESEX, NADA

Lo he explicado en varias ocasiones, pero creo necesario volver a decirlo. Desde hace algunos años vienen produciéndose en el régimen cubano una serie de mutaciones orientadas a garantizar la continuidad del sistema y a borrar el pasado. A este proceso de gatopardismo político lo llamo «travestismo de Estado» y consiste en un reajuste en las retóricas revolucionarias de la Guerra Fría, que utiliza de modo instrumental la noción de diversidad, para ofrecer hacia el exterior una imagen de cambio, con apenas unos retoques (Sierra Madero 2014). Esta estrategia empezó a ser ensayada hace una década por el Centro Nacional de Educación Sexual (CENESEX), dirigido por Mariela Castro Espín, la hija del general Raúl Castro.

La noción de «travestismo» está en función de leer al Estado como un cuerpo poroso, fluido, y no como una estructura rígida e inamovible. La utilizo fundamentalmente para describir las mascaradas, maquillajes y las apropiaciones que las instituciones oficiales hacen de las prácticas y la performance del travesti y su puesta en escena. El «travestismo de Estado» es, por lo tanto, un proyecto de despolitización y asimilación encaminado a producir determinados cuerpos y subjetividades, también a controlar su historia política y cultural.

Este proyecto, además de ensayar nuevos modos de control político, promueve una transición amnésica, el lavado de la memoria nacional y la reescritura de la Historia. La idea es reacomodar y reescribir algunos procesos históricos que conectan a la Revolución con la discriminación y la homofobia.

Durante décadas, la homofobia en Cuba fue una política de Estado que legitimó las purgas de homosexuales de las instituciones y el emplazamiento de campos de trabajo forzado, destinados a la construcción del «hombre nuevo» comunista.

Mariela Castro ha tratado de minimizar el alcance y dimensión de las UMAP en la Historia de la Revolución Cubana. Prometió, incluso, una investigación sobre este tema; todavía la estamos esperando. Desde entonces, la directora del CENESEX ha dicho en cuanto foro se presenta o en las entrevistas que concede, que las UMAP constituyeron un error aislado y que no fueron en modo alguno campos de trabajo forzado.

Recientemente, Mariela Castro lo volvió a hacer y ha provocado —incluso en medio de la pandemia del nuevo coronavirus— reacciones múltiples y enconadas polémicas. Todo ocurrió durante una transmisión online, en la que utilizó términos biopolíticos y lenguaje de animalidad contra sus críticos, calificándolos de «baratijas» y «garrapatillas». Un término más para añadir al amplio repertorio de discursos de odio e intolerancia diseñados para atacar y deshumanizar a los que disienten o piensan de modo distinto.

Los comentarios en las redes sociales explotaron al instante. «Dentro del CENESEX todo, contra el CENESEX nada», contestaron algunos en franca alusión al discurso de 1961, pronunciado por el fallecido Fidel Castro, y que se conoció como «Palabras a los intelectuales».

Hace unos días, Mariela Castro fue invitada a *La tarde se mueve*, un *show* que conduce Edmundo García en YouTube. El activista es conocido por sus afectos hacia el régimen cubano, aunque reside en Miami. Que Castro Espín utilizara esa plataforma para hablar de las UMAP no es casual. Sus declaraciones coinciden con el hecho de que ya el documental *Pablo Milanés*, realizado en 2016 por Juan Pin Vilar, está disponible al público. El filme fue censurado en Cuba y estuvo restringido en Vimeo hasta ahora. Allí, Milanés habla brevemente de las UMAP, adonde fue enviado en 1966, cuando su carrera musical despegaba. «Aunque no haya comparación, te puedo decir que estuve en Auschwitz y las instalaciones eran mejores que las de la UMAP [risas]. Las instalaciones eran tenebrosas», aseguró.

Auschwitz es la representación superlativa del horror que los exconfinados de las UMAP han usado recurrentemente. Sin embargo, esta analogía ha tenido serias consecuencias en la legitimidad de sus narrativas, porque, entre otras cosas, en las UMAP no hubo crematorios ni cámaras de gas. Este ejercicio hay que entenderlo dentro de una estrategia orientada a ubicar sus experiencias dentro de un relato universal, en un mapa global de campos de concentración.

En el filme, Pablo Milanés dice que en las UMAP sufrió del síndrome de Estocolmo. Junto al actor Ricardo Barber, el cantautor realizó una obra de teatro que se representó en la unidad en la que se encontraba. Así lo describe: «Hicimos una obra favorable a los que nos habían mandado para allá y nos culpábamos por haber ido hacia allí. Nos sentimos culpables, porque todos los días nos lo decían: 'ustedes son árboles que han crecido torcidos'». Al parecer, los guardias se sintieron complacidos y propusieron difundirla en otros campamentos. «Barber y yo rompimos la obra y dijimos que no la recordábamos y que no queríamos hacerla en ningún lugar. Hemos estado brindándoles ofrendas a los que nos mandaron para acá», concluyó. Ricardo Barber abandonó Cuba en la década de 1970 y se fue a Nueva York, donde murió a finales de 2018.

Un tiempo después de salir de las UMAP, Pablo Milanés se convirtió en uno de los iconos del Movimiento de la Nueva Trova. Sus canciones, junto a las de Silvio Rodríguez, entre otros, conformaron la banda sonora de la Revolución que influyó a millones de personas. Aunque en Cuba era un secreto a voces que Milanés había sido enviado a los campos de concentración, Pablo esperó varias décadas para hablar del asunto.

Hasta el documental de Juan Pin Vilar en 2016, el cantautor se limitaba a dar algún que otro detalle a periodistas extranjeros que lo entrevistaban durante sus giras internacionales. En la actualidad, los balbuceos sobre su experiencia como confinado en los campos de concentración revolucionarios, coinciden con la promoción de sus conciertos en América Latina.

Es posible que el síndrome de Estocolmo del que habla Pablo Milanés lo haya afectado por mucho tiempo. En 1984, casi veinte años después de salir de las UMAP, escribió «Cuando te encontré», una canción de amor a la Revolución que conminaba: «Será mejor hundirnos en el mar que antes traicionar la gloria que se ha vivido». Además, existen indicios de que en 1980 participó, junto a otros miembros de la Nueva Trova, en un mitin de repudio contra el trovador Mike Porcel.

La disponibilidad del documental y las declaraciones de Mariela Castro Espín en La tarde se mueve, están conectadas. En lo que parece una respuesta a Pablo Milanés, la directora del CENESEX trató de restar importancia a las UMAP. Para darle un poco de opacidad, dijo que era un asunto «muy sobredimensionado y muy distorsionado». Aunque reconoció que «la manera de recoger a las personas fue terrible», justificó el emplazamiento de los campos de trabajo forzado: «Había personas que estaban totalmente distanciadas de los problemas del país y no querían poner su granito de arena».

Además, por razones obvias, culpó de las redadas y detenciones al Ministerio del Interior (MININT) y no al Ministerio de las Fuerzas Armadas

(FAR), institución que por entonces dirigía su padre, el general Raúl Castro. «Eso fue un trabajo que se hacía desde el Ministerio del Interior (MININT), no era compatible con lo que habían decidido las Fuerzas Armadas», aseguró. De este modo, no solo deforma la memoria colectiva, sino también exime de responsabilidad a los culpables del experimento.

De acuerdo con Mariela Castro, la experiencia de los confinados en los campos de trabajo dependió de las vivencias de cada cual. «En las UMAP había directivos que no eran homofóbicos, y que trataron bien a su gente, y que fueron comprensivos», agregó. Sobre esto voy a volver más adelante.

Los ejercicios de acomodación de la experiencia traumática y el falseo de la Historia que hace Castro Espín, continúan. En otra parte de su intervención, la directora del CENESEX se refirió al programa de «Escuelas al Campo» desarrollado por los líderes de la Revolución a mediados de la década de 1960. «Nosotros íbamos a la escuela al campo. ¿Ir a la escuela al campo eran campos de concentración? Mira que aprendimos mucho y nos divertimos mucho y lo cuestionábamos todo. Si la pasábamos de lo más bien…», dijo con sorna. Si estos discursos logran asentarse es posible que en un futuro no muy lejano veamos a las UMAP representadas en los manuales escolares y en la esfera pública como simples campamentos de verano o balnearios.

Como se sabe, el programa de la «Escuela al Campo», iniciado en 1966, estaba conectado al proyecto de creación del «hombre nuevo», y miles de niños y adolescentes fueron enviados a trabajar en la agricultura de modo obligatorio. Al tiempo que intensificaba una pedagogía de adoctrinamiento, el Estado se apropió de una fuerza de trabajo a la que no tenía necesidad de compensar económicamente. Esta política se extendió a todo el país por varias décadas, hasta que en el verano de 2009 la prensa oficial anunció su fin.

Como niño y joven cubano también tuve que trabajar en el campo, y no, no fue una experiencia placentera. Siempre lo vi como una imposición absurda, autoritaria y nada divertida. Había que cumplir normas, y sentí muchas veces el rigor del hambre. Si me negaba a trabajar había consecuencias e inmediatamente podía estar bajo sospecha. La asignación de becas o de carreras universitarias estaba sujeta a mi desempeño como trabajador agrícola.

Los comentarios de Castro Espín tratan de conectar ese experimento a un campo de afectos. Dentro de esa lógica, el trabajo forzado fue una suerte de carnaval, un espacio de entretenimiento. Este tipo de gestos ya lo habíamos visto en la música del trovador Frank Delgado. En la canción «Maletas de madera» (2007), la escuela al campo se representa en una dimensión nostálgica y esos años se convierten en un objeto de deseo. Esta mirada tiene consecuencias por la memoria que genera. Las letrinas, la tierra colorada y el hambre, adquieren en el discurso connotaciones muy positivas y despolitizan la propia experiencia. «Vamos a formar una conga con maletas de madera, tomando agua con azúcar encima de la litera», entonaba la guarachita.

La zona más problemática de la intervención de Mariela Castro en La tarde se mueve, tiene que ver con su concepción de la Historia. Según Castro Espín, los historiadores debemos dejar de «estar escudriñando en la basura con malas intenciones». Esta noción escatológica que maneja la directora del CENESEX representa a los investigadores como «basureros» malsanos y a la Historia como una disciplina que pertenece exclusivamente al pasado. Se persigue que la Historia oficial de la Revolución se asiente como una narrativa fijada e incontestable. «Ah, cómo chisporrotea la mierda cuando se revuelve», diría Reinaldo Arenas (Arenas 1981: 87).

El travestismo de Estado, como estrategia política, también se basa en la creación de espacios de crítica controlada en los que se toleran determinados discursos, siempre y cuando no pongan en peligro la hegemonía del Estado. Estos espacios se usan sistemáticamente para promover ciertas narrativas sobre la Revolución que orientan cómo deben leerse y asimilarse algunos asuntos históricos complejos, como las UMAP.

En noviembre de 2015, cuando se cumplieron cincuenta años de la instalación de esos campos de trabajo forzado, el Centro Cristiano de Reflexión y Diálogo-Cuba, una institución que pretende reformar el maltrecho socialismo cubano, celebró en Cárdenas, provincia de Matanzas, un encuentro entre exconfinados de las UMAP para hablar del tema.

Varios de los asistentes al evento contaron detalles de sus experiencias en los campos de trabajo forzado e hicieron referencia a los maltratos y abusos a que estaban sometidos por parte de los guardias. «Yo sentí asco por mi país», dijo entonces Moisés Machado Jardines (Nieves 2015). «Por haber estado en las UMAP me vi marginado de mi antiguo trabajo y otros que intenté conseguir a la salida, y hasta perdí a mi esposa, que se marchó con mis dos hijos» (Ibíd.).

En la reunión de Cárdenas participó también Rafael Hernández, director de *Temas*, una revista de Ciencias Sociales que funciona como un espacio de crítica controlada, «dentro de la Revolución». Su intervención estuvo orientada a acomodar y a diluir las injusticias de las UMAP dentro de una retórica de Guerra Fría. «No se trata solo de evaluar la justicia o la eficacia de esas medidas, sino de recordar el contexto histórico en que se desarrollaron», expresó (Ibíd.).

Días después, Hernández publicaba en el blog de *Temas* «La hora de las UMAP. Notas para un tema de investigación», donde propone una lectura muy particular de los campos de trabajo en Cuba, y diserta sobre la manera en que deben investigarse. Para el intelectual, las UMAP fueron una suerte de «escuelas de conducta», cuando menos «campos de castigo», pero no campos de trabajo forzado.

En cierto momento reconoce que, dada la estructura y la disciplina implementada, las UMAP estaban más cerca de las prisiones que de las unidades militares. En un primer momento, agrega, los campos estuvieron conformados por «antisociales y vagos habituales en edad militar, es decir, personas con antecedentes penales o considerados predelincuentes» (Hernández 2015). Aquí reproduce la jerga criminológica que justificó, precisamente, la persecución de ciudadanos y el emplazamiento de los campos de trabajo forzado, sin cuestionar en lo más mínimo el carácter biopolítico de la Revolución.

Que su artículo haya sido publicado en *Temas*, una de las poquísimas revistas académicas en la isla, le confiere al texto un aura de legitimidad e independencia del Estado, que en realidad no posee. Como dije antes, *Temas* es un espacio de crítica controlada y responde en última instancia a las instituciones gubernamentales. La visión de Hernández está más apegada a la Historia oficial de la Revolución, que a una investigación con rigor historiográfico y trabajo de archivo. Su texto está diseñado, sobre todo, para restarle fuerza y alcance a los testimonios producidos por exiliados cubanos sobre estos campos de trabajo.

El sesgo que Rafael Hernández le atribuye a los testimonios de los exiliados cubanos es de tipo ideológico. De acuerdo con el director de *Temas*, esos testimonios son exagerados y describen solo «situaciones extremas». En cambio, los publicados en Cuba —en ediciones de algunas iglesias evangélicas, vale la pena aclarar—, sí «presentan una visión más ecuánime y humanizada» (Ibíd.).

Hernández utiliza como modelo de esa escritura a *Dios no entra en mi oficina: Luchando contra la amargura cuando somos víctimas de la injusticia* (2003). Se trata de un libro autobiográfico escrito por Alberto I. González Muñoz, un seminarista que fue enviado a las UMAP. A diferencia de los religiosos exiliados —que buscaban la denuncia al régimen cubano por el emplazamiento de los campos de trabajo forzado y abrir un debate para una política de la memoria—, González Muñoz conmina al lector a no tomar el libro como una «acusación a ultranza», porque, en definitiva, sugiere, la experiencia de las UMAP no fue tan horrorosa como la de otros contextos (González Muñoz 2012: 12).

De este modo, el autor trata de desprenderse de la analogía de Auschwitz, la representación más poderosa del campo de concentración y del poder totalitario, utilizada recurrentemente por algunos de los cubanos que han decidido dar testimonio sobre su experiencia traumática en las UMAP. Auschwitz es la imagen del horror, la deshumanización y la perversidad del poder biopolítico en un grado superlativo. Lo espeluznante de esa experiencia hace que otros modelos de campos de concentración y trabajo forzado, como el Gulag soviético o las propias UMAP, no parezcan experiencias tan terribles.

En esa lógica se inscribe el texto de Alberto I. González Muñoz, quien llega a decir, incluso, que se sintió un «privilegiado» por haber sido enviado a las UMAP, porque aprendió más de la naturaleza humana y a conocerse a sí mismo. En este texto, el diseño de la institución y los severos castigos a los que fueron sometidos los confinados, aparecen como «errores» y no como estrategias sistémicas de los aparatos y dispositivos de control emplazados por el gobierno cubano en esa época (Ibíd.: 21).

Al presentar *Dios no entra en mi oficina* como modelo de escritura sosegada, Rafael Hernández pasa por alto que Alberto I. González Muñoz recibió una serie de privilegios de los guardias y cabos que custodiaban a los confinados. Esto provocó que su estancia en las UMAP no fuera tan tortuosa. Este caso particular no puede utilizarse para minimizar el rigor al que fueron sometidos miles de hombres en esos campos.

En resumen, como la revista *Temas*, el texto de Rafael Hernández sobre las UMAP forma parte de ejercicios y estrategias políticas de instancias oficiales, encaminadas a producir determinados marcos de interpretación sobre la realidad cubana. Consiste en un proyecto de desmemoria que canaliza y asimila traumas colectivos con lenguajes específicos y espacios de remembranza, que dictaminan qué y cómo los cubanos deben recordar.

Estos ejercicios, por supuesto, tienen repercusiones en espacios de memorialización de eventos traumáticos. En la literatura, por ejemplo, ha tenido un gran impacto. Hemos visto cómo los escritores, incluso aquellos que no dependen de los comisarios culturales cubanos para publicar, acomodan el pasado y se refieren a determinados acontecimientos con las mismas herramientas de representación que utiliza la cultura oficial.

Los regímenes totalitarios, sobre todo aquellos enquistados en el tiempo, tienden a producir narrativas que diluyen la represión para distorsionar el alcance de la tragedia. Borrón y cuenta nueva, dicen algunos. El modelo cubano no es una excepción. En ese proceso, hasta las propias víctimas del sistema producen relatos que tratan de acomodar la experiencia traumática dentro de un marco de corrección política y perdón.

Con *Dios no entra en mi oficina*, Alberto I. González Muñoz construye un relato que al final termina por exculpar a los responsables de ese atroz experimento, al tiempo que distorsiona, diluye y clausura el debate sobre la política de la memoria y la administración de la justicia en el futuro.

Este libro busca no solo congelar el pasado, sino también establecer una relación directa entre la experiencia traumática y los discursos de la sanación. Al final de la introducción, el autor conmina a los que vivieron esa pesadilla a que canalicen sus heridas, el dolor y la sensación de pérdida, a través de la fe y la esperanza. Es la «decisión más sabia y más sana», asegura (Ibíd.: 22).

Alberto I. González Muñoz insiste en que la historia de su experiencia en las UMAP pertenece por entero al pasado. «Es inútil levantar acusaciones y condenar lo que ya no existe, precisamente, porque en su momento se reconoció errado y se clausuró», señala al inicio de su libro *Dios no entra en mi oficina* (Ibíd.: 12). En otro pasaje dice que el cierre de las UMAP «en sí mismo fue un acto de justicia social y así debe ser reconocido históricamente» (Ibíd.: 13). González Muñoz vive en Cuba. Lo he explicado varias veces, los autores que escriben desde la Isla, son muy cuidadosos con sus posicionamientos políticos.

Este ejercicio acomodaticio resulta muy problemático por el tipo de memoria que construye y promueve. Es una surte de memoria fetiche, diría Isaac Rosa. Es decir, una memoria que se articula en lo anecdótico y en lo sentimental, más que en lo ideológico y en la determinación de responsabilidades (Rosa 2004: 32). Sin embargo, al mismo tiempo puede ser productivo para pensar las diferentes posiciones de sujeto, que se establecen con respecto al acontecimiento, y la ética del testigo del campo de concentración —de la que habla Giorgio Agamben— a la hora de narrar una experiencia. Esta ética está atravesada por una especie de código moral que moldea el testimonio en una relación constitutiva con la política.

González Muñoz, expone en qué consiste su ética de testigo basada en la «objetividad», cuando escribe sobre su relación con uno de los guardias. En el fragmento se lee: «Al escucharlo, comprendí que aunque formaba parte de la maquinaria reeducadora, también era una víctima como cualquiera de nosotros» (González Muñoz 2012: 140).

En otro momento, el autor va más allá y dice que algunos de los oficiales «mostraron simpatía, compasión y afecto a los reclutas», para más adelante agregar: «Muchos intentaron ser justos, humanos y positivos en medio de la circunstancia tan negativa que los envolvió. Las experiencias con Rosabal, Concepción, Marrero, Zapata, Rojas y otros más, además de mitigar mis angustias en las Unidades Militares de Ayuda a la Producción, me enseñaron lecciones que necesitaba con urgencia. Lecciones que dieron una nueva dimensión a mi vida» (Ibíd.: 293).

Ahora bien, ¿son las víctimas y los victimarios sujetos semejantes? ¿Qué consecuencias tiene para la memoria pública representar a represores o cancerberos como víctimas? ¿Qué implicaciones tiene para imaginar futuros procesos de administración de la justicia? Aquí, considero oportuno incluir las ideas de Primo Levi sobre el papel del testigo y la representación de los cancerberos del campo de concentración. En un apéndice que agregó a la edición de 1976 de *Si esto es un hombre* (1947), Primo Levi aclara que para escribir ese texto había «usado el lenguaje mesurado y sobrio del testigo, no el lamentoso lenguaje de la víctima ni el iracundo lenguaje del vengador» (Levi 1987: 303). La distinción entre víctima y testigo es fundamental para esta discusión. Levi pensaba que su palabra «resultaría tanto más creíble cuanto más objetiva y menos apasionada fuese; solo así el testigo en un juicio cumple su función, que es la de preparar el terreno para el juez. Los jueces son ustedes», concluía (Ibíd.).

Levi sabía que esa posición podía ser problemática, porque la búsqueda de una «comprensión» más compleja y abarcadora de los acontecimientos de alguna manera implicaba cierta justificación. Así lo exponía: «Quizás no se pueda comprender todo lo que sucedió, o no se deba comprender, porque comprender casi es justificar. Me explico: 'comprender' una proposición o un comportamiento humano significa (incluso etimológicamente) contenerlo, contener al autor, ponerse en su lugar, identificarse con él» (Ibíd.: 340-341).

Aunque en *Dios no entra en mi oficina* no hay referencias a la figura ni a la escritura de Primo Levi, el proyecto de memoria en el que se involucra Alberto I. González Muñoz me lleva a pensar en la noción de «zona gris» que esbozaba el propio Levi. La «zona gris» tiene que ver, precisamente, con el acto de narrar la experiencia de modo «objetivo». La intención es «comprender», también, la posición y la subjetividad de los victimarios.

Sin embargo, ese proceso conduce inevitablemente a la humanización de algunos de los cancerberos. Como se sabe, Levi entró en contacto con algunos de los funcionarios de la maquinaria de exterminio nazi cuando empezó a publicar sus textos y a convertirse en una figura pública. Uno de ellos fue Ferdinand Meyer. Gracias a las biografías de Iam Thomson (*Primo Levi: A Life*) y Marina Annissimov (*Primo Levi: Tragedy of an Optimist*), sabemos de la correspondencia que estableció Primo Levi con Meyer. Levi le dejó muy claro que aunque no sentía odio, tampoco podía perdonar. Este intercambio permitió al testigo acercarse a aquellos que participaron del sistema nazi, sin ser viles o infames, como sujetos «grises». De este modo, Levi trataba de romper el marco binario entre «buenos» y «malos», para adjudicarle toda la responsabilidad al sistema y no a sujetos específicos.

Este posicionamiento le ganó muchas críticas, incluso de algunos de los que corrieron su misma suerte en Auschwitz, como Hans Mayer, quien escribió, bajo el nombre de Jean Améry, *Más allá de la culpa y la expiación: Tentativas de superación de una víctima de la violencia*. Según Levi, Jean Améry lo consideraba un «perdonador», quizás porque su búsqueda de la «comprensión» opacaba de alguna manera la dimensión de la tragedia y la responsabilidad de los culpables.

Las contribuciones de Améry a los debates sobre el perdón me parecen fundamentales para pensar el lugar de la justicia en la reconstrucción del pasado y en la imaginación de la memoria colectiva. En *Más allá de la culpa y la expiación*, Améry asegura que solo es capaz de perdonar a sus victimarios quien «consiente que su individualidad se disuelva en la sociedad, y es capaz de concebirse como función del ámbito colectivo» (Améry 2001: 152). Es decir, aquel que se acepta «como una pieza desindividualizada e intercambiable del mecanismo social», en función de un contrato que busca «superar el pasado» a partir de diluir la experiencia traumática y la figura del testigo, en una narrativa colectiva y acomodaticia (Ibíd.).

Para Améry, este proceso forma parte de los lenguajes del verdugo, de ahí que los llamados a la reconciliación son siempre sospechosos porque atentan contra la Historia misma. Es un absurdo, explicaba, «que se me exija objetividad en la confrontación con mis verdugos, con sus cómplices o tan solo con los testigos mudos. El crimen como tal no posee ningún carácter objetivo», explicaba (Ibíd.: 150).

El «resentimiento» es el nodo desde donde se posicionó como testigo. Se trataba, explicó, de que el verdugo se viera obligado a enfrentar la verdad de su crimen (Ibíd.: 141-142). En su argumentación, Jean Améry cargó contra la psicología que construye a las víctimas como sujetos enfermos y perturbados; también contra Nietzsche, quien en su Genealogía de la moral había hablado del resentimiento como una categoría contaminada por la venganza y la falta de integridad. «Así habló quien soñaba con la síntesis del bárbaro y del superhombre», respondió (Ibíd.: 147).

En el caso cubano, la noción de «resentimiento» ha estado asociada generalmente a los lenguajes del exilio. Es una categoría cargada con un sentido peyorativo. Dentro de esta lógica, los exiliados cubanos no son más que seres rencorosos, movilizados por la venganza, porque no han podido «superar el pasado».

Sin embargo, como demuestra Améry, la noción de resentimiento no necesariamente tiene que estar asociada a la venganza, a lo afectivo, o a lo psicológico, sino que es, ante todo, una categoría política y filosófica. El reto es convertir el resentimiento en un espacio productivo de memoria y no en un repertorio de nociones vacías de la Guerra Fría. La idea es convertir el acto de (re)sentir en un proceso de actualización del pasado que haga de la memoria un espacio no solo de archivo, sino de pensamiento crítico.

BIBLIOGRAFÍA

AA. (1966): «Breve conversación con el comandante Raúl Castro». En *Adelante*, 9 de abril, 1.

Améry, Jean [Hans Mayer] (2001): *Más allá de la culpa y la expiación*. Madrid: Pre-Textos.

Armas, Juan (1966): «Premios en las UMAP». En *Verde Olivo*, año 8, 43: 15.

Arcos, Luis M. (1966): «UMAP. Donde el trabajo forma al hombre». En *Adelante*, 13 de abril: 5.

Arenas, Reinaldo (1981): *El Central*. Barcelona: Seix-Barral.

Bernal Lumpuy, Luis (1992): *Tras cautiverio, libertad. Un relato de la vida real en la Cuba de Castro*. Miami: Ediciones Universal.

Brokhin, Yuri (1975): *Hustling on Gorky Street: Sex and Crime in Russia Today*. En *The Dial Press*, New York: 103-105.

Caballero Blanco, José (2008): *UMAP: Una muerte a plazos*. Dhar Services.

González Muñoz, Alberto I. (2003): *Dios no entra en mi oficina: Luchando contra la amargura cuando somos víctimas de la injusticia*. ABG Ministries, Frisco.

Hernández Rafael (2015): «La hora de las UMAP. Notas para un tema de investigación». En *Temas. Cultura, ideología, sociedad*, 7 de diciembre: www.temas.cult.cu/node/2027

Levi, Primo (1987): *Si esto es un hombre*. Muchnik Editores.

Rosa, Isaac (2004): *El vano ayer*. Barcelona: Seix Barral.

Nieves, José Jasán (2015): «El silencio que no entierra a las UMAP». En *OnCuba Magazine* [online]: http://oncubamagazine.com/sociedad/el-silencio-que-no-entierra-a-las-umap/

Sierra Madero, Abel (2014): «Del hombre nuevo al travestimo de Estado». En *Diario de Cuba*, 25 de enero: http://www.diariodecuba.com/cuba/1390513833_6826.html

Solzhenitsyn, Aleksandr (2002): *Archipiélago gulag (1918-1956)*. Barcelona: Tusquets Editores.

AUDIOVISUAL

Cherkasov, Aleksandr (1928): *Solovki. Campamentos de Solovki con propósito especial*. Sovkino: https://youtu.be/_IAthUIjJtk.

GALERÍA

ÁNGEL DELGADO
RECORTES DE PRENSA

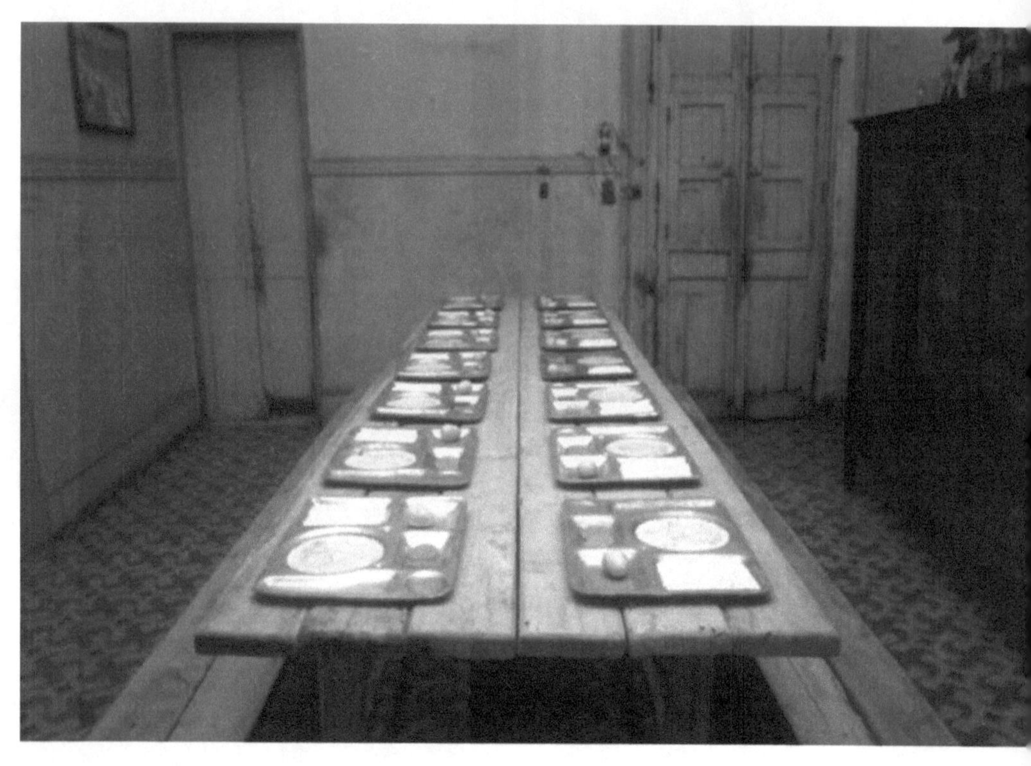

© Ángel Delgado
Silencio absoluto, 2000
Instalación. Madera, bandejas de aluminio y jabón.
Cortesía del artista.

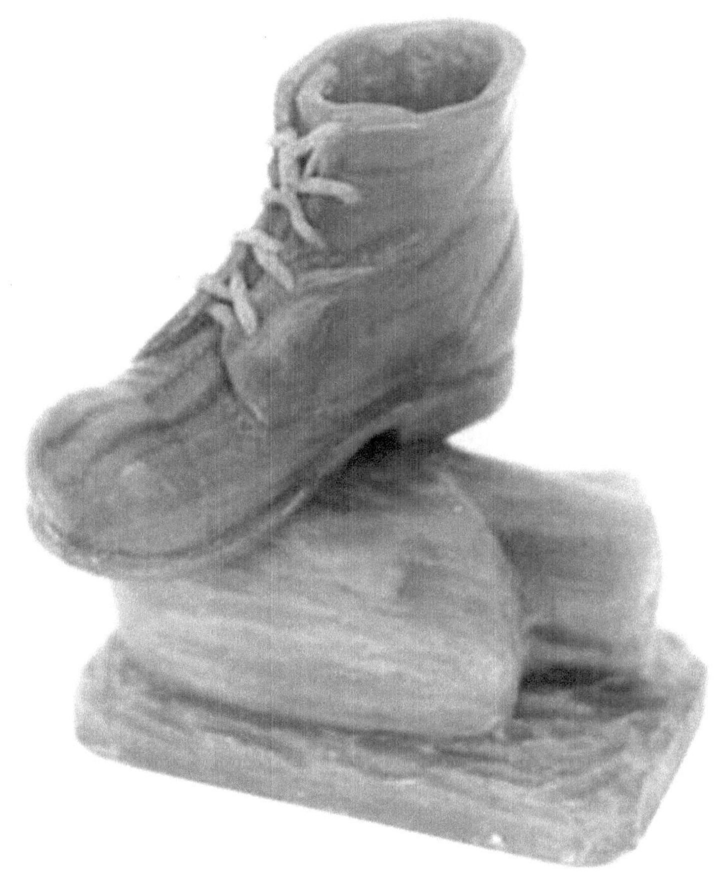

¡Adelante!

AÑO VIII. - NUM. 88.   Camagüey, Miércoles 13 de Abril de 1966   PRECIO: 5 CENTAVOS.

Las U.M.A.P.

DONDE EL TRABAJO FORMA AL HOMBRE

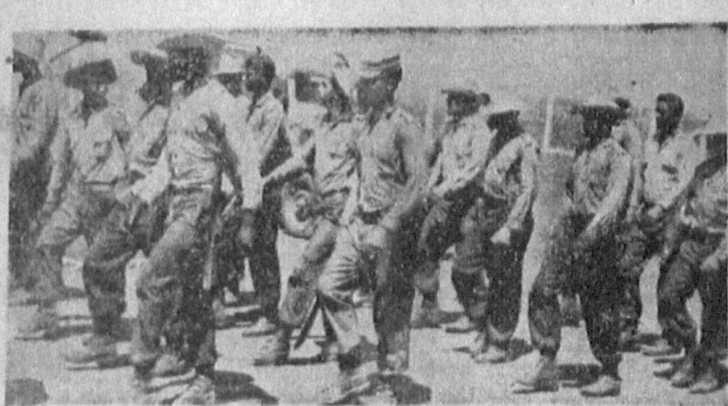

Los contrarrevolucionarios han hablado mucho de las UMAP. A su manera, lógicamente. Hoy vamos a hablar nosotros. Y más que eso, a dejar que sean otros los que relaten, un testigo de Jehová, por ejemplo, que antes no saludaba nuestra bandera ni aceptaba la disciplina... Un testigo de Jehová al que nadie ha obligado a abandonar sus creencias religiosas, al que se respetan sus sentimientos, es el que nos dice: "he comprendido que hay que trabajar mucho y bien, porque ese es el sustento de la sociedad". Las UMAP tienen la gigantesca tarea de formar hombres completos, una tarea digna de admiración y estímulo. Pero ... aquí no se lo vamos a contar todo... abra el periódico y busque en la página cinco.

"No estaba en obrero, campe sino escondid

CELEBRADO ACTO DE REPUDIO

En el Instituto pre Universitario de esta ciudad, se llevó a efecto ayer un acto organizado por la UJC, la UES y la Dirección del centro en el cual los alumnos de ese plantel condenaron el criminal atentado realizado por Angel María Betancourt contra un avión de Cubana de Aviación y en el cual perdieron la vida Fernando Alvarez y Edor González piloto y custodio de la nave respectivamente.

Al comenzar el acto los alumnos del Instituto pre Universitario pidieron unánimemente paredón para el asesino que fuera capturado el pasado lunes en la ciudad de La Habana, escondido en un convento, por fuerzas combinadas del Ministerio del Interior.

Romelio Quirce, Secretario de Organización del Comité Provincial de la UJC, al hablar hizo un recuento de la criminal acción realizada por Betancourt, en la cual además de las muertes causadas pudo ocasionar la pérdida de la vida a más de 90 personas que en esa ocasión viajaban en el avión.

"El asesino no fue encontrado en la casa de un campesino, de un obrero, ni en la casa de un estudiante, sino en un convento, que mientras lo escon-

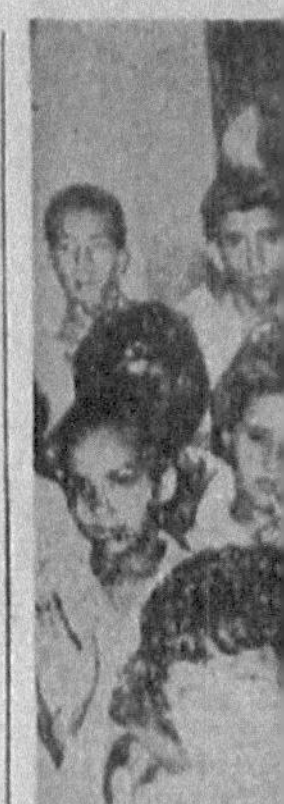

Un aspecto de l al asesino y solicit

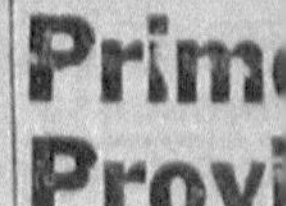

Prime
Provi

Recortes de prensa.

ASCENSOS EN LAS UMAP

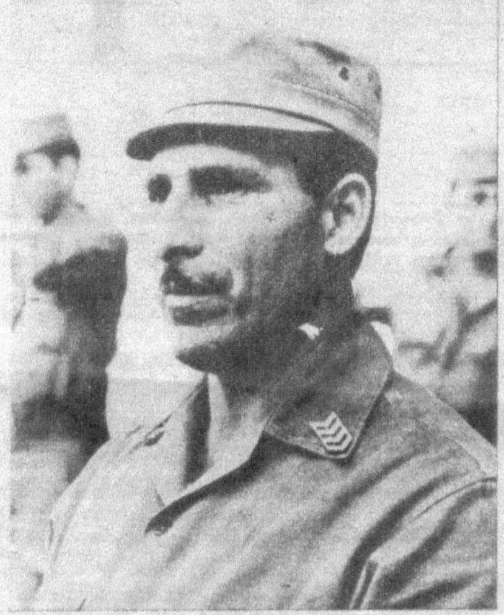

El Primer Capitán José Q. Sandino, haciendo
el resumen del acto.

Texto:
JOSE ARMAS

Fotos:
VIRGINIO
MARTIN

EL primer capitán José Q. Sandino, jefe del Estado Mayor de las Unidades Militares de Ayuda a la Producción (UMAP), resumió en el estadio "Cándido González" de Camagüey el acto en que fueron ascendidos al grado Cabos un crecido número de miembros de esas unidades.

El ascenso de estos compañeros a jefes de Escuadra, constituye un cargo de notable responsabilidad dentro del marco organizativo que tienen las UMAP.

Los ascendidos fueron seleccionados por sus jefes superiores que tomaron en cuenta la disciplina, la actitud ante el trabajo, el estudio y todas las tareas que debían cumplir.

Esto, demuestra palpablemente que, a pesar del poco tiempo de constituidas, las Unidades Militares de Ayuda a la Producción se van convirtiendo en un competente Ejército de Trabajadores que logra sus primeros frutos producto de un trabajo disciplinario acertado.

HABLA SANDINO:

Al iniciar sus palabras, el primer capitán, José Sandino, dijo:

—Compañeros de las UMAP, hoy nos hemos reunido aquí, para conversar con ustedes y hacerles una breve explicación sobre esta reunión. En los primeros días en que ustedes fueron reclutados de la vida civil para ingresar en este nuevo Ejército de Trabajadores, todo tenía un color distinto. Nosotros, hemos observado el comportamiento y la comprensión de cada uno de ustedes, hasta hoy; hemos visto sus trabajos en las labores agrícolas, la recogida de frutos, en la zafra..., y todo esto ha servido para que ustedes hayan sido seleccionados por sus superiores para formar los jefes de Escuadra. Por eso, les comunico que por orden del Estado Mayor General quedan todos ascendidos a cabos de Escuadra de las UMAP.

—¿Cuál será la tarea de ustedes? —prosiguió Sandino—. La tarea de ustedes, con esta nueva responsabilidad, será la de tratar con los compañeros que vendrán en próximo producto del nuevo llamado. Ustedes, tienen la experiencia para tratar con los nuevos compañeros; tal vez, la que no teníamos nosotros al empezar a formar las UMAP. Ustedes han sido seleccionados dentro de muchos compañeros. Esperamos que se hagan merecedores de esta nueva responsabilidad que la Revolución pone en ustedes; que sepan cuidar y enseñar a los nuevos compañeros; que los sepan tratar con estricta disciplina, pero como hermanos siempre, y esa será una gran ayuda a los jefes superiores.

—Esto no es sencillo —dijo luego—. Tal vez ustedes han podido oír cuántas cosas se han hablado por ahí de las UMAP; cómo elementos mal intencionados han tratado de presentarla. Ustedes han visto que no es así; que las UMAP son un Ejército de Trabajadores y que ese trabajo es de la Patria y por eso se está aquí; que aquí se cumple con un deber revolucionario donde nos hacemos acreedores de la digna Patria que tenemos nosotros. Nuestra tarea es demostrar que es así, Hablen con los nuevos compañeros

EL CÓDIGO TOTALITARIO.
PODER Y PSIQUIATRÍA A INICIOS DE LA REVOLUCIÓN CUBANA

Pedro Marqués de Armas

En la primavera de 1963 se celebró en Cuba una así llamada Conferencia Nacional de Instituciones Psiquiátricas. Jamás se había celebrado un evento de tal magnitud dentro de la psiquiatría cubana y ello tenía una causa: la Revolución. Como expresara uno de los ponentes: los «efectivos psiquiátricos» habían crecido tanto gracias a la Revolución, que la Conferencia misma era el mejor ejemplo de ello. Para mí fue una sorpresa dar con ese documento que delataba de modo transparente las intenciones de la política psiquiátrica del nuevo Estado, tanto más tratándose de una reunión en la que el Ministerio del Interior, y los vínculos entre Psiquiatría y Ley, tenían un papel protagónico. Pero tan asombroso como la claridad expositiva, me resultó la comicidad del lenguaje asambleario, enriquecido por la grandilocuencia y las buenas intenciones de una retórica que ya había calado a fondo en la sociedad cubana, al punto de trazar unos hábitos que, de tan bien delineados, impedían deslindar entre creencias y simulacro, entre los márgenes de improvisación y la puesta en escena global. Para colmo, el documento incluía casi la totalidad de las ponencias e intervenciones, en una transcripción taquigráfica que no se ahorraba los diálogos entre los participantes, aplausos y exclamaciones, ni las votaciones en directo, al estilo de los intercambios con que Fidel Castro estableció su modelo de democracia participativa.

Pocos textos muestran con semejante claridad cómo se impuso una jerga en la que el pensamiento por categorías («enemigos del pueblo», «burgueses corruptos», «elementos desclasados») suplantó, al extender nociones abstractas de consecuencias tan terribles, cualquier noción ética de la diversidad humana. Pero esas categorías también iban dirigidas hacia el interior de la asamblea a modo de barreras cognitivas («cuestión de principios», «intereses irreconciliables», «filosofía de la Revolución») que no podían ser traspasadas, toda vez que su función era frenar toda crítica, incluso las más gratuitas o no intencionadas, recluyéndolas en una gramática elemental, cuyas claves debían esgrimir los participantes con idéntica precisión.

El distanciamiento, pues, entre el orden discursivo y la *realidad*, produce un efecto teatral que es lo mejor del documento si no fuera por sus lamentables secuelas. Desde luego, la elección de varios fragmentos (tal como los publiqué por primera vez en 2003, concentrando los pasajes más selectos), necesariamente retiene el horror y la comicidad (AA. VV. 1963).[1] Se trata de eso —de no atenuar el desastre—, por lo que extraeré ahora algunos ejemplos a modo de pinceladas.

CONCEPCIONES QUE ARRANCAN DE LA VID

Jamás podrá olvidársenos la visita que hiciéramos al Centro de Rehabilitación de la Prostitución en Camagüey. Allí los miembros de la Policía Nacional Revolucionaria realizaron una magnífica tarea, que comenzó con la alfabetización y organización de las prostitutas de la ciudad para la lucha «económica» contra los dueños de prostíbulos y proxenetas, como paso previo, decidido por ellas mismas voluntariamente, de su ingreso en el Centro de Rehabilitación y del cual ya han salido más de un centenar convertidas en maestras de corte y costura y trabajadoras de distintos oficios. Admirados por la corrección de los procedimientos tácticos empleados, preguntamos a los dirigentes:

—¿En qué teoría o directiva se inspiraron ustedes para realizar este trabajo?

—No, en ninguna, se nos ocurrió que así debía ser —contestaron.

—Pero, ¿ninguno de ustedes leyó algún libro sobre esta cuestión? ¿No leyeron a Makarenko?

—No —nos respondieron—; ahora es que vamos a leer algo sobre eso.

Así, de un modo casi empírico, y sin que existiera una inteligencia entre los distintos ministerios y departamentos que se relacionan con la Higiene Mental, se han ido concretando ideas y conceptos y precisando la ubicación de problemas y de técnicas de enfoque, delimitándose esferas de específica acción (Ibíd.: 281-282).

Diálogo dentro del *diálogo*, quien lo escenifica es el psiquiatra Diego González Martín, cuya ponencia inaugural consistió básicamente en una presentación

---

[1] «Conferencia Nacional de Instituciones Psiquiátricas». Se efectuó entre el 31 de mayo y 2 de junio, a fin de «arribar a una unidad de propósitos». Fue propuesta durante el X Congreso Médico Nacional, celebrado en enero de ese año. El documento puede consultarse (casi en totalidad) en *La Habana Elegante*, segunda época (http://www.habanaelegante.com/Panoptico/Panoptico_Psiq_ Conferencia.html), y en Marqués de Armas, (2014): 278-324. Para la versión concentrada, ver (2004): «En la casa del sol naciente: psiquiatría y poder en Cuba». En *La Habana Elegante. Número especial por el V aniversario de la edición electrónica*. Madrid: Editorial Verbum: 63-77.

de las labores del Ministerio del Interior, junto a una crítica de la salud mental en el capitalismo. De formación marxista desde los años cuarenta, reflexólogo pavloviano y crítico feroz del psicoanálisis antes y después de la Revolución, era desde 1961 el Coordinador Nacional de Psiquiatría. Militante de muy joven —vinculado al Ala Juvenil Comunista—, es el ideólogo del momento y el enlace entre la institución psiquiátrica y el Partido Único, todavía Partido Unido de la Revolución Socialista de Cuba (PURSC). Tal vez eso explique el estrecho seguimiento que la Conferencia tuvo en *Noticias del Hoy*,[2] el periódico de los viejos comunistas; no solo muy superior a otros medios de prensa, sino también, al reflejo que tendrían otros congresos médicos de la época. Con excepción de las campañas de vacunación y de las misiones en Argelia, probablemente ningún otro evento sanitario ocupó tanto el interés de aquel diario, para el que el propio González Martín trabajara desde finales de los años treinta. Si de lo que se trata es esas jornadas es de apretar los lazos entre la Psiquiatría y el Ministerio del Interior, entre las instituciones psiquiátricas y penitenciarias, el rol de los antiguos comunistas en el proceso no fue nada despreciable.

Noticias de Hoy, que desde su aparición divulgó los éxitos de la medicina y la psiquiatría soviéticas, ahora los incrementa. En pleno auge del psicoanálisis hacia 1955, el Partido Socialista Popular sufragará, por mediación de Juan Marinello, la revista *Medicina Reflexológica*, coordinada por González Martín y cuya aparición responde a un incipiente clima de enfrentamientos. Y ahora el periódico publica sus traducciones de Pavlov, Anojin y Lysenko, mientras ilustra a los lectores con los logros de la ciencia y la técnica en tiempos de Kruschov («viejo león maloliente de vodka» como lo llamaría Pasolini.). Pero dejemos hablar al compañero del Ministerio del Interior, García Oliva, pues él mismo aclara su función y realiza algunas correcciones al ideólogo.

APRENDICES DE CIRUJANOS

Compañeros: Nosotros venimos en representación del Ministerio del Interior a hacer una breve intervención sobre los problemas de principio que planteaba el compañero Diego González Martín. (...) Ustedes saben que

---

2 Titulares de *Noticias de Hoy*: «Se inaugura hoy la primera conferencia de psiquiatría», 31 de mayo, 1963; «Se desarrolla con éxito la Conferencia Nacional de Instituciones Psiquiátricas», 1 de junio. 1963; «Fructífero el trabajo de la Conferencia de Psiquiatría», 2 de junio, 1963, «Concluyó la I Conferencia de Instituciones Psiquiátricas», 5 de junio. 1963. Una de las conclusiones del evento fue «Felicitar al Ministerio del Interior por su trabajo sobre determinados grupos sociales».

*el Ministerio del Interior es el organismo del Estado que tiene la respon-
sabilidad administrativa y ejecutiva de la política interior del Gobierno
Revolucionario. En este sentido, tenemos que lidiar con delincuentes de la
sociedad anterior, los que delinquían desde el poder capitalista, los otros
delincuentes de delitos llamados comunes, y tenemos que luchar también
contra los delincuentes que se organizan contra el Poder Socialista, o sea,
los contrarrevolucionarios. Entonces, tenemos instituciones, establecimientos, para alojar a todos esos delincuentes, a los delincuentes contrarrevolucionarios, a los delincuentes que delinquieron desde el poder capitalista
–que les llamamos esbirros comúnmente–, y también a los otros delincuentes, a las llamadas lacras sociales, aquellos que cometían delitos comunes y
hacían actividades antisociales –prostitutas, proxenetas– etc. (...)*

El compañero Diego González Martín, en la ponencia señalaba que la labor
de reeducación que nosotros hemos hecho en esos centros ha sido hecha
empíricamente, sin una normativa científica. En primer lugar, yo quiero
señalar que el compañero nos mencionó con nuestro nombre propio en la
ponencia y nos asignó la calificación de psiquiatra. Nosotros somos unos
aprendices de cirujanos que la Revolución nos sitúo en el Ministerio del Interior, en la Jefatura de los Servicios Médicos de ese Ministerio, y entonces
desde allí tratamos de orientar desde un punto de vista político, las labores
de reeducación en lo que concierne a la cosa de los servicios médicos del
Ministerio. Así que quizás hayan términos psiquiátricos que no podamos
aquí usarlos con la frecuencia que ustedes están acostumbrados, porque
esa no es nuestra especialidad» (Ibíd.: 283-286).

No se trata del clásico diálogo entre psiquiatras y juristas burgueses,
mediado por esa bisagra que era el criminalista o el instructor policial, y
que en tantas cuestiones no se ponían de acuerdo, sino de un intercambio abierto entre un psiquiatra marxista y un «aprendiz de cirujano de la
Revolución». No, para nada un diálogo de sordos, pues mientras uno da
sustento a los planes ideológicos del Estado, el otro, con igual a arreglo a la
nueva legalidad y pleno derecho a la experimentación, los ejecuta. Veamos,
si no, lo que a esas alturas ya había realizado en MININT: Una serie de
actividades de reeducación que, aunque empíricas, «pueden calificar como
actividades psicológicas, psiquiátricas o de Higiene Mental propiamente
dicha». Una faena *abscondita* que, aunque no divulgada por encontrarse
en fase experimental («a pesar de que ya lleva más de un año y medio de
desarrollo y funcionamiento»), promete resultados alentadores. Un trabajo
honesto que, aunque «sin basamento científico», debe su éxito a la «gran

calidad humana de los compañeros, a veces con un nivel de escolaridad muy bajo», pero «con una conciencia revolucionaria extraordinaria». Una labor que, aunque «no nos oponemos» a compartir con los «compañeros psicólogos y psiquiatras», precisa de una «selección de personal» a cargo exclusivo del MININT. Etc.

Pudiera seguir, pero basta con hacer notar el hecho de que, más que de funciones se trata de áreas repartidas. Como se desprende, a los «aprendices de cirujanos» les asisten no pocas prioridades: superioridad de la práctica sobre la teoría, confidencialidad en los resultados, y exclusividad para elegir a sus colaboradores que, aunque necesarios para el aprendizaje (claramente, de la psiquiatría) y la aplicación de la ciencia en pos de «mayores éxitos», deben demostrar ciertas credenciales. En fin, esos serían los principios; pero además, nos enteramos de una serie de logros como la existencia de cientos de personas recluidas, bien en centros de rehabilitación de prostitutas («que en el momento actual son trabajadoras de vanguardia»), o bien en centros de reeducación de menores («de esos que ustedes veían por L y 23, por aquí por esta zona de la Rampa, con un índice de delincuencia o predelictivo elevado»).

Como tantos otros miembros del MININT, García Oliva (ni siquiera puede dar con el nombre) fue uno más entre los anónimos «aprendices». Por eso mejor ponerle cara a alguien más significativo que, aunque también presente en la Conferencia, se limitó a escuchar las intervenciones.

Antonio Cejas fue tal vez la figura que mejor sirvió a Fidel Castro en la destrucción del poder judicial y su reemplazo por el nuevo orden legal de la Revolución. Miembro del Partido Ortodoxo —del que fue expulsado—, conoció en México al poeta e instructor militar del Movimiento 26 de Julio, Alberto Bayo. Este le dedica algunos de los versos de *Fidel te espera la Sierra*; y, en efecto, allí lo esperaba, para convertirlo en Teniente Auditor. No sabemos si llegó a tiempo pero ya en febrero de 1959, Fidel Castro lo nombra fiscal en el juicio contra los pilotos de la fuerza aérea. Imputación jamás realizada en Cuba, Cejas los acusa de genocidio, pidiendo la pena de muerte para buena parte de ellos. Al salir absueltos, y antes de revocar sentencia y repetir la acusación, arenga a las masas contra los miembros del tribunal, mientras el Máximo Líder arremete contra la sentencia, en lo que sentó un precedente de obstruccionismo a la justica. Miembro de los tribunales militares, en 1960 Cejas era ya el principal catedrático de Derecho y Criminología de la Universidad de La Habana, y en cuanto tal, le correspondió elaborar no pocas de las nuevas leyes, entre ellas los delitos contrarrevolucionarios (luego «contra la seguridad del Estado»), siguiendo con la modificación de los «estados de peligrosidad». Artífice de la desestructuración de las instituciones judiciales, desde noviembre de 1960 integra el Consejo Superior de Defensa Social, tarea que comparte con el psiquiatra José Galigarcía (que se ocupa de la legislación *propiamente* psiquiátrica), entre otros. Convertido el órgano jurídico en pieza del Ministerio del Interior, correrá a su cargo, no solo, la transformación de la Ley de Ejecución de Sanciones y Medidas de Seguridad, sino la confección de la doctrina que lo justifica. En 1961 apela al código penal soviético, mientras descalifica al derecho penal pre-revolucionario, exagerando sus limitaciones (que eran muchas) y tergiversando tanto su letra como su espíritu, que, en cualquier caso, respondían a las exigencias de un modelo democrático.

En marzo de 1962, Cejas integró como «abogado defensor de oficio» el tribunal que juzgó a los prisioneros de Playa Girón, a los que defendería, fueron sus palabras, en «nombre de la generosidad del pueblo cubano». Y ahorrándonos otros méritos, ese mismo año funge como «director legal» del Ministerio de Salud Pública. Es en esa función que asiste a la Conferencia de Instituciones Psiquiátricas. Aunque no presenta ninguna de las ponencias, ni preside ninguna de las mesas, se alude con discreción a su experta presencia que, justo por discreta, revelamos aquí. Y es por esa misma época que Fidel lo visita en la Universidad de La Habana, pero ahora para encomendarle otra tarea: nada menos que los Tribunales Populares Revolucionarios, cuya arquitectura despachó con celeridad para su puesta en práctica en 1964. En fin, un vínculo que apunta, por sobre la supervisión de los viejos comunistas, a una relación expedita con el poder: la de Teniente Auditor, sin más mediación que el propio Castro.

Al «viejo derecho» opone el «nuevo derecho» revolucionario, ajustado ya a la concepción que sanciona la desaparición de la burguesía, y que certifica una moral superior, la socialista, que otorga la potestad de intervenir sobre la totalidad del cuerpo social, aun cuando se supone que la Historia, en su inexorable rumbo dialéctico, terminaría por extinguir la delincuencia. «El delito —escribe en el culmen de la teoría— es un concepto jurídico de contenido antisocial que aparece como consecuencia de la lucha de clases y sus inmediatas manifestaciones de explotación humana.» En su artículo «La peligrosidad social predelictiva», explica el fundamento de la doctrina penal socialista en muy pocas palabras: «Para el tratamiento de los declarados peligrosos, los liberados condicionalmente, los menores, las prostitutas que voluntariamente lo soliciten y los propios delincuentes comunes recluidos en los establecimientos penitenciarios, existen planes de rehabilitación de distintos alcances. El fundamento teórico de la rehabilitación social de los delincuentes y peligrosos, puede sintetizarse así: educación y trabajo» (Cejas Sánchez 1962).[3]

En 1963 Cuba era un estado totalitario plenamente consolidado. El espacio público había sido abolido, para no hablar de libertad de prensa o de la imposición de un catecismo de Estado. Los pocos debates culturales no tendrían mayor recorrido, como tampoco los suscitados en las sociedades médicas, que apenas trascendían. Únicamente la Revolución era fuente de derecho y dispensadora de justicia. ¿Cuáles fueron las leyes de peligrosidad que se implementaron y en qué consisten sus diferencias respecto a los dispositivos liberales? Una ojeada a la sucesión de cambios legales y a su naturaleza, nos lleva siempre a enero de 1959, cuando el poder revolucionario se erige en rector de las principales instancias de seguridad pública: las prisiones y reformatorios, los servicios psiquiátricos, y el propio Consejo Superior de Defensa Social. Al año siguiente, el órgano judicial se vio reducido a solo cinco miembros, asomando entre ellos —además de profesores universitarios comprometidos— delegados de organizaciones de masa. Encargado de la Ley de Ejecución de Sanciones y Medidas de Seguridad (1938), esta función pasa a ser competencia de un ministerio en manos de militares.

En esta dirección, será significativo el Decreto 3007 del 6 de junio de 1961 que, coincidiendo con la creación del MININT, plantea ya el establecimiento del Departamento de Prevención y Seguridad Social, y, dentro de este (así denominado sin eufemismo alguno), la Sección de Erradicación de Lacras Sociales. Aunque aprobada de modo definitivo con la Resolución 1001 del 27 marzo de 1962, que sucedía en pocos días a la número 934 (determinando esta la instauración de Granjas de Rehabilitación Penal), la tristemente célebre «sección» venía operando a plenitud desde comienzos

---

[3] Para más información ver, entre otros: Córdova, Efrén (2006): *Apuntes para una historia de la dictadura castrista*. Madrid: , Fundación Hispano Cubana: 57-59; y «La causa 108». En *Cuba*, Año V, 48: 3-11.

de 1961.[4] Aunque ni mucho menos única, fue bajo esa cobertura y al amparo de la «peligrosidad predelictiva», que se efectuaron las primeras redadas policiales, una de las cuales —la ejecutada el 11 de octubre de ese año contra prostitutas, pederastas y proxenetas— trascendería como la «noche de las tres P». No era sino el colofón del acelerado desguace que las instituciones judiciales experimentan (mayormente) a lo largo de 1960, al compás de los discursos de Fidel Castro. Irresistiblemente normativa, su palabra de orden no hizo sino trazar una línea cada vez más clara que colocó de un mismo lado a opositores y delincuentes, bajo los calificativos de «blandengues», «flojos» y «parásitos».

En enero de 1962, durante la I Conferencia Psiquiátrica (también Asamblea Nacional Psiquiátrica), circulan términos como «predelicuencia» o «línea de masas». Una de las conclusiones fue la de «vincular los instrumentos de la psiquiatría con los empeños de la construcción del socialismo, el incremento de la producción y la defensa de la patria, aprovechando los vehículos mismos de la Revolución para desarrollar la prevención y el tratamiento de las enfermedades mentales». Y otra, implícita en la primera: «trabajar en coordinación con los organismos de masa». Entretanto, las leyes contra las *lacras* se fueron perfilado con los decretos 992 y 993 del 19 de noviembre de 1961, la primera anunciando que «el avance de la Revolución» permitía «establecer nuevos métodos dirigidos a reeducar y rehabilitar delincuentes», y la segunda autorizando a adoptar medidas en el menor plazo posible (De la Cruz Ochoa 2000).[5]

Si el Código de Defensa Social de 1936 definía el «estado peligroso» como «cierta predisposición morbosa, congénita o adquirida mediante el hábito que destruyendo o enervando los motivos de inhibición, favorezca la inclinación a delinquir», ahora corresponde a una «especial proclividad para cometer delitos, demostrada por la conducta que observa en contradicción manifiesta con las normas de la moral socialista.»[6] El carácter individual de ascendencia médica, que tacha al sujeto de peligroso antes de delinquir y lo condena a eterna virtualidad criminal, se *socializa* exten-

---

4   Resolución Núm. 934 de 16 de marzo de 1962 (*Gaceta Oficial*, 55, 20 de marzo de 1962). Resolución Núm. 1001 de 27 de marzo de 1962 (*Gaceta Oficial*, 66, 4 de abril de 1962). *Leyes del Gobierno revolucionario de Cuba*, 42-45, 1962. En marzo de 1962, un nuevo decreto autoriza declarar «el estado de peligrosidad» sin necesidad de asesoramiento psiquiátrico, siendo suficiente con la declaración de la CTC, la FMC o el CDR.

5   Véase también Cuba, Santiago (1964).

6   *Código de defensa social. Ley de ejecución de sanciones y medidas de seguridad privativas de libertad y reglamento para su ejecución*, La Habana, Jesús Montero, 1946; y, Cejas Sánchez (1962).

diéndose a situaciones muy diversas derivadas de un contexto político que hace de los «índices de peligrosidad» —antes dictados por un juez previo informe psiquiátrico y con oportunidad de defensa— un instrumento apenas técnico que esgrimen por igual policía y presidente/a del Comité. Se realiza, en algunos casos, consulta jurídica, pero sin garantías de defensa ni asesoramiento médico-psiquiátrico (salvo a posteriori y solo en ocasiones). No es cierto que la rehabilitación no formara parte del extenso rosario de medidas de seguridad, pues en eso consistía, justamente, su supuesto carácter preventivo. Si bien no existían en la República más centros de este tipo que prisiones, ahora tanto los reformatorios como las granjas de trabajo, se multiplicarán, al tiempo que las cárceles alcanzan cifras de reclusión nunca antes vistas.

Para todo lo anterior fue modificado el artículo 48. Los incisos 5, 6, 7, 8, 11 y 12, que correspondían al juego, la vagancia, el matonismo, la mendicidad, la explotación, la prostitución y el ejercicio de vicios moralmente reprobables, ahora son competencia de un cuerpo represivo que prioriza el secuestro como tarea de choque sobre otras medidas. El precedente y la inspiración, lo había sentado el proxenetismo, que de delito fue convertido en índice de peligrosidad permanente. Resumiendo: un mismo organismo, aunque desde diferentes secciones, se ocupa tanto de los delitos contrarrevolucionarios como de la peligrosidad; esta se aplica masivamente y a menudo mediante redadas. Tiene más crédito la opinión del vecino que la del técnico ¿o eran ya una misma cosa? Se suspende el asesoramiento psiquiátrico, que los juristas republicanos tenían como uno de sus mayores logros a tono con un concepto médico-normativo que, en algunos casos, eximía al sujeto; y en su lugar se imponen figuras morales que permiten juzgar en relación exclusiva a un contexto que castiga toda diferencia, mientras lo atraviesa de terror en su proximidad con el delito político. El espectro *criminal* creció con el furor de la utopía redentora y sus dificultades de realización, lo que —a ojos de las propias concepciones y de las crecientes necesidades creadas por el sistema— solo tendría salida en la militarización de la economía, es decir en el trabajo —y pronto, en el trabajo forzado a gran escala.

Durante la Conferencia de Instituciones Psiquiátrica se produjeron algunas colisiones, pero solo una digna de crédito. Quien habla, el psiquiatra Julio Feijoo, interpela al ponente del MININT con cierta ironía pero con no menos aprensión. Aunque sus preguntas derivan en un abstruso monólogo, toda vez que el reclamo revela una disyuntiva imposible, la de que, al menos a esas alturas, no podía haber oposición al Poder Revolucionario sin salirse del poder psiquiátrico, no por eso dejan de ilustrar el *Zeitgeist del momento*, señalando su contradicción: «que el concepto de peligrosidad, tanto en los países socialistas como en los países capitalistas, tiene un origen común idéntico». Por toda respuesta (al menos esta no quedó registrada) recibió solo las gracias. Viejo psiquiatra burgués empeñado en diagnosticar la «peligrosidad», para lo que diseñó un test específico, y defensor incluso de las leyes eugenésica alemanas —que además defendieran algunos psiquiatras comunistas—, también él habla en jerga de compañeros. En 1966 abandonó el país.

Dr. Julio Feijoo: Yo no pensaba hablar hoy, pero cuando entré estaba hablando el compañero Oliva y esto me ha animado a venir aquí y a hacer unas cuantas preguntas y a orientarme. Naturalmente, que lo que yo voy a presentar ahora no son aportaciones, sino interrogaciones, que creo que deben dilucidarse (...) si es que vamos a hacer algo constructivo... Cuando entré el compañero Oliva estaba hablando de esas cuestiones. Y al principio, cuando yo había venido a las sesiones de hoy, venía muy confuso. Desde hace varios meses estoy muy confuso, cada vez más confuso en este problema psiquiátrico judicial; pero después que oí al compañero Oliva pues no podía seguir así. Por eso pedía venir al micrófono. El compañero Oliva nos refiere que está en el Ministerio del Interior dedicado a combatir a ciertos elementos disociales y asociales, y a ese efecto ha procedido a instituir unos centros reeducativos de esos elementos. La primera pregunta que yo me hago es esta: ¿Qué criterio médico-jurídico se sigue en estas cuestiones?, porque en estos momentos existe una falta total de coordinación en lo que se refiere a la aplicación del concepto de peligrosidad. Yo quisiera que el compañero Oliva fuera tan amable que nos ilustrara sobre lo que debemos entender por peligrosidad [porque] en estos momentos existen dos criterios (...) Uno, el Código de Defensa Social [que] se establece que tratándose de un problema morboso, que implica el concepto de enfermedad, necesariamente debe llevar el asesoramiento psiquiátrico para poder dictaminar el grado de peligrosidad del sujeto. Pero, el año pasado, dos meses después de haber celebrado nuestra Conferencia Psiquiátrica, salió un Decreto en la Gaceta Oficial, donde el Ministro del Interior puede, per se, declarar el estado peligroso de un sujeto sin asesoramiento médico, y a ese efecto solamente requiere del asesoramiento de miembros de la CTC, de la FMC, de los Sindicatos y CDR. Entonces, lo primero que encontramos (...) son dos conceptos de peligrosidad totalmente distintos. La confusión que yo venía sosteniendo y la cantidad de discusiones que he mantenido con distintas per-

sonas del foro durante estos meses, que ninguno me ha sabido explicar cómo es posible esta dualidad, se me acaba de agudizar más, cuando el Dr. Oliva me habló de predelincuencia, término que por primera vez oí en la tarde hoy, y me ha intrigado mucho, porque puede ser que haya una figura que yo desconozco. Y yo quisiera que nos explicara, porque yo conocía la peligrosidad predelictiva, pero como la predelincuencia no la conozco, quién sabe si eso sea lo que está tratando el Ministerio del Interior (…) El habló –me parece que habrá la copia taquigráfica– del sujeto no enfermo, y ahora es donde me he confundido yo más, que es lo siguiente: de acuerdo con todas las doctrinas del delito, inclusive la que se ha mantenido en la Unión Soviética hace años (…) el problema del delito se considera como una enfermedad. (…) Pero ahora resulta que nosotros nos estamos encontrando con una cosa muy curiosa: los delincuentes normales (…) En el libro de Psiquiatría de Sluchevski –Sluchesvski es soviético–, se interpreta la peligrosidad desde el punto de vista reflexológico, como lo siguiente: "El sujeto no está reflejando la realidad objetiva". Como el individuo no refleja la realidad objetiva, entonces es un enfermo; él, sin embargo, es consciente de que tiene propensión a delinquir, o sea, a proceder en contra de las normas, lo que debía de reflejar de una manera adecuada. Esto está de acuerdo, y explica que ese dilema que algunos presentan como "si el Estado socialista crea mejores condiciones ambientales no debía existir el delito, porque las condiciones son ideales", cosa que no sucedería en el régimen capitalista. Y algunos detractores del socialismo le dicen: "¿cómo es posible que hayan delincuentes en un lugar donde se hacen las cosas tan bien hechas?" Naturalmente que todo esto viene a traer, en consecuencia, una cosa: que el concepto de peligrosidad, tanto en los países socialistas como en los países capitalistas, tiene un origen común idéntico.[7]

Dentro de la institución psiquiátrica, ya en fecha tan temprana como enero de 1960, se comienzan a observar cambios en la dirección de una política de Estado que se radicaliza. Durante el II Congreso Nacional de Neurología y Psiquiatría, José Argaín Ros propone un nuevo modelo asistencial, en consonancia con «las transformaciones que la Revolución viene desarrollando» […] «una higiene

---

[7]   Feijoo concluía su monólogo: «Pero como resulta que ahora nos encontramos que el dictamen en Cuba, en estos momentos, se puede hacer a través de un informe exclusivamente social y no psicológico, la pregunta mía es esta: ¿existe otro tipo de peligrosidad? Quién sabe si el compañero, que está en el lugar donde esa peligrosidad se combate, pudiera informarnos (AA. VV. 1963).

mental colectiva, popular y social, en la que pueblo participe de modo directo». Es lo que conocerá en el argot revolucionario como «línea de masas». Puntualizaba que la «enfermedad» no estaba tanto en el pueblo, como «entre el pueblo», como pudiera estarlo el «enemigo de clase». Consideraba necesario —entre otras medidas— llevar la asistencia a zonas rurales para erradicar el curanderismo, el espiritismo y la brujería, es decir, un conjunto de prácticas religiosas y culturales que, aunque diferentes entre ellas, son arrojadas al mimo saco y poco después declaradas ilegales. El nuevo plan psiquiátrico fue aprobado por el gobierno y constituyó el punto de partida para el vínculo con la Seguridad del Estado (Argaín Ros 1960; AA. VV. 1963: 187-189; Marqués de Armas (2014): 174-178).

Diego González Martín definía así el significado de *línea de masas*: «El empleo de todos los procedimientos que posibiliten la relación estrecha del higienista, del terapeuta y del enfermo potencial o real, con la vida misma. Ella crea el medio necesario para producir bajo un espíritu y una dirección técnica y científica el efecto catalítico de la intervención terapéutica de las fuerzas sociales.» Y añadía par de ejemplos, según se aplicara a la psiquiatría pública o a los centros penitenciarios. En el primer caso, la advierte «en los presentes planes que el Hospital Psiquiátrico Nacional ha concebido para poner al Mazorra ya humanizado y ejemplo de organización que llena de admiración a los visitantes extranjeros, en un nivel todavía más alto: en de un Centro de Rehabilitación y Laborterapia masiva altamente calificadas». En el segundo, los Centros de Rehabilitación Social del MININT: «la línea de masas tiene una aplicación directa, pues es la sociedad misma la encargada de corregir las lacras y reminiscencias dejadas por el capitalismo, liquidar a los enemigos de clase y reeducar a los inadaptados» (AA. VV. 1963: 280-281).

Como la locomotora leninista que se alimenta con la energía y creatividad del pueblo, la máquina rehabilitatoria estaba en pleno funcionamiento. Así lo asegura el destacado psiquiatra argentino Gregorio Bermann, entonces próximo al maoísmo y también entre los participantes del Congreso: «En las grandes transformaciones sociales como la que se está produciendo en Cuba, el máximo higienista mental es el pueblo, que juntamente con sus líderes, comprende que la salud mental y moral son una misma cosa con la dignidad del hombre y el bienestar material y espiritual. ¡Qué experiencia para todos nuestros países de América Latina!» (Bermann 1960).[8] Había comenzado el «turismo revolucionario» a Cuba, que tendrá en el Hospital

---

[8]   Véase también Bermann, Gregorio: *Orientación médica* (Argentina, 1960), 451: 219 y ss.; y, (1966): *Problemas psiquiátricos*. Buenos Aires: Editorial Paidós: 391-403. Ponencia presentada al II Congreso Nacional Psiquiatría y Neurología de Cuba en enero de 1960.

Psiquiátrico una de sus estaciones centrales. Al cabo de un año del célebre reportaje «El Hospital Nacional de Dementes: una vergüenza nacional», ciertamente Mazorra había sido transformada, pero ni los esfuerzos ni la retórica eran nuevos. Sin embargo, ambos elementos llegaban esta vez para quedarse. A expensas de un presupuesto generoso que instituiría un modelo de asistencia excesivamente centralizador (si bien hábilmente diseñado), y gracias al rédito de las peregrinaciones turísticas, el gobierno mostraría su cara humanitaria, esa que casi una década más tarde haría decir al poeta Ernesto Cardenal: «Un lugar para ver la ternura de la Revolución» (Cardenal 1972: 145-146).

Apartando la deleitación de Cardenal, que tuvo también palabras de elogio para los Tribunales Populares, es innegable que la calidad de la atención mejoró y se sostuvo durante décadas, como también que el performance —el museo del horror como punto de inicio de la *tourné*, la banda de música, el ballet, el festival deportivo, los carnavales de la institución, etc.— sirvió para camuflar las salas penales y los abusos allí cometidos contra disidentes o jóvenes acusados de diversionismo ideológico (Brown y Lago 1991). Y pienso en el cuerpo de Nicolasito Guillén, uno de los que más penó.[9] Ni siquiera alguien tan objetivo en cuestiones de la realidad cubana, como Hugh Thomas, escapa a esa percepción beatífica: «Una de las obras más admirables fue conseguida en el hospital de enfermos mentales de Mazorra, dirigido con mucha imaginación por el Dr. Bernabé Ordaz. Antes un establecimiento de pesadillas, hoy sereno, se convirtió con justicia en uno de los lugares obligatorios del país en la organización de visitas de extranjeros» (Hugh 1974: 1817).

Pero no hubo, que sepamos, excursiones a los centros de retención de menores multiplicados por toda la isla. En el citado Congreso, destacará la ponencia «Delincuencia juvenil» a cargo del psiquiatra —también de filiación comunista— Leopoldo Araújo. Figura clave de la política sanitaria de la Revolución y relator de sus logros ante organizaciones internacionales, Araújo ocupó en enero de 1959 el Centro de Orientación Infantil, que en breve se convertirá en Departamento de Orientación y Rehabilitación de Menores del Ministerio de Bienestar Social. Su conferencia no era sino una propuesta para instaurar lo que, al cabo de unos años, tomaría cuerpo con

---

9 «Regresar a La Habana con Guillén Landrián. Entrevista a Gretel Alfonso»; realizada por Julio Ramos, primera de una serie de entrevistas que materializan el documental *Retornar a La Habana con Guillén Landrián* (2013), de Ramos y Raydel Araoz. Originalmente en *laFuga 15* (http://www.lafuga.cl/regresar-a-la-habana-con-guillen-landrian/662) y Ramos y Robbins (eds) (2019).

los Centros de Evaluación de menores, entidad de trascendencia en el control de la juventud e infancia cubanas durante los años venideros (Araújo Bernal 1960; véase también 1985).[10] Un periplo —el de la reeducación de menores— que comienza con la renovación del reformatorio Torrens y termina haciendo metástasis en las granjas masivas de Isla de Pinos, como puede apreciarse (desde la propaganda bucólica hasta la exploración crítico-antropológica) en los documentales *Torrens* (1961) de Fausto Canel, y *En la otra isla* (1968), de Sara Gómez.

Punto de inflexión será, también en enero de 1960, la visita de Anastas Mikoyan en el marco de la *Exposición Soviética*, tras la cual se establecen vínculos en materia de salud entre las autoridades cubanas y soviéticas. Si la muestra de «avances médicos» presentada en la exposición recibe enérgicas críticas de buena parte de la clase médica cubana, ahora los acuerdos son acreditados, no en términos de cooperación o intercambio, sino de *asesoramiento*. En breve, se reciben especialistas para ofrecer conferencias sobre «adelantos de la medicina soviética y prestar ayuda consultiva», al tiempo que se incrementan las giras de médicos cubanos a la Unión Soviética para incorporar experiencias. Uno de esos viajes es el que realiza una comisión integrada por Eduardo Bernabé Ordaz, Leopoldo Araújo, Armando de Córdova, José Abdo Canasí y José A. Bustamante, que a su regreso expone los positivos resultados, en áreas como hospitales de día, alcoholismo, neurosis y manejo de la homosexualidad.[11]

Entretanto, en 1961 el Ministerio de Salud acuerda solicitar que dos profesores soviéticos viajen a La Habana para dictar «un curso de perfeccionamiento». El propósito, claramente expresado por el Comandante Ordaz, era introducir la «concepción reflexológica» para «contrarrestar» la formación de los psiquiatras cubanos «basada en distintas escuelas idealistas» (Ordaz 1963). Sin embargo, era una realidad que dentro de la Sociedad Cubana de Psiquiatría, la reflexología pavloviana, gozaba de suficiente rigor como para que ese terreno no fuera abonado mientras tanto. Eduardo Gutiérrez Agramonte desde el Hospital Psiquiátrico, y González Martín en la Facultad de Psicología (y luego en la Academia de Ciencias), dominan las tesis experimentales de Pavlov, Anojin y tantos otros.[12] Eran además adiestrados

---

[10]   Entre los centros de menores, ya existen muy a inicios del proceso, el Clara Zetkin, el Julio Antonio Mella, el Manuel Ascunce, y el Fulgencio Oroz, este para niños de 10 a 14 años.

[11]   *Leyes del Gobierno revolucionario de Cuba*, T. XXXV, Cuba, 1961: 61; AA. VV. 1963: 286-88, 291, 312-13.

[12]   Aunque no es espacio para extendernos en la «guerra fría» traspuesta al campo de la psiquiatría, es bueno señalar la existencia de una contienda entre reflexología pavloviana y psicoanálisis que proviene de finales de los cuarenta, ahora activada en el escenario

ideólogos. De modo que desde muy temprano se aprecia cuál podía ser la posición dominante, si el proceso continuaba su progresión marxista. Aun así, la inmensa mayoría de los psiquiatras en ejercicio tenía una formación psicodinámica, cuando no específicamente psicoanalítica. Aunque los más destacados habían abandonado el país hacia 1961, los que continúan en la isla optan por variantes menos ortodoxas o formulaciones más discretas. Pero no por ello dejó de ser preocupación en ciertos sectores del gobierno, la existencia de «pequeños núcleos» de «psicoanalistas revolucionarios». De ahí que en abril de 1962 se celebre una Mesa Redonda dedicada a promover la psiquiatría soviética. Eje de la creciente sovietización de la disciplina, Gutiérrez Agramonte expresaría sin mayor preámbulo: «Habida cuenta que la gran mayoría de los psiquiatras en nuestro país se habían formado bajo el influjo predominante de las escuelas psicogenéticas, y en especial psicoanalíticas, y considerando esto un tipo de formación unilateral, el Consejo de Dirección de este Hospital ha acordado dar un curso de superación técnica con la asistencia de un especialista reflexólogo» (Gutiérrez Agramonte 1962).[13]

Por fin en mayo de 1963 arribaron los esperados profesores soviéticos, I. T. Victorov y D. W. Isaiev, recibidos entre una mezcla de curiosidad no exenta de sospecha y el beneplácito de los reflexólogos locales. Durante más de un año impartieron «el Seminario», como también se denominó el Curso de Perfeccionamiento, ocupándose de las «bases teóricas» de la psiquiatría, con particular insistencia en la crítica del freudismo como de cuanta tesis existiera sobre el inconsciente. Afrontaron la cuestión no solo en términos científicos, sino también filosóficos, pero sin que a menudo pudiera deslindarse entre una y otra cosa. En el curso de las clases se produjeron algunas fricciones con el psicólogo *rorschachista* Juan A. Portuondo que, según testigos, parecían no tener «pie ni cabeza». Su presencia en Cuba sirvió de marco para declarar oficialmente a la reflexología como doctrina oficial de la psiquiatría cubana. Así lo expresó Ordaz en uno de sus editoriales: «La psiquiatría es un viejo campo de batalla entre el idealismo y el materialismo. Hay actualmente más de 22 escuelas psiquiátricas, y en muchas de ella

---

revolucionario. Entre quienes dan continuidad a la contienda, se encuentra Diego González Martín, pero no es ni mucho menos el único. Ver su *Experimentos e Ideología. Bases de una Teoría Psicológica*, Universidad de Los Andes, Mérida, Venezuela, 1960.

[13] Continuaba: «Es de señalar el hecho de que existen veintidós escuelas, sin contar la existencialista —claro que no me refiero a la existencialista de Paul Sartre, que la considero una aberración, sino al existencialismo de Heidegger. Pues bien, de estas veintidós escuelas la única que ofrece sólidas bases objetivas, experimentales, reproducibles y demostrables, es la reflexológica».

actúa la fantasía; otras como el freudismo y sus satélites están viciadas por el psicologismo; de todas ellas la única que posee bases sólidas es la escuela reflexológica pavloviana. Si entendemos por conocimiento científico todo aquel obtenido por método experimental, objetivo, demostrable y reproducible, la Psiquiatría Soviética llena a cabalidad estos postulados, y ha sido por ello que se ha visto ceder la imaginación freudiana ante la metodología más eficiente del sabio ruso I. P. Pavlov» (Ordaz 1963).

Desde luego, la homosexualidad fue incluida siempre en el par perversión / degeneración, sin que su práctica en espacios públicos dejara de observarse en términos de peligrosidad. Así fue en la Colonia cuando se realiza en prisión el primer estudio médico de la pederastia y ejecutan algunas deportaciones, y así será en la República, donde no eran infrecuentes arrestos y abusos policiales, para no hablar de discriminación social entre los sectores populares (Véase Montané Dardé 1890: 581-582; Martínez 1947; Chelala Aguilera 1959).[14] Sin embargo solo con la Revolución la homofobia se convierte en «razón de Estado». Portadora de un poderoso enunciado higiénico, pues se trata de hacer *tabula rasa* y pasar por el fuego de la purificación los detritos del antiguo régimen, la Revolución —en sí misma— anuncia limpieza. Investida de vigor y moralidad, joven y honesta, resplandeciente y sana, era —en sí misma— la solución de todos los vicios. Al momento mismo del triunfo revolucionario, saldrán al plano público con renovada fuerza toda una serie de demandas acumuladas (o realizadas a medias) en las décadas anteriores, que engrosan ahora sin mayor mediación el Orden del Día: acabar con la prostitución y el proxenetismo, el juego y la mendicidad infantil, el lucro y la vagancia. Enunciados de larga data, tanto más *revolucionarios* en virtud de los acontecimientos, pronto rinden algo más que una política sanitaria: serán el programa higiénico del nuevo Estado, cuya aplicación a gran escala constituye ya el proceso totalitario. La masificación creciente, tanto para campañas de vacunación, como para cualquier tarea, y específicamente la movilización de la infancia —con gigantescas tablas gimnásticas altamente sincronizadas al cuidado de maestros, atletas y militares— mostró en poco tiempo todos los rasgos de un imponente to-

---

[14] Del mismo modo, preocupa el homosexualismo en los centros penitenciarios y, ocasionalmente, se aplican terapias hormonales y quirúrgicas.

talitarismo de masas. En este contexto, la noción de «individuo peligroso» se ampliaría como nunca antes. Y haya operado como humanismo revolucionario, como moral socialista, o simplemente, como *principios de la revolución*, ese programa no podía dejar de lado a la psiquiatría, la disciplina moral de la medicina, y la vez, la más *capacitada* para escudriñar en la conducta humana.

Fue a nombre de ese programa higiénico jamás escrito, pero sí disperso en numerosos documentos, que se hizo *higiene* y, por supuesto, *psiquiatría*. Si los modelos pre-revolucionarios extendían nociones de peligro vinculadas a postulados racistas y homofóbicos, se trata ahora de una práctica total cuyo carácter eugenésico los acrecienta. Como recuerda Foucault en *Defender la Sociedad*, el socialismo retoma los dispositivos biopolíticos y disciplinarios para amplificarlos (Foucault 2000: 224-225). Cambian los términos, las estrategias, pero siguen siendo enunciados redomadamente evolucionistas: «lacras sociales» viene a ser el ejemplo por excelencia. Convendría señalar, por tanto, que las relaciones entre psiquiatría y derecho penal no experimentaron una ruptura, sino un fortalecimiento forzoso, al amparo de un Estado más potente que los convoca para facturar su obra. En este sentido, las instituciones debieron ajustarse a directrices ideológicas, mientras leyes, regulaciones y normas se colocan al servicio de una doctrina elaborada por unos únicos jueces: los líderes revolucionarios. Como diría Lino Novás Calvo después de hacer el recuento de crímenes y torturas: una justicia «política» y una ciencia «al servicio del mal».[15] En lugar de requerimientos técnicos, tendremos «lineamientos», y en lugar de leyes legítimas, un código de conducta. No fue tanto una concepción científica o filosófica lo que se impuso (no obstante la creciente sovietización y la declarada preferencia por el marxismo-leninismo), como un modelo de control para el conjunto de la sociedad. Implementada según una lógica a la vez sanitaria, educativa y militar, el objetivo del programa higiénico fue inculcar a fondo ese «código de conducta», a fin de asegurar, ya no las promesas de la Revolución, sino sus pretensiones de ingeniería humana. En última instancia una producción antropológica: el Hombre Nuevo.

Ese nuevo homúnculo representa, por tanto, no solo la negación del ser humano con sus limitaciones y sueños, sino también, en virtud de su ca-

---

[15]	Novás Calvo recoge el caso del psiquiatra José Ángel Bustamante, la figura más prestigiosa de la psiquiatría cubana tanto por su obra como por su proyección internacional, quien desde temprano colabora con el G-2 en interrogatorios y usos de técnicas psiquiátricas contra opositores. Calvo Novás, Lino: «Galeras, bartolinas y paredones en la Cuba de Castro», *Bohemia Libre*, Nueva York, 14 de mayo de 1961; incluido en Espinosa (2015): 118-20.

rácter genésico, de toda una genealogía de seres que le preceden y adquieren ahora nombres colectivos: lumpenproletariado, clase burguesa, *lacras*, etc. Pues para el Estado socialista, los seres a excluir remiten a las mismas construcciones normativas que, a nombre del prevencionismo, sirvieron para descalificar y perseguir simplemente al Otro. Encarnación de todas las fobias, el homosexual es el fantasma del pasado, incluyendo el reciente pasado burgués, un producto atávico cuya desaparición se anuncia en un plazo más o menos definido. La progresiva identificación entre oposición política y delincuencia desde los inicios de proceso revolucionario (que puede rastrearse como en ningún otro documento en los discursos del Máximo Líder) condujo no solo a una percepción extensa del «enemigo», sino también a su construcción inmediata. Sujeto degenerado («yanquis, lumpens, delincuentes, flojos», rezaba un cartel en los días de la Invasión de Playa Girón), se le vence en definitiva en el terreno de la especie. Por lo que instituir la producción del Hombre Nuevo, pasará por perseguir toda diferencia no acorde con ese homúnculo al que se le atribuyen unos «genes revolucionarios». Fue así como las ficciones normativas y de Estado se equipararon hasta convertirse en la misma cosa.

CRUZADA HOMOFÓBICA Y APORTES PSIQUIÁTRICOS

El intervencionismo por parte del Estado puede localizarse ya en 1960, cuando miembros de la policía ocupan el Instituto de Reeducación Torrens —así llamado desde 1940—, con la pretensión de llevar a efecto un nuevo modelo de reeducación, sin que fueran consultados los psiquiatras que trabajaban en el reformatorio. Si la decisión de ingreso en Torrens siempre pasaba por el juez, y el seguimiento —con recomendación de egreso— era cuestión psiquiátrica, lo que ocurre ahora es que más de cien adolescentes son recluidos allí «por delitos contra los poderes del Estado». Según el testimonio de los psiquiatras de Torrens, a esos jóvenes se les excluye no solo de seguimiento facultativo, sino también de la habitual valoración psiquiátrica. Confluyen así durante años (1960-1962), en confusa mezcla, psicóticos, homosexuales y delincuentes, muchos de los cuales serían de la exclusiva competencia de los nuevos reeducadores. Mientras tanto, y al desbordarse el reclusorio, comenzaron a construirse nuevos centros donde eran internados homosexuales y prostitutas. Como se infiere por varias de las intervenciones de la Conferencia, tanto unos como otros podían lo mismo ser considerados enfermos que delincuentes (AA. VV. 1963: 308-311).

En fin, un problema que daría mucho dolor de cabeza a la Revolución, todavía necesitada —en este sentido— de un «criterio total». Así se expresaba Abdo Canasí, psiquiatra y por entonces señalado miembro de la Seguridad del Estado:

A colación de eso, a nosotros nos parece que la Ley, quizás debido a que no podía abarcar todos los términos de la salud mental, ha quedado un tanto, o queda un tanto coja, y quizás debe haber un artículo que señale que se debe trabajar en un futuro en la cosa de la Ley, en cuanto a la higiene mental y en la prevención de ciertos actos antisociales. Por ejemplo, la Ley no señala qué concepto se tiene de homosexuales, prostitutas, etc.; que son tratados por el Ministerio del Interior, y hoy en día es una tierra de nadie, porque incluso yo participé en el Ministerio del Interior —hace como dos años— en una reunión primaria que hubo para el tratamiento de la prostitución, y había personas que inclusive querían hacer hasta un "tranque" —como le llamaban: un tranque, entre comillas— de prostitutas en toda la nación, recogerlas, creando prácticamente un problema de orden público, a pesar de que después el Ministerio del Interior sí llevó una política correcta, como la que está llevando hoy, en cuanto al tratamiento de la prostitución.

Sin embargo, nosotros creemos que como son puntos comunes, inclusive se ha hablado en las sesiones anteriores de si la prostitución es una enfermedad, o por ejemplo el homosexualismo es una enfermedad o no. Por ejemplo, nosotros nos encontramos en nuestra visita a Europa, en el año 1961, que en algunos países a los homosexuales los meten presos; en otros países —no recuerdo cuál— creo que hasta los castran, como cosa más dura todavía. Entonces, nosotros tenemos en la Ley, primero unas definiciones sobre estos términos, y no creo que se pueda hacer en estos momentos, sino que debe ser motivo de un trabajo duro… Quiero hacer constar que donde castran a los homosexuales es un país capitalista. En la Unión Soviética no sé exactamente qué criterio tienen sobre los homosexuales, ni en Checoslovaquia, pero sé que nos dijeron que si no en Suiza, en los países Escandinavos o en Dinamarca, los castraban.

Entonces, creo que es necesario que se trabaje conjuntamente con los compañeros del Ministerio del Interior en este aspecto, en el proyecto de Ley, en el articulado futuro sobre la cosa de higiene mental, de cómo se debe prever en estas cuestiones; primero prever, y además cómo se debe tratar, cómo se deben definir estas cuestiones, para que la Revolución tenga un criterio definido, no el criterio del Ministerio de Salud Pública ni del Ministerio del Interior, sino un criterio total de la Revolución sobre estos temas, no para que cada quien tenga su criterio como hasta ahora ha sido en el capitalismo, donde el individualismo feroz provocaba que cada profesional tenía un criterio (AA. VV. 1963: 311-314).

El *otro* tratamiento cobró fuerza hacia 1962, cuando el entonces director de la *Revista del Hospital Psiquiátrico* y uno de los promotores de la reflexología, Eduardo Gutiérrez Agramonte, publica «Una nueva modalidad del tratamiento de la homosexualidad» (Gutiérrez Agramonte 1962).[16] Gutiérrez Agramonte ya aplicaba la terapia conductual cuando ingresó en 1947 en la Sociedad de Neurología y Psiquiatría, al menos para la resolución de síntomas histéricos, la impotencia sexual y las neurosis fóbicas. En cualquier caso, el contexto le serviría ahora un buen número de pacientes. Por un folleto suyo titulado *Las personalidades psicopáticas,* se infiere un vínculo perfectamente establecido entre psicopatía y homosexualidad. Su maestro el catedrático ya en desgracia Rodolfo J. Guiral, a quien pidió el prólogo, señalaba que era «el único tratamiento capaz de modificar estos cuadros», explicándose así el mecanismo fisiopatológico: «Al tener una base reflexológica es muy probable que al inhibirse una tendencia, por inducción, surja un tipo de conducta contraria a la anterior, o sea, la curación de la homosexualidad». Por su parte, Gutiérrez Agramonte se refería al fracaso de otras formas de tratamiento, desde la hipnosis y los suplementos hormonales, hasta psicocirugía y la castración. Todo para augurar a su terapia un «futuro prometedor».[17]

---

[16] Ver del mismo autor (1968): «La homosexualidad: Contribución al estudio de su etiología». En *Revista del Hospital Psiquiátrico de La Habana,* Vol. IX 1. (1962): Las personalidades psicopáticas. Prólogo de Rodolfo J. Guiral (diciembre, 1961). La Habana: , Editorial Neptuno, s.a.. En 1965, en plenas UMAP, la Revista del Hospital Psiquiátrico de La Habana dedicó su página «Avances de la ciencia» al médico checoslovaco, luego exiliado en Canadá. Freund había inventado un curioso medio diagnóstico: un aparato que, conectado al pene (el pletismógrafo peneano), podía captar la respuesta al estímulo erótico masculino, delatando así la orientación de cada cual.

[17] Desde luego, los resultados no fueron favorables, como se reconoce de soslayo en la *Mesa Redonda sobre Homosexualismo* realizada en 1971. Su técnica consistía en una modificación de la empleada por el sexólogo praguense Kurt Freund. Si este usaba como estímulo inhibidor, luego que el paciente observara láminas de desnudos y semidesnudos masculinos, un emético —es decir, un vomitivo—, y al cabo de siete horas administraba una dosis subcutánea de testosterona; Gutiérrez sustituía el emético por un corrientazo, suprimiendo la hormona y dejando que el paciente «eligiera» la imagen. A propósito de un testimonio doloroso sobre quién fuera tratado por el método conductual, además de internado en la UMAP, puede consultarse la novela documental de Carolina de la Torre: *Benjamín. Cuando morir es más sensato que esperar,* Madrid, Editorial Verbum, 2018.

En poco tiempo se pasa de la peyorativa condición social (*la lacra*) a su ominosa personificación (*el lacra*). Pero los ponentes creen que se trata de un simple problema de semántica.

> *Dra. Diana Rodríguez Fuentes: Yo quiero tomar la oportunidad que me brinda esta Conferencia para hacer unos pequeños aportes, para hacer algunas sugerencias y para tratar de un problema de semántica —como diría el compañero Feijoo—, sobre todo porque hay una palabrita que me molesta extraordinariamente desde que la oí por primera vez. La cuestión semántica que tanto me molesta es el nombrecito de «lacra social». Tuve la oportunidad —y el doctor Gutiérrez Agramonte redactó la carta por mí— de dirigirme a ese Departamento, y cuando él me dijo el nombre por poco me caigo. Porque si estamos ahora considerando problemas de dignidad humana, de evitar discriminación, ¿por qué hablar de rehabilitación de prostitutas y de proxenetas y de lumpen y de todas esas cosas? ¿Por qué categorizarlos, si los vamos a rehabilitar? ¿Por qué no llamarles simplemente rehabilitación de menores y de adultos? Me parece que el nombrecito debe cambiar y lo propongo aquí como una sugerencia al compañero del Ministerio del Interior.*
>
> *Sr. Presidente: Ya está cambiado, y se llama así como ella dice (APLAUSOS).*
> *Dra. Diana Rodríguez Fuentes: ¡Ah, magnífico! (AA. VV. 1963: 290).*

Durante la Ofensiva Revolucionaria se producirían nuevas campañas. En el discurso por el aniversario de los CDR, Fidel Castro denuncia —con un tono de rabia que delataba, según Hugh Thomas, el fracaso de su proyecto social— a aquellos que habían comenzado a vivir de «manera extravagante», lo que era sinónimo de degeneración moral y, en último término, de delitos políticos. Después de los fabulosos resultados del Cordón de La Habana expresados en kilométricas cifras, pasaba —con el trasfondo de una «versión revivida de Praga» a la que aludía sarcásticamente— a ocuparse de «cierto «fenomenito» extraño, entre grupos de jovenzuelos y algunos no tan jovenzuelos (…) influidos por la propaganda imperialista». Desde la radio, días más tarde, se denuncia a los «jóvenes de cabellos largos» que «bailan locamente al compás de música epiléptica.» (Hugh 1974: 1828-1829).

No es sino la misma lógica que llevó a la implementación de los campos de trabajo forzado. Si las UMAP fueron concebidas bajo una ley marcial, la del Servicio Militar Obligatorio; a la nueva cruzada corresponde la Ley contra la Vagancia que, aunque todavía no aprobada se venía elaborando y «discutiendo» con las organizaciones de masa, como la próxima estrategia en materia de «peligrosidad». Oficialmente establecida el 16 de marzo de 1971, la Ley 1231 fue el preámbulo otras muchas: Ley contra la extravagancia, Ley contra el diversionismo ideológico, Ley por el normal desarrollo de la infancia y la juventud, etc. (González Carvajal y otros 1972). Se incrementan entonces las intervenciones policiales, así como ideológicas, con nuevas depuraciones en escuelas y centros de trabajo, mientras se realizan operativos (incluso «festivos») para «pelar a los melenudos» en plena calle.

Alrededor del emblemático Congreso de Educación y Cultura, celebrado en abril de 1971, la homofobia tuvo otro capítulo psiquiátrico, ahora con la publicación de «El homosexualismo y sus implicaciones científicas y sociales», y con una convocatoria del Ministerio de Salud —casi al unísono del Congreso—, para realizar una Mesa Redonda sobre Homosexualismo.[18] Si las conclusiones del cónclave cultural no podían ser más explícitas, no lo serían menos las autorizadas conclusiones médicas. No me extenderé sobre estos documentos por haberme ocupado en otro texto,[19] salvo para señalar lo que aquel estudio transparentaba, en cuanto a un modo de proceder propio de las técnicas policiales. En su artículo, Dueñas Becerra apuntó: «En el municipio de Cruces, núcleo de nuestra ingente labor sociopsicológica, encontramos un círculo de homosexuales que socialmente ocupan un lugar relevante (es decir, la mayor parte de la sociedad en que se desenvuelven desconoce su aberración sexual) y que, sutil y habilidosamente, ocultan para mantener su relativa estabilidad y poder desarrollar sin mayores dificultades cualquier empresa que acometan.» Según el estudioso, se valían de métodos propios de una «secta secreta», por cuanto «seleccionan cuidadosamente al joven que debe ser trabajado» (...) «ejerciendo una influencia perniciosa sobre la mente del adolescente, que lleve implícita su rápida deformación». Entre esas tácticas, menciona el «uso de literatura que ensalza al homosexualismo» hasta lograr la «realización del acto sexual cuando las circunstancias estén creadas», tras lo cual «el nuevo adicto tiene la obligación de contribuir al incremento de la organización

---

[18]   Aunque publicada en 1972 se celebró en febrero de 1971. Véase AA. VV. (1972): *Mesa Redonda sobre la Homosexualidad*. La Habana: MINSAP.

[19]   Para un análisis amplio véase Marqués de Armas (2014): 185-189.

atrayendo a una nueva víctima» (Dueñas Becerra 1970). Distingue entre estos «homosexuales relevantes», y un segundo grupo, «las lacras sociales», que «solo trata de llegar a los adolescentes por el mezquino interés de satisfacer su aberración».

Conviene, pues, detenerse en ese otro concepto clave del discurso homofóbico revolucionario: el de *sectas*. Si a esas alturas el término «lacras» había mutado pasando de señalar problemáticas colectivas a categorizar individuos, el de «sectas» experimenta una metamorfosis curiosa, resultado de la contraposición religioso/«enemigo», y como parte de ese discurso de clase —y en el caso de Cuba, también de guerra— dirigido contra el remanente burgués (genésico) de cada persona. Si vamos al relato médico que inaugura en el siglo XIX la «construcción» del sujeto peligroso, con la figura del homosexual en primer plano, vemos que se habla de «asociaciones» y modos de actuar correlacionados con sociedades secretas. La noción de individuo peligroso, no hay que perderlo de vista, fue establecida en función de un «perfil social» que dotaba a la policía de elementos (etnográficos, criminológicos, etc.) que facilitaran la intervención sobre grupos que actuaban desde la oscuridad (Marqués de Armas 2014: 50-51). Con la Revolución, este anclaje cobra fuerza, pero no interviniendo sobre presuntas asociaciones secretas, sino declarando ilícitas ciertas prácticas religiosas, a la vez que tomando como modelo para su vigilancia, el mismo que se aplica contra opositores o disidentes, quienes, efectivamente, tuvieron que actuar desde lo clandestino. Si en el primer caso, todo credo religioso se convierte para el gobierno en «secta», con el *perfil* del Testigo de Jehová como ejemplo por excelencia —serán estos quienes sufran en mayor medida, seguidos de católicos, protestantes y abakuás, los rigores de las UMAP—, en el segundo estamos ante una extensión del «opositor» que encarna en la figura del homosexual burgués. La homofobia revolucionaria tuvo como una de sus premisas enfrentar la «corrupción de la juventud». Si en el siglo XIX el problema de la pederastia se expresa a partir de una oposición de categorías que, por lo general, define al inmigrante, al negro, al chino y al pobre como «prostituidos» que van a la búsqueda del burgués («aficionado» o «pasivo»), con el discurso de clase comunista ocurrirá a la inversa: será el burgués quien busque y corrompa a la juventud. Y como vemos, para ello apela a un sofisticado mecanismo de captación que no es sino un reflejo del *modus operandi* de la Seguridad del Estado. Desde luego, esta última cuenta con un engranaje burocrático a prueba de anonimato y acoplado a los niveles más altos de la Nomenklatura.

Por su parte, en la *Mesa Redonda sobre Homosexualismo* se llega a conclusiones nada novedosas, pero las intervenciones revelan algunas de las estrategias que se venían utilizando. Un análisis de las opiniones vertidas por los participantes, no sería más que una ilustración de lo que ya hemos explicado.

Enfermedad y delito, moral y ley, y, en consecuencia, homofobia y violencia de Estado, se fusionan. No hay siquiera reparos en reconocer, que algunos artículos del Código de Defensa Social anteriores a 1959, sirvieron para facilitar «ese otro aspecto del derecho, el preventivo», en el cual el gobierno se apoyó para llevar a efecto «la prevención»; pero también —y aquí la diferencia respecto al modelo liberal— su «represión más efectiva». De este modo «el estado peligroso» se convierte sin más en delito y, por lo mismo, en condena. Tanto más: en condena que llega de improviso (Foucault 1990). Ante operaciones de tal magnitud solo cabe preguntarse quiénes parecían «más enfermos» como para que se les tratara psiquiátricamente, o menos, como para someterles exclusivamente al trabajo «rehabilitador». Esta es la dura tarea que la Revolución tenía por delante en materia de definiciones (¿enfermos o delincuentes?) y que Abdo Canasí se encargó de anunciar en 1963. La respuesta es el propio estado de excepción: en este caso los campos de trabajo forzado.

DEL IDEÓLOGO MAYOR Y OTROS VENTRÍLOCUOS

Si existió un frente determinante en la política sexual de gobierno fue el de los ideólogos, pues dieron cobertura a la ley y sus palabras fueron guías para la acción. En su conferencia «Nuestra Moral Socialista», dictada en el verano de 1963, a escasos meses del discurso donde Fidel Castro abordaría el *nefando asunto* de modo implacable y directo, Gaspar García Galló convertiría en tesis las palabras del Líder (García Gallo 1963; véase Prieto Morales 1969: 108-109 y 113). Otro tanto haría el columnista anónimo de la sección «Aclaraciones» de *Noticias de Hoy*, en un artículo titulado «Sobre las modas estrafalarias» (Roca Calderio 1965). Sumándose a la cruzada que desde las revistas *Mella* y *Alma Mater* lleva a efecto la UJC, y en plena efervescencia de las UMAP, el redactor de la feroz columna reproduce la misma tesis. La Revolución es cosa de hombres viriles, y solo cabe en ella, por derecho *natural*, su juventud vigorosa:

> *No hace mucho tiempo el compañero Fidel denunció a los que andaban con guitarritas en actitudes elvispreslianas, y a sus parientes, el lumpencito, el vago, el pitusa, todos los cuales siguen un camino antisocial, una senda antirrevolucionaria. No hay dudas de que la afición al rock and roll, al twists, a la pitusa y a otras modas semejantes, prende, sobre todo y ante todo, en los elementos acunados en el ambiente de los despreocupados por el porvenir de la patria, de los que añoran al opresor yanqui y sueñan con el retorno del modo de vida de la semicolonia (…) El joven que lleva con orgullo el verdeolivo o que espera vestirlo*

con honor, no es el aficionado a las pitusas. A la hora del combate no avanzará con notas extranjeras sino con la marcha vibrante que llama: "Adelante cubanos, que Cuba premiará vuestro heroísmo (Roca Calderio 1965).[20]

Al resto, «elementos antisociales, antirrevolucionarios y feminoides» —concluye en clara ventriloquia— toca apartarlos. En efecto, enviarlos a los campos de trabajo. Y es que si hubo un ideólogo mayor, un responsable de la política social de la Revolución cubana, fue Fidel Castro. Corresponden a él las palabras más denigrantes y de mayor alcance contra la juventud cubana. Basta observar las concatenaciones genésicas: «Todos son parientes: el lumpencito, el vago, el elvispresliano, el pitusa». Como el derroche de términos homófobos y racistas: «espécimen», «pepillos vagos», «hijos de burgueses», «lumpens», etc. Se trata de la misma ciudad corrompida contra la que desatará su ira cinco años más tarde. Como si se opusiera a toda cháchara, alude a ciertas teorías científicas pero para ponerse por encima de ellas. Si la enfermedad en cuestión no existe en «el campo», como asegura, entonces no forma parte de la «naturaleza» del sistema. ¿Qué sentido tiene, pues, su carácter médico-psiquiátrico, aun cuando se base en una ficción normativa? Se sella así lo que más arriba califiqué de código de conducta totalitario: no una mera internalización, sino una impregnación que afecta a todo el lenguaje social, un secuestro simbólico que restringe la realidad. No importa el contenido legal, sino ese sustrato moral que lo iguala todo a la *naturaleza* y suprime cuanto no se ajuste a esa regla.

«EL TRABAJO ES EL MEJOR PEDAGOGO DE LA JUVENTUD»

No será el primero, ni el último en decirlo, en un trecho que va de la Ilustración al horror nazi. Esta pedagogía se desplegará en Cuba como un dispositivo eugenésico: la creación del Hombre Nuevo. Nunca estará de más recordar el papel del trabajo como instrumento de control en una sociedad que pasó por la esclavitud y mantuvo notorias cuotas de vasallaje en adelante. Con la Revolución el discurso ilustrado de la formación de «brazos útiles» alcanzará su apoteosis de un modo perverso. O bien como simulacro productivista una vez destruida la base industrial del país y fracasados los planes de desarrollo. O bien como reeducación forzosa dentro del proyecto del Hombre Nuevo y reproduciendo un status próximo al de la esclavitud.

---

[20]   «Aclaraciones»: Tal vez la columna periodística más ortodoxa del primer lustro revolucionario.

En el poco conocido documental *Nuevo Amanecer* (ICR, 1967) —especie de Theresienstadt cubano que pretende mostrar las bondades de presidio político— es el trabajo lo que volverá libre a los hombres, entendiendo aquí por libertad someterse a los carceleros. No el gueto, pero sí el presidio perfecto, con sus festivales deportivos, espectáculos culturales, oficios y talleres, quirófanos y hasta imprentas para reproducir el material ideológico ante el que deben doblegarse. Se trata de un material de propaganda sobre el «tercer paso del plan de reeducación Camilo Cienfuegos», en lo que fue una «iniciativa» del Gobierno desarrollada por el Ministerio del Interior hacia 1964, para ocultar la negativa de buena parte de los prisioneros políticos a aceptar la «rehabilitación». El término «modelo» aplicado al antiguo presidio de Isla de Pinos, con su estructura panóptica —invención arquitectónica liberal, desde luego—, es ahora sustituido por el más radiante de «Nuevo Amanecer». Toda una pedagogía que tiene en el trabajo su «fundamento humanista», es volcada desde la sociedad hacia la prisión, que aparece así como un doble del «luminoso porvenir» que se construye afuera. Lo impresionante es el alcance de la organización despótica, las metáforas veterinarias y la pretensión de reproducir, entre rejas, el código impuesto en el exterior.

BIBLIOGRAFÍA

AA. VV. (1963): «Conferencia Nacional de Instituciones Psiquiátricas», *Revista del Hospital Psiquiátrico de La Habana* (IV), 2: 177-400.

AA.VV. (1971): «Declaración del primer Congreso Nacional de Educación y Cultura». En *Casa de las Américas* 65-66: 4-19.

Argaín Ros, José A. (1960): «Asistencia psiquiátrica», *Archivos de Neurología y Psiquiatría*, Vol. 10, 2: 62-68.

Araújo Bernal, Leopoldo (1960): «Delincuencia Juvenil». En *Archivos de Neurología y Psiquiatría*, Vol. 10, 3,: 168-195.

— (1985): *La Lucha por la salud en Cuba*. México: , Siglo Veintiuno Editores.

Bermann, Gregorio (1960): «De la higiene mental mítica de ayer a la higiene mental racional». En *Archivos de Neurología y Psiquiatría*, Vol. 10, 3: 113-124.

Roca Caldario, Blas (1965): «Sobre las modas estrafalarias». En *Noticias de Hoy*, 16 de septiembre: 3.

Brown, Charles y Lago, Armando M. (1991): *The Politics of Psychiatry in Revolutionary Cuba*; Introduction by Vladimir Bukovsky. London - New York: New Brunswick - Transaction Publishers.

Cardenal, Ernesto (1972): *En Cuba*. Buenos Aires: Ediciones Carlos Lohlé.

Espinosa, Carlos (comp.) (2015): *Lo que entonces no podíamos saber. Artículos de Bohemia Libre*. Prólogo de Rafael Rojas. Concinnati: Término Editorial.

Cejas Sánchez, Antonio (1962): «La peligrosidad social predelictiva». En *Revista cubana de jurisprudencia*, Año I, 8: 15-26.

Cuba, Santiago (1964): «La lucha contra la delincuencia». En *Cuba Socialista*, Año IV, 40: 22-42.

Chelala Aguilera, José (1959): *Cinco ensayos sobre la vida sexual*. La Habana: Universidad de la Habana.

De la Cruz Ochoa, Ramón (2000): «El delito, la criminología y el derecho penal en Cuba después de 1959», *Revista Electrónica de Ciencia Penal y Criminología*, 2.

Dueñas Becerra, Jesús (1970): «El homosexualismo y sus implicaciones científicas y sociales». En *Revista del Hospital Psiquiátrico de La Habana*, Vol. XI, 1,: 53-62.

Foucault, Michel (2000): *Defender la sociedad: curso en el Collège de France (1975-1976)*. México DF.: Fondo de Cultura Económica.

— (1990): «La evolución de la noción de «individuo peligroso» en la psiquiatría legal». En *La vida de los hombres infames*. Madrid: Ediciones Endymion: 262 y 263.

García Galló, Gaspar (1963): *Nuestra moral socialista*. La Habana: Secretaria de Divulgación, Consejo Provincial, SNTEC.

Gutiérrez Agramonte, Eduardo (1962): «Editorial». En *Revista del Hospital Psiquiátrico de La Habana*, Vol. III, 2.

— (1962): «Una nueva modalidad del tratamiento de la homosexualidad». En *Revista Cubana de Medicina*, Vol. 1, 1,: 79-86.

González Carvajal, Josefa y otros (1972): «La vagancia: conducta antisocial. Su evolución jurídica». En *Revista Cubana de Derecho*, Año 2, 5: 129-46.

Ordaz, Eduardo Bernabé (1963): «Editorial». En *Revista del Hospital Psiquiátrico de La Habana*, Vol. 4, 3.

Marqués de Armas, Pedro (2014): *Ciencia y Poder en Cuba: Racismo, Homofobia, Nación*. Madrid: Editorial Verbum.

Martínez, José Agustín (1947): *El homosexualismo y su tratamiento*. Asociación Nacional de Funcionarios del Poder Judicial. México: Ediciones Botas.

Montané Dardé, Luis (1890): «La pederastia en Cuba». En *Primer Congreso Médico Regional de la Isla de Cuba*. La Habana: Imprenta A. Álvarez.

Prieto Morales, Abel (1969): «Homosexualismo». En *Bohemia*, 113.

Ramos, Julio y Robbins, Dylon (eds.) (2019): *Guillén Landrián o el desconocido fílmico*, Leyden: Almenara.

Thomas, Hugh (1974): *Cuba. La lucha por la libertad (1958-1979)*. Barcelona-México DF: Ediciones Grijalbo S. A.

AUDIOVISUAL

Nuevo Amanecer (27', ICR, 1967?). Fotografía Héctor Ochoa; texto Rafael Coello; voz Manolo Ortega.

GALERÍA

Celia-Yunior
Lester Álvarez Meno
Kevin Ávila
Roman Gutiérrez Aragoneses
Santiago Díaz
Héctor Antón

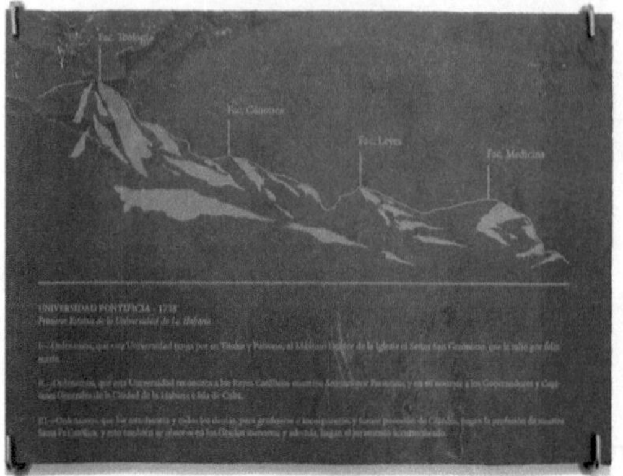

Fac. Teología
Fac. Cánones
Fac. Leyes
Fac. Medicina
UNIVERSIDAD PONTIFICIA - 1728
Primeros Estatutos de la Universidad de La Habana

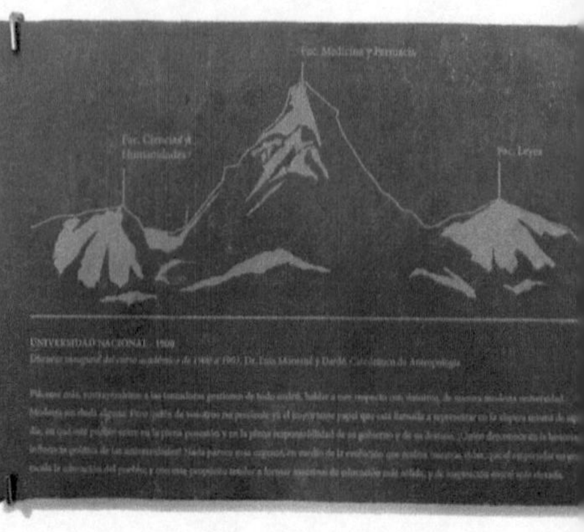

Fac. Medicina y Farmacia
Fac. Ciencias y Humanidades
Fac. Leyes
UNIVERSIDAD NACIONAL - 1900

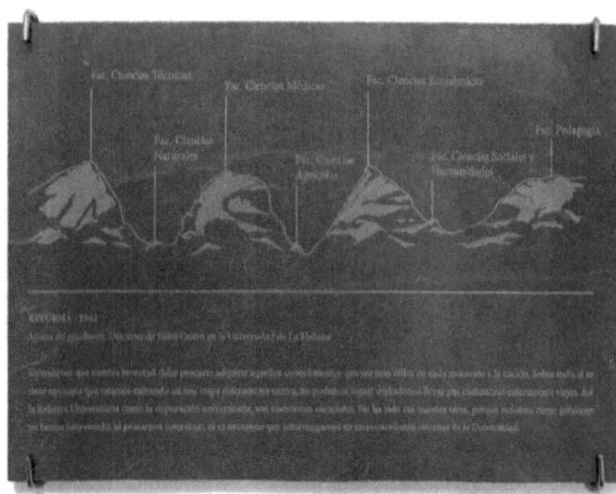

Fac. Ciencias Técnicas
Fac. Ciencias Naturales
Fac. Ciencias Médicas
Fac. Ciencias Agrícolas
Fac. Ciencias Económicas
Fac. Ciencias Sociales y Humanidades
Fac. Pedagogía
REFORMA - 1962

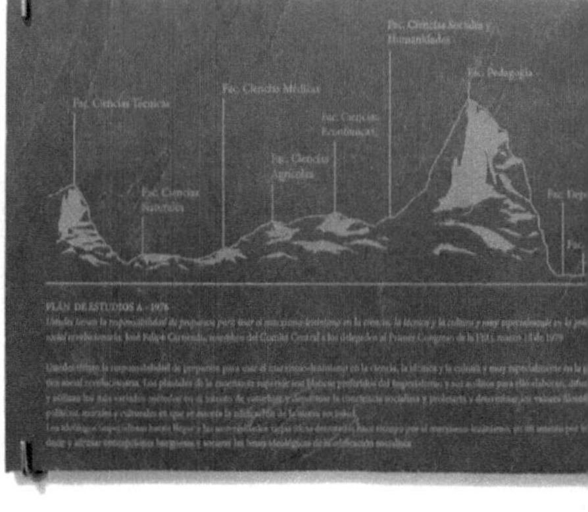

Fac. Ciencias Técnicas
Fac. Ciencias Naturales
Fac. Ciencias Médicas
Fac. Ciencias Agrícolas
Fac. Ciencias Económicas
Fac. Ciencias Sociales y Humanidades
Fac. Pedagogía
PLAN DE ESTUDIOS A - 1976

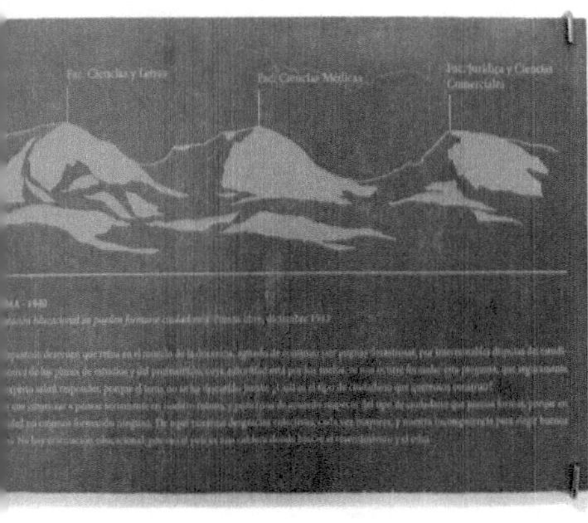

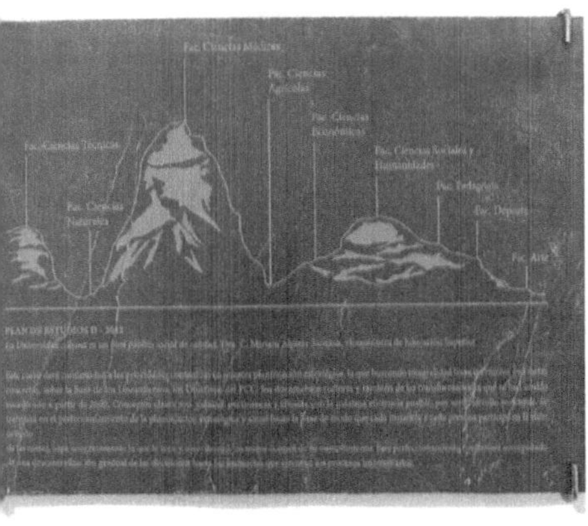

© Celia-Yunior
Colinas, 2019
Instalación. Piedras labradas con láser.
Cortesía de los artistas.

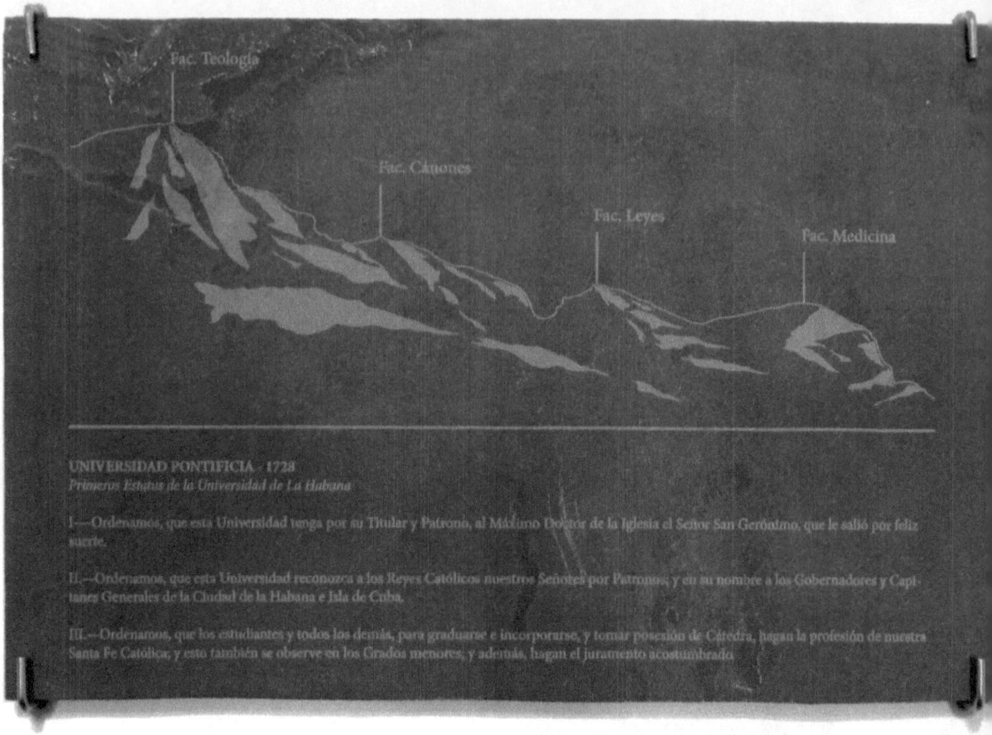

UNIVERSIDAD PONTIFICIA - 1728
Primeros Estatus de la Universidad de La Habana

I—Ordenamos, que esta Universidad tenga por su Titular y Patrono, al Máximo Doctor de la Iglesia el Señor San Gerónimo, que le salió por feliz suerte.

II.—Ordenamos, que esta Universidad reconozca a los Reyes Católicos nuestros Señores por Patronos; y en su nombre a los Gobernadores y Capitanes Generales de la Ciudad de la Habana e Isla de Cuba.

III.—Ordenamos, que los estudiantes y todos los demás, para graduarse e incorporarse, y tomar posesión de Cátedra, hagan la profesión de nuestra Santa Fe Católica; y esto también se observe en los Grados menores, y además, hagan el juramento acostumbrado

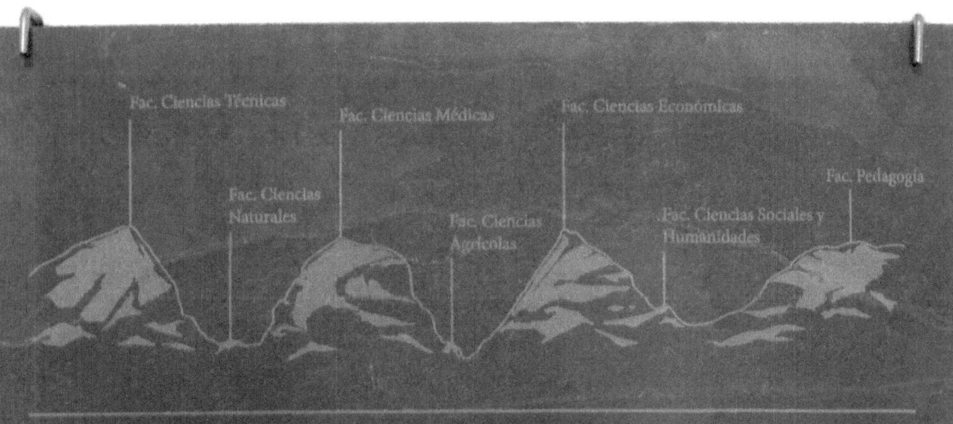

REFORMA - 1962

Misión del estudiante. Discurso de Fidel Castro en la Universidad de La Habana

Entendemos que nuestra juventud debe procurar adquirir aquellos conocimientos que sea más útiles en cada momento a la nación. Sobre todo, si se tiene en cuenta que estamos entrando en una etapa enteramente nueva, no podemos seguir dejándonos llevar por costumbres enteramente viejas. Así la Reforma Universitaria como la depuración universitaria, son cuestiones esenciales. No ha sido esá nuestra tarea, porque nosotros como gobierno no hemos intervenido, ni pensamos intervenir, ni es necesario que intervengamos en estas cuestiones internas de la Universidad.

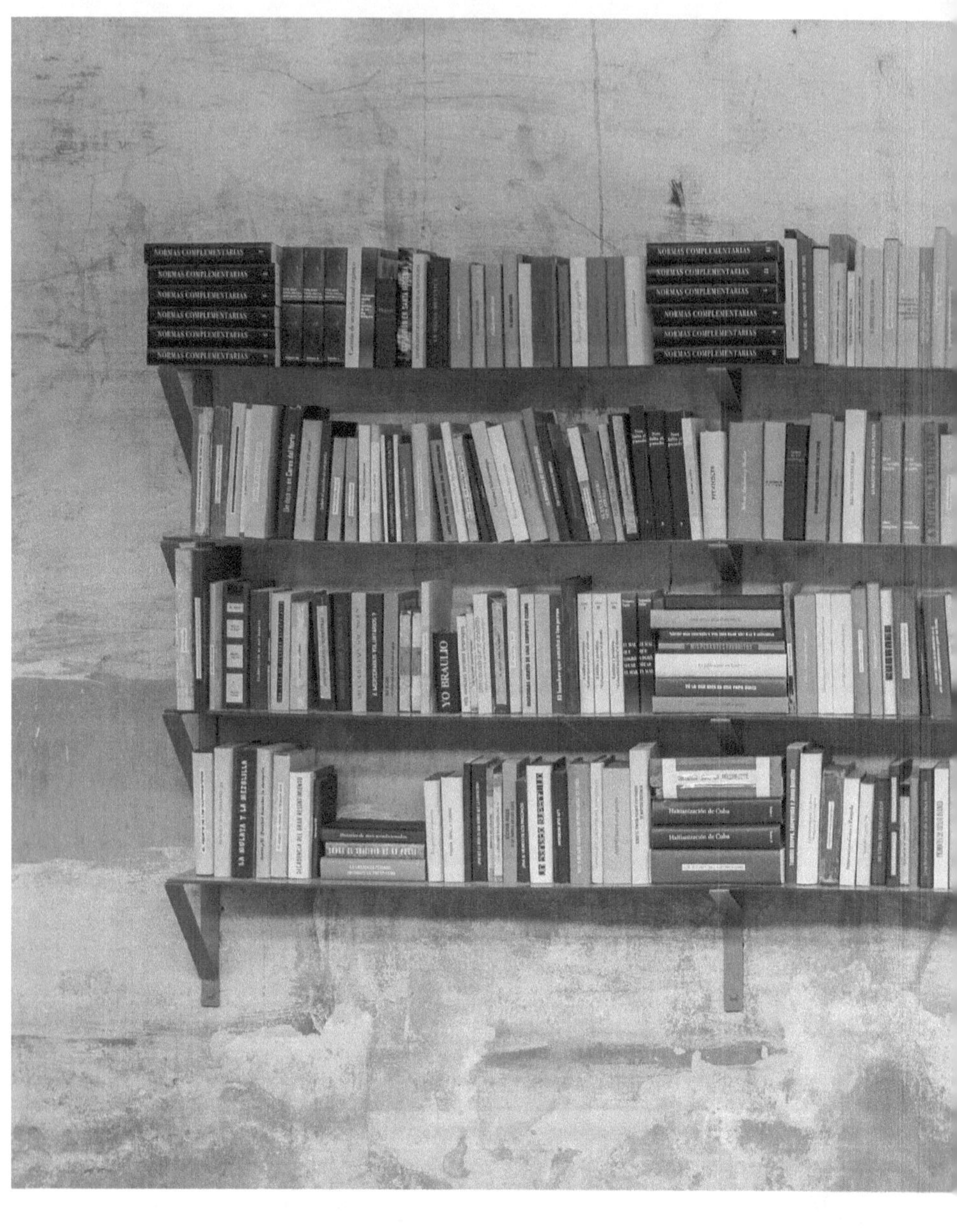

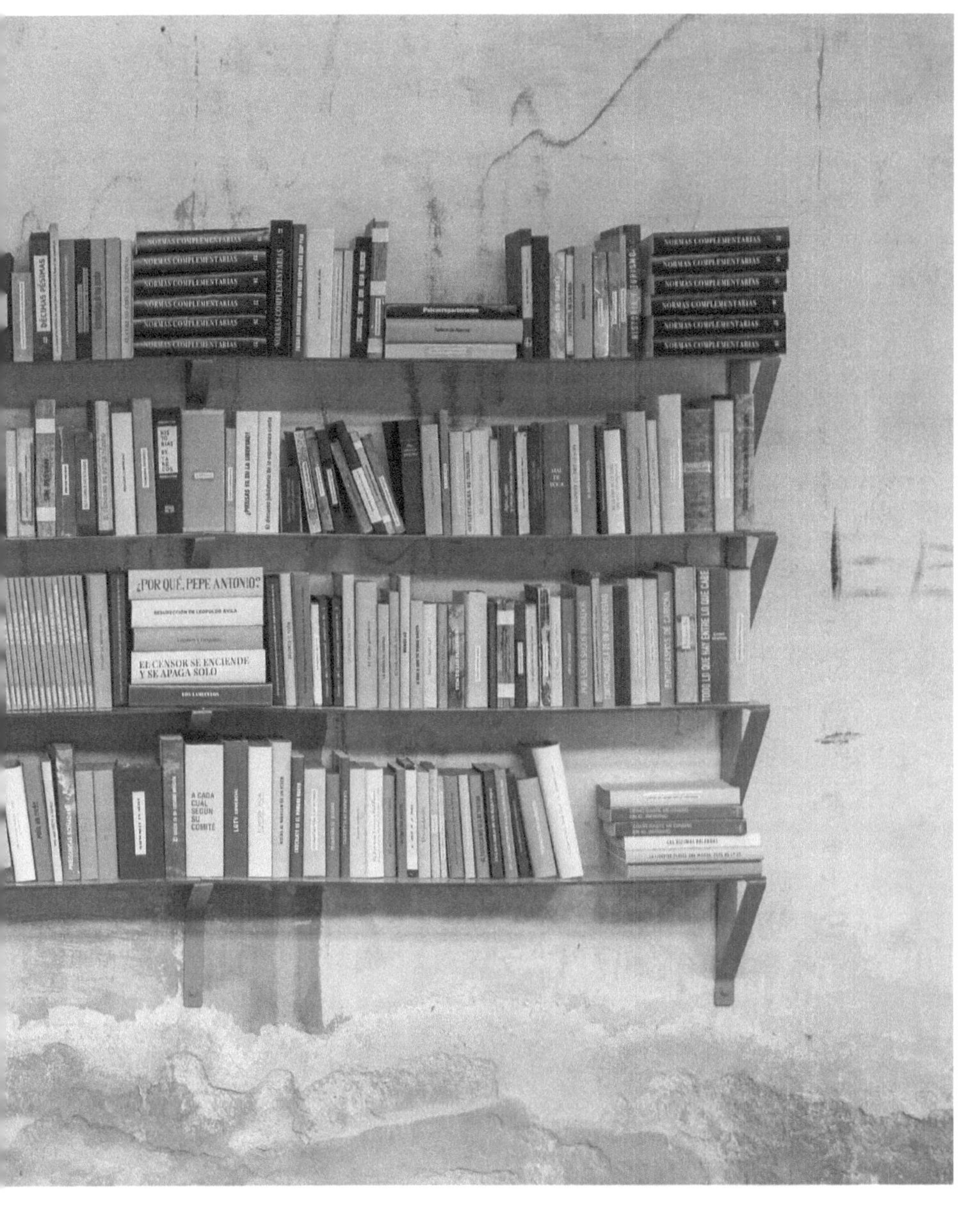

© Lester Álvarez Meno, Kevin Ávila, Roman Gutiérrez Aragoneses, Santiago Díaz y Héctor Antón
Biblioteca para Lomo-Lectores, 2018-2019
Instalación. Libros intervenidos, crista y metal
Cortesía de Lester Álvarez Meno

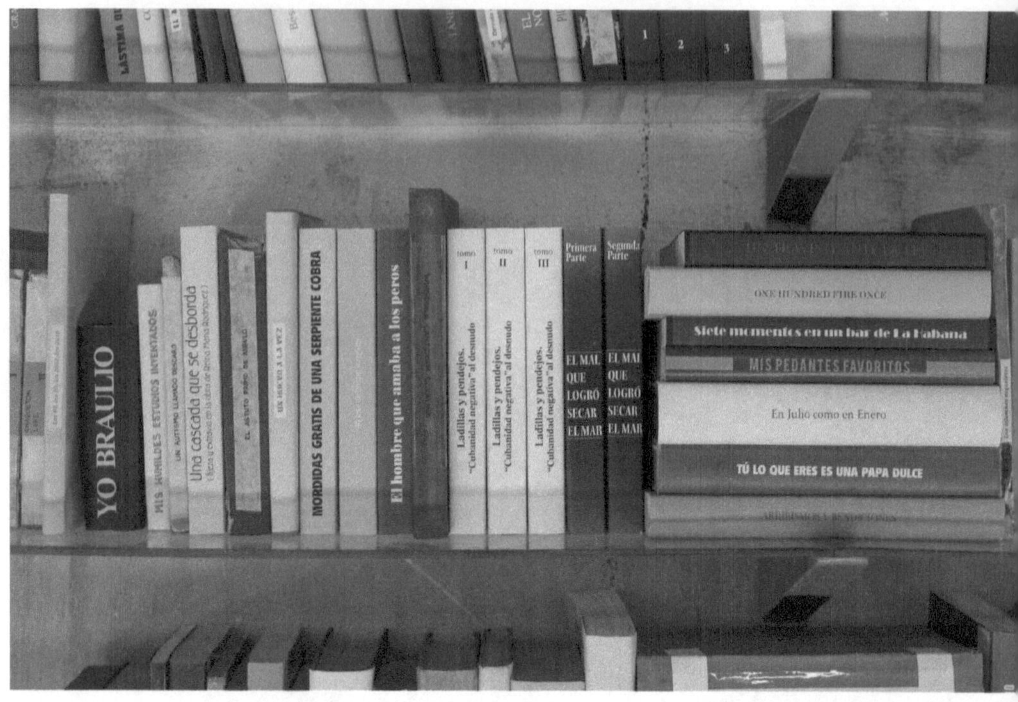
YO BRAULIO
MIS HUMILDES ESTUDIOS INVENTADOS
UN AUTISMO LLAMADO ORGULLO
Una cascada que se desborda
MORDIDAS GRATIS DE UNA SERPIENTE COBRA
El hombre que amaba a los perros
tomo I
tomo II
tomo III
Ladillas y pendejos. "Cubanidad negativa" al desnudo
Ladillas y pendejos. "Cubanidad negativa" al desnudo
Ladillas y pendejos. "Cubanidad negativa" al desnudo
Primera Parte
Segunda Parte
EL MAL QUE LOGRÓ SECAR EL MAR
EL MAL QUE LOGRÓ SECAR EL MAR
ONE HUNDRED FIRE ONCE
Siete momentos en un bar de La Habana
MIS PEDANTES FAVORITOS
En Julio como en Enero
TÚ LO QUE ERES ES UNA PAPA DULCE

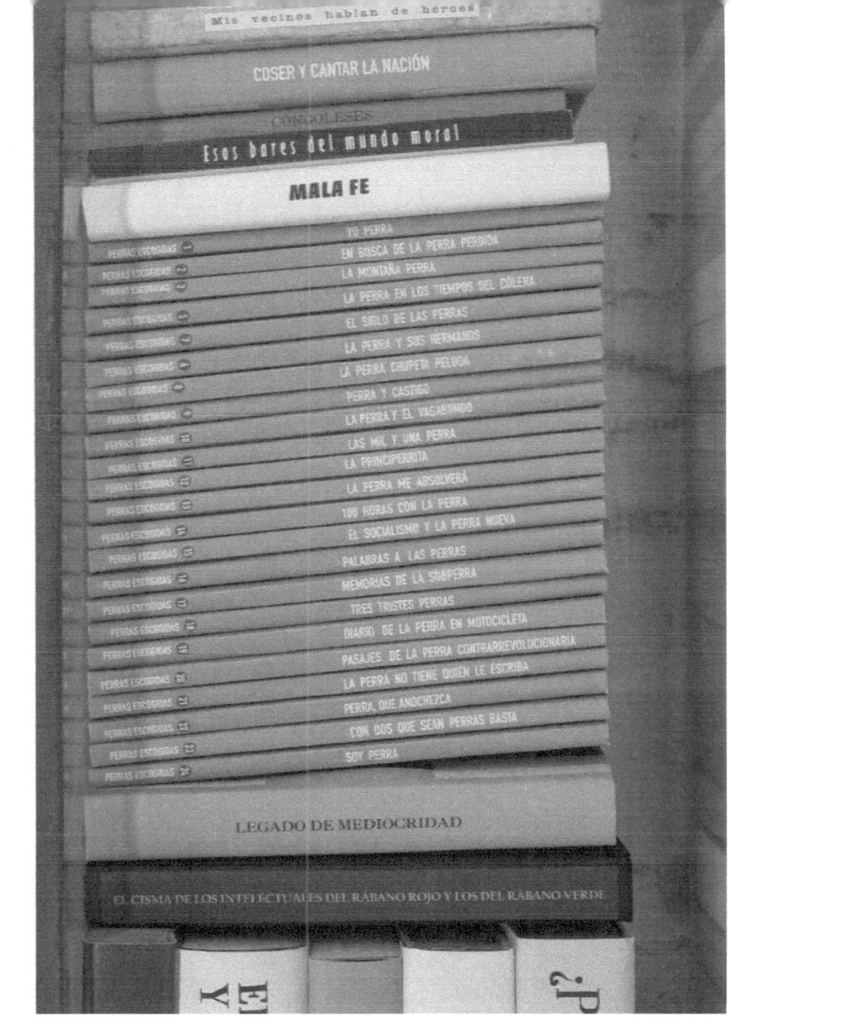

Mis vecinos hablan de héroes
COSER Y CANTAR LA NACIÓN
CONGOLESES
Esos bares del mundo moral
MALA FE
YO PERRA
EN BUSCA DE LA PERRA PERDIDA
LA MONTAÑA PERRA
LA PERRA EN LOS TIEMPOS DEL CÓLERA
EL SIGLO DE LAS PERRAS
LA PERRA Y SUS HERMANOS
LA PERRA CHUPETA PELUDA
PERRA Y CASTIGO
LA PERRA Y EL VAGABUNDO
LAS MIL Y UNA PERRA
LA PRINCIPERRITA
LA PERRA ME ABSOLVERÁ
100 HORAS CON LA PERRA
EL SOCIALISMO Y LA PERRA NUEVA
PALABRAS A LAS PERRAS
MEMORIAS DE LA SUBPERRA
TRES TRISTES PERRAS
DIARIO DE LA PERRA EN MOTOCICLETA
PASAJES DE LA PERRA CONTRARREVOLUCIONARIA
LA PERRA NO TIENE QUIEN LE ESCRIBA
PERRA, QUE ANOCHEZCA
CON DOS QUE SEAN PERRAS BASTA
SOY PERRA
PERRAS ESCOGIDAS 1
PERRAS ESCOGIDAS 2
PERRAS ESCOGIDAS 3
PERRAS ESCOGIDAS 5
PERRAS ESCOGIDAS 7
PERRAS ESCOGIDAS 6
PERRAS ESCOGIDAS 8
PERRAS ESCOGIDAS 9
PERRAS ESCOGIDAS 10
PERRAS ESCOGIDAS 11
PERRAS ESCOGIDAS 12
PERRAS ESCOGIDAS 13
PERRAS ESCOGIDAS 14
PERRAS ESCOGIDAS 15
PERRAS ESCOGIDAS 16
PERRAS ESCOGIDAS 17
PERRAS ESCOGIDAS 18
PERRAS ESCOGIDAS 19
PERRAS ESCOGIDAS 20
PERRAS ESCOGIDAS 21
PERRAS ESCOGIDAS 22
PERRAS ESCOGIDAS 23
PERRAS ESCOGIDAS 24
LEGADO DE MEDIOCRIDAD
EL CISMA DE LOS INTELECTUALES DEL RÁBANO ROJO Y LOS DEL RÁBANO VERDE
¿P
El
Y

HIJO NACIDO EN PRIMAVERA

Celia Irina González Álvarez

*Las historias de devastaciones vegetales y humanas para la producción
de materias, ideologías, poder y control han convivido en una misma
época: la del plantanoceno y el antroponoceno.*

DONNA HARAWAY

En enero de 2018 entrevisté a mi madre, me interesaba conocer su experiencia como investigadora nacional de la Sección de Menores de la Dirección General de la Policía donde trabajó entre 1977 y 1986. Esporádicamente, ella comenzaba a contarme más sobre aquella parte de su vida de la que antes había hablado muy poco. Al principio, su testimonio me pareció poco incisivo, quería encontrarme con una ex-militante que atacara al sistema. Encontré a una ex-militante, pero sobre todo a una psicóloga infantil preocupada y crítica sobre cómo se habían hecho las cosas, al mismo tiempo que presentaba la complejidad del asunto cuando se trata de evitar que la población infantil cometa delitos. Una tarea problemática en cualquier contexto, que en el caso de Cuba era atravesada, además, por un proyecto de homogenización ideológica según los preceptos del Partido Comunista.

*Cuando yo me gradúo empiezo a trabajar como especialista nacional,
en ese momento había una sección, así se llamaba, Sección de Menores,
dentro de la Dirección General de la Policía. Era una sección donde trabajábamos 6 o 7 personas, la mayoría éramos psicólogos. Había una sensibilidad hacia el problema del delito de menores más desde la psicología,
es decir, trabajábamos más desde lo psicológico, desde lo pedagógico que
desde el derecho. A nivel de cada provincia estaba creado un equipo, por
ejemplo, en La Habana estaba el Centro de Evaluación, Análisis y Orientación de Menores. A ese lugar iban los muchachos que cometían delitos*

201

graves, podía ser robo con fuerza, robo con violencia, pocos había, pero podía ser un homicidio.[1]

En 1978, en ocasión del Festival de la Juventud y Los Estudiantes, fueron recogidos y recluidos en centros de reeducación, niños y adolescentes de ambos sexos con «riesgo de conducta antisocial», para evitar su presencia y posible contacto con los jóvenes invitados al festival. Mi madre fue movilizada para dar servicio en el centro en el que habían sido recluidas las niñas y las adolescentes. Durante dos meses durmió, comió y convivió con ellas, teniendo permiso para salir durante 24 horas cada semana.

> *Las muchachas todas fueron para Mulgoba, habían ciento y pico de muchachas en La Habana, se recluyeron para que no se mezclaran con la gente del Festival de la Juventud y los Estudiantes". Eran menores de edad que no habían cometido delitos a causa de los cuales permanecer recluidas, pero que estaban identificadas como personas que presentaban "conductas predelictivas.*

I

> *El deshije es la técnica que permite seleccionar, para producción, al hijo más adecuado eliminando los restantes. Con esta operación se pretende disminuir la competencia de nutrientes, agua y luz mediante la eliminación de los hijos no apropiados y, como consecuencia, obtener el máximo rendimiento del hijo seleccionado. De la labor de deshije depende la producción continua de racimos de plátanos de buena calidad.*

Durante el Festival de La Juventud y los Estudiantes de 1978 fue aprobada la ley número 16: *Código para la Niñez y la Juventud*, con el principal objetivo de «promover la formación de la personalidad comunista en la joven generación» (1978, 2). Este código redactado al mismo tiempo que aquel grupo de niños y adolescentes eran recluidos, indicaba los atributos a promover e imponer en la población infantil y juvenil del país:

---

[1] A partir de ahora toda cita a mi madre es tomada de la entrevista realizada por mí el 9 de enero de 2018 en La Habana, Cuba.

*La formación comunista de la joven generación es una preciada aspiración
del Estado, la familia, los educadores, las organizaciones políticas, sociales
y de masas que actúan constantemente para que en el propio quehacer de
la construcción socialista, surjan y se desarrollen en los niños y jóvenes,
los valores ideológicos del comunismo y los atributos y cualidades que les
permitan cumplir su papel como herederos, activos participantes y conti-
nuadores de la obra revolucionaria* (Ibíd.).

El Código para la Niñez y la Juventud legislaba la moral socialista convirtiéndola en norma de obligatorio cumplimiento no solo para las instituciones
educativas, sino también para la familia en un intento de total control de la
futura población adulta. La moral socialista era, primero, una aspiración del
Estado, es decir, implicaba una meta común, responsabilidad de un colectivo
y no del individuo. En el propio código son mencionadas las organizaciones
a las que debían pertenecer los niños y jóvenes para que la «formación de
la personalidad comunista» en sus diferentes etapas fuera efectiva: para los
niños la Organización de Pioneros José Martí (OPJM), para los adolescentes
La Federación de Estudiantes de la Enseñanza Media (FEEM), para los jóvenes La Federación Estudiantil Universitaria (FEU) y la Unión de Jóvenes
Comunistas (UJC), está última encargada de congregar a la militancia del
ideal comunista. Además, las organizaciones políticas y de masas vigilaban
la eficacia del proceso: en el barrio el Comité de Defensa de la Revolución
(CDR), para las mujeres le Federación de Mujeres Cubanas (FMC), y para los
trabajadores, la Central de Trabajadores de Cuba (CTC).

Todas, organizaciones que operan en ámbitos específicos de la vida de
la población infantil y juvenil como extensión del Estado y sus normas morales: «Las tareas relativas a la política juvenil son parte destacada de la
gestión estatal. Los órganos del Estado mantienen las relaciones apropiadas
con la Unión de Jóvenes Comunistas, las organizaciones de masas y demás
factores sociales vinculados a estas, a los efectos de lograr una acción coordinada en el desarrollo de la juventud y la niñez» (1978, 17).

Por otra parte, el artículo 114 del mismo código legisla la posición frente
a la población infantil que debe ser reformada: «El Estado se esfuerza por
brindar una especial atención a los menores que manifiestan conductas
delictivas o predelictivas, mediante centros de reeducación. Dichas instituciones les brinda a estos menores una atención integral, a fin de lograr su
reincorporación a la vida social» (Ibíd.).

En este código la población infantil y juvenil es dividida en dos grupos. Por
un lado, la avanzada juvenil organizada por la UJC, descrita en el artículo 107

como «eslabón importante en el proceso ininterrumpido de desarrollo de las promociones comunistas», y por otro lado, aquellos definidos en el artículo 114 bajo la categoría de «menores que manifiestan conductas delictivas o pre-delictivas». La pertenencia a un grupo u otro es definida por la disposición y capacidad para seguir normas morales dictadas por la militancia comunista. Cometer un delito no solo convertía al sujeto en un delincuente sino en un «antisocial» que atentaba contra el proyecto revolucionario, sujeto que en el caso infantil, dejaba de ser un niño genéricamente para estar colocado bajo la estigmatizada etiqueta de «menor». La moral era definida por la posición social del sujeto frente a la Revolución y su proceso de ideologización comunista.

Evidentemente, el paradigma moral seguido por el Estado cubano no es cultural, por ejemplo, como en el caso de México —un país con un proyec-to nacional postrevolucionario con una fuerte presencia del Estado— en su ardua tarea de homogenización cultural, el llamado «problema del indio»[2]. En el caso de Cuba, el paradigma moral homogeneizador de la población es social, según los lineamientos del Marxismo-Leninismo, el comunismo en su versión autoritaria de partido único. En el Código de la Niñez y la In-fancia, la alteridad radical es, por tanto, el «antisocial», aquel que no sigue las normas de la moral comunista del Estado. Y es también, el «antisocial», quien funciona por oposición para definir a la juventud de vanguardia, el nosotros. En potencia toda población juvenil es transformable por el colec-tivo en población ideal. Es por tanto responsabilidad del colectivo reeducar y normalizar a niños y adolescentes dentro de los códigos del Estado.

II

El deshijado con barreta consiste en dar uno o dos cortes en profundidad al hijo para separarlo completamente de la planta madre. La ventaja que presenta este método es que es definitivo, evitando la aparición de rebrotes. Sin embargo, tiene inconvenientes como heridas y debilitamiento.

Revisando su experiencia mi madre recordó, en particular, a una de las adolescentes recluidas durante dicho Festival de la Juventud y los Estudian-tes, la llamaban Lucía Pilotaje. Lucía decidió brincar la cerca del reclusorio

---

[2]   Con «problema del indio» los antropólogos indigenistas mexicanos se referían a la tarea de lograr la incorporación e identificación de las comunidades indígenas con el proyecto nacional postrevolucionario. Ver: Caso, Alfonso (1948); Beltrán, Aguirre (1967); Villoro, Luis (1950).

de Boyeros y salir corriendo a la avenida principal mientras el resto del grupo la alentaba gritando su nombre. Las guardias que cuidaban a las niñas y adolescentes, incluyendo a mi madre, sintieron miedo de que todas las demás siguieran a Lucía y se encerraron en el comedor a esperar a que la regresarán. Finalmente, Lucía regresó sola al reclusorio un rato después de su escapada. Mi madre recuerda esta anécdota porque para ella evidencia una intencional vulnerabilidad del sistema que demuestra su nobleza. Hace énfasis en que Lucía pudo salir con tanta facilidad por las ligeras condiciones de seguridad del lugar, lo cual denotaba confianza en las reclusas:

> *Lucía Pilotaje armó una y salió corriendo, brincó la cerca perle. Imagínate que alta sería que Lucía Pilotaje la pudo cruzar, una cerca que además, no tenía alambres de púa como en cualquier prisión. Ella la cruzó, salió corriendo hasta la calzada de Boyeros y cuando llegó ahí, se dio cuenta de que ella allí no iba a hacer nada y regresó corriendo y se volvió a meter dentro del centro de reeducación. Y ahí no hubo una represión de armas largas, ni nada. Lo único que se nos ocurrió fue meter a todo el mundo en el comedor y sentarnos todas ahí.*

Mi madre encontraba en el sistema buenas intenciones, la de reformar, no la de maltratar y la reacción ante el atrevimiento de Lucía Pilotaje era un ejemplo de ello. Sin embargo, Lucía logró el incumplimiento por parte de las guardias, de la orden de reclusión de esta población durante el festival y eso sí fue corregido.

> *Que se hacía en ese caso, Lucía para la celda, ahí es donde entraba la celda. Como castigo se aislaba a Lucía para que no se convirtiera en líder del grupo aquél y estábamos alrededor de Lucía, pero Lucía en esa celda tenía que comer. Ella se pasaba tres o cuatro días metida en la celda y después la sacábamos. Entonces, la celda era de castigo, que eso, yo creo, que ya no existe pero evidentemente era un fallo. Yo creo que eso no era lo que había que hacer con Lucía.*

Lucía Pilotaje tenía que ser corregida y, sus compañeras, debían comprender a través de ella su lugar social en aquel momento específico, que era el de la reclusión. Lucía, por su parte, demostró su capacidad y deseo de ocupar otro lugar aunque no supiera cual y con ello terminó dando la razón al sistema que intentaba convencerla de la inevitabilidad de su situación con una doble acción, represión y acompañamiento.

Hay que recordar que en este acontecimiento en particular, no me refiero a niños que han sido internados en un centro de reeducación por haber cometido un delito y tenido un proceso penal. La particularidad reside en que eran niños y adolescentes que habían sido recogidos, más que por lo que habían hecho, por lo que podrían hacer, con la intención de prevenir el fracaso de un evento político internacional que reforzaba la imagen de justeza del Estado cubano ante el mundo. Sobre todo, se trataba de evitar la mezcla entre la juventud de vanguardia y la juventud denominada antisocial, porque, como repite mi madre: «si todos somos revolucionarios, no pueden haber delincuentes ni marginales, por eso insisten en que hay que separarlos».

III

El deshijado con sacabocado se realiza de la siguiente forma: se introduce al hijo por la apertura del sacabocados, se presiona hasta que se oiga un ruido seco y se tira del mismo, el hijo debe salir con un trozo de rizoma. Se retira al hijo.

Para mi madre el fallo no estaba en la acción de recluir sino en la forma de corregir. Su primer argumento es positivo, enfatiza las buenas condiciones que en aquella época tenían los centros de reeducación, se refiere a una buena alimentación y condiciones materiales aceptables y aclara, luego de hablarme de la celda: «No, déjame explicarte eso. Ellos no iban a una celda. Los muchachos estaban alojados en un albergue como una escuela al campo con literas metálicas, habían bastidores y colchonetas de dos plazas, en un albergue que podría tener 20 ó 30 muchachos. No, ellos duermen en albergues».

Cuando le señalo, durante la entrevista, que aquellas condiciones materiales de los centros de reclusión que ella describía se parecían a las de una prisión actual, me responde que sí, pero que también se parecían a las condiciones de las escuelas en el campo y de las escuelas al campo temporales, diseñadas para la enseñanza media en general. Se refería a que, hasta el año 2009, no solo los «antisociales» eran recluidos, también los adolescentes que aspiraban a llegar a la universidad debían pasar los tres años del preuniversitarios en una escuela en el campo. Esto implicaba una separación de la familia y sus normas para entrar en el dominio total del sistema educativo estatal. Con esta comparación entre sistema penitenciario y sistema educativo, intentaba justificar las buenas intenciones de los centros de reeducación, apelando a una normalización de la reclusión de los adolescentes y de la precaria situación material a la que inevitablemente eran sometidos, tanto becarios de la enseñanza media como los menores a ser reeducados:

La escuela en el campo era igual, es más te digo, los muchachos de la escuela en el campo, yo me acuerdo una vez que el jefe de Matanzas me dijo, pero es que los muchachos aquí comen mejor que mis hijos en una escuela en el campo. Los tipos tenían, desayuno, merienda, pan con jamón y yogurt. Almuerzo, arroz, frijoles, carne o pollo. Lo que no tenían los muchachos en el campo, porque siempre hubo la preocupación de que fueran a decir que nuestros centros de reeducación eran un lugar de maltrato.[3]

El segundo argumento de mi madre sobre las formas de corregir en los centros de reeducación es negativo. Se refiere a las acciones conductuales con las que se pretendían reformar a las menores, ante una acción positiva, un premio; ante una acción negativa, un castigo. Como psicóloga comprendía que era una metodología ineficiente para lograr que las convicciones de los niños y adolescentes fueran transformadas, lo único modificable era su conducta inmediata. El Decreto Ley 64, *Del sistema para la atención a menores con trastornos de conducta* (1982), por el que se regía la Dirección de Menores, no estipulaba la duración de la sanción: la reclusión de un sujeto era hasta su total reeducación. Esto significaba, que el término de la reclusión del niño o adolescente sancionado, dependía de su comportamiento. Ellos lo sabían y aprendían a conducirse según su situación legal:

entonces sancionas, porque es sanción, a un muchacho de 14 años hasta su total reeducación y ese muchacho no sabe cuándo va a salir porque, ¿cómo va a ser su reeducación? ¿Hasta cuándo es su reeducación? Puede entonces estar dos años en el centro, hasta que tiene la mayoría de edad o puede estar 6 meses. El muchacho que es inteligente se da cuenta y dice: bueno, lo que ellos quieren que yo haga es que yo vaya marchando tranquilo o que yo estudie y aprenda a leer. Es decir, se van aprendiendo una serie de acciones que son aprobadas por esas personas que están ahí, para poder coger un pase o para salir del centro.

---

[3]   El sistema educativo cubano ubicó a los preuniversitarios en áreas rurales entre 1971 y 2009. Los estudiantes permanecían becados en escuelas en el campo durante 3 años, con una jornada diaria de trabajo en la agricultura y otra de estudio. Las salidas para visitar sus casas eran los fines de semana. Por su parte, el Plan de Escuela al Campo funcionaba para la enseñanza secundaria. Cada curso los estudiantes debían permanecer en un campamento rural entre 15 y 45 días, para cumplir con una jornada laboral diaria trabajado en la agricultura.

Para mi madre las intenciones de la Dirección de Menores, en principio, eran buenas y las condiciones adecuadas, pero la metodología incorrecta e ineficiente. Para ella, como psicóloga, la tarea era distinta a la de la reclusión. Durante la entrevista reflexiona sobre la necesidad de atender a la población infantil, no cuando hubiera cometido un delito, sino cuando sus condiciones de vida promovieran estas acciones; la meta era proteger y educar desde la primera infancia, acercarse a la comunidad.

«Los sistemas penitenciarios surgen para perpetuar el propio sistema, porque un antisocial puede ser un rebelde. Pero mira, Maritza cometió un robo con fuerza con 14 años ¿Qué hacemos con Maritza?» La orden, como miembro del Ministerio del Interior, era la reclusión de esos menores antisociales, ella comprendía las razones a la vez que se debatía sobre la arbitrariedad y autoridad de la Sección de Menores. Como investigadora nacional de los centros de reeducación, vigilaba que el sistema penitenciario fuera compasivo:

En Placetas empezaron a haber muchos hechos de fugas y en Holguín muchos hechos de autoagresión y hubo que estudiar por qué estaba ocurriendo esto, y estaba ocurriendo porque había maltratos. Entonces, nosotros investigamos estos hechos, pero cuando llegábamos ya había gente que había hecho cosas como tirar agua en una celda y poner electricidad, electricidad de bajo voltaje para que los chiquillos brincaran y reírse de ellos. Imagínate, eso es algo espantoso. Por supuesto que todo el que cometía ese tipo de delito, las personas que hacían eso, había que expulsarlas del sistema y sancionarlas bien fuerte.

Ahora, mientras trabajo en este artículo, le cuento que regresé a la entrevista y que escribo, principalmente, sobre la recogida de niños y adolescentes durante el festival de 1978. Le recuerdo nuestra conversación de hace dos años y vuelvo a preguntarle sobre su posición ante aquel acontecimiento específico: «¿Cómo me sentí durante esta misión? Cumplía con mi deber, no fueron momentos de análisis, simplemente era una orden». Para ella la tarea con aquellas niñas y adolescentes, primero, era mantenerlas en reclusión, y luego acompañarlas, motivarlas, crear confianza mutua. No había nada que analizar respecto a la orden, solo era posible hacer bien el trabajo y eso, para mi madre, significaba velar por la calidad mental y física de las niñas y adolescentes recluidas. «Estaba totalmente entregada a esta tarea, sentía que era necesaria y disfrutaba los momentos en que las muchachas se veían contentas. No tenía una postura crítica, era más bien una hazaña que gustosamente asumí como propia, de nuestra generación».

IV

Frecuentemente, aparecen rebrotes de los hijos que ya se han eliminado o dañado por una incorrecta eliminación de los mismos. La mayor o menor presencia de estos hijos depende del tipo de herramienta y la técnica de deshijado utilizada.

Yo, nacida en 1985, fui de la OPJM, de la UJC y de la FEEM. Hablo de una experiencia de total control de la niñez y juventud que no ha desaparecido y de la cual fui parte. Hoy con nuevas herramientas teóricas y distancia crítica, juzgo la moral de mi madre. No puedo evitar repetirme que todos hemos sido responsables de algún modo, como afirmó la escritora Svetlana Aleksiévich refiriéndose a los soviéticos: «Todos se sentían víctimas, pero nadie se consideraba cómplice» (2013, 13). Pero, ¿qué pasa cuando es a la familia la que ponemos en la mira para ser cuestionada?

Una generación ya tantas veces puesta en cuestión por el propio Partido Comunista, esos muy jóvenes para vivir con el mérito de haber hecho la Revolución y muy viejos para decidirse por una nueva vida, fuera de los planes del Estado. Mi madre, ya jubilada y en una relación de hastío y dependencia de las instituciones estatales para cualquier proyecto profesional, ha sido cuestionada por colegas más jóvenes por su falta de intransigencia: «por su poco compromiso para construir país». Esta vez, entre mis demandas y las de aquellos ciudadanos estatalizados, elige colaborar con mi insistencia en reflexionar sobre su participación en aquella recogida de niños y adolescentes.

¿A dónde me conduce ese juicio moral a una joven recién graduada que en el 1978 asumió la autorreclusión por dos meses para cumplir una misión que consideraba loable? Primero, en vez de preguntarme sobre los efectos del control del Estado en la infancia, decidí acercarme a una situación y a una persona específica con la intención de ayudar a pensar en responsabilidades individuales más que en preguntas generales (Arendt 1999).

Segundo, es posible ubicar el actuar de mi madre como miembro del sistema penitenciario, encargada de recluir y acompañar, en esa Zona Gris de la que habla Primo Levi —judío sobreviviente del Holocausto y reconocido escritor—, en la que el límite moral entre victima y victimario se desdibuja (Agamben 24, 2005). Específicamente, en el acto de compartir la alegría de los juegos al aire libre junto a las reclusas de 1978, mi madre cae en un limbo moral, en una «normalidad cotidiana» durante la cual se confunde el lugar de cada quién. Para ubicar a mi madre pienso en la Zona Gris más a allá del Holocausto, en una expansión del término a la que el propio Primo Levi se refirió en sus últimos textos y a la que acude Philippe Bourgois, importante antropólogo francés, para «alertarnos sobre los límites humanos en contextos institucionales coactivos» y «advertirnos del reconocimiento como un imperativo ético de las Zonas Grises menos extremas que nos rodean cada día» (2005, 107 [traducción propia]). Para mi madre el acto ambiguo de vigilar y acompañar a Lucía en la celda durante su castigo, por ejemplo, fue normalizado. Era un acto necesario para seguir ubicada como parte de la juventud de vanguardia sin cuestionamientos, a la vez que se compadecía de las consecuencias de dicha homogenización total, ante la cual era sensible aunque no crítica. Claro que, en aquel acontecimiento, el lugar de mi madre fue el de perpetuadora del sistema y le persigue esa sensación, le reclama a su esposo cuando en juego le recuerda: «tú también fuiste una esbirrita». Ante esta afirmación busca justificarse a sí misma, enfatiza su claridad del mal funcionamiento del sistema, recuerda su insistencia en colaborar con una solución al problema prestando servicio durante décadas a la comunidad infantojuvenil. Al mismo tiempo, es capaz de revisar cómo ella misma fue captada para ser miembro del Ministerio del Interior cuando aún estudiaba en el preuniversitario, después de que le prohibieran la fe católica en la que había crecido y a su padre le expropiaran su cafetería en 1968, única fuente económica de la familia. Sin aminorar responsabilidades ante sus decisiones, es importante pensar que aquella joven, reclusora y recluida a la vez durante los meses del festival, había sido programada para responder a las ordenes del Estado, también a través de actos violentos cada vez más normalizados. Sin embargo, mi madre ha sido capaz de reflexionar sobre las consecuencias de recurrentes acontecimientos como aquella recogida de 1978: «nuestra sociedad, por su necesidad de homogeneizar ha excluido a sus minorías, sobre todo en momentos considerados de crisis, o ha llevado a cabo grandes proyectos inclusivos dentro de un modelo paternalista y asistencialista».

Tercero, se trata de un juicio ético y no de un juicio legal, sus consecuencias, por tanto, son reflexivas. Este artículo no pretende convocar al estrado; aunque son muchos los protagonistas principales pendientes de un juicio legal, creo fundamental atender a Giorgio Agamben (2005: 16) cuando afirma que «el derecho no alberga la pretensión de agotar el problema, el derecho tiene exclusivamente la celebración del juicio, no el establecimiento de la justicia o de la verdad». Por tanto, de lo que se trata aquí es de propiciar, con la mirada puesta en una figura menor para la historia, la reubicación afectiva de unos hechos, como el Festival de la juventud y los Estudiantes, siendo de vital importancia para comprender cómo ha sido constituida la ciudadanía cubana bajo el proyecto homogeneizador del Estado. Porque ¿cómo pensar en un futuro nacional sin apurarnos a convertir en historia a la historia, es decir, dejarla ser pasado sin esa obligación estatal que nos emplaza en un punto fijo en el tiempo? Y es el futuro la mayor razón para invertir energía en reflexionar sobre acontecimientos del pasado que no habíamos tenido el permiso de reconocer como violentos.

Revisar y analizar el testimonio de mi madre no ha tenido la intención de encontrar un testimonio certero sobre acontecimientos de extrema violencia. A diferencia de mi aproximación de hace dos años, no he ido tras una declaración irrefutable sino de indicios sutiles de la normalización de la violencia política a la que hemos sido sometidos como sociedad durante 60 años. Los niños y jóvenes recluidos y los festejados durante el Festival de la Juventud y los Estudiantes son casi ancianos. Unos habrán formado parte del cuerpo homogéneo al que aspiraba el PCC, otros habrán vivido bajo el estigma de ser antisocial dentro del país o se habrán incorporado a un inevitable exilio para restaurar su lugar social. Dos años después, también asumió mi madre la tarea, como psicóloga miembro del Ministerio del Interior, de entregar salidas del país a aquellos ciudadanos considerados lacra social, quizás algunos de aquellos menores, cumplida su mayoría de edad, aprovecharon su ya acuñado expediente para gestionar sus salidas por el puerto del Mariel.

V

Finales del invierno: se deshijan plantas retrasadas y se eliminan los hijos de fondo. Mediados de primavera: observar el desarrollo de los tetos (brote de un hijo que todavía no se ha desarrollado en altura) y elegir el hijo definitivo en aquellas plantas más retrasadas, eliminando los restantes. Finales de la primavera: elegir el hijo definitivo en las plantas que tienen un desarrollo adecuado.

El mismo año de la entrevista a mi madre, buscando información sobre el sistema penitenciario en Cuba, encontré en la Biblioteca Nacional, un folleto de 1964 titulado *De inadaptados sociales: a hombres útiles a la patria* publicado por el Ministerio del Interior. Más de 10 años antes de la participación de mi madre en aquel evento habían sido descritas las primeras normativas para los centros de reeducación para niños y adolescentes considerados «inadaptados sociales». El paradigma ya había sido establecido. El proyecto de homogenización moral según la ideología marxista-leninista fue efectivo, al menos de manera inmediata. Al cierre el folleto recoge 15 poemas y composiciones escritas por los niños que se encontraban en aquellos primeros centros de reeducación. Gabriel Nicolás de 14 años escribió:

La jornada Socialista de «Los Niños del Mundo»
Unidos todos por la Paz...
que el futuro nos espera,
con la paloma de la dignidad.
Adelante...Niños Socialistas
que esperándote está el trabajo creador
y tenemos que hacer con amor
¡Tu Revolución!...
¡Adelante...Adelante Niños Socialistas!
a derrotar al yanque traidor
que mil veces nos ha amenazado
con su cobardía...con su traición
Pero aquí hay un pueblo cubano que tiene mucho valor
unidos todos los niños
a celebrar con amor y valor
que la Revolución nos trajo el Socialismo
¡Socialismo, Paz y Dignidad!

BIBLIOGRAFÍA

Agamben, Giorgio. 2005. *El archivo y el testimonio. Homo saber III*. Valencia: Pretextos
Aleksiévich, Svetlana. 2019. *El fin del «Homo sovieticus»*. Barcelona: Acantilado.
Arendt Hannah. 2009 [1963]. *Eichmann en Jerusalén*. España: Debolsillo
De inadaptados sociales a hombres útiles a la patria. 1964. Ministerio del Interior. República de Cuba.
J. Haraway, Donna. 2019. *Seguir con el problema. Generar parentesco en el Chthuluceno*. Bilbao: Edición Consonni
Ley número 16. Código de la Niñez y la Juventud. 1978. [consultado el 21 de mayo de 2020] www.sipi.siteal.iipe.unesco.org/normativas/90/ley-ndeg-161978-codigo-de-la-ninez-y-la-juventud
Méndez, Clemente y Miguel Rodríguez. 2016. *Deshijado de la platanera. Información técnica*. Cabildo de Tenerife: Agro Cabildo.
Bourgois, Philippe. 2005. «Missing the Holocaust: My Father's Account of Auschwitz from August 1943 to June 1944», *Antropological Quarterly* 78 (1): 89-123.

GALERÍA

Reynier Leyva Novo
Manual de reeducación para niños
Eileen Almarales Noy

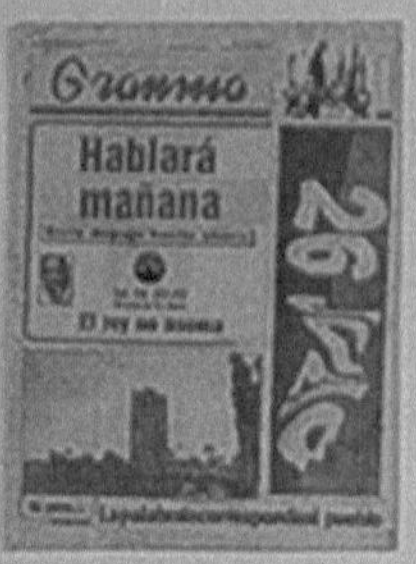
Granma
Hablará
mañana
26 VII
La palabra decente puede al pueblo

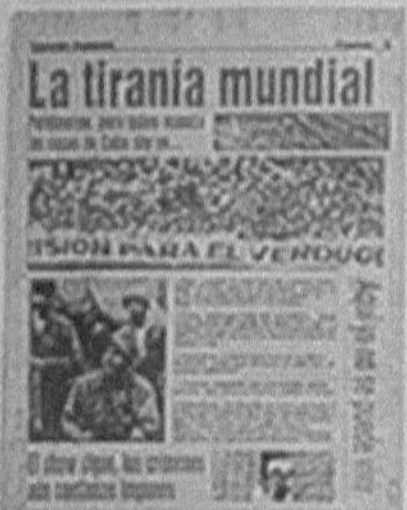
La tiranía mundial
VISIÓN PARA EL VERDUGO

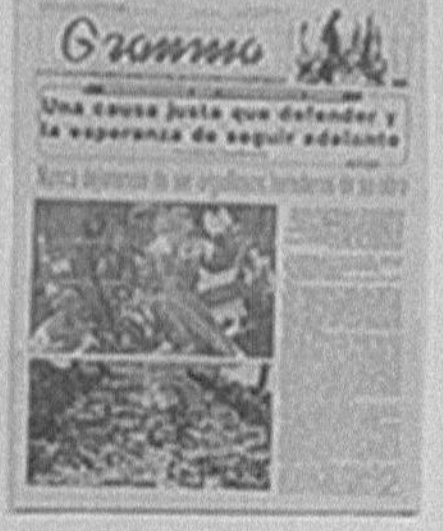
Granma
Una causa justa que defender y
la esperanza de seguir adelante

Las angustias del capitalismo desa

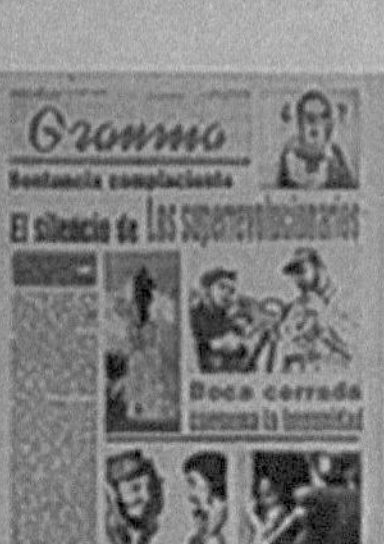
Granma
El silencio de Los superrevolucionarios
Boca cerrada

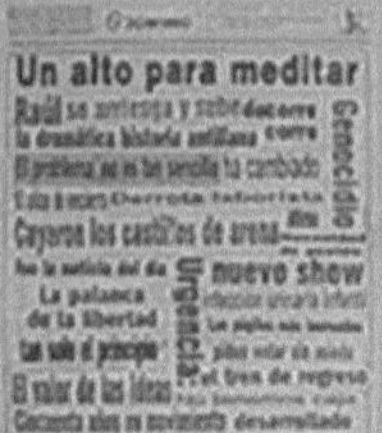
Un alto para meditar
Genocidio
nuevo show
La palanca
de la libertad
El valor de las ideas
El pecho cuesta menos

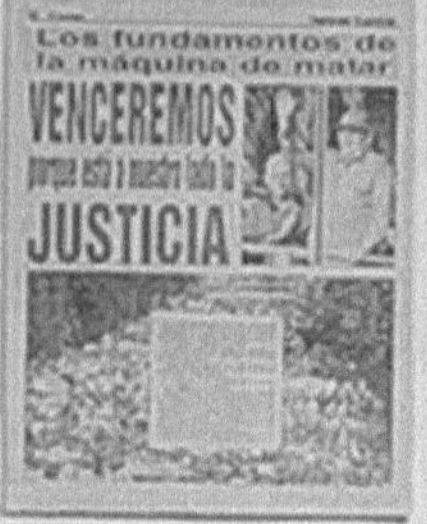
Los fundamentos de
la máquina de matar
VENCEREMOS
porque está a nuestro lado la
JUSTICIA

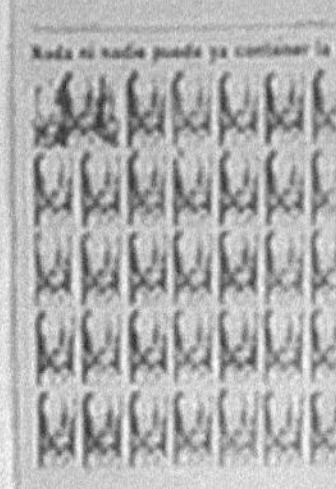
Nada ni nadie puede ya contener la

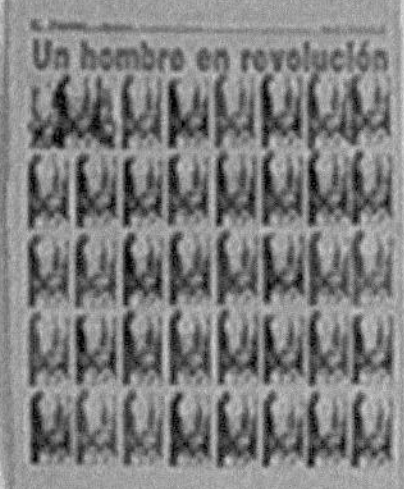
Un hombre en revolución

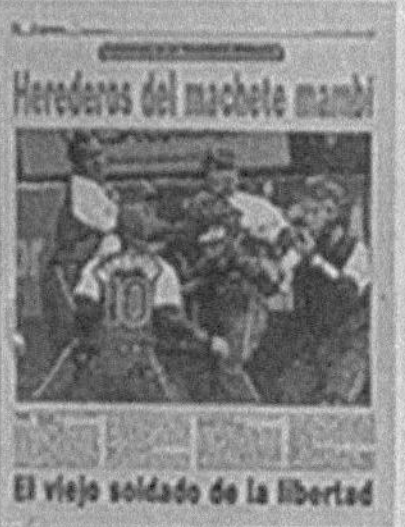
Herederos del machete mambí
El viejo soldado de la libertad

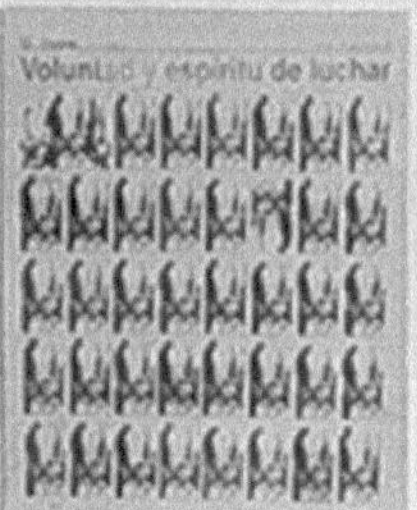
Voluntad y espíritu de luchar

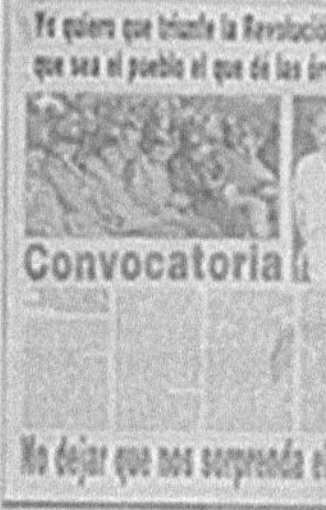
Yo quiero que brinde la Revolución
que sea el pueblo el que de las órd
Convocatoria
No dejar que nos sorprenda el

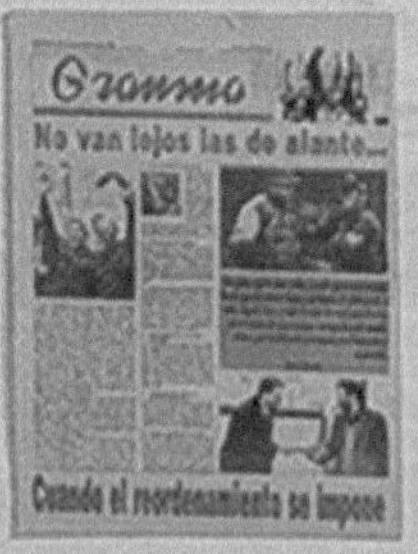
Granma
No van lejos las de alante...
Cuando el reordenamiento se impone

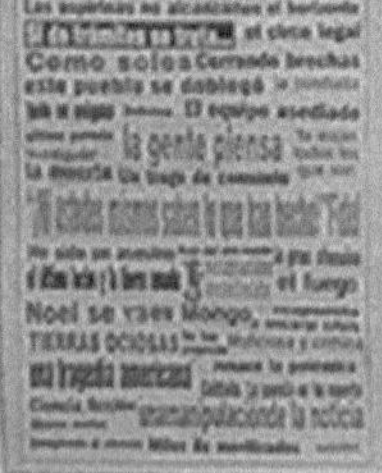
Como solo Cerrando brechas
este pueblo se doblega
la gente piensa
el fuego
Noel se va
TIERRAS OCIOSAS

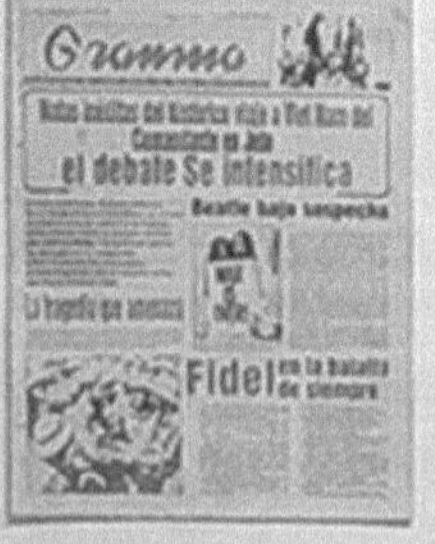
Granma
el debate Se intensifica
Fidel en la batalla
de siempre

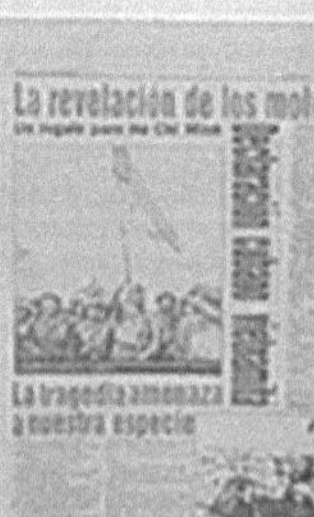
La revelación de los mo
La tragedia amenaza
a nuestra especie

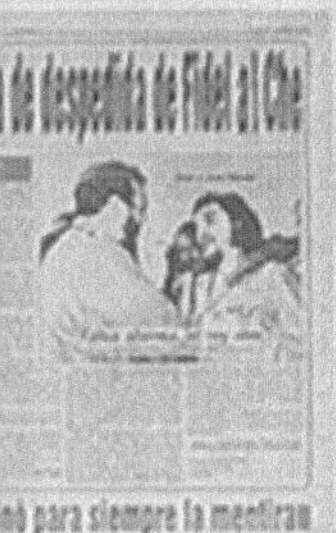
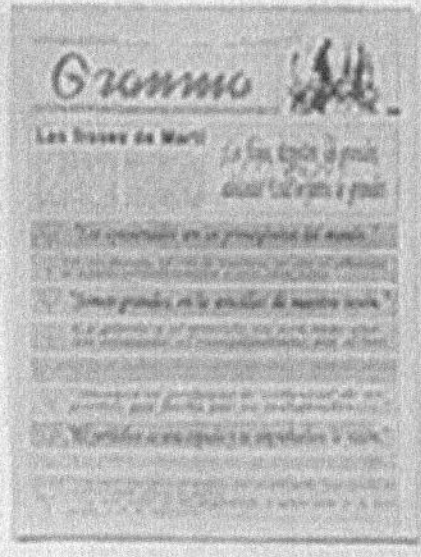
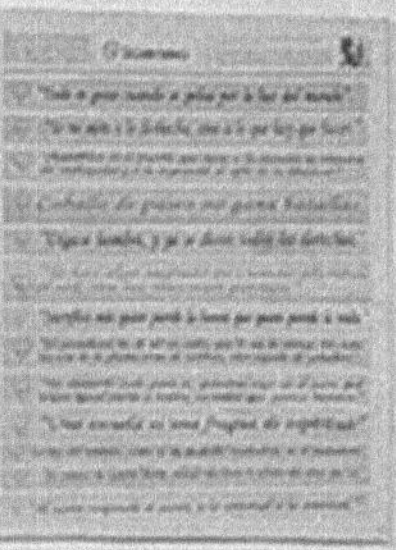
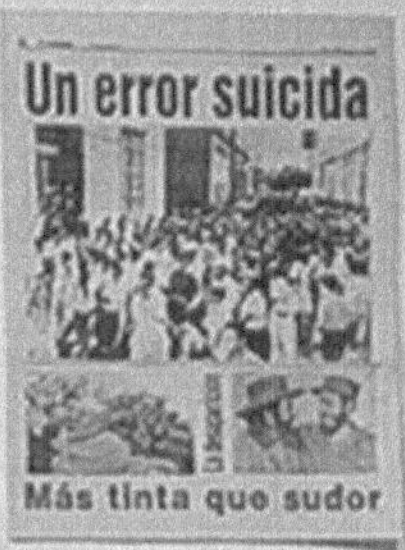
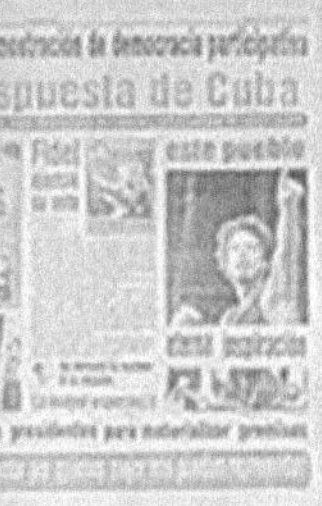
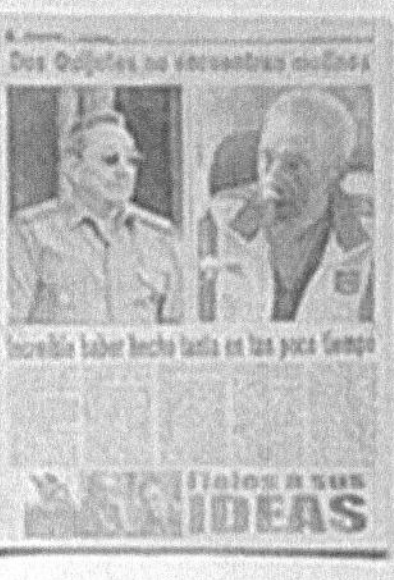
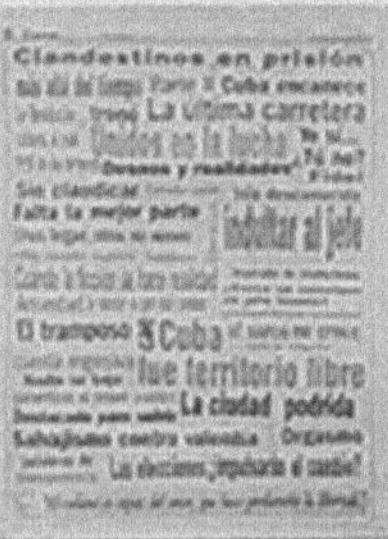
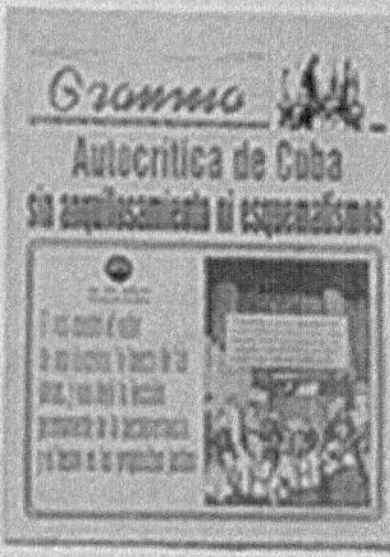
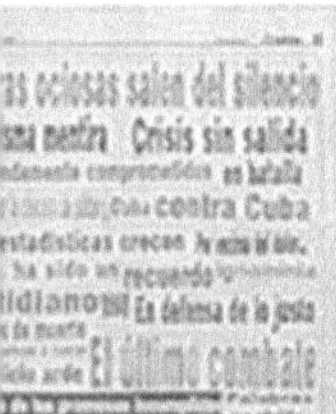
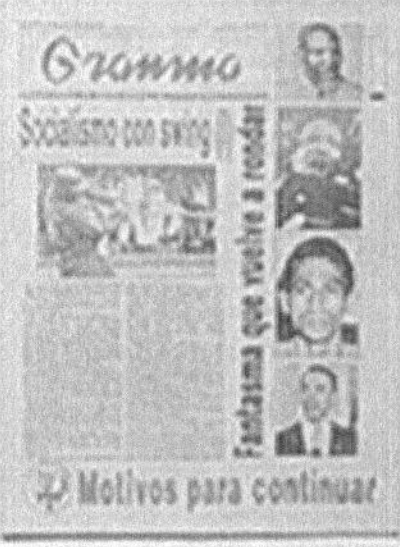
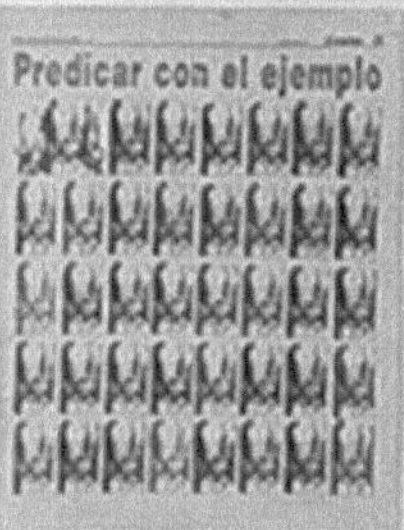
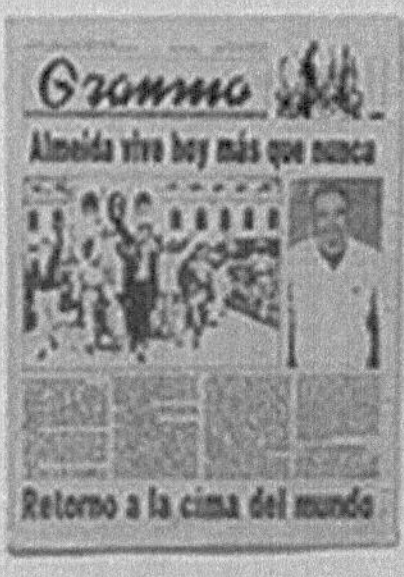
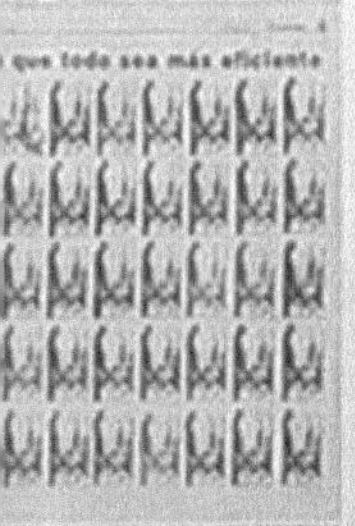
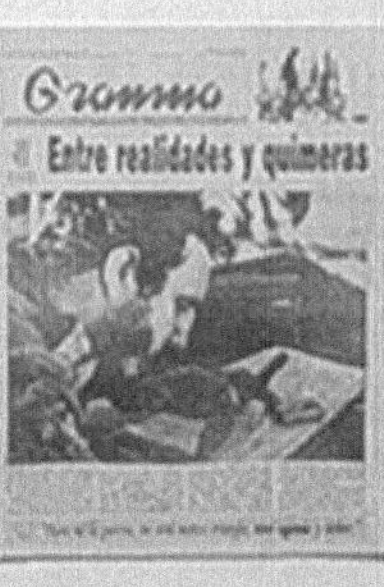
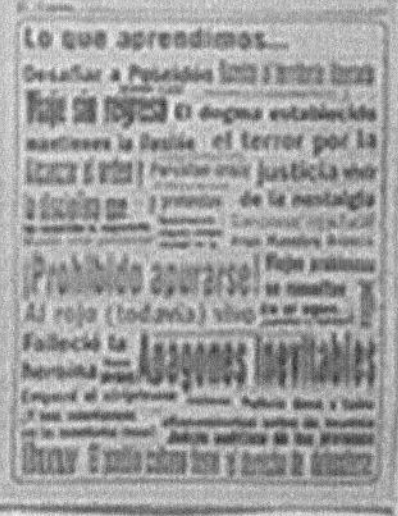
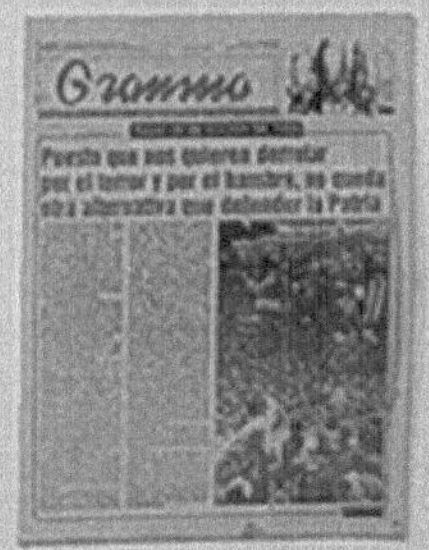

© Reynier Leyva Novo
Páginas escogidas, 2009
Instalación. Ejemplares del periódico Granma intervenidos. Vista en la exposición personal 50 Aniversario.
Cortesía del artista.

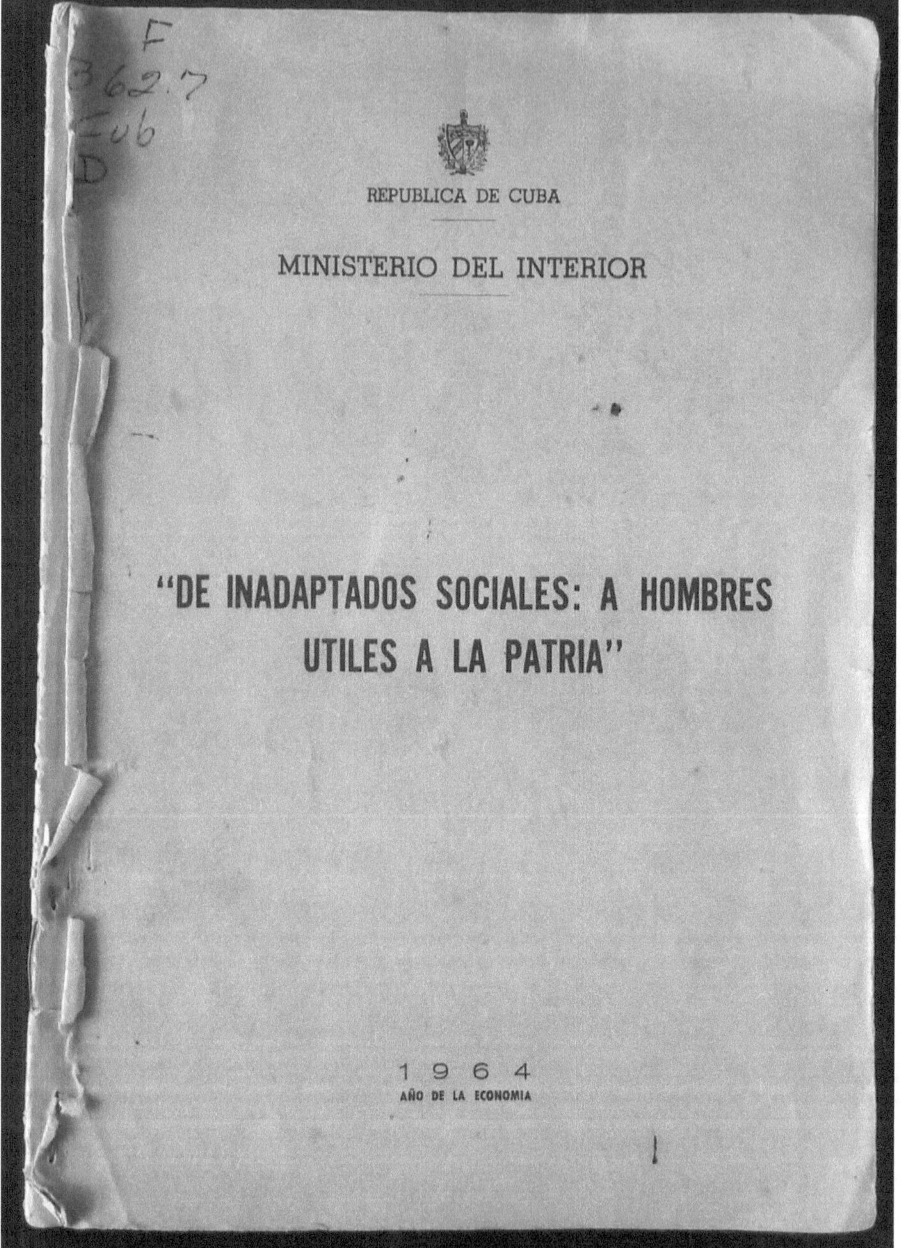

Manual de reeducación para niños publicado por el Ministerio del Interior en 1964, cuyo reglamento continúa vigente.

LA JORNADA DE LA INFANCIA

Gabriel Nicolás
14 años
2do. Grado.

Jornada Socialista de "Los Niños del Mundo"
Unidos todos por la Paz...
que el futuro nos espera,
con la paloma de la dignidad.
Adelante... Niños Socialistas
que esperándote está el trabajo creador
y tenemos que hacer con amor
¡Tu Revolución!...
¡Adelante... Adelante Niños Socialistas!
a derrotar al yanquee traidor
que mil veces nos ha amenazado
con su cobardía ... con su traición.
Pero aquí hay un pueblo cubano que tiene
                              [mucho valor
unido todos los niños
a celebrar con amor y valor
que la Revolución nos trajo el Socialismo
¡Sociaismo, Paz y Dignidad!

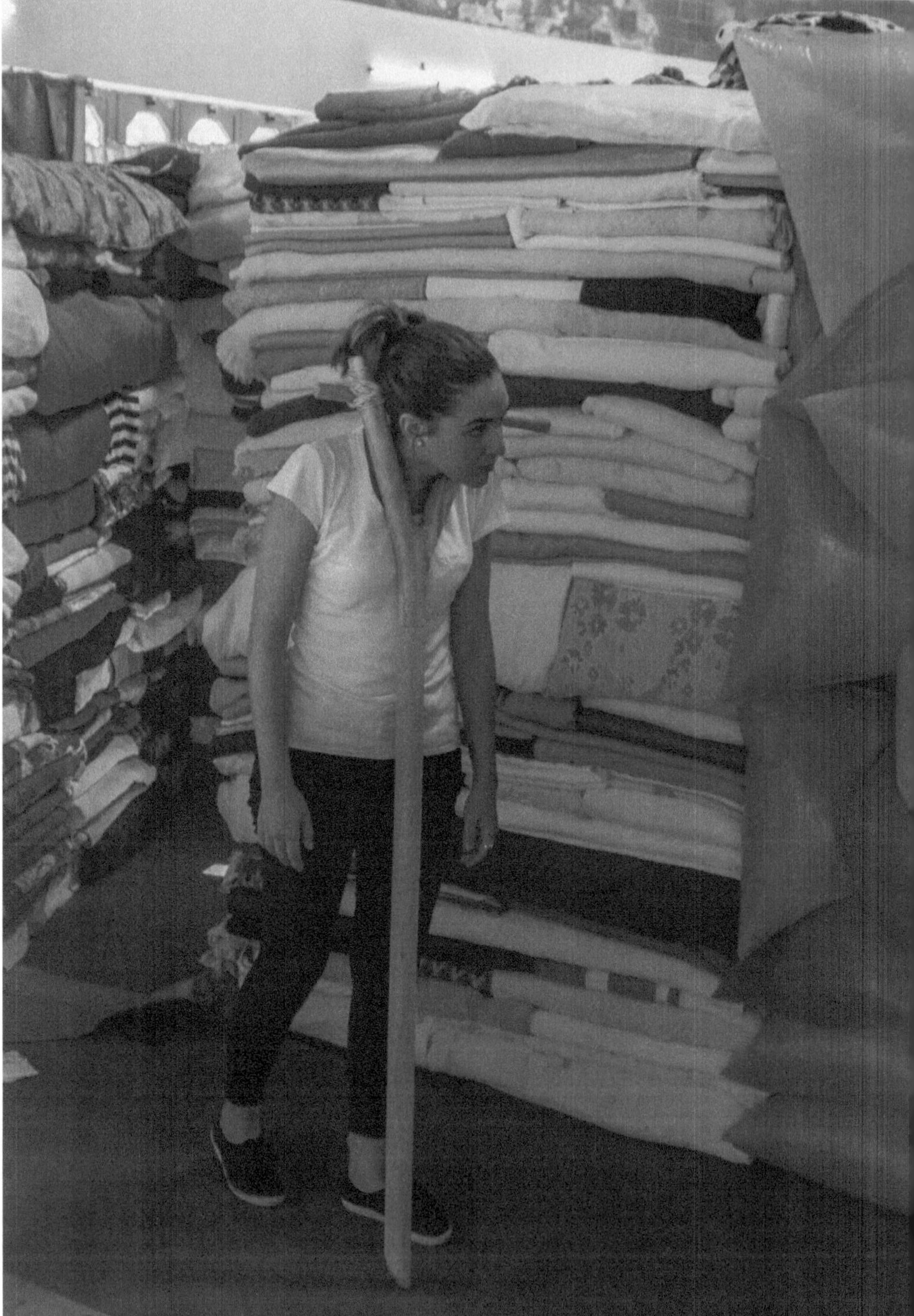

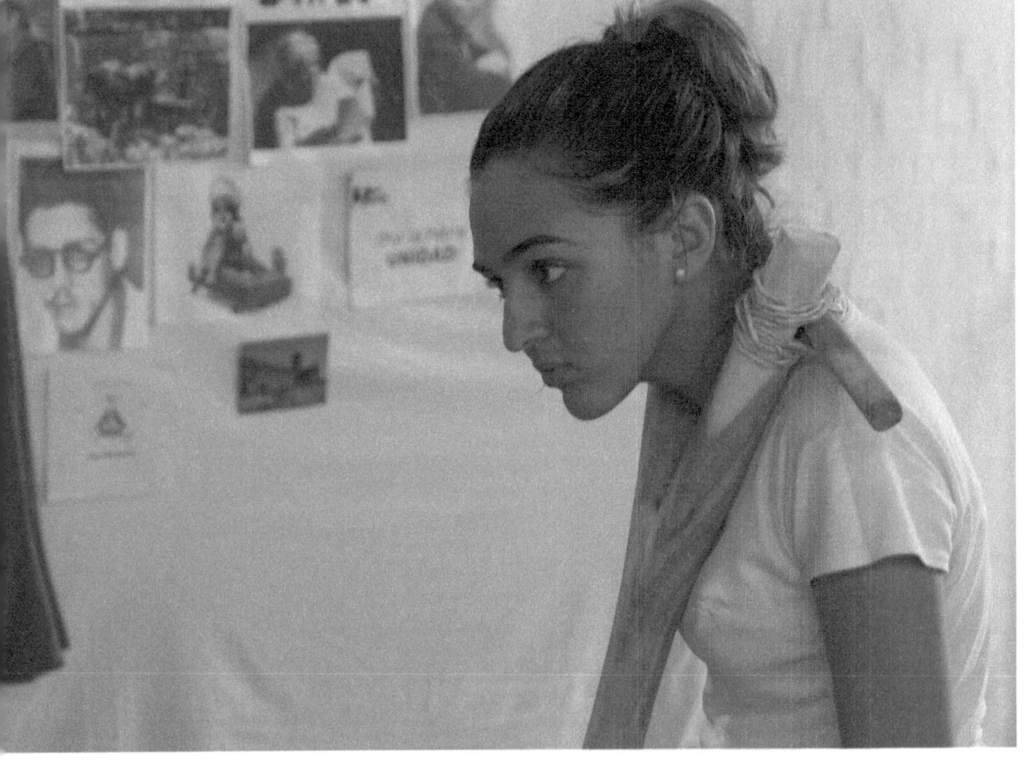

© Eileen Almarales Noy
Lazo, 2019
Performance.
Cortesía de la artista.

TOTALITARISMO CORRIENTE EN CUBA: VIOLENCIA ESTATAL INSTITUCIONAL, PRÁCTICA Y DISCURSIVA

MARLENE AZOR HERNÁNDEZ

Las formas de sujeción, control y dependencia ciudadana al Estado, son inéditas en otros regímenes políticos contemporáneos. Los enfoques históricos, filosóficos, ideológicos o políticos sobre los regímenes totalitarios, no se han ocupado, hasta el momento, de los niveles de control social estatal de estas sociedades, que difieren de los que podemos encontrar en sociedades autoritarias o en sociedades democráticas. La cualidad específica de estos tipos de control social estatal han sido solo mencionada en algunos aspectos, en el debate académico sobre el concepto y los regímenes políticos totalitarios realmente existentes (Traverso, 2001).

El presente texto toma el término «totalitarismo» usado en el lenguaje coloquial mediático y lo somete a un análisis profundo, en su condición de concepto analítico para explicar los múltiples tipos de control social estatal y las consecuencias que implica ese régimen político y económico contra las poblaciones que aún hoy las sufren, como Corea del Norte y Cuba.

Cuba ha sido leída como una «caja negra» indescifrable por la progresía internacional en tanto no se ha analizado en los últimos sesenta años, por sus leyes, sus instituciones (organizaciones y reglas del juego) y sus políticas públicas. Salvo los pilares de salud y educación —siempre citados a partir del discurso oficial y con cifras fabricadas a puertas cerradas y sin control público—, el resto de la vida cotidiana de Cuba ha quedado invisibilizada, bajo ríos de propaganda del gobierno.

Aunque existen rasgos totalitarios que se observan en las dictaduras de partido único de China, Vietnam, Rusia, Venezuela y Nicaragua, a saber: la omnipresencia y privilegios de la policía política en esas sociedades, el terror estatal sistemático contra los ciudadanos y una vasta nomenclatura partidista parasitaria encargada de encuadrar y controlar a la población, los cinco países mencionados no presentan todos los rasgos del concepto totalitarismo. Los modelos económicos de esos países tienen amplios espacios de economía de mercado, tienen aún pequeños resquicios de oposición política legal, algunos medios de difusión independientes, algunos derechos restringidos de manifestación pacífica, algunas organizaciones de la sociedad civil independiente, aunque el actual gobierno de Nicolás Maduro pretenda copiar hasta el suspiro el modelo estalinista cubano.

En otras palabras, todos los países mencionados aplican el terrorismo de Estado[1] contra sus ciudadanos, pero solo Corea del Norte y Cuba son regímenes totalitarios estalinistas aunque el régimen coreano se vista de la idea «Juche» y Cuba se vista de instituciones formales, vacías de contenido y contrarias a las «reglas de juego» democráticas. Como el «Putinismo» —hoy en Cuba—, las organizaciones y las leyes con alguna tolerancia hacia algunos derechos —«letra muerta»— se crean para no atemorizar tanto a los aliados y adversarios, y parecer menos impresentables ante la comunidad internacional.

Como dice el politólogo Leandro Querido en su artículo *La moda de los datos: falacias y desinformación en datos sin contexto*, los datos fuera de contexto que proporciona el gobierno cubano son una falacia:

> *La falacia es un concepto muy bien conocido por quienes se dedican a las Ciencias Sociales o la academia, dado que es una afirmación o conclusión que se basa en la presunción de correspondencia entre ciertos datos o hechos que, en realidad, no es tal. Como ejemplo citaremos una aclaración que solemos sostener en la ONG: afirmar que un país es democrático solo porque celebra elecciones es una falacia, dado que la calidad de esa democracia puede delatar la presencia de un autoritarismo competitivo o incluso una dictadura, como en los casos de Venezuela (1999-2016) y Cuba, respectivamente.*
>
> *Mal puede estudiarse la calidad de un fenómeno allí donde no existe, por lo que no hay estudios sobre calidad democrática que incluyan a Cuba o a Arabia Saudita, una dictadura una, y una monarquía teocrática absoluta otra... resaltar la paridad de género en un régimen totalitario es un dato vacío, porque para el dato comparativo solo debemos contemplar a los regíme-*

---

nes democráticos o competitivos. Las mujeres en el parlamento cubano representan al Partido Comunista, no a las mujeres cubanas (Querido, 2020: 13).

En efecto, el 53.2% de mujeres cubanas diputadas en la Asamblea Nacional no tienen voz política independiente al Partido Comunista de Cuba (PCC) y las mujeres discrepantes son sistemáticamente violentadas por las autoridades represivas del Estado.

La ausencia de discusión, prohibida de facto por el dictador Fidel Castro, sobre qué tipo de «socialismo» se reprodujo en Cuba, en sus leyes, instituciones (organizaciones y reglas del juego) y políticas públicas, impiden el conocimiento del país, sus estructuras de funcionamiento, y la sistemática represión de todos los derechos universales, ninguno reivindicable ni justiciable. Hoy Cuba y Venezuela resultan los gobiernos que de manera más integral violan todos los derechos humanos: económicos, laborales, sociales, civiles, culturales y políticos en Latinoamérica.

La academia, dentro y fuera de Cuba, en su abrumadora mayoría, califican el régimen político y económico cubano como autoritario, no se permite el término de totalitarismo, parece ser, por la ausencia de numerosos campos de trabajo forzado o de campos de exterminio, o porque no aparecen comúnmente ciudadanos muertos en las cunetas (aceras, calles)[2]. El problema es que solo comprenden dicho término por las brutales consecuencias del «totalitarismo histórico» fascista, nazi y estalinista, y no actualizan el concepto ni su capacidad analítica para dar cuenta de la realidad.

Dicha academia atenúa y desconoce la gravedad de las consecuencias (costo social, económico, educativo y cívico) que ha traído para la ciudadanía seis décadas de dictadura, y a partir de los inicios de los años 70s del siglo pasado, de una dictadura estalinista totalitaria con todos sus mecanismos de violencia y control social estatal. Por otra parte, se califica de «hegemónico»[3] al partido único cubano, cuando en realidad es un partido totalitario: al

---

[2]   Este es el rasgo privilegiado por el historiador Enzo Traverso, para delimitar que aquellos regímenes políticos que no presenten en sus realidades campos de trabajo forzado o campos de exterminio, no pueden ser considerados regímenes totalitarios. En Cuba es un ejemplo de campo de concentración con trabajo forzado las UMAP (Unidades Militares de Ayuda a la Producción), pero aún hoy hay campos de trabajo forzado como las poblaciones penales utilizadas para la producción de carbón de marabú.

[3]   La hegemonía gramsciana no tiene nada que ver con el partido totalitario que impone —por la fuerza de la represión y los medios de difusión cautivos por el PCC— una única visión del país y del mundo, un discurso incontestable. No hay intelectuales «orgánicos» sino súbditos a las órdenes del partido. Quien rebase este límite es sistemáticamente reprimido.

margen del control público y por encima de las leyes y la Constitución. Esta «ligereza» en la utilización de los conceptos obedece también a la mordaza a las ciencias sociales y su sovietización desde los años 70s, así como la eliminación de la carrera de Ciencias Políticas en 1970. Es decir, se mantiene en el país una falta de información y formación del aparato conceptual y académico para discernir los tipos de regímenes políticos modernos.

Hablar de dictadura y totalitarismo en Cuba es cruzar la barrera de la inclusión a la exclusión social, de la pertenencia social al ostracismo, de la «tranquilidad» ciudadana a la represión y la cárcel. Para los académicos cubanos en el exterior pasar esta barrera cuesta el destierro y la imposibilidad de visitar de nuevo su país. Un procedimiento no escrito en ninguna ley de la República, pero sistemáticamente aplicado a todos los ciudadanos cubanos o de origen cubano y extranjeros que discrepen de manera pública de alguna política vigente en el país. El control del léxico —pleno de distorsiones y ausencias— con el cual se describe la realidad y la historia, es uno de los primeros síntomas del totalitarismo cubano y ha sido aplicado durante las últimas seis décadas.

Sin diagnóstico certero de la realidad, con un corrimiento y dilución de los conceptos que pudieran aprehender y explicar la realidad, la academia, los periodistas, la comunidad internacional y los propios ciudadanos cubanos —cautivos y desinformados en su mayoría—, no son capaces de generar una propuesta válida de cambio profundo y viable para la nación: sobre cuáles leyes, cuáles instituciones y cuáles políticas públicas erradicar y cómo deben ser las «nuevas reglas del juego»,[4] para luego no comenzar de nuevo, la lucha contra *el capitalismo militar de Estado*, orientación actual del gobierno según las señales que da el actual presidente designado, Miguel Díaz-Canel y los funcionarios de su gobierno, también designados.

La violencia que genera la ausencia de diagnóstico certero de la realidad, la ausencia de derechos económicos, laborales, sociales, civiles, culturales y políticos, empuja a la ciudadanía a la revuelta popular como único medio de ser escuchado por el poder totalitario y/o al mantenimiento del «caos social» cotidiano por la arbitrariedad de dicho poder y sus funcionarios y partidarios. Los canales de participación ciudadana están herméticamente cerrados con los mecanismos del terrorismo de Estado, pero también por el

---

4   Los derechos humanos son un tema tabú en Cuba; quienes intenten discutirlos y analizarlos son brutalmente reprimidos. Aún hoy, la Declaración universal de derechos humanos es confiscada en la aduana. Todos los señalamientos hechos por la ONU en las Evaluaciones Periódicas Universales (EPU) del 2009, 2013 y 2018, son desconocidas por la ciudadanía cubana. Todas las evaluaciones de los comités de la ONU sobre los convenios de los que el gobierno cubano es estado parte, son igualmente desconocidas por la población cubana (Azor, 2019c).

encuadramiento ciudadano obligatorio y compulsivo a las organizaciones estatales que no los representan, creadas y financiadas por el PCC.

Las recientes declaraciones de Díaz Canel sobre «destrabar» las empresas estatales dentro de las cuales los militares controlan los activos fundamentales, mientras las empresas no estatales por ley, decretos leyes y resoluciones ministeriales, están asfixiadas, manifiesta esta orientación hacia el capitalismo militar de Estado, como línea central estratégica para el año 2020 y los posteriores. La empresa privada individual y cooperativa está pensada por el gobierno como una economía de «timbirichis»[5], sin valor agregado y en funciones marginales de servicio de baja calificación.

La lectura que hace la academia nacional e internacional de la realidad cubana a través del discurso oficial, hace a investigadores rigurosos deslizarse hacia la superficialidad e irresponsabilidad. Así, el historiador Enzo Traverso, alerta sobre Cuba en la primera página del prólogo de su libro:

> *En Cuba, los medios de comunicación son monopolizados por el Estado, la creación cultural está asfixiada por una autoridad de corto entendimiento, la palabra de Fidel se transformó en doctrina oficial, la expresión democrática de los ciudadanos está paralizada por un aparato burocrático omnipresente, pero la mayor parte de la población sigue percibiendo el régimen como el heredero de una revolución que liberó al país del yugo colonial. Una revolución desfigurada no es necesariamente sinónimo de aniquilación totalitaria de la política. Que hoy el fantasma del totalitarismo sea agitado por los sectores cubanos de Miami tiene más que ver con la propaganda anticastrista que con el debate intelectual y político (Traverso, 2001).*

Esta visión de Enzo Traverso responde a la desinformación que ofrece el discurso oficial y su prensa maniatada, que el investigador constata pero no asume. La extinción totalitaria de la política se consumó en Cuba en los primeros cinco años después de enero de 1959.[6] Varios aspectos que describe Traverso resultan irresponsables:

---

[5]   Economía de «timbirichis» quiere decir para permitir pequeños puestos de comiderías o reparación de zapatos o equipos domésticos o de autos, que no puedan desarrollarse y carecen de insumos nacionales. Las PYMES que existen el país, como restaurantes y hostales, no tienen respaldo jurídico, porque se les considera instituciones personales y no jurídicas. No tienen derecho a mercados mayoristas, no tienen derecho a importar ni a exportar al margen del estado.

[6]   Si se entiende por «extinción totalitaria de la política»: sepultar los conflictos lógicos de la pluralidad económica, social, cultural y política mediante el terror material, legal y simbólico. Para ello se fusila a los adversarios, o se les encarcela con largas penas de prisión, se elimina la sociedad civil existente y se regimenta y encuadra la sociedad en nuevas organizaciones obedientes al partido único o al líder mesiánico.

1. Como se hace evidente, Traverso no se percata de los tipos de violencia estatal sobre los ciudadanos que permiten todas estas desfiguraciones, las cuales, según él, no son rasgos del totalitarismo. Lamentablemente, el totalitarismo queda para Traverso constreñido a los campos de trabajo en los gulag soviéticos y los campos de exterminio nazi.

2. Hablar de «la mayoritaria percepción de la población» sobre los orígenes de la revolución no cancela la posibilidad del totalitarismo en Cuba, como la revolución anti-zarista de 1917 no invalida el totalitarismo estalinista ni lo circunscribe al período en que gobernó Stalin.

3. «La percepción mayoritaria de la población» o «la propaganda anticastrista en Miami» las toma de la narrativa oficial del partido único. Elemento «clásico» y repetitivo en el desconocimiento sobre Cuba[7], que no excluye su irresponsabilidad como académico.

Siendo su libro un valioso recorrido y sistematización del debate sobre el totalitarismo, sus limitaciones académicas y sus preferencias políticas no le permiten hacer visible las múltiples violencias estatales implementadas contra los ciudadanos.

En su libro *El Telón de acero: la destrucción de Europa del Este 1944-1956*, Anne Applebaum estudia el concepto de totalitarismo en Italia bajo Mussolini, el estalinismo en la URSS y Europa del Este, Corea del Norte y China bajo Mao. También analiza el concepto desde la perspectiva de académicos y políticos, algunos detractores y otros que lo sostienen, para concluir:

Sin embargo, aunque la idea de «control absoluto» pueda ahora parecer absurda, ridícula, exagerada o tonta, y aunque la propia palabra haya perdido la capacidad de impresionar, es importante recordar que el "totalitarismo" es algo más que un insulto mal definido. Históricamente hubo regímenes que aspiraron al control absoluto. Si esperamos entenderlos –si esperamos entender la historia del siglo XX–, tenemos que comprender cómo funcionaba el totalitarismo, tanto en la teoría como en la práctica. Además, el control absoluto no está totalmente pasado de moda. El régimen de Corea del Norte, establecido en el de la línea de Stalin, ha cambiado poco en 60 años. Si bien las nuevas tecnologías parecen dificultar la aspiración al control absoluto, y aún

---

[7] En el 2017, la autora fue entrevistada por un periodista argentino, que descubrió en ese momento que la oposición al régimen cubano no era un asunto de Miami sino de millones de cubanos dentro y fuera del país. Ver Pablo Helman, «El que crea que la oposición cubana es solo la derecha de Miami está equivocado», 6 de mayo, 2017.

más su consecución, no podemos estar seguros de que los teléfonos móviles, Internet, y las fotografías por satélite no terminen convirtiéndose en herramientas de control en manos de regímenes que también aspiran a "abarcarlo todo". El término "totalitarismo" sigue siendo una descripción empírica útil y necesaria. Ya va siendo hora de recuperarlo (Applebaum, 2014: 26).

Applebaum señala los cinco rasgos más sobresalientes del totalitarismo según los autores más reconocidos que han tratado el tema durante las décadas de 1940 y 1950 del siglo pasado: «Una ideología dominante, un único partido en el poder, una fuerza policial secreta dispuesta a utilizar el terror, el monopolio de la información y una economía planificada» (Applebaum, 2014: 24). La autora reconoce a Hanna Arendt como la estudiosa más importante al plantear el surgimiento de «la personalidad totalitaria»: hombres y mujeres cuya identidad dependen por completo del Estado, y las similitudes más que diferencias entre la Alemania nazi y la Unión Soviética.

LAS LEYES Y VIOLENCIA DEL SISTEMA JURÍDICO Y LEGAL DEL TOTALITARISMO CUBANO

La nueva constitución cubana de 2019 conserva la jurisprudencia soviética estalinista en cinco aspectos claves que impiden el reconocimiento de los derechos humanos en Cuba:

- La unidad de poderes, que anula los contrapesos de los poderes judicial, legislativo, electoral y ejecutivo
- El partido único se mantiene por encima y al margen de la ley. No existe control público sobre sus decisiones y funcionamiento, no existe tampoco ley que lo regule: el partido nunca rinde cuentas a la ciudadanía.
- Como la Constitución estalinista de 1976, no existen garantías constitucionales, jurídicas ni procedimentales para reivindicar y juzgar las violaciones de los derechos humanos universales en el país[8].
- La supremacía mayoritaria de la propiedad estatal «socialista de todo el pueblo» y la planificación centralizada de la economía por el

---

[8] Aunque aparecen algunos derechos civiles y jurídicos no contemplados en anteriores constituciones como la del año 1976, o la reforma de 1992, estos siguen siendo letra muerta un año y medio después de aprobarse la Constitución.

partido-Estado, así como su control directo de todos los mecanismos de exportación-importación, mercados mayoristas, financiamiento y capital económicos.

- El monopolio de los medios de comunicación, los cuales el gobierno considera «socializados». Aún hoy, es el secretario ideológico del Comité Central del PCC el encargado de censurar lo que se puede publicar y qué no, y qué enfoque utilizar en cada publicación. La agenda de la prensa oficial, la televisión y la radio, la decide un pequeño grupo de altos funcionario del PCC, específicamente la comisión ideológica de su Comité Central (Azor, 2019b).

Los derechos proclamados en la nueva constitución, económicos, sociales, culturales y civiles, siguen siendo un año y medio después, «letra muerta». La ley electoral recientemente aprobada mantiene las comisiones de candidatura paralelas a los Consejos electorales en el nivel de circunscripción electoral, municipal, provincial y nacional, las cuales se encargan de elegir a los representantes —similar al sistema soviético— e impedir la elección de estos por la ciudadanía, a la que únicamente se les permite votar (Azor, 2019a).

Las nuevas normas en el sector de la cultura contra la libertad e independencia de creación —Decretos Leyes 349 y 373—; contra la gestión privada —Decreto Ley 35—; contra las cooperativas —resolución ministerial del verano del 2017—; contra la gestión privada y los contenidos publicados en Internet —Decreto Ley 370—; contra el desarrollo de la pesca cooperativa e individual privada —Ley de Pesca 2019—; establecen en blanco y negro las prohibiciones aplicadas por el partido-Estado de manera discrecional durante las últimas seis décadas.

El cambio de gobierno en los últimos tres años ha consistido en «legalizar» las prácticas totalitarias, aunque la narrativa oficial asegure que pretende acercarse a la ley[9] (Azor, 2019 a). El partido-Estado impone la unidad de poderes y no permite ninguna institución de contrapeso. Por eso, el sistema judicial no imparte justicia, pues se somete a las orientaciones del partido y en el caso de los discrepantes a las arbitrariedades de

---

[9]   La ley 88, conocida por «ley mordaza» de febrero de 1999, impedía con penas de cárcel, la difusión de información ciudadana sobre la realidad cubana si estás se publicaban en sitios extranjeros. El Decreto Ley 370, penaliza con multas astronómicas, acoso y arrestos arbitrarios, publicar en Internet fotos y textos sobre la realidad nacional. No se trata de información «delicada» para la seguridad del país, se trata de anular la posibilidad de comunicar internamente y hacia el exterior, la vida cotidiana de la población y los índices económicos y sociales necesarios para evaluar la realidad por académicos y especialistas.

los órganos represivos de la policía política y la PNR (Policía Nacional Revolucionaria). El ciudadano no puede acceder a abogados no estatales, los abogados independientes cubanos no pueden representar a los ciudadanos en los tribunales, aún siendo graduados de las instituciones educativas del país. Una norma no escrita pero aplicada desde hace sesenta años: «todo dentro del Estado, nada fuera del Estado».

La nueva constitución de la República mantiene la imprecisión de los derechos, una narrativa más política que jurídica que condiciona los mismos y sus garantías a leyes complementarias hasta el 2028. No existe ningún canal ciudadano para participar y controlar el contenido de las leyes elaboradas por el partido-Estado, ni tampoco para exigir leyes no contempladas y menos aún para priorizar unas leyes respecto a otras obedeciendo a un determinado interés ciudadano colectivo o consenso popular. El reciente Decreto Ley 6 y su reglamento 9 del 30 de julio del 2020, sobre la Información gubernamental, exige un convenio de confidencialidad con el ciudadano, impedido de difundir información pública y también la exigencia de explicar para qué se va a utilizar la información, contraviniendo los estándares internacionales sobre la Información pública[10].

En la nueva ley electoral aparece un acápite sobre las «consultas populares» en los centros de trabajo y estudio estatales, así como en los barrios, pero sin valor vinculante. Es decir, los funcionarios —con la información cautiva por el partido-Estado— no están obligados a publicar el contenido de las demandas ciudadanas resultado de esas consultas, mucho menos a explicar a los ciudadanos las que pueden o no aplicarse. Las «consultas populares» en Cuba son decorativas para la ciudadanía y de cara a la comunidad internacional. No hay compromiso gubernamental con las demandas ciudadanas ni efecto vinculante para los funcionarios públicos.

En el referendo de 2019 para aprobar la nueva Constitución se ocultó la demanda ciudadana sobre los siguientes aspectos, recogidos a lo largo del territorio nacional:

- La exigencia de eliminar el papel «superior» del PCC en el sistema político cubano y someterlo a una ley que lo controle, para que rinda cuenta de sus fuentes de financiamiento y de los activos y bienes económicos que maneja.

---

[10]　En el contexto regional, la Ley modelo interamericana de acceso a la Información establece los indicadores del derecho a la Información, en su página 6, punto 5, incisos a, b, c, d, e, f, g y h. Por otra parte el punto seis regula la necesaria apelación cuando no se obtiene la información, y la protección para no recibir represalias por demandar información pública.

- La exigencia de un Tribunal de Garantías Constitucionales para monitorear la discrecionalidad con la cual se aplican e interpretan la vieja y nueva constitución por los funcionarios públicos con efecto vinculante.
- La exigencia de eliminar el capítulo tres donde se establece el derecho a utilizar la violencia, incluida la militar, contra los ciudadanos considerados «traidores»: un término utilizado por el partido y la policía política contra todos los discrepantes del discurso oficial, y que legaliza los «actos de repudio» y el vandalismo contra los mismos.
- La exigencia de creación de una Comisión Nacional o una Oficina Nacional que monitoree los derechos humanos en el país y con efecto vinculante[11].

Ninguna de estas demandas ciudadanas se publicaron en los medios de comunicación monopolizados por el partido-Estado, tampoco se les dio respuesta a los demandantes.

En el código penal cubano existe el delito de «seguridad pre-delictiva», descrito y con las penas correspondientes en los artículos del 73 al 84. Según este delito las autoridades definen a los acusados por conductas «antisociales» que atentan contra las «buenas costumbres». Esta laxa definición permite a los órganos represivos imponer la falta de libertad y confinamiento en centros especiales de trabajo y estudio, durante uno o cuatro años, a ciudadanos que no han cometido ningún delito tipificado, los que serán monitoreados por la policía política y la PNR.

Las organizaciones de derechos humanos cubanas han contabilizado decenas de miles de ciudadanos encarcelados por esta figura delictiva en los últimos cuarenta años. Por supuesto, ha sido y es una figura delictiva para castigar la discrepancia política. Como correlato de la actual legislación, el gobierno se ha permitido declarar durante más de seis décadas que no existen presos políticos en Cuba.

Las leyes cubanas están explícitamente escritas de una manera difusa —no es posible entender que existan juristas y filólogos graduados en las universidades cubanas con tales errores e imprecisiones técnicas e idiomáticas—, para permitir la interpretación discrecional de cada funcionario público: «todo contra la ciudadanía». Por eso, la demanda de un Tribunal

---

[11]   Estas demandas fueron escritas y pedidas por varios comentaristas en el foro oficial de *Cubadebate.com* a propósito de la nueva constitución y antes del referendo, también en la prensa online independiente —compuesta por más de 20 sitios de prensa y blogs— bloqueada para el territorio cubano por el gobierno, pero también, la ausencia de información gubernamental pública ha sido señalado por académicos cubanos y extranjeros.

de garantías constitucionales y de una Comisión de derechos humanos son relevantes, si bien no escuchadas u ocultadas por dicho gobierno.

Las organizaciones legales en Cuba, sean estatales o civiles, tienen como condición de existencia y cooptación «la lealtad política» al PCC. Por lo tanto, el criterio de selección de sus miembros no está basado en la competencia especializada, habilidades de desempeño, intereses ciudadanos y/o concursos de oposición. Las organizaciones independientes al PCC son ilegales, por lo que sufren represión sistemática, y cuando en el mejor caso son toleradas, actúan con la incertidumbre de que tal tolerancia termine en algún momento (Cárdenas Lema, 2020). La permanente persecución y criminalización de la autonomía ciudadana es otro rasgo sobresaliente del totalitarismo cubano (Azor, 2019a).

Por otra parte, las organizaciones fundamentales del Estado, el PCC y las organizaciones civiles masivas o gremiales creadas por este —que son la mayoría—, tienen una estructura piramidal y jerárquica, carecen de transparencia y control público, y sus dirigentes son designados y aprobados por el PCC. Sus métodos de funcionamiento son militares —de «ordeno y mando»—, no discuten las órdenes de instancias superiores, las cumplen. Los reglamentos internos de estas organizaciones son desconocidos para la gran mayoría de los ciudadanos y se utilizan de manera discrecional por los funcionarios públicos que las dirigen, para sancionar, promover, premiar, separar y expulsar a sus miembros.

El tráfico de influencias es el segundo criterio más utilizado luego de «la lealtad política» para incorporar nuevos miembros a las organizaciones oficiales: «ser amigo de alguien en el poder» trae ganancias financieras y/o de promoción y «protección» social. El tercer criterio de cooptación es la compulsión obligatoria y automática cuando se llega a cierta edad, se reside en determinado barrio, se ingresa a un empleo estatal o se arriba a un centro de estudios, desde la enseñanza primaria hasta la universitaria. Los ciudadanos son reprimidos si no se incorporan a estas organizaciones barriales, estudiantiles, gremiales —según la profesión—, femeninas —como la Federación de Mujeres Cubanas—, o del sindicato único.

Todo el que no quiera pertenecer a estas organizaciones controladas y creadas por el partido-Estado —o pretenda crear asociaciones y organizaciones alternativas—, es violentado con represalias que van desde la pérdida del puesto de trabajo o estudio, el impedimento de salida del país, citaciones ilegales de la policía política y la PNR, arrestos y multas arbitrarias, hasta la cárcel, como sucede con los miembros de organizaciones civiles independientes. Este sistema de encuadramiento, regimentación y control de la ciudadanía, tanto a nivel individual como por sectores, solo acontece en regímenes totalitarios vigentes como el cubano.

Las «reglas del juego» resultan indefinidas y arbitrarias. La ausencia de responsabilidad y transparencia, así como la negligencia de las instituciones estatales frente a la precariedad económica y la pésima calidad de los servicios públicos, hace coexistir la represión política con las reglas del «más fuerte» y «sálvese quien pueda» en la sociedad: otra violencia cotidiana en la convivencia pública que genera el totalitarismo[12].

Las «reglas del juego» nunca están claras o son abiertamente represivas. Todo lo que no se reprima por ley está prohibido de facto para la ciudadanía, similar a la experiencia estalinista soviética. En este sentido, coincido con los autores que describen el régimen totalitario como el «caos permanente» que vive la ciudadanía y no como la aplicación de la técnica de manera instrumental en los campos de exterminio nazi. En Cuba, la irracionalidad —el fermento de las pasiones de amor y odio, actos de repudio, vandalismo social contra las casas de los opositores y el canto a la estulticia—, es promovida por el partido totalitario para provocar los enfrentamientos cotidianos entre los ciudadanos. La irracionalidad es el discurso y la práctica de una sociedad encuadrada y regimentada bajo la violencia estatal institucional y discursiva.

El MININT (Ministerio del Interior) y la PNR allanaron la casa de la periodista independiente Iliana Hernández sin orden legal, le «confiscaron» laptop y teléfono y le impusieron una multa ilegal utilizando el Decreto Ley 370,[13] según su artículo 6, por «difundir, a través de las redes públicas de transmisión de datos, información contraria al interés social, la moral, las

---

¹² La persistente precariedad material de alimentos, medios de transporte, intermitencia de medicamentos, de fluido eléctrico, de agua potable, la sistematización de los derrumbes de viviendas, los albergues estatales temporales en condiciones deplorables convertidos en albergues permanentes para los afectados de derrumbes, colocan al ciudadano en una lucha por la sobrevivencia similares a las de un país recién salido de una guerra. En este contexto, «las reglas de la jungla» afloran en la convivencia ciudadana.

¹³ Los órganos represivos no «confiscan», roban arbitrariamente los instrumentos de trabajo a los discrepantes del PCC con total impunidad, y la mayoría de las veces no existen documentos entregados a la víctima donde conste los objetos confiscados. Es otra arbitrariedad y violencia del partido estado totalitario contra los discrepantes.

buenas costumbres y la integridad de las personas» (AA, 2020). Este tipo de represión, habitual en los últimos tiempos, evidencia que el interés social, las buenas costumbres, la moral y la integridad de las personas, las define de manera arbitraria el PCC de espaldas al consenso ciudadano.

¿Son débiles o fuertes las instituciones y organizaciones estatales, partidarias, masivas y gremiales oficiales en Cuba? Organizaciones construidas con estos criterios políticos de exclusión, escoltadas por la represión, obligadas a defender los intereses del partido y no los del ciudadano, son un cascarón vacío de legitimidad como evidenció el derrumbe del totalitarismo soviético. Las instituciones fuertes son aquellas transparentes, con claras «reglas del juego», bajo control público, con probidad en su desempeño y que siguen funcionando normalmente y con eficacia de servicio, al margen del partido político que se encuentre en el poder. Para el PCC, sin embargo, las instituciones cubanas son «fuertes» porque están militarizadas y bajo su mando. Sin alternancia de poder frente a otras corrientes políticas y sin control público independiente, el PCC pasó de representar la «vanguardia revolucionaria» a ser la retaguardia reaccionaria que obstruye el desarrollo y viola todos los derechos y garantías constitucionales.

La crisis estructural del sistema desde hace 30 años no se debe al embargo estadounidense, sino a la incompetencia del partido-Estado para facilitar y comandar el desarrollo, y permitir con ello el bienestar ciudadano. No existe ninguna justificación para mantener estas formas de sujeción, control y represalias estatales contra los ciudadanos: económicas, laborales, cívicas, sociales, culturales y políticas por tener un embargo económico extranjero. Si los militares cubanos se han apropiado de los mayores activos de la economía dizque estatal y se han centrado en el turismo, es cierto que padecen el embargo. Una economía diversificada, sin monopolios, con formas de propiedad y gestión medianas y pequeñas, permitiendo su respaldo jurídico, sin impuestos leoninos como los existentes, eliminaría las consecuencias del embargo estadounidense de facto.

En Cuba se puede acceder a una operación de corazón abierto gratuita —otro asunto es cuánto tiempo sobrevive—, pero la economía centralmente planificada no logra mantener una venta de jugo natural en las esquinas de cualquier ciudad, siendo un país productor de cítricos. El totalitarismo fabrica una pantalla irreal para la comunidad internacional. Por eso, la información sobre la mortalidad infantil (Sánchez, 2020), los índices de pobreza, los resultados de votaciones, la seguridad alimentaria, el crecimiento de la economía, todos datos fabricados a puertas cerradas y sin control público independiente al PCC, carecen de credibilidad.

Todas las organizaciones internacionales de derechos humanos tienen prohibida la entrada a Cuba: o no son invitados, o tienen prohibición expresa de entrar al país como Amnistía Internacional. Todos los Relatores especiales de la ONU (Organización de las Naciones Unidas), dedicados a evaluar las condiciones carcelarias, los arrestos arbitrarios, las desapariciones forzadas, la libertad de expresión, reunión, manifestación pacífica, libertad sindical, no son invitados a visitar el país, o se les niega la entrada directamente por el gobierno cubano. En los últimos 12 años han visitado el país tres relatores de la ONU: alimentación (2007), trata de personas (2017), y cooperación internacional (2017), los tres, con «visitas dirigidas»[14] y acceso solo a la información gubernamental. Los resultados evaluativos de estas visitas son desconocidos por la ciudadanía.

LA BASE DEL TERRORISMO DE ESTADO EN CUBA

Siendo una política del Estado la represión a los distintos tipos de discrepancia económica, social, civil, política y cultural, la violación cotidiana de los derechos fundamentales se ejerce por las autoridades en los arrestos y en todo el resto de los procedimientos judiciales, laborales y penales.

El procedimiento es el siguiente: la policía y los Instructores del MININT tienen un catálogo de delitos comunes en el código penal del cual imponen cualquiera de ellos por delitos no cometidos.[15] El Fiscal siempre confirma dichos delitos fraudulentos, no hay revisión de la pertinencia o no de las acciones de los detenidos y el delito que se le imputa, y el proceso sigue su curso con otras tantas violaciones al propio código penal y a su reglamento. Los tribunales reciben las informaciones de la fiscalía y no existen mecanismos de defensa para impugnar los resultados de las investigaciones de los fiscales. Los abogados defensores tampoco pueden impugnar los resultados de la investigación fiscal y pedir una investigación independiente. Los abogados defensores tienen por ley el acceso al expediente del

---

[14]   Las «visitas dirigidas» se anuncian en los medios, pero no se puede consultar en Cuba el informe de los relatores. Estos son acompañados en sus visitas por funcionarios públicos que antes han seleccionado, embellecido, reparado y/o mejorado los centros de estudio y trabajo a visitar, así como han seleccionado los ciudadanos que van a interactuar con los relatores. No hay nada improvisado en estas visitas dirigidas.

[15]   En los tribunales laborales, los representantes del PCC, los patrones y la CTC (Central de Trabajadores de Cuba), «amarillista» despiden y sancionan a los trabajadores sin posibilidad de apelación: las sanciones y expulsiones siempre son confirmadas por los órganos superiores de los tribunales laborales.

preso 5 días antes del juicio, es decir, la ley los incluye una vez terminado el proceso investigativo[16], pero como estos pueden demorar ocho meses o más, los prisioneros pueden morir en prisión y no haber tenido acceso nunca a un abogado defensor (Agencia EFE, 2017).

La discrepancia política no está contemplada en las leyes cubanas como delito, es más, la crítica de los ciudadanos aparece como derecho en la Constitución de la República de 1976; tampoco está contemplado el delito de manifestación pacífica. Sin embargo, para paliar estas ausencias, la PNR, los Instructores del MININT, los Fiscales y el sistema de tribunales, imponen con total impunidad delitos no cometidos por los supuestos infractores: «atentado contra la autoridad» cuando es el detenido quien sufre detención violenta, «receptación ilícita» aún cuando se muestran los documentos que demuestran la propiedad de los bienes incautados, «usurpación de la capacidad legal» para los periodistas independientes, «disturbios del orden público» cuando manifiestan pacíficamente. Por eso muchos activistas de Derechos Humanos, periodistas independientes y activistas políticos no firman las actas de detención, porque en las mismas aparecen delitos que no se han cometido (Azor, 2017).

EL ASESINATO ESTATAL DE LA REPUTACIÓN DE LOS OPOSITORES EN LA TELEVISIÓN NACIONAL

El líder de UNPACU (Unión Patriótica de Cuba), José Daniel Ferrer, preso desde el 1 de octubre del 2019, se le imputó una causa por «lesiones» a otro ciudadano, que fue desmentida por testimonios de la propia familia de la supuesta víctima y otros activistas de UNPACU. La televisión estatal difundió un video a finales de noviembre del 2019, con material creado por la policía política para liquidar la reputación del activista, presentándolo como un delincuente común reincidente, sin contar con las versiones del mismo, los testigos, familiares de la supuesta víctima y activistas de la organización. Este ejercicio televisivo violó la presunción de inocencia del incriminado antes del juicio oral y ocultó toda la información precedente de un activista también que había estado preso a raíz de la Primavera Negra del 2003.

---

[16]   ARTÍCULO 281: Formuladas las conclusiones por el Fiscal o, en su caso, por el acusador particular, el Tribunal, de estimar completas las diligencias necesarias para proceder, abrirá la causa a juicio oral, teniendo por hecha la calificación, y dispondrá que se requiera a los acusados y terceros civilmente responsables, con entrega de las copias presentadas, a fin de que designen abogado para su defensa, de no tenerlos ya designados, bajo apercibimiento de que, de no hacerlo en el acto o, a más tardar, dentro de cinco días, se les nombrará Defensor de oficio. Ley de Procedimiento Penal de 1977.

En febrero del 2020, la televisión vuelve a intentar legitimar el sistema jurídico cubano contra Ferrer, aún sin abogado defensor y sin ser presentado ante los tribunales, por lo cual, la difamación viola nuevamente el derecho de presunción de inocencia. Dos habeas corpus fueron presentados por activistas de la organización y familiares del líder opositor, pero este recurso del derecho internacional no existe en el Código penal cubano. Una vez que el fiscal dicta prisión provisional con la fecha discrecional que él entienda, el preso no tiene derecho al habeas corpus.[17] Esta arbitrariedad orientada por el partido-Estado a todos sus órganos represivos, judiciales y laborales, constituye la base del terrorismo ordinario en Cuba (Azor, 2017).

El juicio a puertas cerradas aplicado a José Daniel Ferrer contó con todas las irregularidades. El abogado defensor de oficio y estatal solo tuvo 9 días para preparar la defensa, luego de casi seis meses de privación de libertad, no tomó como testigo a los familiares del supuesto afectado que contradijeron toda la denuncia del acusador. El testimonio de los familiares de Ferrer, subrayó cómo fue reprimido el léxico y cómo un agente de la policía política le hacía señas al tribunal para que cortara testimonios que podían evidenciar la inocencia del acusado. Aunque recientemente Ferrer ha sido excarcelado, sigue confinado en su domicilio con una licencia extrapenal que le indica cumplir cuatro años y medio más. Los tres activistas de UNPACU presos y encausados junto con José Daniel Ferrer fueron excarcelados bajo las mismas condiciones y tiempo de reclusión domiciliaria.

EL CONTROL, LA VIOLENCIA TERRITORIAL Y DE LOS ESPACIOS DELIBERATIVOS CIUDADANOS

El Decreto Ley 217 del 22 de abril de 1997 (López Benítez, 2012) sobre la movilidad territorial interna reprodujo el mismo mecanismo de control soviético de los ciudadanos. No solo para residir en un territorio de la re-

---

[17] En el caso que nos ocupa, la resolución de privación de libertad del fiscal fue conocida por los familiares de José Daniel Ferrer un mes después de permanecer en prisión. La misma tenía fecha de un mes anterior y como hemos señalado sin abogado defensor, puesto que este es permitido solo cinco días del juicio o en su defecto, en caso que el encausado acepte firmando un documento los delitos que se le imputan, lo que implica la negación de la presunción de inocencia antes del juicio. Documento que se negó a firmar Ferrer antes y después del juicio. La sentencia del tribunal y la posterior excarcelación para que cumpliera condena en el domicilio, aún no le ha sido entregada a Ferrer, con lo cual, el proceso transcurre de forma oral y sin documentos que lo respalden.

pública y para tener una cartilla de racionamiento es necesario tener un permiso de las autoridades, también visitar y permanecer en casa de los amigos es un delito, por lo que el ciudadano puede ser desterrado a su ciudad de origen si es un discrepante público. Muchos activistas y periodistas independientes han sido obligados por la policía política y la PNR a montarse en un transporte público para regresar a sus provincias sin poder realizar las gestiones que los llevaban a trasladarse a otras provincias del país. También las autoridades prohíben arbitrariamente a los activistas y periodistas independientes salir de sus provincias de origen.

Por otra parte, este decreto y la creación del Ministerio de Planificación Física, aplican el desalojo de las familias que han construido barrios «llega y pon» para huir de las condiciones paupérrimas de sobrevivencia en sus provincias de origen. Estas poblaciones vulnerables no tienen alternativas de estadía y construcción a no ser que sean necesarias como mano de obra en las empresas estatales. A veces son toleradas, otras no. El grave problema de vivienda acumulado durante décadas hace aparecer numerosos cinturones de miseria alrededor de la capital (López Benítez, 2012).

Los espacios deliberativos cubanos en instituciones estatales están fuertemente reprimidos. Tanto los espacios de las pocas revistas u organizaciones civiles o cualquier peña literaria en los domicilios de los autores, están custodiadas por la policía política. Los estatales, como por ejemplo, los *Últimos jueves* de la revista *Temas*, existen a condición de que los panelistas sean cuidadosos y no se salgan del discurso oficial. Las peñas y encuentros privados de escritores o de organizaciones de la sociedad civil independiente son sencillamente abortados y reprimidos.[18] Las «consultas populares» son dirigidas por funcionarios sin resultado vinculante, y bajo la presión de ser reprimidos si discrepan de la línea aprobada por el partido. Por ejemplo, fue una orientación expresa del PCC prohibir discutir en las asambleas antes del referendo, el lugar y papel del partido, la violencia legalizada contra los discrepantes y el carácter irreversible del socialismo en la nueva Constitución.

La nueva ley migratoria de 2013 eliminó un permiso de salida que costaba 150 dólares y un permiso de residencia en el extranjero que costaba 900 euros en 1999, sin el cual se perdía los bienes familiares heredados y el derecho a ellos. Los bienes eran confiscados por el Estado al cabo de 11 me-

---

[18]   Son los casos por ejemplo de la peña de escritores de Matanzas dedicada al estudio de la obra de José Martí o las reuniones del Comité Cubano para la Integración Racial (CIR) en La Habana.

ses si no se pagaba este permiso. Sin embargo, la nueva ley obliga a regresar al país cada 24 meses, de lo contrario los bienes son confiscados. La ley del 2013 deja el margen para impedir salir a los activistas de derechos humanos y periodistas independientes según «el interés público» y «los criterios de la Seguridad del Estado», dos figuras no definidas en la ley y utilizadas discrecionalmente por el gobierno totalitario, cuya cifra de regulados sin razones legales entre 2019 y los primeros meses del 2020 superan las 240 personas, en su mayoría notificadas en el momento de subir al avión.

LA VIOLENCIA DISCURSIVA Y LA REPRESIÓN DEL CONOCIMIENTO

El término y contenido de la «neolengua» aparece bien definido en la novela *1984* de George Orwell. Se trata de resemantizar el léxico habitual y convertirlo en un arma de dominación del partido único contra los ciudadanos. Eliminar la riqueza del lenguaje, simplificarlo, eliminar radicalmente algunas palabras y a otras darles un nuevo significado, todos son procedimientos que generan una manera de nombrar un mundo alternativo al real, impidiendo un pensamiento discrepante y asfixiando la autonomía ciudadana (Azor, 2018: 70).

Por ejemplo, en el discurso oficial cubano no encontraremos el término de «autonomía ciudadana». El PCC no entiende que los ciudadanos puedan tener autonomía económica, social, civil, política y cultural. Este término desapareció del lenguaje popular y de los medios masivos de comunicación. Por eso, quien reivindique autonomía ciudadana y respeto a los derechos humanos es tildado de «enemigo», sufriendo represalias económicas, sociales, culturales, civiles y políticas.

Los «derechos humanos» están ausentes de la opinión pública y de la investigación social dentro de Cuba. Cuando aparece este término en el discurso oficial es para mencionar los derechos a la salud y la educación, el acceso a la «ornamental» cultura permitida y los deportes.[19] Los derechos humanos restantes son invisibles y no nombrados por el discurso oficial.

---

[19]   Reitero que no se deben considerar derechos aquellos que no pueden reivindicarse ni justiciarse en el país. Si durante las décadas de 1960 y 1970 se impuso «el realismo socialista soviético» como único referente estético para la producción cultural, en los años 90s, luego de la expulsión de los artistas y escritores contestatarios a mediados y finales de los años 80s, la creación cultural se ha vuelto «la cultura florero» para ornamentar las reaccionarias políticas del PCC. El que se salga del «guion» es brutalmente reprimido. El totalitarismo trata a sus ciudadanos como al «buen salvaje colonial», siempre en harapos, siempre sumisos, siempre sonrientes y siempre sin derechos (Azor, 2019d).

El término de «políticas públicas» apenas se utiliza en el discurso oficial, que no se permite el análisis de las mismas como parte de la opinión pública, ni tampoco en las ciencias sociales. Quien intente hacerlo, deberá atenuar la realidad y acercarse al discurso oficial: de cualquier manera no es escuchado.

La «democracia» es igual a partido único; «democracia participativa» significa obedecer las órdenes del PCC de manera militarizada. La «sociedad civil» se compone de organizaciones subvencionadas por el Estado que trasmiten las órdenes del PCC al resto de la población y se dedican a controlar, vigilar y reprimir a los discrepantes.

El término «pobreza» solo se utiliza para describir la realidad exterior, nunca para describir la pobreza en el país. Un tema tabú imposible de conocer, porque el gobierno cubano es el único en Latinoamérica que oculta los índices de pobreza y desigualdad desde hace más de 30 años. El término «libertad» es igual a independencia nacional, pero no existe como derecho individual ni colectivo. Los términos patria, nación, revolución y partido comunista son intercambiables y significan para el poder y sus medios oficiales lo mismo (Azor, 2018).

Además de resemantizar las palabras habituales y hacer desaparecer otras, el aparato ideológico del partido reprime la construcción del conocimiento sobre la realidad cubana y del mundo.

Las represiones gnoseológicas que el partido totalitario impone a los medios masivos de comunicación y a las ciencias sociales en Cuba incluyen: ocultar la realidad económica, social, cultural, civil y política en el país, permitir una historia oficial y reprimir la historia nacional, ausencia de datos vitales para la información ciudadana y la investigación social, prohibición de evaluar las políticas públicas y las decisiones gubernamentales en curso, con represalias de diferente grado: desde multas exorbitantes hasta la expulsión al exilio o la cárcel. Prohibida la comparación con las leyes, instituciones (organizaciones y reglas del juego) y las políticas públicas de los países del mundo y la región más eficientes en estos aspectos, prohibido el análisis del «socialismo real» soviético y su copia en Cuba, así como la prohibición de analizar la institucionalidad soviético cubana vigente en el país(Azor, 2018).

Otra represión gnoseológica es imponer el discurso oficial único del determinismo histórico, cultural y geopolítico para justificar la dictadura de partido único y el subdesarrollo endémico. También, la negativa gubernamental a difundir, educar y aplicar los derechos humanos y los Pactos Internacionales aprobados en la ONU. Otra represión gnoseológica: prohibido difundir la represión política y civil, y la arbitrariedad de policías y tribunales, de la brutalidad policial contra la ciudadanía (Azor, 2018).

Según las señales públicas del gobierno y la normativa elaborada en los últimos tres años que no han hecho más que «legalizar» las prácticas totalitarias de todo el aparato estatal y partidario, el escenario más probable es el deslizamiento a un «capitalismo militar de estado» sin derechos ciudadanos, en los cuales la nomenclatura estatal y partidaria se distribuya los activos económicos del país comandados por el conglomerado GAESA, dirigido por los militares. En este escenario, las reformas económicas, políticas y civiles que permitan el respeto a los derechos humanos, serán postergadas indefinidamente. Privatizadas o no, la autonomía que logren las empresas estatales sin igualdad de condiciones y derechos con otros sectores no estatales, mantendrá la inoperancia e ineficiencia además de la opacidad de la economía cubana y la violación de todos los derechos humanos como hasta el momento, ninguno reivindicable ni justiciable en el país[20].

Un segundo escenario sería posible solo con el apoyo internacional y la presión ciudadana para pasar a un capitalismo liberal, con economía de mercado y estado benefactor como los existentes en Canadá, los países nórdicos, Suiza, Bélgica, Francia y Alemania que son los países con mayor respeto a todos los derechos universales.

Un tercer escenario posible con apoyo internacional y presión ciudadana sería la transición a un capitalismo liberal de estado mínimo, y economía de mercado con respeto a los derechos fundamentales de expresión, reunión, manifestación, prensa libre, libertad de cátedra y autonomía universitaria.

Los dos escenarios últimos implican reformar la Constitución, las leyes, las instituciones (organizaciones y reglas del juego) y las políticas públicas actuales y plantearse un estado de derecho inexistente en Cuba. Una mezcla de estos dos últimos escenarios aparece en la «Propuesta a la nación» de la UNPACU, el movimiento opositor más numeroso del país[21].

---

[20]   Boris Yeltsin privatizó la economía estatal permitiendo comprarla por centavos, en el caso cubano incluso sin darle la propiedad de las empresas estatales a sus funcionarios, solo con ampliar sus márgenes de autonomía se conforma la nueva «mafia» de la nomenclatura por el contexto arbitrario y sin leyes que regulen las empresas y sobre todo por la falta de competencia con el sector no estatal de la economía asfixiada: Una economía de los «compinches», como bien señaló el opositor Antonio Rodiles, con impuestos desmesurados para el sector no estatal de la economía y sin derechos iguales para todos los actores económicos.

[21]   Ver en unpacu.org «Propuesta a la Nación cubana» 25 de mayo 2020.

AA, (2020): «La Policía multa y decomisa sus herramienta de trabajo a Iliana Hernández», Editorial *Diario de Cuba*, 10 de febrero.

Agencia EFE en la Habana (2017): «La disidencia cubana denunció la muerte de un preso político en una cárcel de máxima seguridad cerca de La Habana» Infobae.com, 7 de marzo.

Applebaum, Anne (2014): *El Telón de Acero: La destrucción de Europa del Este 1944-1956*. Barcelona: Penguin Random House Grupo Editorial,S.A.

Azor Hernández, Marlene (2013): «Los cerrojos del sistema electoral cubano», *Cubaencuentro*.com, 28 de mayo

— (2017): «El terrorismo de Estado en Cuba», *Cubaencuentro.com*, 6 de abril.

— (2018): «Democracia y derechos humanos: la «neolengua» del gobierno cubano y sus intelectuales orgánicos». En *Las Ciencias Sociales en contextos autoritarios: producción académica, censura y represión en los escenarios de postguerra fría*, CADAL, Fundación de Derechos Humanos, ITAM y Campus de León en México.

— (2019a): «La dictadura y su nueva ley electoral estalinista», *Cubaencuentro.com*, 25 de junio.

— (2019b): «La dictadura cubana criminaliza toda autonomía ciudadana», *Cubaencuentro.com*, 10 de julio.

— (2019c): »La diplomacia cubana se hace de espaldas al soberano» (I), (II), (III), *Cubaencuentro.com*, 18 de junio, 19 de junio, 20 de junio,

— (2019d): «Cuba: punta de lanza de la izquierda colonial», *Cuabencuentro.com*, 28 de octubre.

Cárdenas Lema, Harold (2020): «Camino a la impunidad», *La Joven Cuba*, 21 de enero.

Even Sandvik (2017): *Cuba fue diferente: El derrumbe del socialismo euro-soviético visto desde el Partido Comunista de Cuba (1989-1992)*. Tesis de doctorado. Universidad de Bergen.

Helman, Pablo (2017): «El que crea que la oposición cubana es solo la derecha de Miami está equivocado» en https://www.perfil.com/noticias/elobservador/el-que-crea-que-la-oposicion-cubana-es-solo-la-derecha-de-miami-esta-equivocado.phtml, 6 de mayo.

López Benítez, René (2012): «Decreto Ley 217. Regulaciones migratorias en la Habana», Referencia Juridica, 24 de mayo.

Querido, Leandro (2020): «La moda de los datos: falacias y desinformación en datos sin contexto». Revista digital *Desafíos de la Democracia en America Latina*, Edición 11, febrero.

Sánchez, Yoani (2020): «El 'pinchazo' de las estadísticas en Cuba», *14ymedio*, 6 de enero.

Traverso, Enzo (2001): *El Totalitarismo. Historia de un debate*. Buenos Aires: EUDEBA.

UNPACU, (2020): «Propuesta a la Nación cubana», unpacu.org, 25 de mayo.

GALERÍA

JOSÉ ÁNGEL VINCENCH

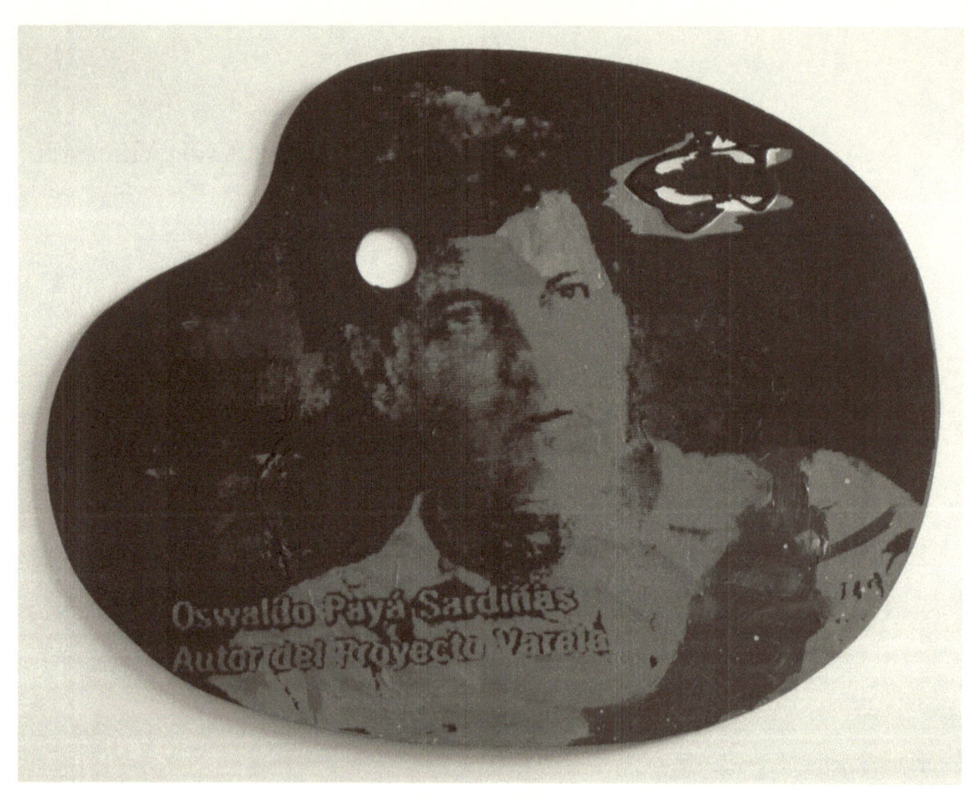

© José Ángel Vincench
La paleta del artista, 2007
Instalación. Técnica mixta sobre madera.
Cortesía del artista.

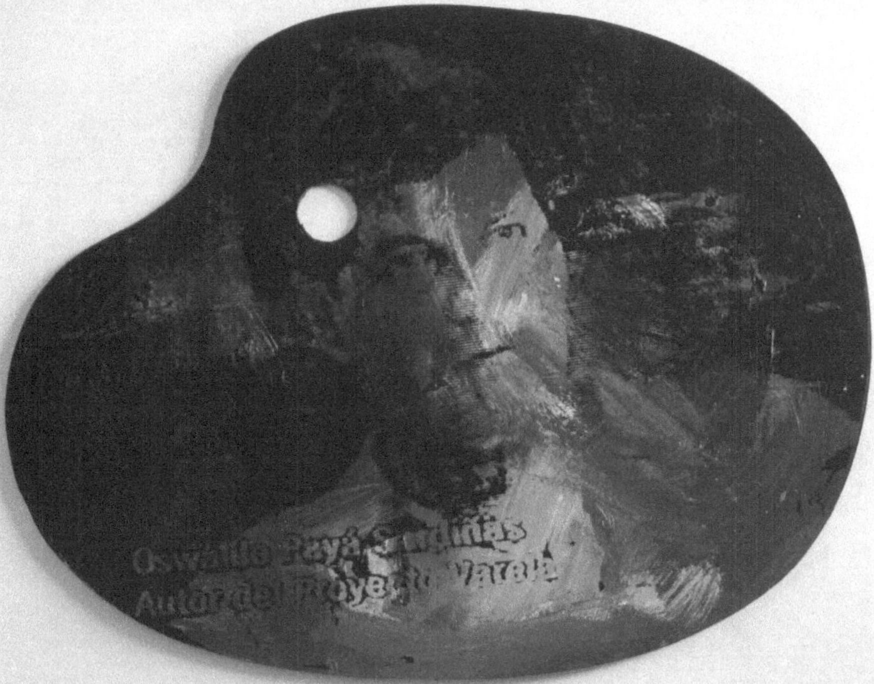

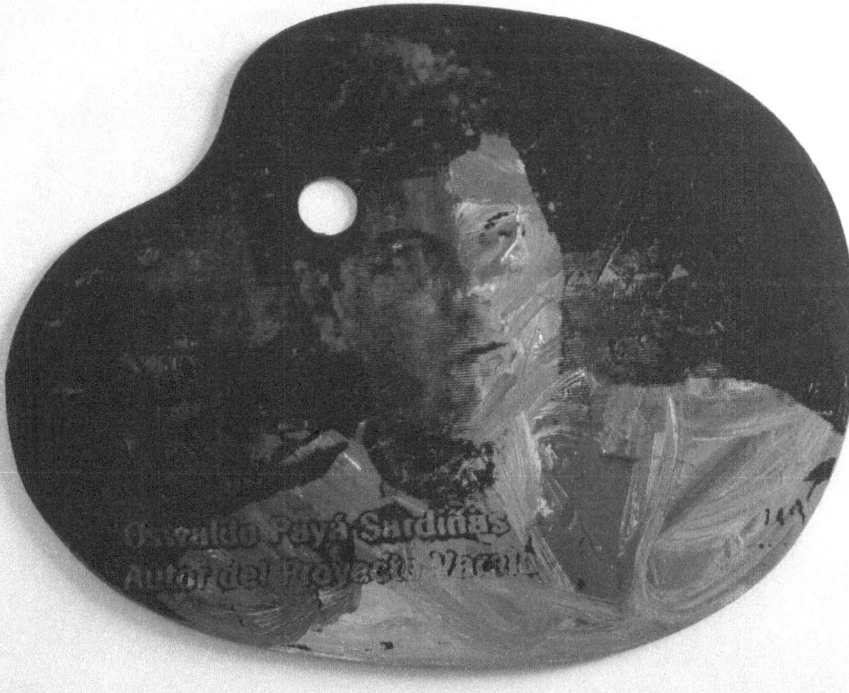

Oswaldo Payá Sardiñas
Autor del Proyecto Varela

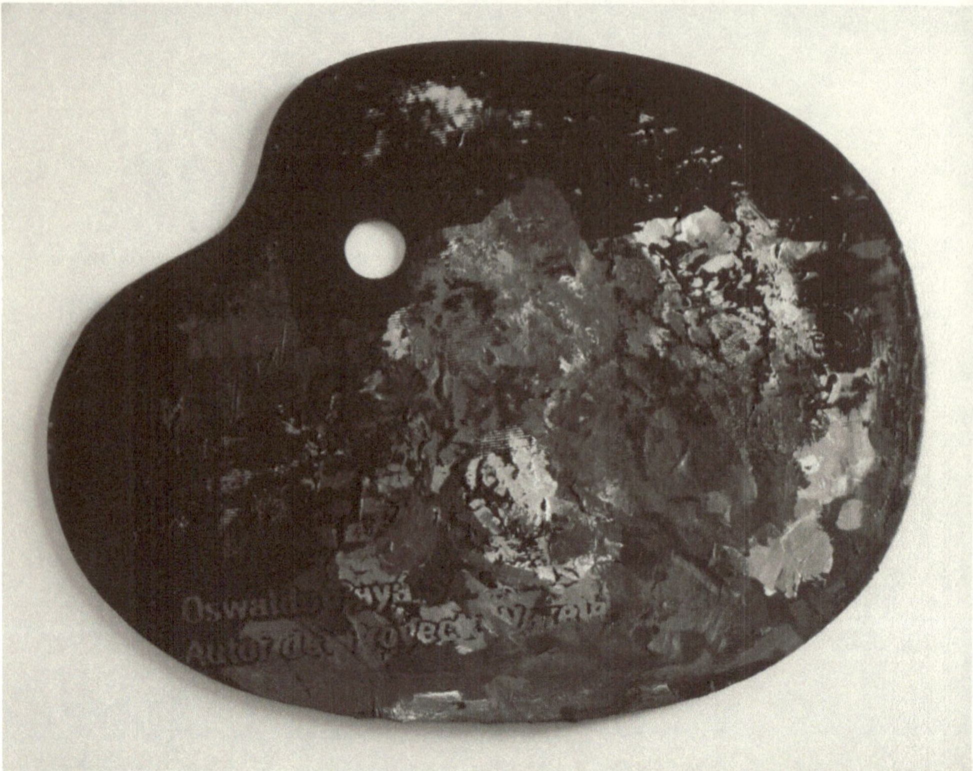

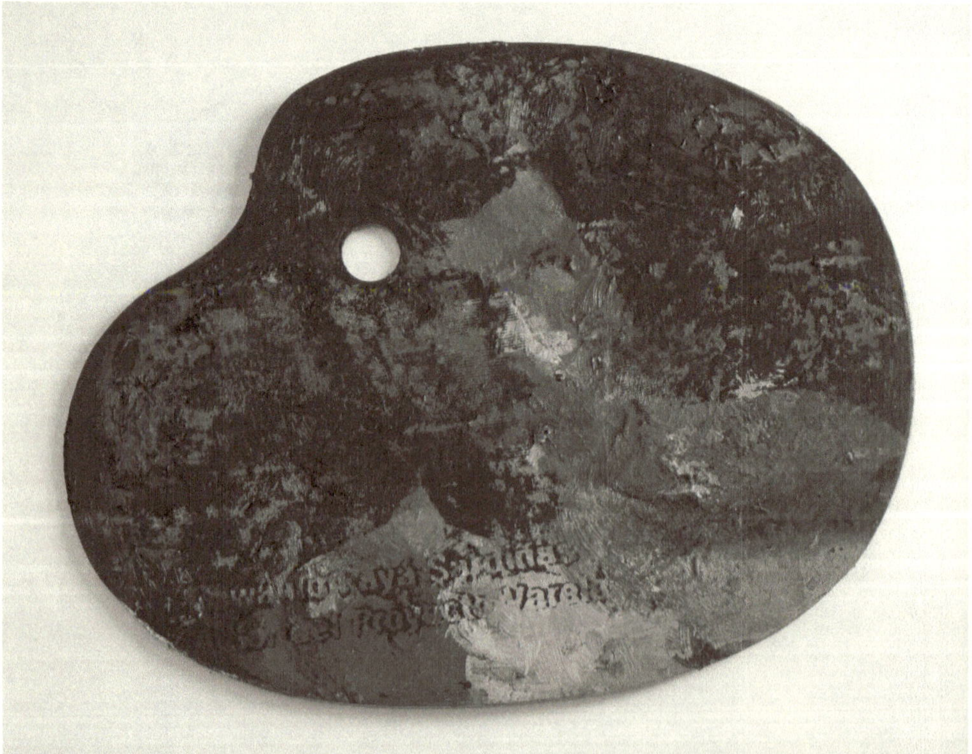

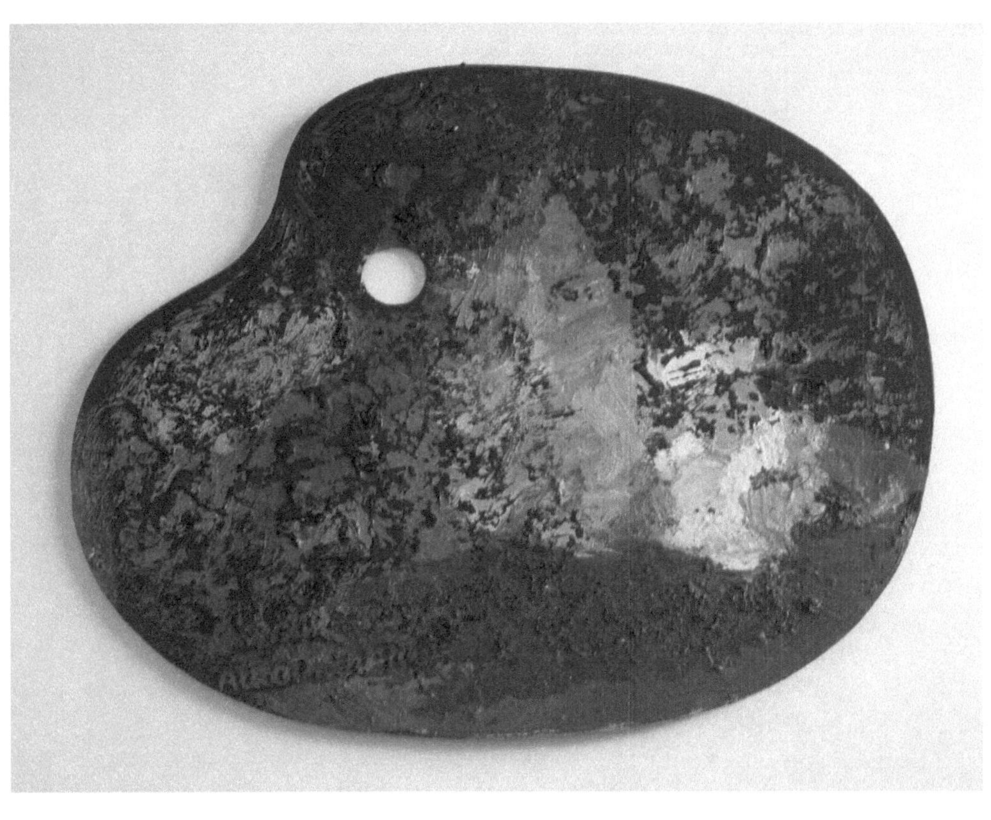

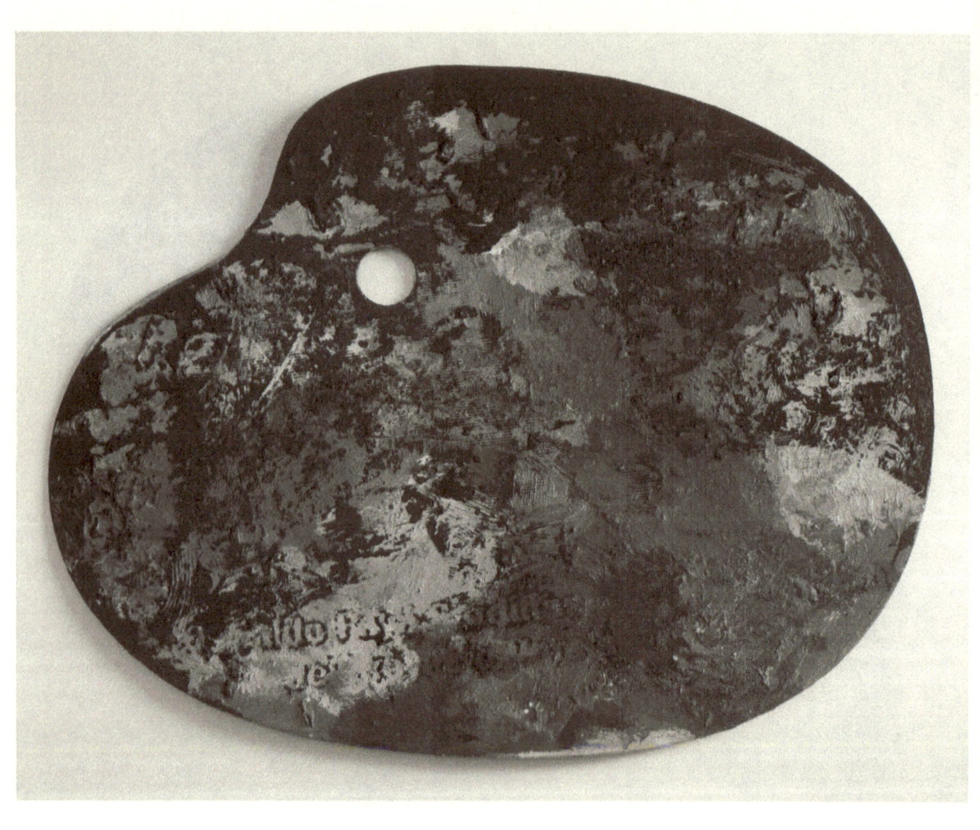

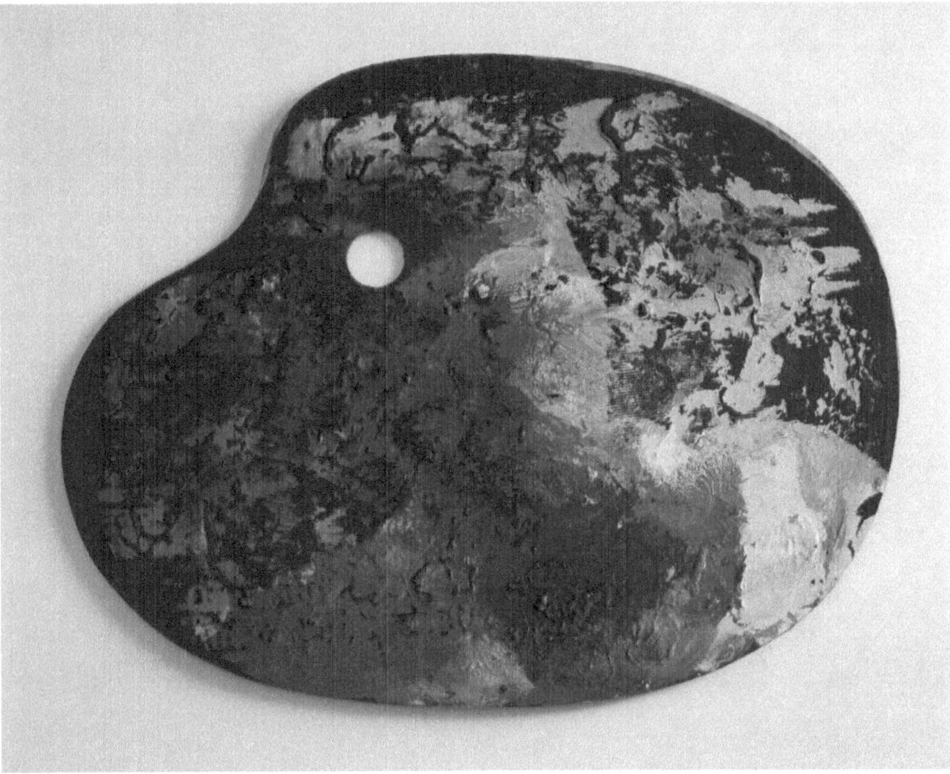

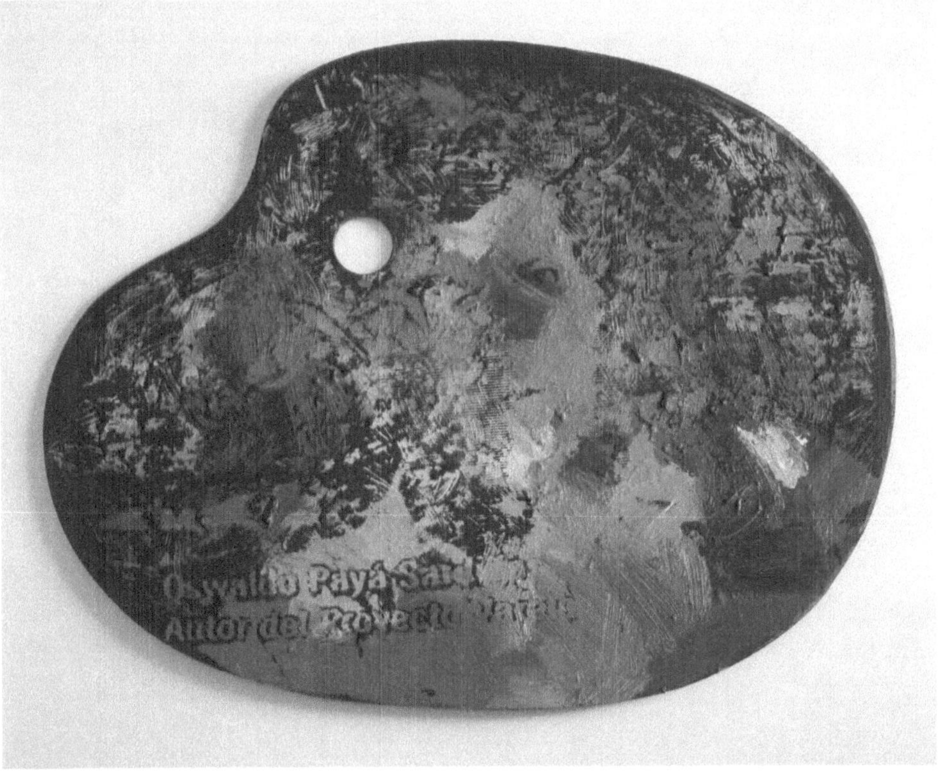

Oswaldo Payá Sardiñas
Autor del Proyecto Varela

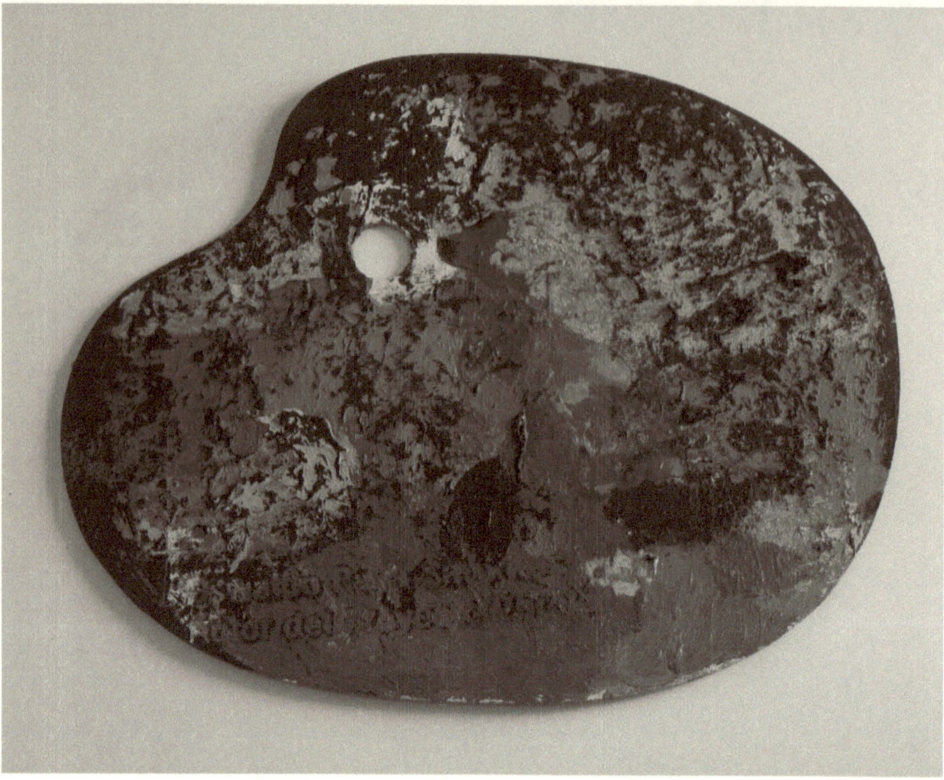

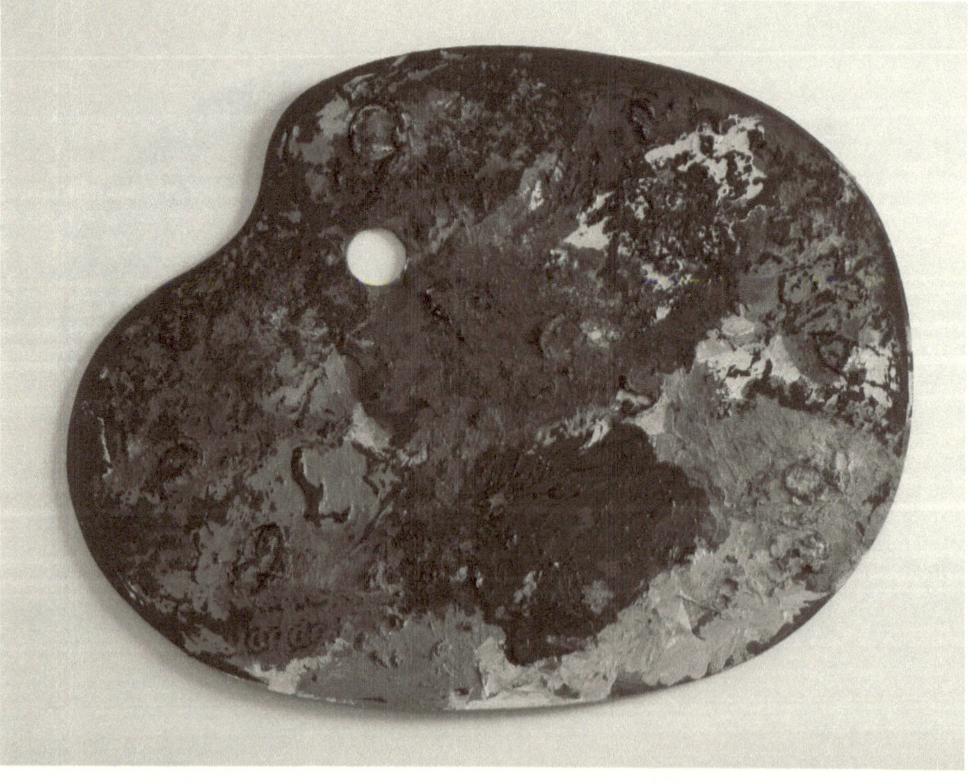

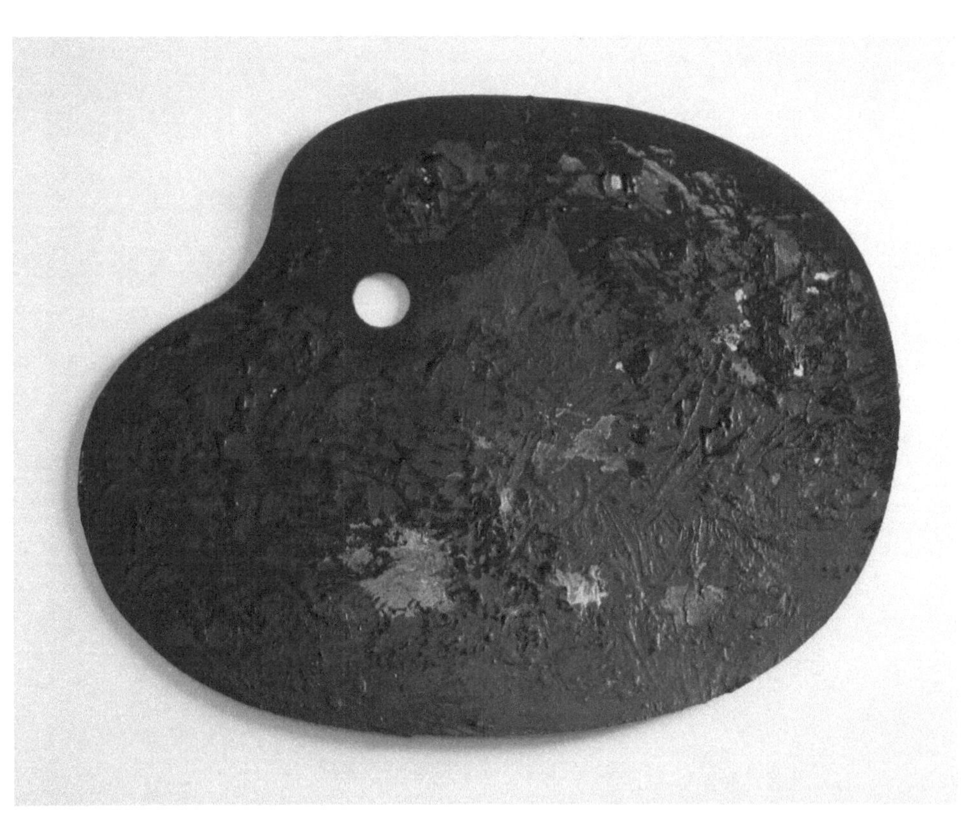

LA SANGRE DE CAÍN

Carlos Martiel

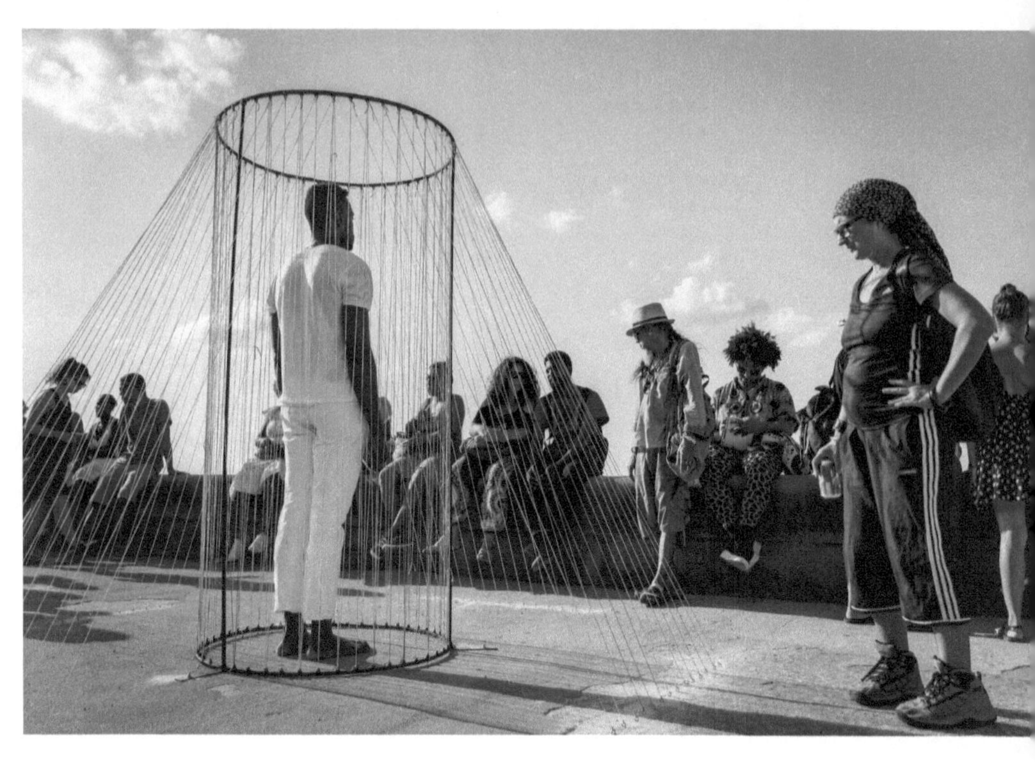

© Carlos Martiel
La sangre de Caín, 2019
Acción-instalación. Vista en Detrás del Muro (segunda edición).
Foto: Williams Cruz Perdomo.
Cortesía del artista.

El artista permanece parado en el malecón habanero, en el centro de una instalación realizada con metal e hilos de lana teñidos con la sangre de colegas, amigos y la suya propia, como protesta contra la implementación del Decreto 349.

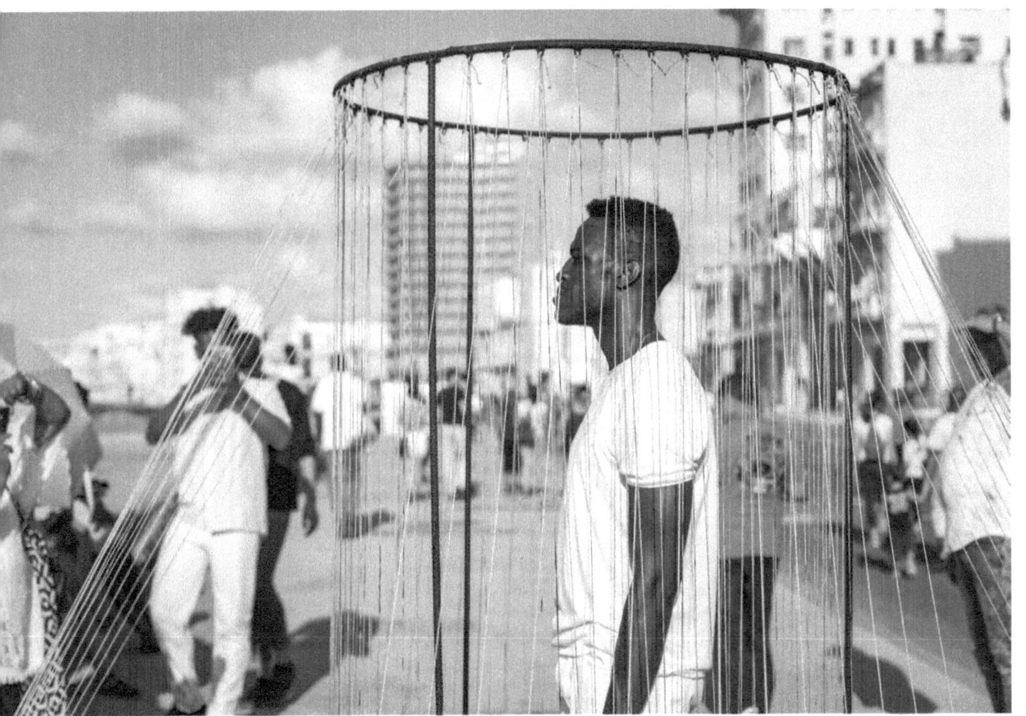

LA MAQUINARIA

María de Lourdes Mariño Fernández

Cuando analiza los procesos de configuración de la memoria a través de la literatura, Rafael Rojas (2006) se detiene en una característica de las sociedades latinoamericanas actuales. Se trata de esa superposición de discursos subalternos y hegemónicos donde el ímpetu nacionalista se reviste de alteridad para, en última instancia, continuar ejerciendo su imperativo categórico a favor de la identidad de un sujeto nacional único. Rojas advierte que la modernidad insuficiente de las sociedades latinoamericanas, donde la autonomía del espacio público aún no terminó de afirmarse, continúa en pugna con la apertura global posnacionalista que introduce no solo nuevos sujetos sino prácticas culturales compartidas más allá de cualquier geografía.

Marcar la diferencia frente al sujeto nacional omnipresente se ha convertido en un espejismo doble en dependencia de quien se trate. En el sentido de que hay una diferencia entre los propios actores culturales y la retórica de la política cultural que superficialmente los asimila. En palabras de Rojas: «en América Latina, los discursos y las prácticas multiculturales son manipulados, nacionalmente, por sujetos que podríamos definir como *subalternos hegemónicos*» (Rojas 2006: 361). Si a través de este enfoque dirigimos la mirada hacia Cuba tratando de identificar este fenómeno dentro de la burocracia de las instituciones culturales, habría más de un ejemplo en sintonía con esta dinámica donde víctima y verdugo comparten roles complementarios en una misma figura administrativa.

Siguiendo esta idea, el asunto que me interesa tratar ahora va encaminado al proceso de asimilación oficial de esas poéticas posmodernas (anti-hegemónicas), introducidas en Cuba a través del arte de los 80, y que por principio se contraponen a la legalidad unívoca del sujeto nacional revolucionario. Me pregunto cómo ha sido posible nivelar el activismo político de los artistas cubanos durante la década de 1980 con la creación de una nueva imagen de la cultura oficial implementada en los años 90 y que perduró, a mi juicio, hasta la fallida convocatoria a la plaza de Tania Bruguera en diciembre de 2014. A partir de esta fecha se ha abierto una etapa de represión directa a intelectuales y artistas, unos años antes, en el 2009, la propia Bruguera había presentado ese mismo performance *El susurro de Tatlin* en el Centro de Arte Contemporáneo Wifredo Lam como parte de la Décima Bienal de la Habana.

II

En un artículo anterior mencionaba el peso tremendo de esa gran maquinaria de estabilización ideológica que son las instituciones culturales en Cuba (De Lourdes 2019). La política cultural después de 1959 ha sobrevivido armada de la ambivalencia casi mágica de un solo discurso o más bien una sola frase (el famoso jueguito del dentro/fuera de *la revolu*). Y mientras buena parte de la intelectualidad cubana se repite cíclicamente la misma pregunta —¿Qué es estar dentro? ¿Qué es estar fuera? ¿Y quién lo dice?—, los pragmáticos del poder en Cuba han asimilado y modulado desde categorías estéticas toda interpretación «meramente» política del arte cubano.

Creo que, en las artes visuales, acaso también en el teatro, se ha aplicado un mecanismo de asimilación ideológica particularmente macabro. La manera en que las más altas instituciones culturales, dígase Museo Nacional de Bellas Artes, Centro de Arte Contemporáneo Wifredo Lam o el propio CNAP (Consejo Nacional de las Artes Plásticas), promueven el arte cubano contemporáneo desde los noventa ha metamorfoseado los contenidos de crítica social en atributos y galardones de la sociedad socialista. Hace mucho tiempo me pregunto ¿cómo funciona ese gran entramado de relaciones burocráticas e ideológicas de la oficialidad? ¿A quiénes ha logrado «estabilizar»?

Si de censores se trata, el primero que yo analizaría es Helmo Hernández; no es el caso más importante ni el más significativo, pero si es representativo del tipo de discurso que han cultivado, durante los últimos 30 años, los burócratas de las instituciones culturales en Cuba. Más allá del dato concreto sobre su implicación directa en la salida de artistas a finales de los 80, o su función como puente financiero para la introducción del mercado de arte en Cuba —bajo el paraguas de la Fundación Ludwig—, sería interesante detenerse en la manera en que Hernández presenta la cultura cubana a nivel internacional. Su posición de presidente de la Fundación Ludwig de Cuba cumplió una función estratégica de mediados de los 90 a principios de los 2000.

Sobre las conferencias y encuentros en universidades norteamericanas de este burócrata de la cultura —Helmo Hernández se ha presentado en Tisch School of the Arts, Marymount College, Cleveland Museum of Art, Flynn Center for the Performing Arts entre otros—, llama la atención cómo al presentar la cultura cubana como un «movimiento de resistencia a la banalización y el consumismo», Cuba es, además, «el país más americano de los países Latinoamericanos» (una de sus frases hechas más recurrentes). Esto se mezcla con emotivas afirmaciones donde el artista cubano asume el papel de «héroe político» por excelencia (AA. 2009). Su lucha por la subsistencia en un contexto de carestía total es recreada dentro de las diapositivas de Hernández con ejemplos de la «creatividad» del cubano en los 90: botellas cortadas convertidas en vasos, refrigeradores en libreros, en fin, todas esas calamidades que nos ha traído el embargo, según Hernández, y que hábilmente se presentan en medio de su trasfondo tragicómico. Hernández se mueve en su discurso entre el nacionalismo reyoyo (una característica pintoresca teniendo en cuenta el público al que se dirige) y la adoración al progreso técnico moderno, encarnado por los EUA y esa imagen idílica de La Habana de los años 50 del pasado siglo.

Y aunque Helmo Hernández (2018) atesora el magisterio directo del Che y Fidel, como él mismo afirma para *La Jiribilla*, no duda en reivindicar, para conectar otra vez con EUA, la estancia del Martí exiliado en Nueva York, los inicios no comunistas de la revolución cubana y declara que Cuba fue forzada a unirse a la URSS debido a los malos entendidos con EUA (Huff 2010). Por otra parte, afirma que el proceso revolucionario cubano de 1959 debería ser reconocido como una estructura gubernamental independiente que ofrece una tercera vía entre el comunismo y el capitalismo. (Si esto pareciera muy descabellado recomiendo leer las declaraciones y el proyecto de Michelangelo Pistoletto sobre Cuba como tercer paraíso.)[1]

Las alocuciones de Helmo Hernández presentan una contradicción teórica esencial, la del adorador del concepto de alta cultura travestido en el ropaje de la contracultura, esto es, un prototipo del subalterno hegemónico. Sin dudas Hernández forma parte de esa generación de la burocracia cultural cubana cuyo marxismo se aplica en ofrecerle al pueblo lo que ellos creen que es mejor. Y he ahí su legado imperecedero, trataran de reeducar al infinito, en medio de emotivos discursos, a esos pobres ignorantes que aun hoy tocan a la puerta de la revolución cubana, sean americanos, cubanos o europeos.

---

[1] Véase Fabelo, Rigoberto y Pistoletto, Michelangelo (2017): «Por una comunión de voluntades: encuentro de Michelangelo Pistoletto con la Red de Actores Culturales». En Cantiere 06, 14-15 [En línea]: http://www.tercerparaisocuba.org/mat-desc/CANTIERE06.pdf.

En un ensayo repleto de ambigüedades, *An approach to Cuban Art in the Ludwig Collection*, escrito en el 2002 para el catálogo de la exposición *Art from Cuba: The Ludwig Collection* organizada por el Ludwig Museum en San Petesburgo, Hernández menciona como una de las grandes virtudes del gobierno revolucionario de 1959 el hecho de que asumiera, por primera vez en la historia, a las vanguardias artísticas como cultura oficial. Declara que la gran mayoría de los artistas cubanos ha seguido a la revolución desde sus comienzos y que es precisamente «las posibilidades de promoción» en los 60 lo que hizo que los artistas experimentaran en diferentes formatos y estilos.

Al adentrarse en las contradicciones políticas dentro del arte cubano de los 80, reitera que la lucha de los artistas fue contra los dogmáticos que preferían el realismo socialista, pero no contra la revolución. Aunque más adelante afirma que en realidad durante esta década el arte cubano sobredimensionó su función social y se dedicó a áreas que podríamos considerar como *extra-artísticas*. Finalmente, Helmo Hernández (2002: 17) describe el final de los 80 como un momento en que posiciones «peligrosamente antagonistas» de algunos sectores artísticos comenzaron a contraponerse a otros sectores de la sociedad (nunca se menciona cuales). Además, afirma que, aunque algunos críticos y oficiales de la cultura, junto a «determinados expertos extranjeros» (la ambigüedad del texto es apabullante) apreciaban un fondo de transformación social común en este movimiento del arte de los 80, era fácil percibir contradicciones estéticas que marcaron las diferencias entre grupos.

Sin dudas es difícil identificar los argumentos fundamentales de un texto que va de afirmaciones o muy radicales —la revolución del 1959 elevó las vanguardias cubanas históricas a la categoría de arte oficial—, o muy vagas —el arte de los 80 se dedicó a temáticas extra-artísticas—. ¿Qué quiere decir Helmo Hernández cuando menciona posiciones peligrosamente antagonistas? ¿A qué se oponía la dinámica de actividades colectivas de los artistas de esta generación? ¿Al pueblo? ¿A la revolución? ¿A qué diferencias estéticas se refiere? ¿Acaso serían más bien diferencias políticas?

Es interesante observar la rememoración que hace Helmo Hernández sobre el impacto de la exposición *Kuba OK* (1990) en el receptor europeo. Cuenta que muchos se admiraban de la semejanza de este arte cubano y el que se produjo de manera *underground* antes de la caída de la Unión Soviética. Ante lo cual Hernández afirma con orgullo que en el caso de Cuba este es un arte que no puede ser llamado disidente pues es de hecho la expresión oficial de la política cultural cubana. No deja de llamar la atención cómo el presidente de una organización no-gubernamental, que según expresa en este ensayo se dedica a restablecer el diálogo entre artistas jóvenes y sociedad, promueve de manera tan evidente las políticas del orden gubernamental.

El recuento de Helmo Hernández sería desde todo punto de vista legítimo, no creo que en ningún momento haya sido forzado a dar semejante testimonio, si no fuera por el hecho de que la política institucional que él respalda se ha encargado de silenciar y amordazar cualquier disidencia. Sería legítimo si las instituciones independientes en Cuba tuvieran la misma legitimidad legal que la Fundación Ludwig para establecer contactos con universidades y profesionales fuera de Cuba. Aunque parezca difícil creerlo, muchas de esas universidades que contactan con la Ludwig creen que realmente se trata de un espacio independiente y ajeno a la política estatal cubana.

Cómo el arte de los 80 en Cuba pasó de la crítica social al oficialismo, es una pregunta para la cual aún no tengo una respuesta clara. Lo cierto es que es un hecho, esa etapa mitológica de rebelión en el arte cubano, ha sido, por más de 30 años, la expresión mejor diseñada de la política cultural del gobierno cubano.

Analizar la cultura en sus conexiones institucionales y políticas es casi un lugar común en la crítica de arte contemporánea. Ahora, si se trata de un país dominado por un régimen totalitario este análisis es esencial. La política institucional es una herramienta que va más allá de los deseos o particularidades de la persona que la encarna, aunque algunos se identifiquen mejor que otros. La sistematización de una interpretación determinada —por ejemplo, la crítica social que se realiza en el arte de los 80 no se dirige en contra de la revolución, sino más bien en contra de los burócratas dispuestos a implementar el realismo socialista— se ha repetido hasta el cansancio, probablemente, con el objetivo de neutralizar las disidencias internas. Al mismo tiempo, la asimilación de obras y artistas desde una falsa concepción de la «evolución estética» donde dicha generación lo que hizo fue «actualizar» los códigos estéticos bajo los que se producía arte en Cuba hasta la fecha, ha demostrado ser un discurso eficaz en la política cultural cubana a la hora de neutralizar los referentes sociales que formaron parte fundamental de la obras y proyectos colectivos de los 80.

Aunque todo intercambio cultural que se mueve a través de instituciones estatales guarda en su trasfondo objetivos políticos, y ello no es un delito cuando las reglas del juego son transparentes, la peculiaridad es que, en Cuba, durante más de medio siglo, solo se ha tenido acceso al «exterior» a través de las instituciones estatales. Quiero decir, los viajes, las residencias, y las exposiciones que han mostrado artistas que residen en Cuba, en su mayoría, han debido pasar por los filtros institucionales cubanos en algún momento. Como resultado el conocimiento que se tiene sobre arte cubano fuera de Cuba, en ámbitos académicos, es excesivamente parcial. La cultura oficial se ha exportado como cultura a secas, y lo que es más, esta ha sido la única versión al uso casi sin ninguna competencia durante varias décadas. Es solo desde hace unos años que puede percibirse claramente un grupo de artistas que se separa explícitamente de la institución para gestionar sus proyectos (aunque el nombre más mediático es el del Movimiento San Isidro, creo que al menos durante los últimos 10 años las mejores exposiciones de arte en Cuba han sido gestionadas en espacios independientes).

Pero si queremos llegar al fondo del problema creo que es preciso dejar a un lado los dos sectores que generalmente dominan la «discusión» sobre estos asuntos en Cuba: los burócratas de la cultura y los intelectuales marxistas. Los intelectuales, como mencioné antes, a mi juicio continúan prisioneros de la falsa disyuntiva del dentro/fuera, increíblemente, sin llegar a preguntarse por qué seria punible colocarse de antemano fuera de la revolución. Por qué, en última instancia, Martínez Heredia o Desiderio Navarro lucharon por ser incluidos en una revolución que los desprecio una y otra vez. ¿A qué se debe que ellos hayan continuado auténtica, sincera y honestamente encerrados en el falso dilema propuesto por *Palabras a los Intelectuales*? ¿Por qué para estos intelectuales el disenso es mejor aceptado si viene de aquellos que se *sienten* dentro de la revolución? ¿Hasta qué punto la política cultural cubana aplicada a las artes visuales le debe a la labor de estos intelectuales, entre otros, la asimilación neutralizada del arte político en Cuba? Desde las ciencias sociales se puede objetivamente leer el compromiso de estos y otros intelectuales cubanos. Sin embrago, ¿se podría hacer lo mismo con las artes visuales? ¿De qué manera podríamos igualmente leer el compromiso político de artistas como Lázaro Saavedra, René Francisco, Eduardo Ponjuán o José A. Toirac? Son demasiadas las preguntas que quedan pendientes en una reescritura del arte cubano. No obstante, creo que aventurarse a hurgar entre las obras, entrevistas y discursos de un artista cubano icónico como Lázaro Saavedra podría dejarnos alguna luz.

III

Quisiera poder analizar brevemente la figura de Lázaro Saavedra sin tener que referirme al grupo Puré o los *hombrecitos*, al juego de pelota de 1989 o muchísimo menos a las «transgresiones» del grupo Enema. Hay toda una serie de lugares comunes en la crítica sobre Saavedra que barruntan sobre las mismas ideas (y las mismas obras) una y otra vez. Su «compromiso ético», su «labor como crítico social», además del sobrevalorado «humor», se repiten como si con ellos se clausurara de antemano cualquier valoración que pretenda cuestionar o simplemente vislumbrar altos y bajos en la carrera de este artista.

Creo que la trayectoria de Lázaro Saavedra como artista cobra un matiz distinto cuando meditamos sobre su participación en los proyectos *Hacer* (1988-1991) y *Pilón* (1988-1989); sobre todo en el segundo de ellos, que llegó a instalarse en el propio Pilón donde los artistas vivieron por algunos meses. Ambos proyectos se propusieron, quizás de manera inconsciente, llegar a la raíz del cuestionamiento que el comunismo siempre le ha hecho a la cultura: ¿y para qué sirve? ¿Y si sirve para algo por qué no usarla para «transformar la realidad»? De manera que el arte cubano, retomando una de sus mayores utopías —porque la transformación de la realidad fue parte también de las políticas de las vanguardias a principios del siglo XX en Cuba—, se reasume en La Habana de los 80 como una manera de explorar esos límites en los que arte, vida y política se complementan.

Salir de la galería para encontrarse con un público ajeno a las instituciones de arte y sus especialistas fue el objetivo recurrente de muchos de los colectivos artísticos de la década. Tanto Arte Calle como Grupo Ritual Art-De, por ejemplo, trataron de interpelar de manera directa al espectador circunstancial de la vía pública, pero sus manifestaciones fueron fundamentalmente urbanas. Parte de la utopía social irrealizada que se descubre en proyectos como *Pilón* es tratar de encarnar el hecho artístico en comunidades rurales (empobrecidas y de escaso acceso cultural, antes y después que la revolución de 1959 tomara el poder).

Las diatribas críticas en torno a la institución arte ya eran bien conocidas en la obra de Lázaro Saavedra. *Teoremas* de 1986, *Problemas formales* de 1987 junto a *Paquete de crítica* también del 87, giran en torno a cuestiones metodológicas de la enseñanza de arte. Cuestionan desde un nivel básico, usando expresiones populares y choteo, qué puede ser considerado arte y quién lo dice. Sin embargo, vivir 8 meses en Pilón tratando de participar de manera colaborativa en el proceso artístico que pudiera surgir de los pobladores de esa región es un ejemplo claro de esa utopía social radical de la que participaron algunos artistas en los 80. Y no creo que sea el primer ejemplo en la historia del arte cubano, la Escuela libre de pintura y escultura proyectada en la década de 1930 perseguía también una suerte de transformación social a través del arte que debería buscarse fuera de las academias y los acaudalados. En el caso del proyecto *Pilón*, el primer choque de los artistas fue con la pobreza y el desamparo de los habitantes de esa región, luego, con su antipatía por el proceso revolucionario. En entrevista concedida a Rachel Weiss, a la que la autora hace referencia en su libro *To and from Utopia in the new Cuban Art* (2011: 201-203), Saavedra revela el shock que sufrieron ante la pobreza generalizada de estos campesinos y lo agudo de su crítica al sistema. Declara además que fue debido al nivel de contradicción política en las estructuras de base —el proyecto fue abiertamente perseguido y censurado por el PCC (Partido Comunista de Cuba) local y los artistas fueron «aconsejados» abandonar el lugar— que el proyecto fracasa.

Una experiencia como *Pilón* demarcó el límite del compromiso artístico permisible con la sociedad. La institución arte y la Habana circunscriben el espacio de mayor inclusividad, pero como demostrará luego la persecución a Juan Si González y el encarcelamiento de Ángel Delgado, esta tendrá también sus límites muy bien establecidos. El fracaso de *Pilón* tuvo un impacto directo en la carrera de Lázaro Saavedra —al regresar a la Habana dejó de pintar y se unió a una microbrigada donde trabajó por alrededor de un año, su obra *Curriculum Vitae* de 1990 enmarca los diplomas de reconocimiento que recibió como constructor en esa etapa de su carrera en la que no produjo como artista—. En mi opinión, este momento de transición 89-90 apunta además al reconocimiento por parte del artista del fracaso del arte para transformar la sociedad —en una serie como *Metamorfosis* de 1992 (la serie del constructor/artista) el humor de Saavedra se encuentra bañado de melancolía y desesperanza—. Creo que a partir de ese momento la obra de Saavedra no sale de una encrucijada que es a la vez política —el fracaso de la revolución como proyecto de liberación colectiva—, social —cómo se refleja ese fracaso en la manera en que pensamos y actuamos—, e institucional —a partir de qué rejuegos institucionales el artista logra esa posición de privilegio donde habla lo que a otros les censuran.

El éxito de la política cultural cubana a partir de los 90 fue en gran medida mantener el debate sobre los contenidos sociales dentro de la institución arte. Un espacio aparentemente neutral como la galería, visitado por la élite cultural de la sociedad socialista —profesores universitarios, estudiantes de arte, y promotores culturales—, se convirtió en la escenografía perfecta para el mercado del arte. Con ese trasfondo, las piruetas ideológicas de la institución cultural en Cuba han convertido lo disidente en oficial y lo oficial en disidente según de quien se trate. Sin dudas cuando el objetivo es vender (y no solo en términos monetarios sino sobre todo ideológicos) no dudan en recurrir al sexapil de la transgresión. Y no se trata aquí de evaluar las complicidades personales —el artista sabe o no sabe, colabora con la manipulación o más bien se aprovecha de ella— sino de comprender cómo funciona el mecanismo.

Como estudiante de historia del arte que fui, para mi Lázaro Saavedra siempre será el autor que habla directamente de la censura, la doble moral y la ideologización de la cultura. No obstante, obras como *Sagrado Corazón* (1992), *Detector de ideologías* (1989) o *El arte un arma de lucha* (1988) son tan políticas como lo puede ser un Velázquez (totalmente asimilado en la estructura de poder, pero aun con la fuerza suficiente para ofrecer una chispa de resistencia que sobrevive a través del tiempo). Sin embargo, me niego a aceptar el discurso crítico que presenta su metodología de trabajo y su compromiso directo con el poder político en Cuba, como la estrategia más «inteligente» de crítica social. Esa que nos hace socios y cómplices de la censura, pero de una manera *light*, sin dramatismos, pues a fin de cuentas el poder es el poder, y ya se trate de dinero o de ideologías, todos necesariamente pactamos con alguno.

En conferencia en el PAMM (Perez Art Museum of Miami) en abril de 2016, Lázaro Saavedra presentó su obra *Cuban Software* (2012) como parte de su propio modo de disentir en la sociedad cubana a través del arte. La obra, que representa un sistema de flujos que diagrama las posibilidades de disentimiento en la sociedad cubana actual y la emigración, se apropia de manera tardía de la proscrita palabra y además establece una cuestionable conexión entre causas y efectos que más allá de la risa inmediata dejan el tema del disenso intacto. Y esta ha sido una de las consecuencias del modo en que se ha asumido oficialmente la obra de Saavedra, su pretendida crítica social se escapa en el choteo de lo cotidiano, donde la introducción de códigos populares —visuales o de lenguaje— se igualan a una cierta pertenencia o identificación con «el pueblo» que a la larga se ha utilizado a nivel institucional para demostrar su pertenencia a la revolución, esto es, a la estructura de poder en Cuba que censura y castiga el disenso.

En su exposición *Base/Superestructura* (Centro de Arte Contemporáneo Wifredo Lam, marzo 2016), que celebra la obtención del Premio Nacional de Artes Visuales 2014, Lázaro Saavedra, en un intento por dialogar con el concepto marxista, divide la galería entre ese arte conectado con la realidad (la base) y el arte desconectado de la sociedad (la superestructura); donde el primero refleja el arte que alude directamente a los problemas sociales, y el segundo representa aquel que se refugia en la abstracción o el conceptualismo. Mas allá de que la relación entre esa división de temáticas y metodologías artísticas que realiza Saavedra y el significado del concepto de Marx no es claro, yo diría más bien que la asociación es totalmente errada, el artista está reproduciendo de manera lamentable uno de los clichés de la crítica marxista de los 60 en Cuba, donde el único arte necesario es aquel que sabe «expresar el sentir del pueblo». El propio diseño de una exposición como esta demuestra cuan pervertidos se encuentran en su obra la articulación de medios y fines a la hora de producir arte. Por otra parte, demuestra claramente lo bien que encajan sus rejuegos conceptuales con las estrategias de legitimación de la cultura oficial de la revolución cubana.

No es menos cierto que una de las riquezas de la obra de Lázaro Saavedra ha sido esa conexión digamos que natural con la sociedad a la hora de comunicar esas verdades sobre la realidad cubana que la mayoría compartimos como parte de un sentido común saludable. Sin embargo, su reflexión social hace mucho que dejo de ser atrevida, punzante o peligrosa. Uno se sonríe frente a sus chistes con la misma condescendencia con que se puede disfrutar a estas alturas de un documental de Enrique Colina. Ese ímpetu voraz que en algún momento tuvo su obra que muy bien fue caracterizada como de crítica social radical y comprometida, ahora no pasa de ser un tipo de costumbrismo llano, simple y gracioso. Y el costumbrismo ha sido siempre interesante y parte de nuestra cultura, pero no hace más que lo que su nombre indica, reflejar las costumbres de un pueblo. En términos políticos, el costumbrismo puede llegar a ser bastante reaccionario.

Y en este sentido, al menos en este momento de su carrera —podría cambiar mañana—, la obra de Lázaro Saavedra ha ido como la sociedad cubana de la acción a la momificación. El hecho de haber renunciado a la participación social para recluirse en los dominios de la institución arte le ha ido restando vitalidad a su obra. Sin dudas un proyecto como *Galería I-MEIL* (2007), en su momento, trató de salirse de la prisión de oro que han sido las instituciones culturales para los artistas de éxito en Cuba, aunque la circulación reducida la convirtió una vez más en el consumo de una élite, en este caso la élite de correos con extensión cubarte. Tengo la opinión de que la pedagogía de Saavedra ha sido menos influyente que la de Eduardo Ponjuán o Luis Gómez, por ejemplo, cuando uno evalúa las obras tempranas de jóvenes artistas de los últimos 20 años. No obstante, donde Saavedra lleva la delantera es en la convicción generalizada de que su discurso es la única estrategia de crítica social efectiva, algo que lo convirtió por mucho tiempo en el héroe político —como mencionaba Helmo Hernández en unas de sus conferencias— de una generación que ya no cree en la política.

No obstante, el terreno de la política cultural en Cuba es bastante distinto hoy. Sin subterfugios ni malabares ideológicos, la división entre arte y política (muy bien segmentada por casi tres décadas) es ahora más borrosa que nunca. El Decreto 349 es un intento por poner orden en la producción cultural que se sale de los predios y los permisos de la institución. Y quizás porque ningún régimen por totalitario o dictatorial que sea puede abarcar el conjunto de sistemas posibles que producen una sociabilidad auténtica, la obra de Lázaro Saavedra tiene aún un cometido social irrealizado. Algo que podría salir a la luz en la actualización política que produce la crítica de arte cuando se expresa sin amordazamientos institucionales o correcciones teóricas pseudomarxistas. La obra de Saavedra, asfixiada entre los compromisos de su deber ser institucional, necesita drenar el cansancio y la apatía de la sonrisa fácil para llegar al núcleo antisistema que alguna vez tuvo. Porque la necesidad de desenmascarar esos discursos de la subalternidad convertidos en monstruos hegemónicos pasa por la responsabilidad de una crítica de arte que se sepa autónoma e independiente, sin compromisos ni expectativas más allá de la que se tiene consigo mismo y con el propio ejercicio del lenguaje.

Pensando otra vez en Saavedra, quizás la deuda no es tanto del artista, como de la crítica de arte en la sociedad cubana de los últimos 30 años. En medio del colapso social, sería interesante analizar los vericuetos teóricos que han ayudado a «matizar» todo lo de subversivo que una vez tuvo la generación artística de los 80. Por ejemplo, un análisis de los usos del concepto de Utopía, que ha sido una noción placebo a la hora de evaluar tanto la sociedad como el arte surgido después de 1959, y sobre todo el arte de los 80, sería esencial para desligar arte, artista y dinámicas institucionales en la generación de interpretaciones asimilables por la maquinaria estatal cubana. Estamos acostumbrados a imaginar esta maquinaria con el peso letal de la censura y la exclusión, sería interesante abordarla desde esa «educación sentimental» que nos ha legado y que seguro será más difícil de desmontar que las rudas estructuras policiales que hoy ejercen el poder.

BIBLIOGRAFÍA

AA. (2009): «Cuba: the artist as political hero». En *Our Blogs–Arts & Culture* [En línea]: https://www.clevelandfoundation.org/2009/10/cuba-the-artist-as-political-hero/

Harten, Jurguen y Fernández, Antonio E. (1990): *Kuba OK*. Städtische Kunsthalle Düsseldorf.

Hernández, Helmo (2002): «An approach to Cuban Art in the Ludwig Collection». En AA.VV. *Art from Cuba: The Ludwig Collection*. Palace Editions. Aachen: Ludwig Forum für Internationale Kunst.

— (2018): «Negociar soluciones de consenso es la tarea ciclópea de cada día». En *La jiribilla* [En línea]: http://www.lajiribilla.cu/articulo/negociar-soluciones-de-consenso-es-la-tarea-ciclopea-de-cada-dia

Huff, Mel (2010): «Vermont Institute launches Cuban cultural exchange». En *People & Places* [En línea]: https://vtdigger.org/2010/10/27/vermont-institute-launches-cuban-cultural-exchange/amp/

Mariño Fernández, María de Lourdes (2019): «Sobre arte, propaganda y violencia». En *Hypermedia Magazine* [En línea], 2/07/19.

Rojas, Rafael (2006): *Tumbas sin sosiego. Revolución, disidencia y exilio del intelectual cubano.* Barcelona: Anagrama.

Weiss, Rachel (2011): *To and from Utopia in the New Cuban Art.* Minneapolis-London: University of Minnesota Press.

GALERÍA

Alberto Casado
Leandro Feal

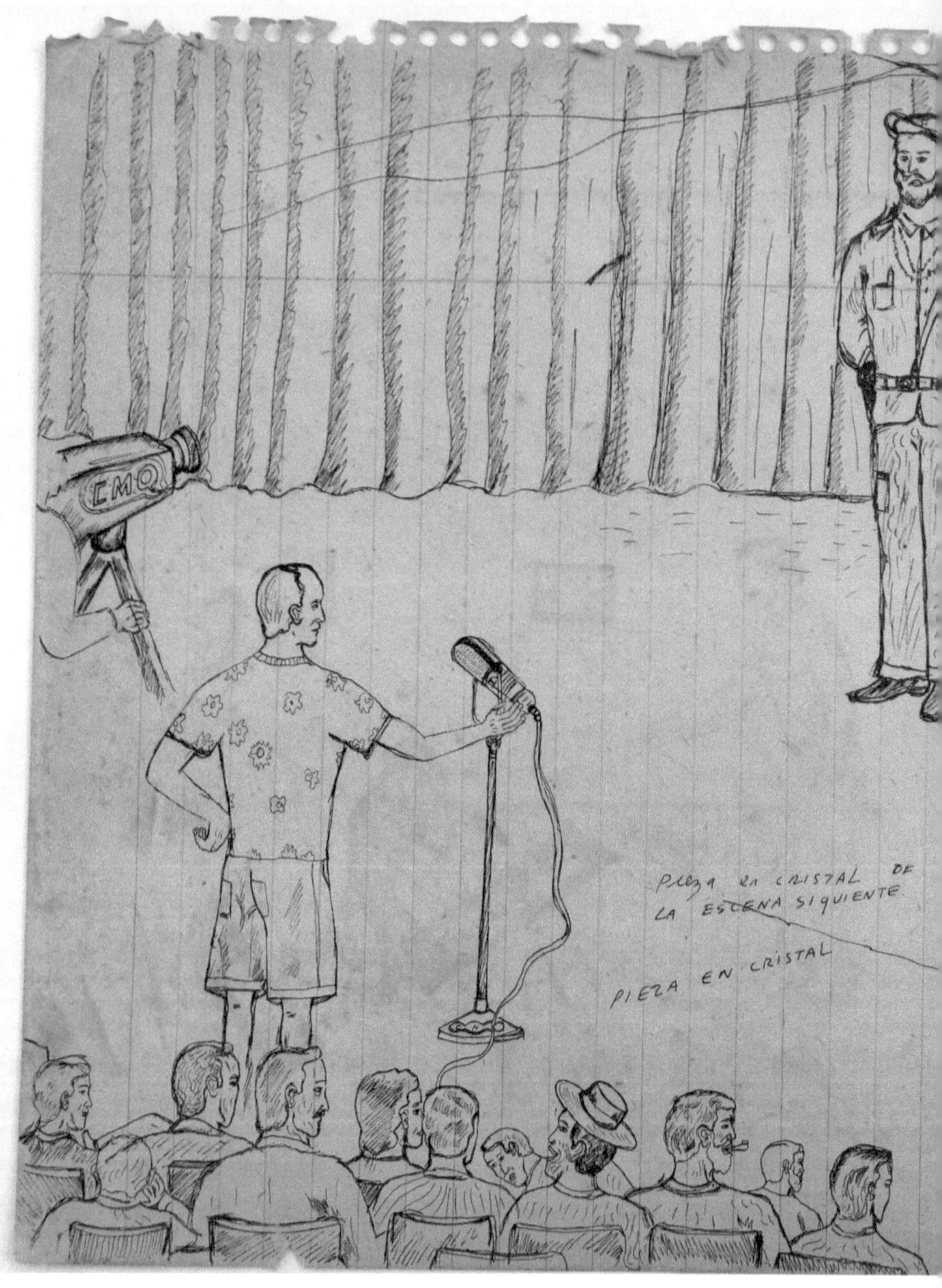

© Alberto Casado
Boceto. (Piñera toma la palabra), 1994
Tinta sobre papel.
Colección José Ángel Vincench.

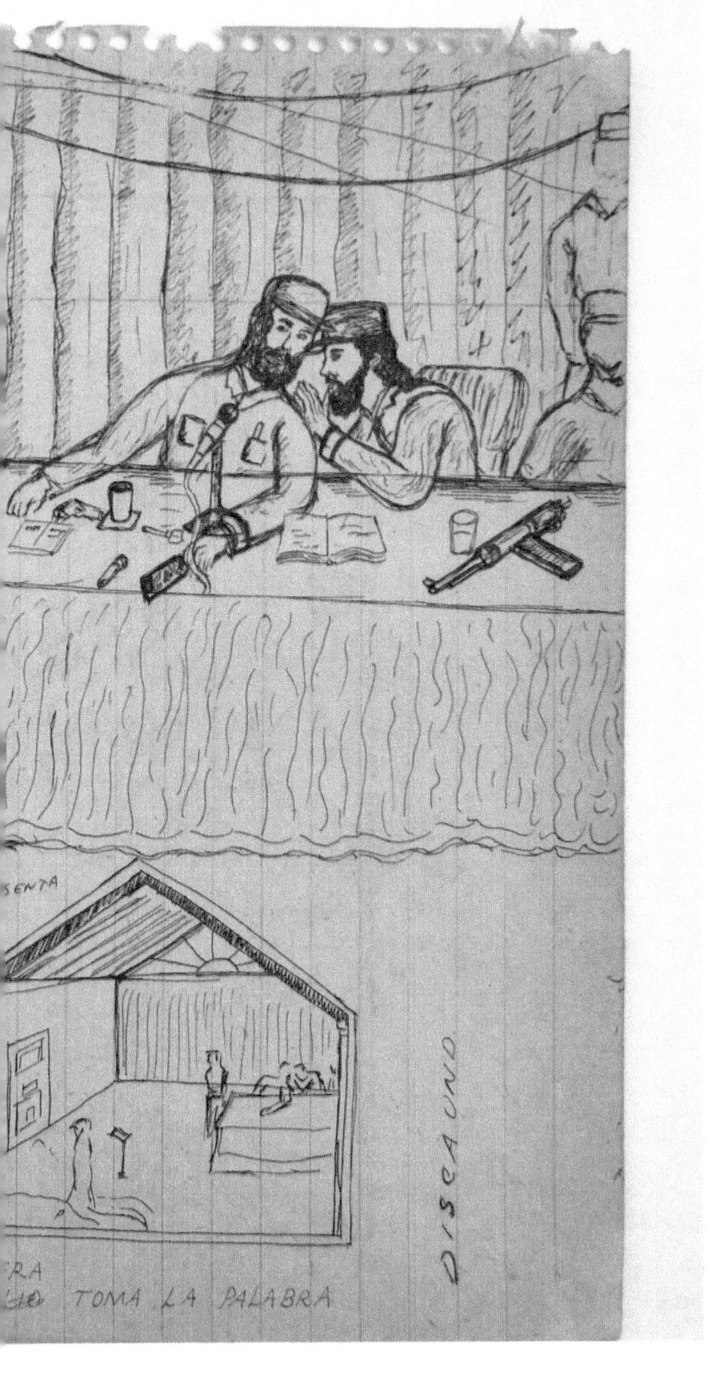
SENTA
DISCANDO
RA
GO TOMA LA PALABRA

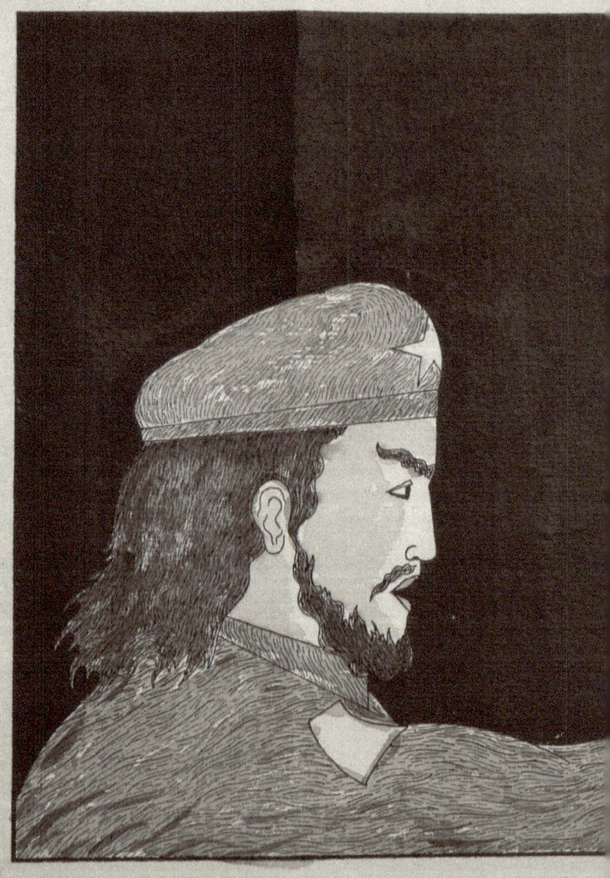

PIEZA EN CRISTAL POLICROMADO DE LA

TÍTULO

Boceto. (¿¡Ehh y esto!?), 1994
Técnica Mixta sobre papel.
Colección José Ángel Vincench.

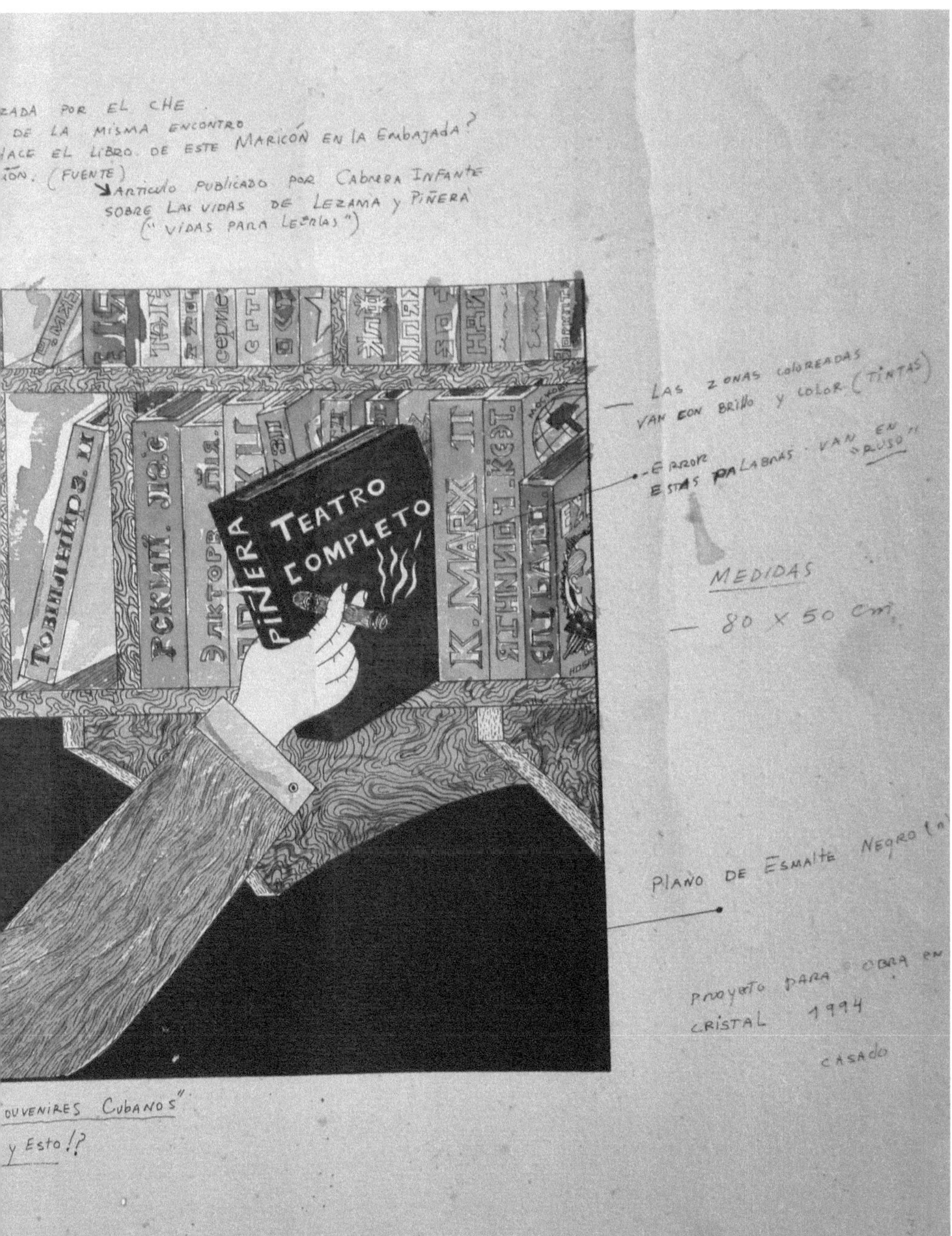

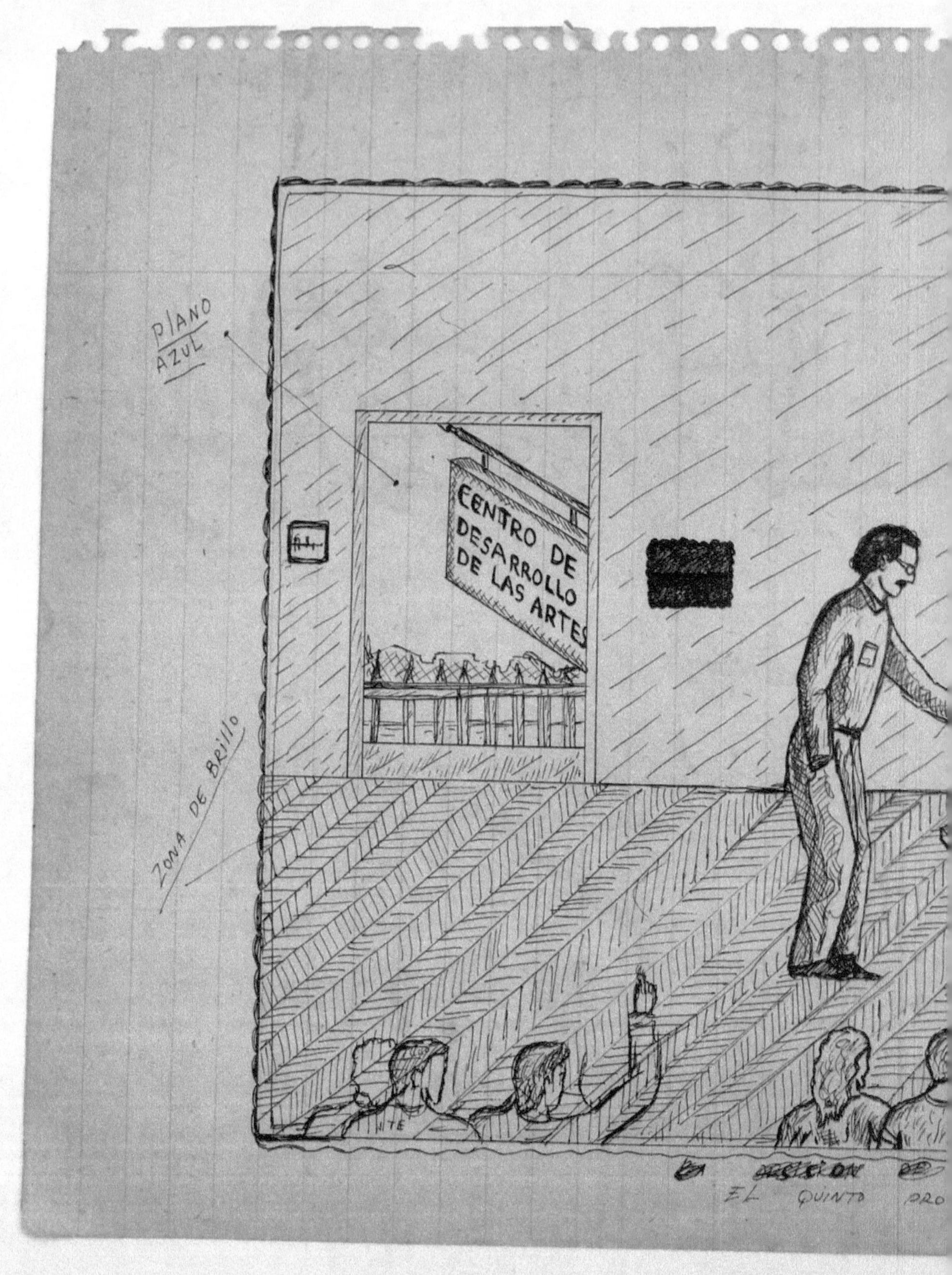

© Alberto Casado
Boceto. (El quinto procurador), 1995
Tinta sobre papel.
Colección José Ángel Vincench.

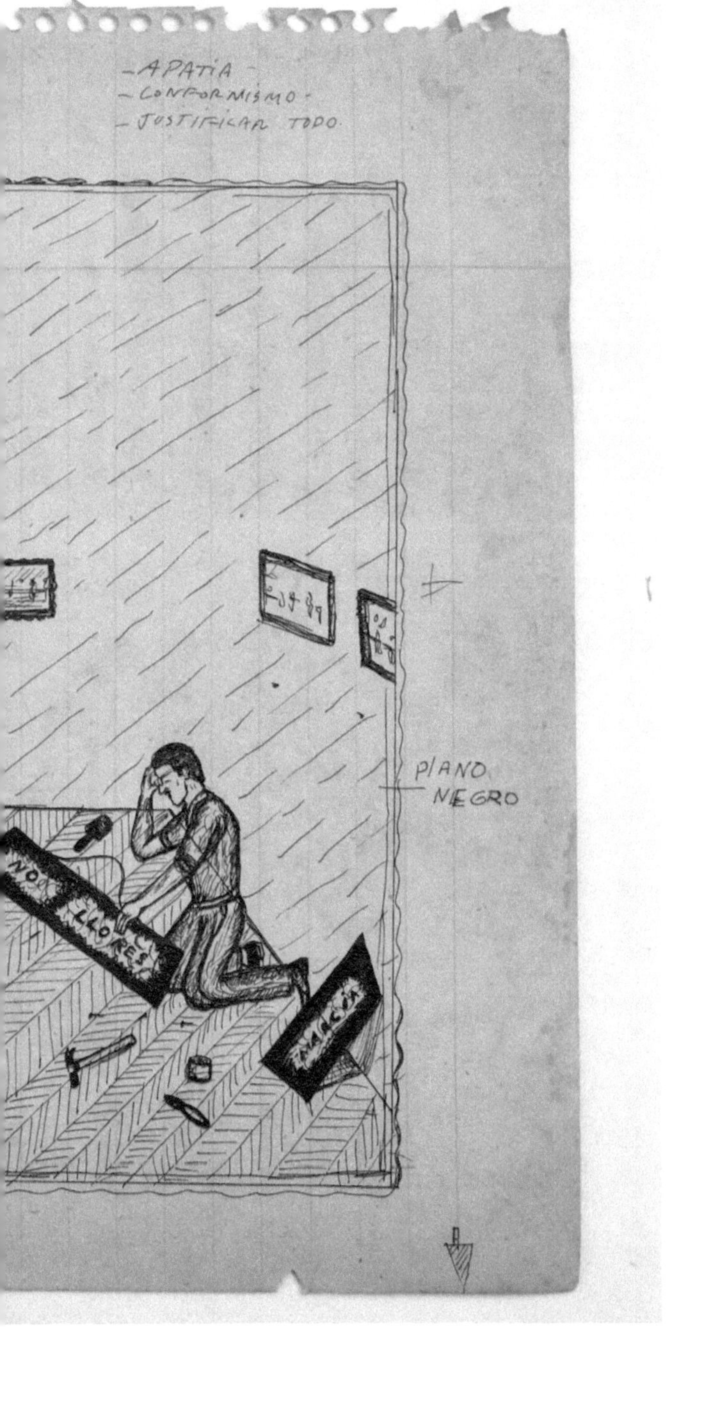

PIANO
NEGRO

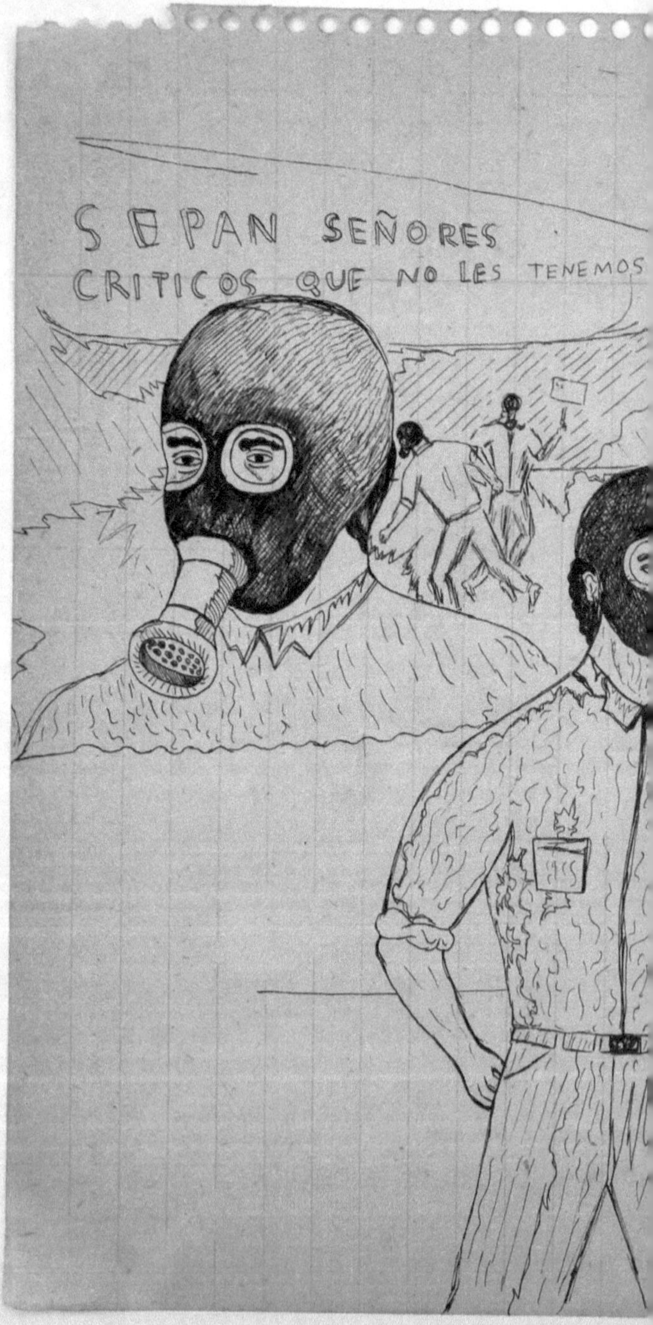

SEPAN SEÑORES
CRITICOS QUE NO LES TENEMOS

© Alberto Casado
Boceto. (S/T), 1995
Tinta sobre papel.
Colección José Ángel Vincench.

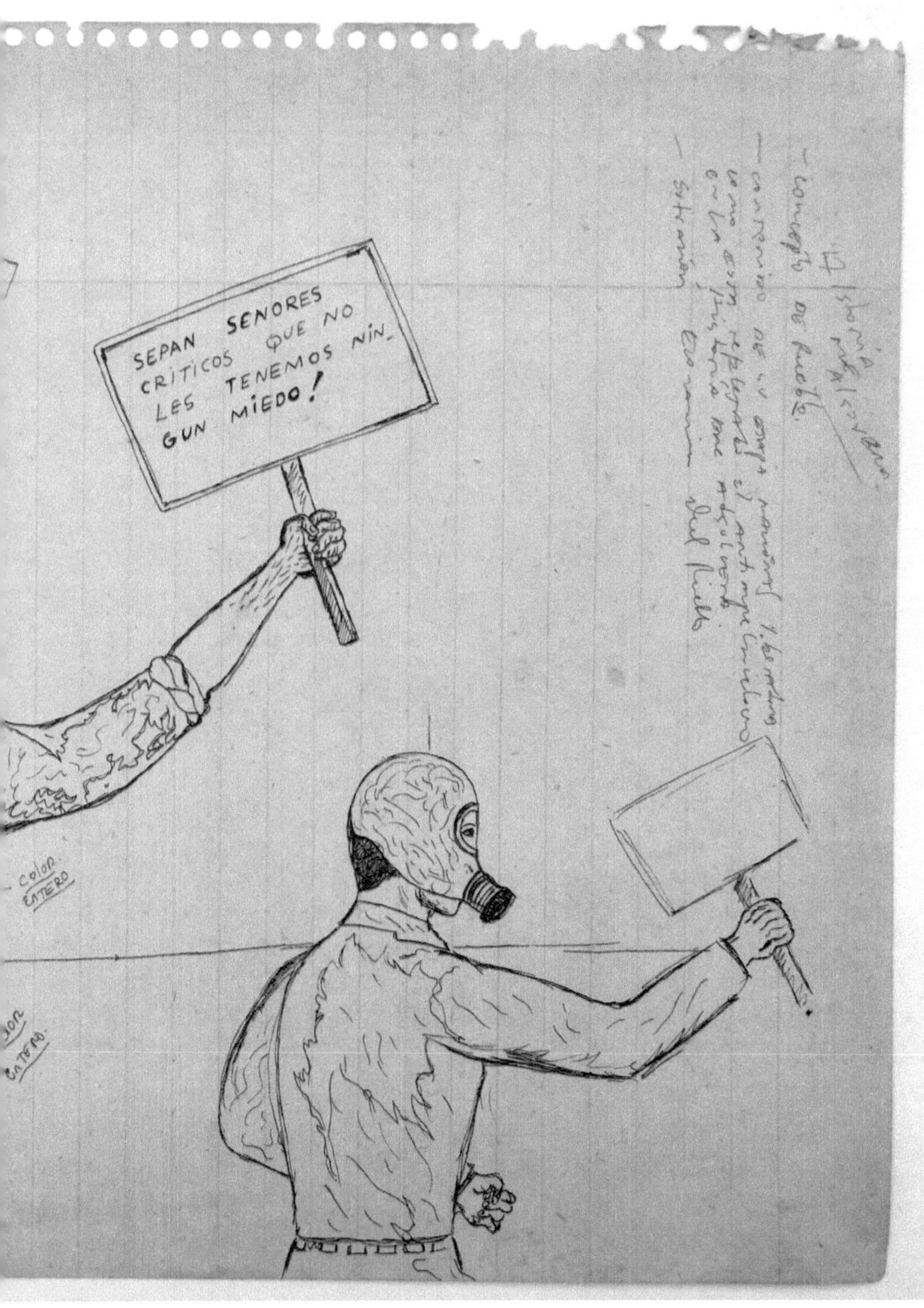

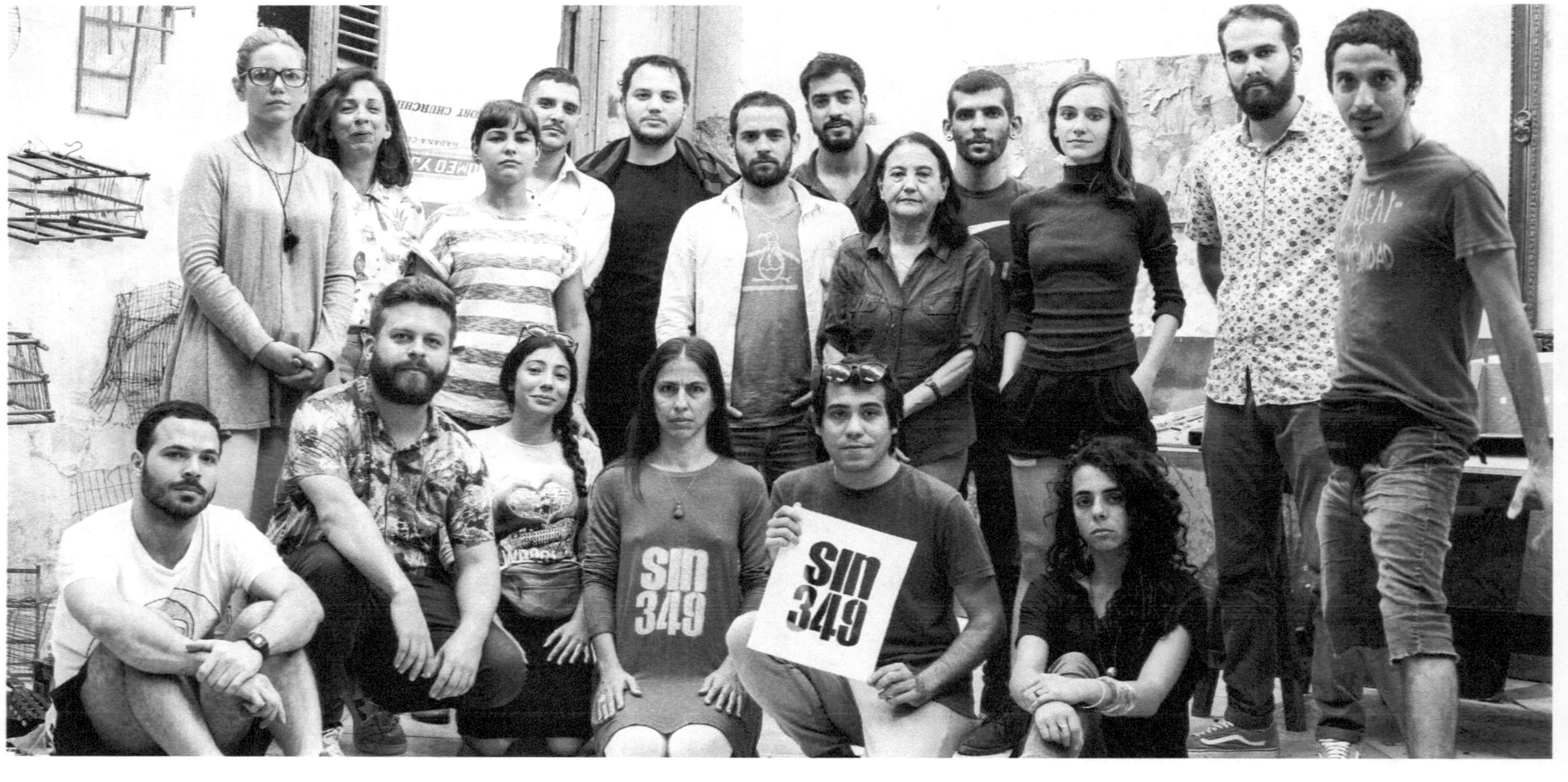

© Leandro Feal

Archivo 349, 2015-2020

Reunión Sin 349 en el estudio de José Manuel Mesías, La Habana, 2018. De izquierda a derecha: Liatna Rodríguez, Solveig Font, Mari Claudia, Kevin Ávila, Abel González, Nelson Jalil, José Manuel Mesías, Magaly Espinosa, Juan Pablo, Camila Lobón, Mario Luis, Julio Llópiz-Casal; abajo: Requer, Leandro Feal, Carla María, Tamara Venereo, Hamlet Lavastida, y Diana González. Fotografía. Cortesía del artista.

SOMBRAS EN LA OLLA PODRIDA

Héctor Antón

1.

En sus memorias póstumas *Antes que anochezca*, Reinaldo Arenas describe una visita que le hiciera Norberto Fuentes a la cárcel del Castillo del Morro. Traía de obsequio un cartucho de gofio y una novela recién publicada de Lisandro Otero. En el tuteo generacional, R.A le confesó al cuentista que ya no deseaba abandonar el país, sino subirse al carro de la Revolución cuanto antes, que estaba decidido.

Arenas fingía insinuarle al autor de *Condenados de Condado* (Premio Casa de las Américas, 1968), una hipótesis que agradaría a un preocupado Norberto Fuentes. Reinaldo confiaba que Norberto gestionaría su liberación al oírle admitir: «El futuro pertenece por entero al realismo socialista. Defenderé la cultura proletaria con obreros y campesinos».

Meses después, en el *jeep* que trasladaba a Reinaldo hacia una prisión «abierta» o granja, divisó una escena que lo inquietó: «Cuando llegamos a la esquina de calle 20 y la Quinta Avenida de Miramar, vi junto a uno de los árboles que allí crecían a Heberto Padilla, quien venía caminando por la acera. A él también habían logrado «rehabilitarlo»; ahora se paseaba entre aquellos árboles como un fantasma».

La imagen narrada, ya sea ficción o realidad, sintetiza ese *parteaguas* que generó el «caso» Padilla: epílogo del idilio continental entre los intelectuales y la revolución cubana. Aquel coqueteo prefiguró una criatura antes de abortar. «Soy un disidente de la palabra, del adjetivo. Solo soy una mosca en el vaso de leche», silbaba Heberto Padilla en el exilio, sin escuchar el eco de sus palabras perdidas. Desde aquel año 71, la utopía en traje de batalla se trasformó en una ruta suicida para los escépticos listos para la decepción.

Un espectral Luis Pavón Tamayo (1930-2013), evocaba despechado a viejos camaradas. Pavón salió a relucir en un espacio televisivo que provocó un disturbio organizado. El programa era conducido por el baladista Alfredito Rodríguez, «El cantante de la familia cubana», quien recaló en Miami. Allí se destaparon cazuelas en mal estado. El «Pavonato» o la guerra de los e-mails, revelaron a enmascarados que pusieron la cara durante la limpieza ideológica, desatada en la década del setenta contra desviaciones socioculturales.

Luis Pavón era una cruz con dos piernas. Caminaba por el centro de Quinta Avenida con un ejemplar bajo el brazo de su poemario *El tiempo y sus banderas desplegadas*. Nadie lo reconocía, ni siquiera desde la ventanilla de un automóvil reciclado en muchas ocasiones. El viejito era una copia borrosa de Heberto Padilla, sin humor ni talento literario. Tronaba sin alzar la voz ni la cabeza contra víboras del mundillo intelectual de adentro y afuera.

«Lo cubano es un rumor o un grito, no un coro ni un torrente. Lo cubano es una yagua pudriéndose al sol, una piedra a la intemperie, un matiz, un aleteo al oscurecer», expresó Reinaldo Arenas en una entrevista concedida a Nedda G. de Anhalt para el libro *Rojo y Naranja sobre Rojo* (Editorial Vuelta, México, 1991). ¿Por qué reducir a «lo cubano», si existe en el imaginario colectivo, a una categoría política, filosófica o literaria? ¿Por qué darle una respuesta categórica a una metafísica tropical?

Para el fabulador Arenas, «lo cubano» implicaba percibir la realidad desde una experiencia individual, ya sea rural o citadina, no una etiqueta o un decreto que debiera ser un canon. Un estado del espíritu o del cuerpo. Una pasión al margen de la conciencia o el delirio.

Alguien recuerda qué miembros del Ministerio del Interior irrumpieron en la vivienda-exilio interior de Gustavo Arcos Bergnes en el Vedado. Querían enseñarle un video de «El Camaján» (Elizardo Sánchez Santa Cruz). El cabecilla de la disidencia aparecía bebiendo whisky en una cena con jerarcas de las Fuerzas Armadas Revolucionarias. Pero la propuesta resultó un fracaso. Gustavo les pidió a los compañeros que se retiraran, antes de refrescarles: «Nada de lo que venga de ustedes, yo lo creo». ¿Será hoy otra *fake news*?

Gustavo Arcos Bergnes, herido en el ataque al Moncada, fue otro producto de *nuestra* poderosa industria penitenciaria, murió el 8 de agosto de 2006 en La Habana. Vivía atrincherado en su residencia. Como en prisión domiciliaria. Hay opositores a prueba de golpes y rejas que ignoran su biografía política.

Walterio Carbonell (1920-2008), intelectual negro traspapelado en la Biblioteca Nacional, aseguraba que la Seguridad del Estado le mandó a Reinaldo Arenas un maricón con SIDA para desaparecerlo. Del guajiro aquel, se ocupó el agente «Florecita» —bromeaba en serio el ensayista de *Crítica: cómo surge la cultura nacional* (1961). Un libro que, como ademán de reparación y homenaje, se reeditó en 2006 por Ediciones Bachiller, de la Biblioteca Nacional José Martí. Esta pretendía rescatar textos relegados de las letras cubanas.

Carbonell no pudo tragarse ninguna infamia. Lo conocí a mitad de los noventa, a través de los poetas Almelio Calderón y Juan Carlos Flores. Walterio estaba raquítico, babeante, sucio. Rodeado de archivos, entre polillas, buscaba hallar una conexión entre las trampas.

Caído en desgracia tras el «caso» Ochoa (1989), Norberto Fuentes intentó huir en lancha pero lo atraparon en tierra. Después consiguió irse por gestiones de Gabriel García Márquez y de William Kennedy, entre otras amistades influyentes en el *lobby* de izquierda. Escribe oculto en la Florida, reproduce pasajes bélicos animados, rentables. Desde allí miente, inventa, se atrinchera y se venga de ex amigos y enemigos. Gustavo Arcos Bergnes y sus hermanos siguen ausentes de los recuentos hechos en la *Nueva Cuba*, volúmenes de historiadores dados a reinventar ilusiones épicas.

2.

¿Dónde estarán *los* antiguos jóvenes de la nomenclatura Felipe Pérez Roque, Carlos Lage Dávila o Carlos Valenciaga? Quizás se refugian en un pasado recordable o en un presente regido por la mansedumbre. Tal vez disfrutan los placeres de sujetos ordinarios. Ya pueden comprar automóviles, broncearse en la arena de Varadero, escapar a sitios remotos donde serán cada vez más remotos. Ya pueden acudir a un estreno teatral con sus esposas, sin butacas reservadas ni protocolos. Su presencia en un concierto no perjudicaría a ningún artista. Estaban «limpios». Los dioses rotos de la ficción política conforman un retablo de marionetas, sin hilos para soportar el peso del olvido.

Patricio de la Guardia Font pinta leones que abandonan la manada cuando dejan de ser útiles, para irse a morir solos. Recrear una leyenda de la selva africana mediante paisajes en lienzo le permite al ex general de Brigada del Ministerio del Interior de Cuba alimentarse de su historia como una dulce carroña. Colorear el presente en nombre del pasado es el futuro de un «pintor de domingo». Solo añora amanecer con una bella chica.

Atrás quedó la defensa del Palacio de la Moneda en Santiago de Chile, junto al inmolado presidente Salvador Allende; los operativos finales para derrocar al multimillonario castrense Anastasio Somoza en Nicaragua; y, por último, el «caso» Ochoa, coartada fulminante en el trasiego de lealtades, conspiraciones. La confianza se tornó peligrosa. Su hermano gemelo Tony recibió la pena de muerte por fusilamiento.

El exceso de carisma puede salir caro. El «caso» del general de División Arnaldo Ochoa Sánchez (1930-1989) no fue una excepción. Sería un detonante para concebir una monografía titulada: Suerte y fatalidad del carisma o Cuando los líderes preocupan a los jefes.

Patricio de la Guardia prefiere ocultar el pasado. No le agrada contar detalles de su faceta bélica. Aunque confiesa las enfermedades que padeció en África como la malaria. Escuchándolo conversar bajito, pausado, con una sonrisa entrecortada, se intuye que conoce lo que es sentirse solo y perdido en la selva africana. Quizás lo embrujó vivir al límite: el arte de la guerra. La sobrevida transformó al guerrero en un antihéroe. Patricio evoca diabluras de juventud junto a Tony, como si lo tuviera cerca en el patio de su casa.

«El poder te pone y te quita sin explicaciones», aseguró alguien que vive y trabaja alejado de la lucha hegemónica. Luis Orlando Domínguez («Landy», para Fidel Castro en una época), Carlos Aldana (alias «Aldanov») o Hasán Pérez, entre otros, dan fe de la metamorfosis. «Landy» pasó de ser Primer Secretario de la Unión de Jóvenes Comunistas y jefe del Grupo de Apoyo a Fidel a vendedor de *cakes* de cumpleaños en el reparto Náutico del municipio Playa. No todos son hombres-corchos en regímenes autoritarios. El motivo de las destituciones lo «saben» las malas lenguas. Ellas inventan, discuten, entretienen.

3.

Amado Fuentes Quiala (Buenavista, 1961) era un tipo débil en el entorno marginal del barrio Marianao. Una tarde de matin*ée* bailable en el Salón Mambí de cabaret Tropicana, «El Toto» del Cerro lo cortó con una navaja y lo apartó del ambiente. Cumpliendo el Servicio Militar Obligatorio, fue llamado a pelear en la Guerra de Etiopía y, dio el paso al frente, orgulloso. Años después recitaría: «Fui combatiente internacionalista y qué soy».

Amado retornó traumatizado por afrontar el peligro sin convicción. Pronto celebró una fiesta de bienvenida estrenando safari gris, diente de oro y botines de charol. Esa noche conquistó a «Chicha», una madre soltera que lo atrapó en la euforia. Amadito perdió la fe y el juicio intentando crear una familia. Su hijastro le cogió el gusto a subsistir en el ambiente de la prisión, mientras que la hembra vendía su carne negra en los chupis de la Playa de Marianao. «Chicha» se cansó de un pobre diablo con dentadura postiza. «Chicha» volvió a la bebida, el cambalache y los hombres. Amadito Fuentes Quiala desapareció del mapa.

Los espectros de Alberto Yarini y Ponce de León ya no recorren con su aura de gallo fino las calles de San Isidro, evocando una frase que les atribuyen: «A las mujeres hay que darles no sé qué cosa y preocupación». Pero su legado marginal se reproduce en proxenetas, identificados a la sombra de sus herramientas femeninas.

Unas muestran sus dotes de equilibristas encima de tacones ruidosos. Otras se contonean en aceras y portales como si no tuvieran dueño, exhibiendo minifaldas pasadas de moda y tatuajes chorreados en sus partes visibles. Al revertirse la seducción en agresividad, un guiño lujurioso provoca náuseas. Y el «no sé qué cosa....» de la frase yarinesca, se aclara en «La bámbola», película de Bigas Luna: «A las mujeres hay que darles pinga y disgusto».

Los policías importados de Oriente rastrean a quienes van al Malecón habanero, para ahogar las penas en una nube de alcohol. Los trovadores del pueblo persiguen a los transeúntes para interpretarles canciones de cualquier género a cambio de monedas duras o suaves. Ya no distinguen entre turistas del «más allá» o nativos del «más acá«.

Lo decisivo es matar el hambre en cada parada. Los trovadores del malecón provienen de los rincones del país; se agrupan como una empresa clandestina. Muchos conservan su paranoia defensiva y le confiesan a los desconocidos: «Somos felices aquí». Ellos son autodidactas expertos en triturar melodías del llano y la montaña, la patria y el mundo.

Lázaro Torres Montalvo (alias «Farah María»), fue un travesti sin trapos ni lentejuelas que cantó y bailó en el Parque Central de Centro Habana o en una plazoleta quemada por el sol de la Terminal de Trenes. Los curiosos se divertían con sus monerías y estribillos. Esta caricatura de un «cuerpo sin voz» del patio sonoro, era un transformista con gracia para distraer a una muchedumbre en lista de espera.

«Farah» también encarnaba una fantasía ambulante que el carro patrullero toleraba, hasta llevárselo cuando se les acababa la paciencia. Su desahogo teatralizaba una glosa del poeta cubano Javier L. Mora: «Un idiota es un enfermo casi siempre soportable».

El *performance* de «Farah María» como divertimento improvisado, ilustraba un mini-cuento del cantautor Pedro Luis Ferrer que hacía en su peña «El velorio» en el Museo de Artes Decorativas: «Un hombre sale de su casa, llega al Hospital Psiquiátrico de La Habana (Mazorra), se agarra a la cerca y grita: ¡Sáquenme de aquí!». Dicen que a «Farah» la mataron en la cárcel. Ciertas estampas populares de la historia oral concluyen en una línea.

En el «Archipiélago Cubag», según una visión de la Isla del narrador Orlando Luis Pardo Lazo, travestirse es un *hobby* secreto para quienes no tienen el valor de exhibir su naturaleza, vicios y deseos en público. Las procesiones interiores requieren desahogos íntimos. «Hay que cuidar la apariencia correcta», repiten los que sí tienen cosas que perder en el marco de la imagen proyectada.

4.

Aldo Roberto Rodríguez Baquero (El Aldeano) y Bian Oscar Rodríguez Galá (El B) no soportaron el freno interno ni la expansión internacional. El exilio, la diáspora o cualquier paliativo extra-contextual no es una solución para movidas culturales de resistencia, destinadas a pulsear con retóricas de la intransigencia. Fuera de Cuba, sus voces merman. Tirar piedras desde la otra acera no es la cuestión, menos para Los Aldeanos.

A pesar de ser una lección para quienes nunca mantuvieron los puños arriba, las rimas contra la ceguera de Los Aldeanos (iconos de la «nueva escuela» del rap cubano) es comparable a la vergüenza del cazador, quien renuncia a la selva para colgar el fusil detrás de la puerta. De tanto empuñar el látigo, los mayorales de un latifundio terminan fugándose junto a los esclavos cimarrones.

Ya casi no se escucha a Los Aldeanos en Cuba. Muchos borraron sus temas-himnos como *¡Viva Cuba libre!*, *El rap es guerra* o *La* naranja *se picó*. Ya no representan a los héroes de la calle. Causa asombro o tristeza ver a jóvenes oyendo sus canciones familiares o amorosas. Al2 y El B transitan y desahogan separados por Norteamérica con sus altas y bajas.

«Andan recogiendo perros y viejos» —dice una trastornada buceando en un latón de basura. Cerca del lugar de búsqueda, el restaurante-*night club* La Cecilia anuncia una próxima masacre musical del grupo Los 4, comandados por el ex boxeador Jorge Jr., una de las anatomías visibles del perreo grosero carente de gracia marginal, pregnancia musical.

Es difícil pillar a estos tipos a plena luz. Los reguetoneros son búhos de la jungla nocturna: aúllan por la madrugada y duermen por el día. En el transcurso de la noche insular, unos rastrean (o trabajan) y otros sobreviven a las pesadillas que no pasan. Los cubanos añoran un bombardeo de dólares que liquide la miseria autoritaria, pero deben conformarse escuchando en una guagua el himno-profecía de Willy Chirino «Ya viene llegando…».

Durante una velada que protagonizó El Chacal en el bar-restaurante Don Cangrejo, cierta belleza con labios púrpura comentó que los joyeros eran los socios fuertes de Alexander Delgado, jefe y líder de la banda Gente de Zona. La belleza movía la cadera con suavidad, trago en mano, mapeaba el recinto. Al vaciar la copa de sangría, la belleza huyó de los curiosos impedidos de acordar precios con ella. «Ningún hombre merecía servicios gratis, con lo feo que están», diría la belleza al marcharse sigilosa sin mirar a nadie.

«La belleza de la langosta roja solo aparece cuando se la echa en agua hirviendo…y la naturaleza cambia las cosas y el carbón se transmuta en diamantes y la basura es oro…y llevar un anillo en la nariz es fantástico», escribe Andy Warhol en *Mi filosofía de A a B y de B a A*. Hay tantas putas como hombres imprescindibles, así en la paz como en la guerra.

«Yo soy de dónde crece la yerba», reconoció Chocolate MC al ver una fotografía de su ídolo Bob Marley. El «Rey de los Reparteros» fumaba mariguana ante una cámara, cuando expresó que lo censuraron en Cuba; no le permitieron ofrecer un concierto donde se presentaban otros reguetoneros. Tampoco perteneció a una empresa artística afiliada al Ministerio de Cultura. «Eso era un privilegio», confirman los reguetoneros excluidos.

La persecución al reguetón es un crimen de lesa hipocresía colectiva. Ya sabemos de los vínculos gubernamentales entre tolerancia y corrupción, anonimato y fortuna, glamour y control. No es noticia que el turismo sexual garantiza ingresos oficiales a costa de un género fogoso o vulgar como el reguetón. ¿Qué diferencia hay entre una sociedad podrida y la leyenda urbana que representa Chocolate MC, quien se reconoce «drogadicto, bandolero y enfermo» en un gesto desprejuiciado, antropofágico?

5.

Urania Rojas nació en la ciudad de Cienfuegos. Vino a estudiar a La Habana en la Escuela Nacional de Teatro. Tiene unos cincuenta años, es actriz de una Compañía de títeres. Le faltan quince para jubilarse. Ya no relee a

Virgilio Piñera ni a Hainer Müller. Ya no pretende encarnar un clásico de Antón Chéjov. Tampoco le preocupa si cuanto hace es arte o no. Puede tener cuatro o cinco sueldos en moneda nacional, aunque sus ingresos no llegan a 50 CUC. Sueña casarse con un hombre mayor de unos setenta años, eso sí, con dinero. Urania fantasea con una nieta y una vejez sin penurias económicas, cuando dé el portazo del retiro.

Vladimir Centelles no rebasa los cuarenta, se graduó de medicina. Recuerda la estampida marítima en el verano del 94 y él observando sin entender. Formó parte del Contingente Internacional de Médicos Especializados en Situaciones de Desastres y Graves Epidemias que prestó ayuda humanitaria en Pakistán y Haití. Conoce el precio de la lealtad e ignora el valor del riesgo. Siente desazón ante quienes descendieron los cerros bolivarianos del Táchira, para cruzar la frontera colombiana en busca de algo distinto. Vladimir no se lo perdona. Su recompensa es una inagotable capacidad de renuncia.

Los que eligieron el oficio del magisterio terminan dándose pescozones y reglazos ellos mismos. Harakiri tropical para vulgares suicidas. ¿Qué significa escapar de un aula a otra, si la diferencia es una tiza separando bloques de teoremas matemáticos o familias de plantas en un pizarrón? No hay regalos ni salvoconductos migratorios para quienes se consagran a enseñar, en nombre de la vergüenza revolucionaria.

Muchos que permanecen en Cuba todavía conservan la edad de la ilusión lírica. El tiempo suele aplastarlos como a una cucaracha entre la multitud. Uno de los atascados podría memorizar estrofas del poema dedicado a John Lennon por Ramón Fernández-Larrea: «/Hoy degollaron al tonto de la colina/Seguramente está al venir la guerra/». La ciudad y sus habitantes disfrutan el premio cotidiano de amanecer con los ojos abiertos. Es el turno de los de abajo, nutriéndose de oprobios y falsa paz consigo mismo.

Ellos se trasladan desde zonas intrincadas hasta La Habana para cumplir sus quimeras. El tartamudo se enfunda en un traje militar para imponer la autoridad. La diosa de los trapos se desnuda, para arrancarle unos cuantos euros a un turista de poca monta. Una insurrecta de expresión dura vende confituras en la rampa de un cine sin licencia de cuentapropista, mientras un policía la cachea con la mirada.

Otros revelan su apetito por cartografiar la urbe, al improvisar refugios en la sombra. Habitan los denominados «Llega y pon». Barrios insalubres que vuelven a esperar por los camiones de la Revolución. La incertidumbre es el signo que los atrapa en una aureola de humo. Ellos chupan de su propia sangre como vampiros inocentes.

Ese enjambre humano que frecuenta el parque de la Calle G da la impresión de rechazar el hogar, la familia o carecer de ambiciones. Nuestras tribus urbanas matan las horas jugando ajedrez o cartas en el pavimento. Aspiran tacos de marihuana dudosa que venden los jíbaros. Detestan la televisión, los periódicos oficiales. Romancean en los bancos o sobre la hierba. Pernoctan en los márgenes del ocio, la felicidad es abandonarse, vagar en el limbo. Esa juventud que cierra la madrugada habanera está cansada de descansar, a la suerte de noches estrelladas que iluminen su existencia.

Sandra de los Santos prefería morir antes que llevar una vida miserable en Cuba. Huérfana de madre y padre, un día empezó a vender tabacos de contrabando para reunir dinero y abandonar la Isla. Apenas rebasaba los veinte años. Aunque su inclinación por la historia le permitió conocer que antiguamente los negros esclavos de Norteamérica se metían en cajas de doble fondo, zarpaban a Canadá simulando una carga y soltaban los grilletes.

Entonces inició el plan de alto riesgo: viajó a Nassau, Bahamas, con el objetivo de llegar a Miami sustituyendo a un motor de barco que sería enviado por DHL. Las gestiones de emigrar por vía legal se retardaban y Sandra de la Rosa temía enloquecer. Aguantar el calor que debía soportar durante el vuelo era severo, pero desafiaría al peligro. Intentaría vencer a la asfixia.

A Sandra de los Santos le bastó una complicidad anónima, un pomo de agua y la luz de un teléfono móvil para darle patadas (seis horas después) al cajón de madera que la sacó de la claustrofobia. Quienes presenciaron el suceso, quedaron petrificados. Sandra lloró de alegría, inspiró con fuerza; todavía le cuesta silenciar los ecos de una agobiante travesía.

Nosotros, los infieles del pluripartidismo imaginario, a nadie debemos la sobrevida. No es recomendable enrolarse en conspiraciones solitarias. Detestamos la fermentación política, para entregarnos en sus brazos como el ahogado más hermoso del mundo. Quienes anhelamos conversaciones apacibles en los altos manicomios, a nadie debemos la sobrevida. Carlos «El loco», *please brother*, coge un segundo aire y ruega por nosotros.

6.

En el marcapasos del béisbol nacional reina la desilusión. Coexisten fichajes a peloteros aptos para descollar en la Gran Carpa; éxodo de prospectos y jugadores activos o retirados escapando por mar y aire deseosos por mutar; loros televisivos como Rodolfo García y sus *partenaires* de *Al duro y sin guante*, quienes vociferan o cambian de tema según indique la brújula «madre de la patria»; árbitros blandos, comisionados autómatas, chicas ociosas persiguiendo los fulgores de las estrellas y red de apostadores en los estadios.

Economía y béisbol: punto crucial en la decadencia de la pelota cubana es un tema cerrado a la discusión pública. Cuánto ganan y cuánto merecen los atletas de alto rendimiento. A camisa quitada, el triunfador y respetado ex director de Pinar del Río Alfonso Urquiola comentó en una entrevista: «los atletas no quieren jugar por unas latas de refresco o un hotel con aire acondicionado, si cuando llegan a sus casas los hijos no tienen zapatos para ir a la escuela. No es la época en que con trofeos y medallas olímpicas o un abrazo de Fidel nuestros peloteros ya eran héroes».

El paripé del amor a las cuatros letras CUBA que identificó al deporte nacional, vislumbra el incendio de alfombras y telones. Los atletas se hartaron de matarse por un viaje al extranjero o disfrutar una semana gratis en el balneario de Varadero con la familia. Mejor la autonomía de un contrato profesional, antes que regalías gubernamentales.

El derecho a la traición amenaza con transformarse en un deber, para quienes reniegan continuar el sendero de la manada en harapos. Dependencia es esclavitud. Mucho más si median principios políticos, hechos para ser violados por sus mismos forjadores. Tal vez la última consigna revolucionaria sea: «La traición es un derecho del pueblo».

Agustín Marquetti, Antonio Pacheco y Victor Mesa, por solo mencionar a tres figuras retiradas, están en Miami. Las superestrellas de la M.L.B no podrán jugar por Cuba, ante la tardía decisión gubernamental de permitirles competir por su país a quienes renunciaron a defender su camiseta. ¿Qué diría Aroldis Chapman, relevista de los Yanquis de Nueva York, si lo autorizan a lanzar con el *team* Cuba? «El Misil de Cayo Mambí» sería una incógnita para quienes lo necesitan.

El descuido de los terrenos, la precarias condiciones materiales en la Escuela de Iniciación Deportiva Escolar (EIDE) Mártires de Barbados y la fuga de prospectos descartan la posibilidad de una redención beisbolera en Cuba. En categorías sub-18, los padres de los muchachos deben pagar el transporte a provincias entre seis y diez CUC. «Tienen que cargar cubos de agua para bañarse y la comida es pésima en la EIDE. A esos chiquillos se los lleva cualquiera por unos cuantos dólares» —resume la abuela de uno de ellos.

7.

En las artes visuales cubanas hemos visto de todo y no para el bien de todos. Tomás Sánchez se alejó de Cuba al vislumbrar un paisaje distinto al de otros artistas que apestaban por divergencias políticas, conductas impropias. Muchos decidieron irse. Tomás Sánchez no tardó en ser más rentable que el Fondo Cubano de Bienes Culturales, empresa que le entregaba tres mil pesos cubanos si vendía un cuadro suyo en tres mil dólares. Desde sus prolongadas estancias en México, Miami, Costa Rica, la belleza insular acosaba al pintor, sediento de recuperar una familiaridad.

Las blasfemias transitorias del paisajista *zen* Tomás Sánchez Requeiro se tornan invisibles en sus registros fotográficos (publicables en *The National Geographic Magazine*) y, por supuesto, en sus lienzos apacibles donde hasta los basureros son pasteles exquisitos para el mercado. Un «exiliado modelo» sustituye la ausencia de nostálgicos reticentes o enemigos del perdón cuando no ha habido justicia. Si los hombres ceden, propician su conversión en sujetos melancólicos del momento oportuno.

Aquellos que se fueron y visitan la Isla quedan asombrados ante la conservación de fábulas y escombros. Como si la restauración fuera una solución absurda. Miran, sonríen y se despiden como personajes de una novela familiar que no se deja leer. Aquellos que retornan necesitan aparentar que la añoranza es más severa que el rencor. No hay placer mayor que el autoengaño mediante una embriaguez compartida. «No hay que volver» fue la máxima de un escritor nómada, renuente a las cursilerías sublimes.

Es una vergüenza para la cultura pos59 que se le otorgara el Premio Nacional de Artes Plásticas (2012) a Ever Fonseca (o Never Fonseca) antes que a Flavio Garciandía por respirar-vegetar en Cuba, como semilla incapaz de germinar en otras tierras. Tales podrían ser Luis Cruz Azaceta o Julio Larraz. A pesar de hacerse artistas en los Estados Unidos, ¿por qué no premiarlos y conferirle un matiz postnacional a un reconocimiento local?

Mientras integrados a la nomenclatura como Ever-Never y otros figurantes de su generación tienen un seguro de olvido garantizado, los apocalípticos deberán esperar porque la contracultura de los hegémonos mute en cajas negras demolidas. Entonces SÍ podría acontecer el milagro profano: un detractor *heavy* del *globetrotters* Santiago Sierra que también diga NO al Premio Nacional de Artes Plásticas y salga ileso de la mueca.

El Canto del Cisne (2012) es un documental de Glexis Novoa que rescata y examina parte del legado conceptual-performático durante la «ofensiva revolucionaria» de los ochenta. Entre cuestionamientos y jodedera, los tripulantes de la balsa perpetua narran vivencias con seriedad, extrañeza, socarronería, desparpajo. Casi todos los entrevistados ofrecen la impresión de no haber padecido lo suficiente, como si evocaran travesuras infantiles, lo cual prueba ese espacio-tiempo que disfrutó la edad de las maravillas o herejías elegidas.

El documental tuvo su *premier* mundial en la exposición *Perder la forma humana. Una imagen sísmica de los años ochenta en América Latina* (Museo Nacional Centro de Arte Reina Sofía, 2012). En cambio, su debut local se redujo a proyecciones corridas en medio de una exhibición concebida para *Espacio Aglutinador*. Maniobra fílmica vista en un marco *underground* habanero. Al sacerdote de la etapa romántica Glexis Novoa le corresponde soltar una copia digna del *Canto...*, en nombre de su «Mal de Archivo» y la generación *flash* que patalea ansiosa por consumir la resaca de lo prohibido.

Glexis Novoa Vian retornó al Museo Nacional de Bellas Artes en 2016. *Las cosas como son* era una exhibición sin la intención de crear ruidos o censura. Dándoles la bienvenida a los visitantes a la inauguración, Glexis Novoa se quedó esperando a los dirigentes del arte. El retorno de los hijos pródigos continúa siendo una asignatura pendiente en los Estados de Excepción. No todos los hijos que vuelven tranquilos a la Isla son orgánicamente pródigos.

«Desde que los generales no mueren a caballo, los pintores no están obligados a morir en su caballete», le acotó Duchamp a Pierre Cabanne en sus conversaciones. J.L repetía este consuelo libertino, lleno de goce y socarronería. J.L sabía dibujar y ganarse la vida con pinceles, lienzos, cartulinas. Aunque quería algo más. Descubrí que tenía habilidad para desmontar el arte contemporáneo. Era pícaro. Zorreaba con la frase «estúpido como un pintor», esa que disfrutaban conceptualitas recalcitrantes o de manos castradas por la torpeza o la academia.

Pasó por el Instituto Superior de Arte. Se graduó de la escuela de Cubanacán con el orgullo de nutrirse del magisterio del artista Eduardo Ponjuán, el afecto de unos cuantos amigos y la certeza de que la carrera artística no la consiguen recorrer todos, ni siquiera con mediano éxito. Para eso hay que tener espuelas afiladas, tragar buches amargos, persistir.

J.L ansiaba marcharse bien lejos, estaba dispuesto a trabajar en lo que sea a donde fuera; extraviarse en un paisaje de nieve, seducir a una ninfa terrenal. Quería contemplar los frescos de los clásicos que solo veía en revistas, catálogos. «Los artistas cubanos tienen una cultura de catálogo», sentenciaba Eduardo Ponjuán; J.L quiso traspasar el umbral.

J.L. vivenció el axioma: «La mejor despedida es no decir adiós». Los cubanos han puesto en práctica esta idea del sabio Platón en su acontecer. Volar en silencio es una costumbre habitual entre nosotros. «Que se enteren cuando esté del otro lado del charco. Hay que desconfiar. Hay que espantar a los malos ojos», alegan los más suspicaces.

Anduvo por Rusia, Serbia, Croacia. Tuvo un romance con una diseñadora moscovita mayor que él, pintó lápidas en un cementerio de Moscú, padeció el racismo de los antiguos hermanos del campo socialista. «No es fácil ser negro en ningún lugar. Esos hijos de Putin…», repetía entre dientes con roña. Venía dispuesto a empezar de cero, ahogarse en el calor y los rezagos familiares. Luego del retorno, J.L se enamoró otra vez de una mulata, debutó como padre de una niña; quería estudiar, reinventarse.

En su proceso desmitificador de la reescritura histórica, José Ángel Toirac amenaza con llegar al grado cero de la iconofagia ambivalente. En sus piezas, la imagen de Fidel Castro y la épica socialista es una sátira neutra, tramposa. ¡Cuánto afán simbólico por otorgarle terrenalidad a un mar de lágrimas nunca vertidas en la urna patriótica! ¡Cuánto interés por transparentar la opacidad de una esencia consumida por su apariencia!

José Ángel Toirac es un maquillista-perfumista que trafica con la propaganda oficial. La maniobra resulta proporcional a los laberintos de sus relatos. La apropiación instala un *collage* plagado de emblemas publicitarios, consignas, testimonios, referencias. Toirac no es una mosca en el vaso de leche, sino un artista visual que sabe vivir en una olla podrida. Por ello, reverencia a un jocoso Slavoj Zizek: «La ideología es tener un pastel y comérselo».

Diferente a la cautela de la promoción de los noventa, al jugar con la cadena y no con el mono, Toirac reniega a secundar dicha estrategia con otros matices. No excluye al mono para evadir sospechas. Al contrario, lo replica, lo enaltece con ironía glamurosa.

Abdel Hernández San Juan transita por el Vedado sin que nadie lo interrumpa. Observando su recorrido hincado por el sol del eterno verano, parece estar en paz consigo mismo, orgulloso de acatar las señales en el asfalto que rigen sus pasos. De vuelta a su tierra, sobrevive fugado del cataclismo vulgar. La convicción sin mediación es su tesoro escondido en la «Casa del Ser». Nada lo incita a rajar contra las estrategias fatales de *scanners man* con faltas ortográficas en la mirada, soñando robarse el *Home* sin batear.

El curador como «arqueólogo de la conveniencia» aprovecha cierta apatía grave o burlesca asumida por heterodoxos natos, veladores de su libre albedrío, quienes rechazan el baboseo metódico de quienes recorren pasillos e invaden las «oficinas secretas» de la Institución-Arte como perros de casa o de caza. Si «la mejor defensa es el ataque», no se vislumbran redenciones para actitudes negadas a la dinámica actual, en cuanto a guiños que inciten una contracandela al «estado de cosas».

Una tarde de la primavera 2010 percibí el zumbido de las Damas de Blanco en el corazón del Vedado. Susurraban la palabra LIBERTAD con los puños en alto; sostenían gladiolos e ignoraban al contingente *high tech* que rodeó al Parque del Quijote. Eran rompehuesos ágiles con transmisores injertados en bocas y orejas. Recibían órdenes, enviaban mensajes, aunque sin tocar a las mujeres. La gente miraba, callaba, seguía. Sin mirar atrás. Evitaban parecer involucrados en un escándalo sobrio, valiente, comprometedor.

Contra toda esperanza, Tania Bruguera pretendió hacer posible lo imposible. Elevar el murmullo de las Damas de Blanco a clamor en la Plaza de la Revolución (diciembre 30 y 2014), facilitaría otorgarle a la intolerancia el grado de creación artística. Frente al libretazo temerario, la artista cubana residente en el «camino» obligó a que voceros de las artes plásticas se lavaran las manos. Ellos delegaron responsabilidades en técnicas de búsqueda y captura humana. El lavatorio profiláctico fue un preludio.

Así cuajó la pieza realizada por el Ministerio del Interior: los bloqueadores disciplinarios culminaron el gesto de transformar la desmaterialización de una protesta pacífica en macro-ofensiva mediática. Los custodios de la «tranquilidad ciudadana» consiguieron gritar callados sin percatarse de que proclamaban a los cuatro vientos: «La obra soy yo». Tania Bruguera amaneció en un calabozo ojerosa, para atravesar temblorosa el espejo de los humillados y ofendidos.

De paso por La Habana de sus comienzos, Elvis Fuentes, el crítico y curador radicado en Nueva York comentaba «entre amigos» que «los artistas son oportunistas y Bruguera no es una excepción». Si una retórica de la intransigencia excede cualquier ventajismo estratégico, pancistas torpes o sagaces están libres de culpa. Entre la oportunidad y el oportunismo está la eternidad del arte contemporáneo, podría argumentar Elvis Fuentes.

Tania Bruguera renunció a la membresía de la Unión de Escritores y Artistas de Cuba; devolvió la Distinción por la Cultura Nacional que le confirió el Ministerio de Cultura en 2002. ¿Qué figura del gremio artístico protagonizaría tal «conducta impropia», en medio de una falsa guerra escenificada tras bambalinas? «Ladro en privado y rastreo en público». Así maquinan la mayoría de habitantes de una «aldea letrada».

La discrepancia visible de artistas e intelectuales con Tania Bruguera tipifica a la doble moral como signo de falsa conciencia. Como si justificaran por telepatía: «Tengo que admirarla o respetarla desde afuera, sin testigos, para no ensuciarme con el poder».

«Mi distanciamiento será radical. Lo siento por mi familia y amigos queridos, pero no regresaré, ya no tengo un lugar a donde volver. Me niego a ser tratado por el gobierno cubano como un criminal, como un agente del enemigo. No voy a callarme ni admitir que estigmaticen, repriman y encarcelen a mis colegas por expresarse y defender sus derechos ciudadanos. Que se metan esa isla por el culo, de la que son dueños. Quemaré mi feo, caro e inservible pasaporte cubano. Asumiré plena/mente la condición de indeseado. Es un orgullo para mí ser un desterrado, un exiliado de esa dictadura. El exilio es mi lugar, mi territorio adoptivo. Acabo de arribar otra vez a ese lugar llamado posnación».

Este fue el *statement* de actitud de Juan Sí González escrito de regreso a Dayton, Ohio, tras ser expulsado de Cuba en febrero de 2020. Había vuelto ilusionado con ver a su familia, reencontrarse con viejos amigos e, incluso, realizar una intervención que no pudo concretar en el INSTAR (Instituto de Artivismo Hannah Arendt), proyecto que dirige Tania Bruguera en su vivienda habanera.

La nostalgia de Juan Sí González se transformó en ira; el pasado insistió en chantajearlo, a costa de los eternos «principios revolucionarios». Estos le recordaban su condición de no-persona. «Volver» continuaba siendo un tango de Carlos Gardel que no debería tararear. La ironía de Juan Sí González se deshizo en lágrimas, al despedirse de su hija mayor Frida.

El «caso» Luis Manuel Otero Alcántara y su periplo intermitente por calabozos de unidades policiales y la prisión de Valle Grande, reafirmó que la política cultural del periodo revolucionario (1959-?) avanza retrocediendo. En 2019 fue detenido en más de diez ocasiones; ya en 2020 estuvieron a punto de llevarlo a los tribunales por delitos de ultraje a los símbolos patrios y daños públicos. Los verdugos desataron las protestas. La víctima consiguió la simpatía o apoyo de quienes antes lo señalaban con el dedo.

La suspensión de la vista oral respondió a una ola de peticiones de reconocidas personalidades cubanas y extranjeras. Hasta una figura avalada por su trayectoria artística, aval político y terquedad como Kcho (Alexis Leyva Machado), reclamó que fuera revocado el proceso iniciado contra L.M.O.A. Parecía que explotarían las redes sociales con expresiones de inconformidad expandiéndose. El absurdo se hizo evidente.

Lázaro Saavedra, artista merecedor del Premio Nacional de Artes Plásticas en 2014 y Magaly Espinosa, profesora, crítica y curadora de arte asistirían al juicio como testigos. Su declaración se limitaría a declarar que L.M.O.A era un artista. Los hegémonos enmendaron la cadena de disparates. Terminaron el *show* que habían ayudado a orquestar.

Poco después, fue liberado el activista pro-derechos humanos José Daniel Ferrer García (Palma Soriano, 1970), director de la Unión Patriótica de Cuba (UNPACU), quien había sido ridiculizado a través de medios oficiales como un mercenario a sueldo del imperio; un desafecto como un demente vaciado de contenido ético por sus propias imposturas.

8.

La llegada a Cuba de la pandemia Covid-19 homogenizó al confinamiento que privó a Otero Alcántara de concretar sus intervenciones públicas. Fue el momento para desechar el expediente policial de un «delincuente haciéndose pasar por artivista». Fueron sancionados agentes de la Policía Nacional Revolucionaria a cargo de chequeos, advertencias, detenciones. Se dio la circunstancia que anhelan los pacificadores a sueldo o voluntarios: luchar por el consenso sin que parezca obligado, cuando en realidad lo es.

El eslogan «Quédate en casa» sostenido por la campaña sanitaria, no era un aviso para L.M.O.A, el Movimiento de San Isidro o Tania Bruguera (quien se encontraba en Cuba) ni para contestatarios emergentes: llámese Lynn Cruz, Katherine Bisquet o Camila Lobón. Era para los ciudadanos activos.

Si estar en la calle era poner en riesgo la salud de todos, L.M.O.A quedaba neutralizado. Pero no exento de continuar siendo vigilado, detenido, golpeado. La Covid-19 había resultado una pandemia brutal, una maldición global. Útil para amordazar desacatos, erigir a Cuba como un ejemplo de cómo el Estado estaba al lado del pueblo, ocupándose de salvar al país del virus.

La mascarilla o nasobuco era una señal de que para salir airoso de la batalla, debíamos mantener la nariz y la boca tapada. Sociedad de control y medidas anti-pandémicas rimaban.

La Covid-19 y el bloqueo estadounidense podían dar a conocer la fecha de su matrimonio *online*. Una élite de funcionarios robustos y confiables los felicitaría desde sus cuentas en *Twitter*.

La Bioseguridad «suplantó» a la Seguridad del Estado. Brigadas Médicas Cubanas partieron a diversos lugares del mundo a prestar servicios. Se potenciaron las denuncias anónimas contra delitos e ilegalidades que propiciaban acaparamiento. Se habló de priorizar la producción agrícola para sustituir importaciones. Los campesinos integrales salieron en los noticieros de televisión mostrando optimismo, pujanza, fidelidad.

Si los cubanos no podían estrecharse las manos, abrazarse ni besarse, sí tenían la obligación de tomar distancia uno del otro. «Distanciamiento social». O su variante perversa: envidiarse, pelearse, delatarse. «Juntos pero no revueltos», constituyó el refrán que se adaptaría al momento. La contaminación del rostro y la máscara era inevitable, una epidemia que no mata pero corrompe, como lo distinguió el periodista Reinaldo Escobar.

La ideología dejaba de ser una causa de discusión o negación. ¿Qué importaba estar a la izquierda o a la derecha, si estaban vidas en juego? La Covid-19 era un desafío de envergadura. Otra vez se empuñaba esa «política del remiendo». «¿Quién será el no-escritor Lorenzo García Vega, enemigo de la revolución y detector del parche revolucionario?», debieran preguntarse quienes se dedican a tapar agujeros.

Si el arte es un lujo en tiempos difíciles, no había justificación para reclamar su presencia como un arma de lucha; mucho menos cuestionar un orden social, debatiéndose entre la vida y la muerte de su prole. Ninguna arbitrariedad podría ser más fuerte que un evento de infestados o sospechosos. Era la hora de salvar seres humanos, no de impugnar actitudes. Un ejército de batas blancas serviría de camuflaje a las tropas de uniformes verde olivo. La Isla se detuvo; los artistas quedaban sueltos, pero atados al sentido común.

GALERÍA

Alejandro Aguilera
Dagoberto Rodríguez
Kiko Faxas
Leandro Feal

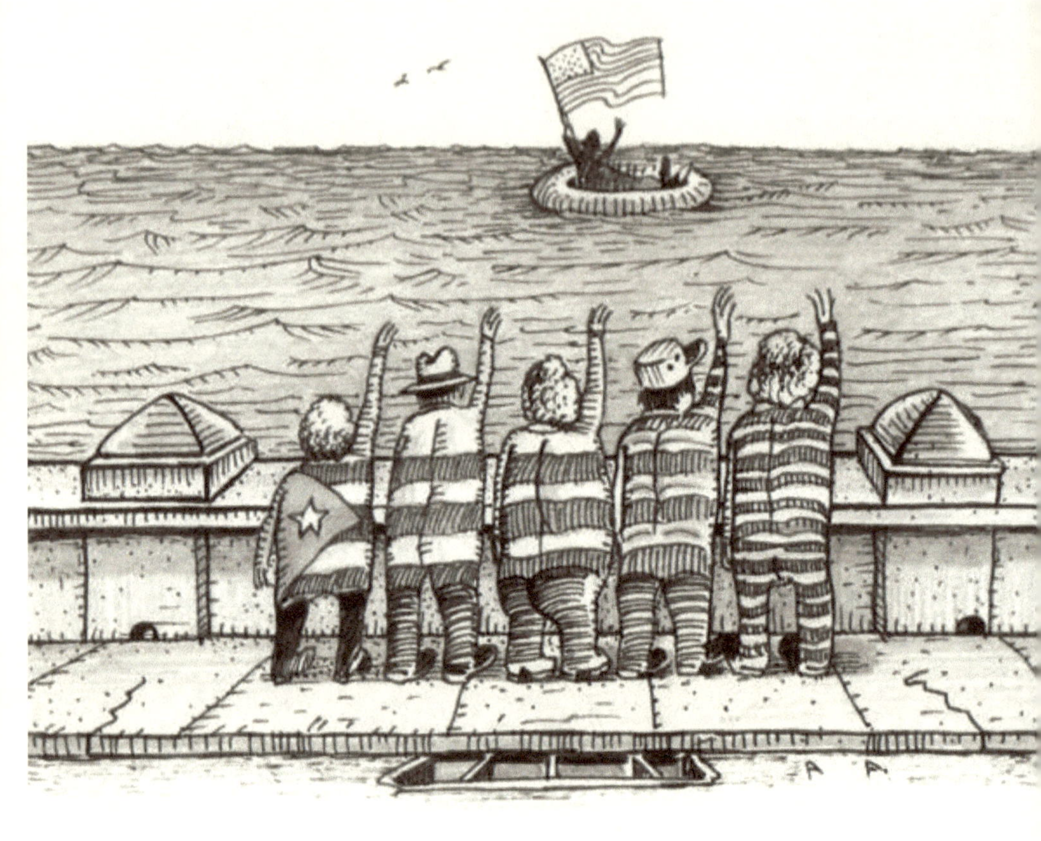

Cocaína y Comunismo, 2019
Instalación. Caucho y bronce cromado.
Cortesía del artista.

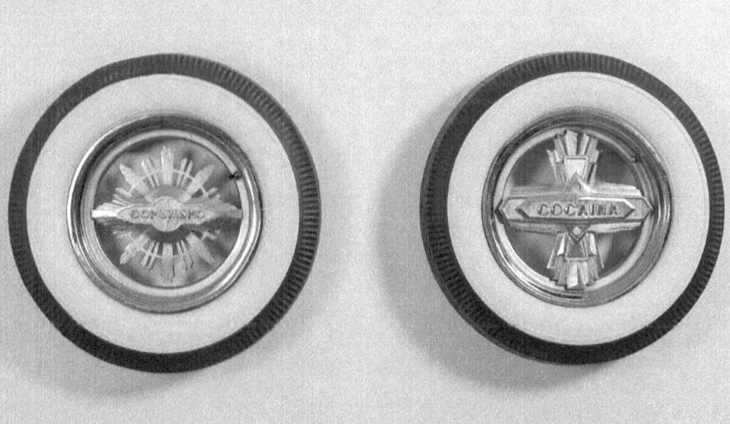

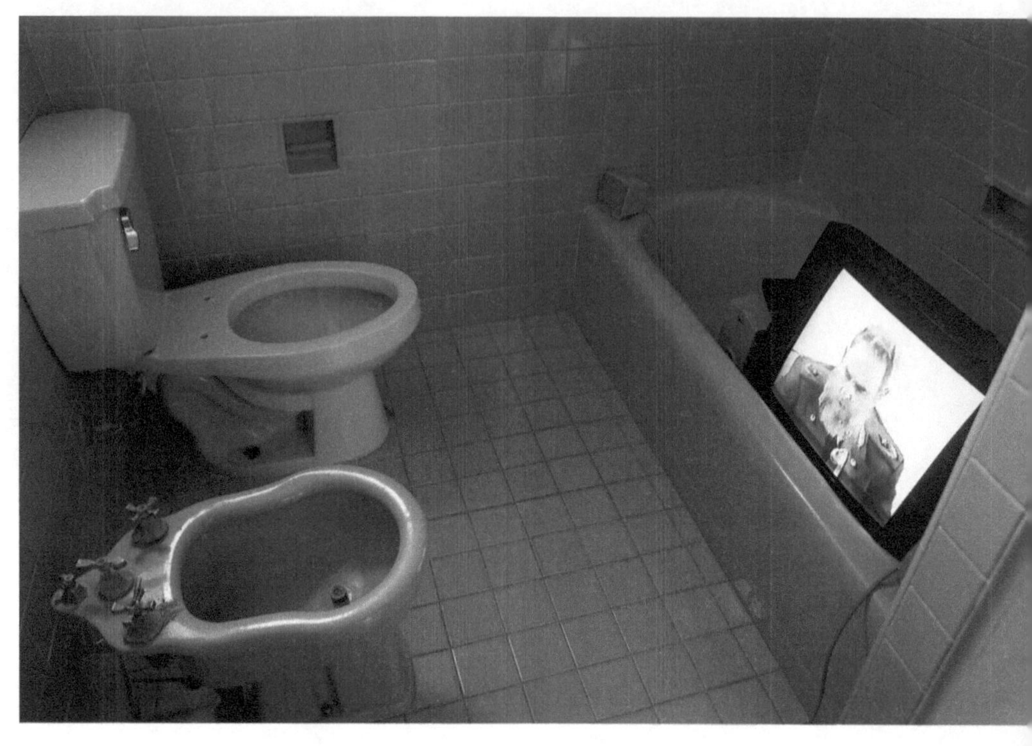

© Kiko Faxas
Primera causa: O som da aura. De la serie *Siete horas de discurso*, 2019
Partitura musical, video instalación sonora.
Cortesía de Abel González Fernández.

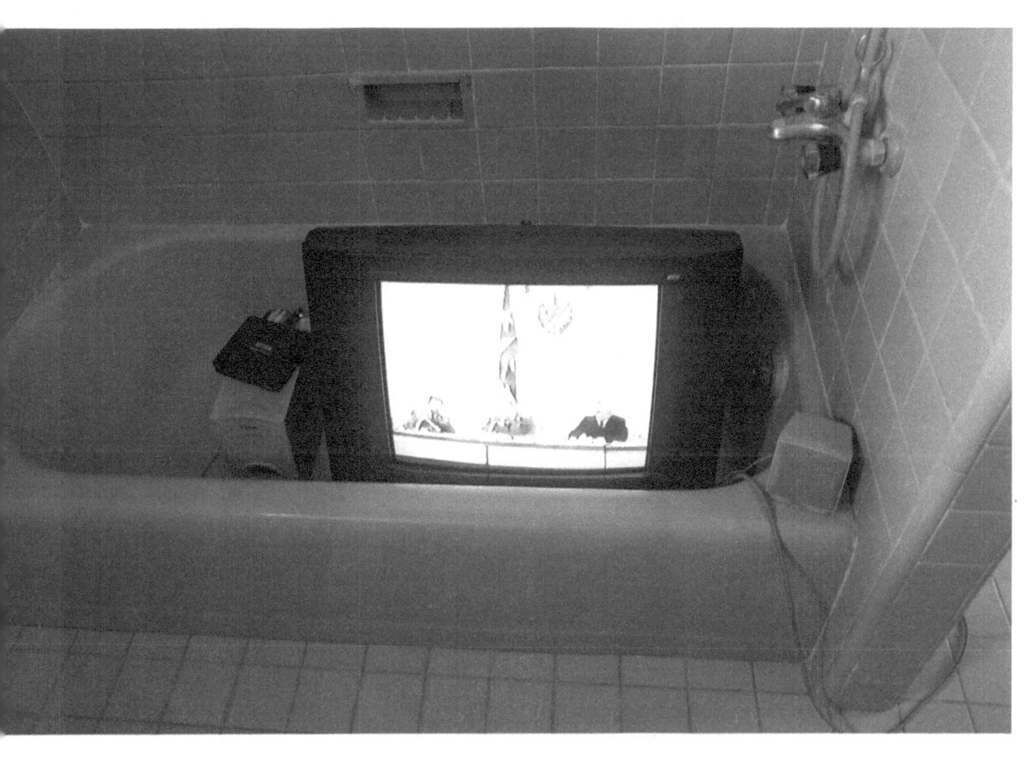

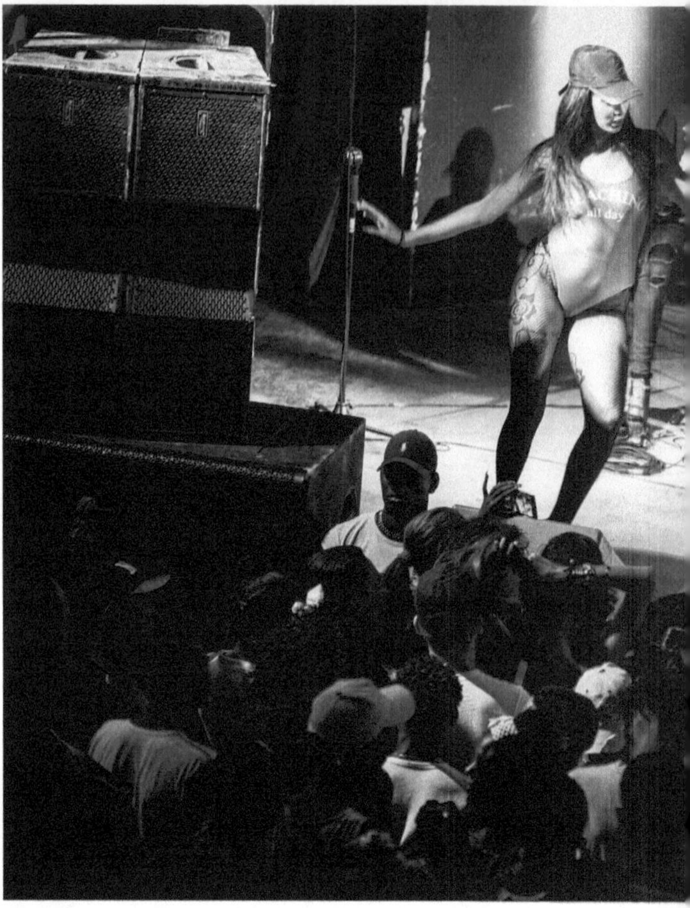

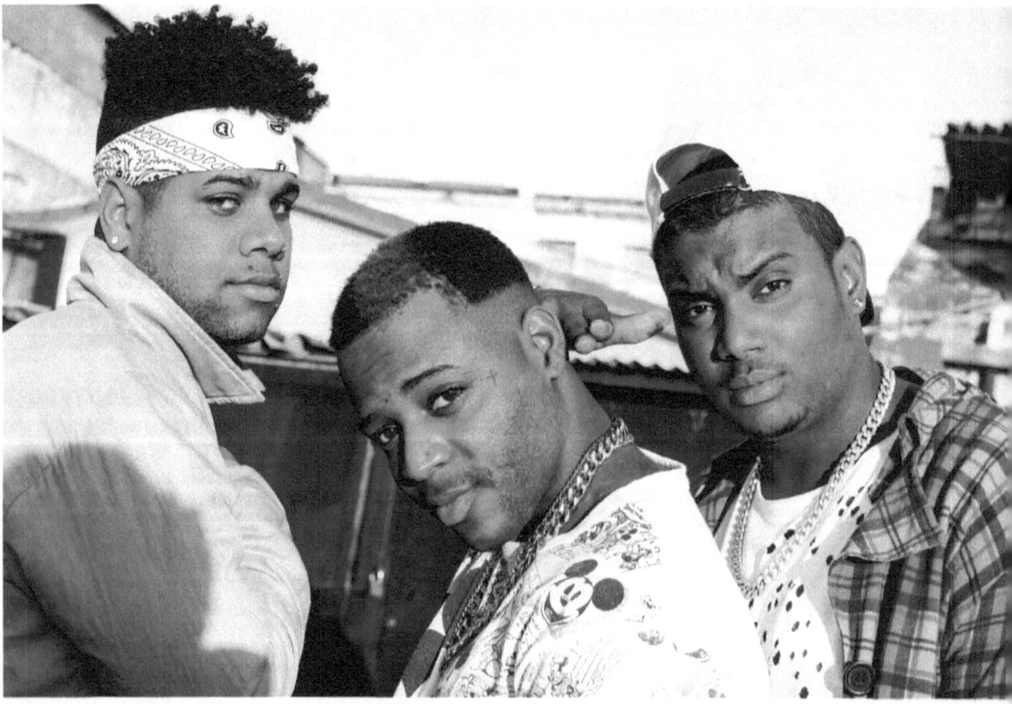

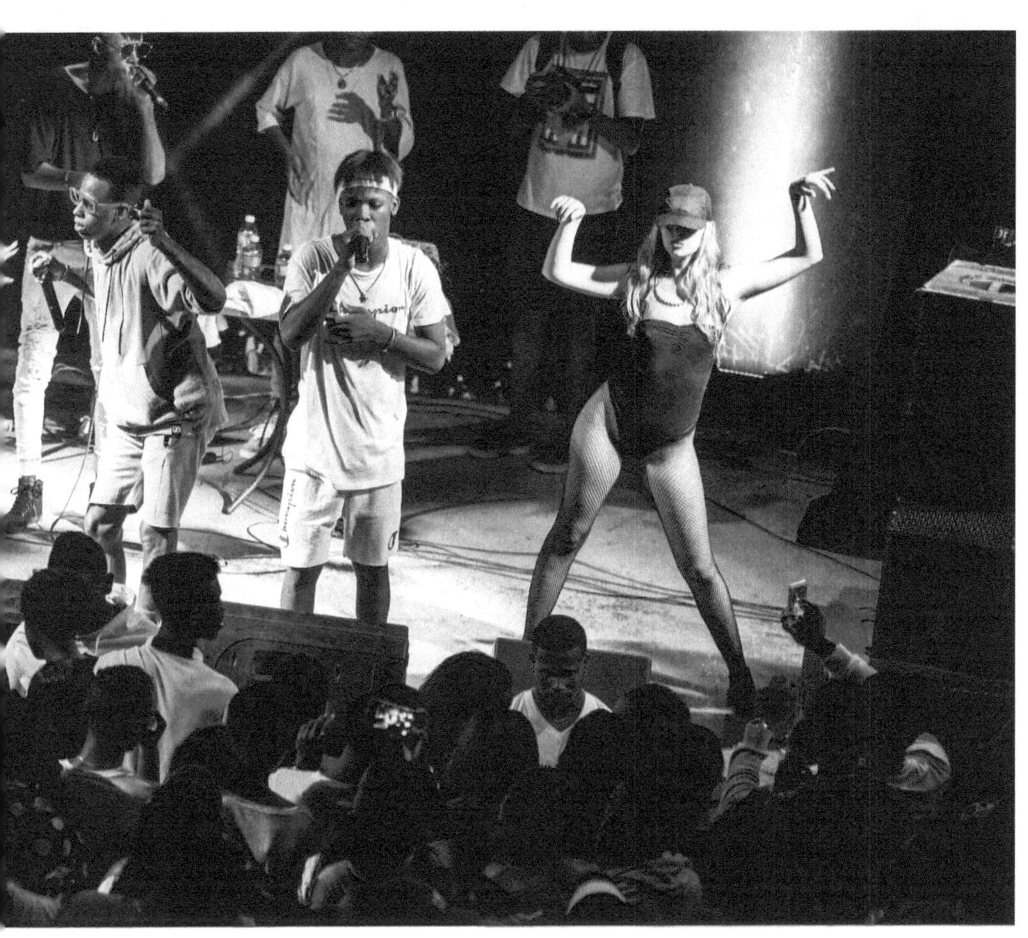

© Leandro Feal
Archivo 349, 2015-2020
Un Titico & Kn1 One en el Palacio de la Rumba, La Habana, 2018.
Fotografía.
Cortesía del artista.

© Leandro Feal
Archivo 349, 2015-2020
El Negrito, El Kokito y Manu Manu en la Célula Music, La Habana, 2017.
Fotografía.
Cortesía del artista.

EL AMIGO TOTALITARIO

HENRY ERIC HERNÁNDEZ

En otro artículo argumento, que desde su posición de peregrino político y en su libro fundacional *New Art of Cuba* (1994), el artista y crítico de arte Luis Camnitzer inicia el camino a través del cual la censura se convierte en anatema (Hernández 2019).

Al suprimir la discusión sobre la censura, siendo esta un elemento cardinal de la política cultural cubana, Camnitzer silencia el disentir del otro; al reiterar que la censura en el arte cubano resulta *ambigua*, Camnitzer satisface una educación política que se extiende del contexto nacional al internacional, resituando la arenga de la burocracia cultural en el imaginario de la comunidad de izquierda.

A tono con esto, la artista e investigadora Coco Fusco acentúa el desinterés de Camnitzer respecto a la obra de Juan-Sí González y el Grupo Ritual ART-DE (Arte y Derechos):

> *Aunque Camnitzer entrevistó a González como parte de su investigación, se basó fundamentalmente en reportes de segunda mano sobre la obra de González, pero no identificó sus fuentes.1 Su valoración de los performances callejeros de González es breve y algo contradictoria. Sin ofrecer ninguna descripción detallada de la obra de González, declara en el desarrollo de su texto que los profesionales del arte la consideraban falta de mérito artístico y que los no profesionales la encontraban ofensiva. Esta era la misma opinión expresada en la carta de los artistas utilizada como evidencia por un miembro del aparato del partido y en el comentario de Soledad Cruz, la periodista de Juventud Rebelde y protegida de Carlo Aldana, el entonces*

---

[1]   Es importante esclarecer que Luis Camnitzer, como expresa Juan-Sí González en una cita del primer apartado de este capítulo, «nunca presenció» las acciones de ART-DE (Arte y Derechos) ni habló con sus miembros al respecto. Véase además, *Carta a Coco Fusco*, en Madrigal 2017: 93-97.

jefe del Departamento de Orientación Revolucionaria del Partido Comunista de Cuba. Camnitzer relega el reconocimiento de que González haya recibido críticas favorables a una nota al pie de la página. Luego, en otra nota al pie, parece tratar de ablandar las implicaciones de la represión política, notando que mientras el artista fue censurado por sus performances en la calle, no se le impidió realizarlos en un museo. La impresión creada fue que González era un mal artista sin seguidores, más que un artista político que fue perseguido y marginalizado por la policía (Fusco 2017: 97).

También he discutido que a diferencia de Luis Camnitzer (Hernández 2019; 2021), en *To and from Utopia in the New Cuban Art* (2011), Rachel Weiss se ocupa de ART-DE publicando una imagen resultado de dicha represión: la documentación de una acción de Juan-Sí González en el parque de G y 23 en 1988, en la que permanecía envuelto en nailon hasta la asfixia como protesta por la destrucción de las obras de ART-DE durante otra acción callejera una semana antes.

Rachel Weiss relata la concientización de las cuestiones extraartísticas como algo enriquecedor para el arte cubano, sin embargo atropella el reclamo visual a página completa de la acción de González, al no abrir de una vez la discusión en torno a la censura como una condicionante de la producción artística en Cuba. Hablo de abrirla en dos direcciones: por una parte, aprovechar la visibilidad que consiguen los textos peregrinos y todavía más los que como el de Weiss inciden desde el medio académico en la conformación y autentificación de criterios sobre los estudios cubanos; y por la otra, ocuparse de las problemáticas que acarrea la censura en una política cultural autoritaria, sacando de paréntesis el tema de los derechos humanos y el activismo, extendiéndolos más allá del comentario de que son *taboo* en Cuba.

Rachel Weiss conversa con Juan-Sí González para escribir su libro: persona —antes que artista— reprimida, denigrada y expulsada de su país. Con lo cual ¿por qué el descarte, por parte de Weiss, de datos y experiencias que darían cabida a un elemento «extraartístico» y relevante como la desobediencia civil, estrategia de las acciones de González y el Grupo ART-DE que podría considerarse un legítimo antecedente de prácticas artísticas y cívicas del contexto cubano actual?

¿Por qué desechar que los miembros de ART-DE, Marco Antonio Abad y Jorge Crespo, cumplieron dos años de condena en prisión; que después de haber sido detenido y reprimido varias veces por la Seguridad del Estado, González logra emigrar y evadir una condena similar gracias a que su amiga, la escritora costarricense María Montero, viaja a La Habana para casarse con él y legalizar su salida del país, obteniendo la visa a través de Amnistía Internacional; que la colaboración de ART-DE con esta organización, la cual consistía en realizar videos testimoniales de disidentes, y específicamente la película *Un día cualquiera* (1990), son los detonantes del enjuiciamiento y condena de sus miembros?

E inclusive, ¿por qué excluir la relación entre el activismo de ART-DE y las actividades de los firmantes de *La Carta de los Diez* (Díaz Martínez 1996), si justo cuando la escritora María Elena Cruz Varela es repudiada en su propia casa, Abad, quien documentaba tal represión, es detenido, expropiado de la cámara y el material fílmico, y luego su casa y la de Crespo, quien también es detenido, requisadas?

Entrecomillo extraartístico para subrayar la correspondencia entre las diferenciaciones que hacen la crítica y la burocracia cultural, respecto a qué actitudes y prácticas considerar extras o ajenas al ámbito artístico. Un tándem imaginario que además de limitar la historia del arte como área de estudio, sugiere que tal diferenciación, con relación al crítico peregrino, depende de su apego político al contexto, condicionando esto su tendencia a velar porque no surjan dicotomías en el imaginario del bien. Por más que Rachel Weiss atiende la producción artística como proceso de contestación social y política, expandiendo su representación con criterios culturalistas, abona una deuda crítica al no dar a tales desobediencia cívica y activismo la misma relevancia extraartística que otorga a presupuestos y metodologías del arte popular, la escatología, la antropología y la sociología.

Si hablamos del sentido *trans* del ejercicio crítico, dicha desobediencia podría analizarse como (in)experiencia social, incorporando a propósito de la represión gubernamental que se vuelve inherente a ella, materias de las ciencias políticas y jurídicas. Sin embargo, no siempre el quehacer transgresor del artista es leído desde un espectro ampliamente cultural. Pues, las conductas y saberes de la cotidianidad ciudadana y otras zonas del conocimiento que asume para hacer más eficaz su obra —la repercusión de sus poéticas e incursión social—, pueden quedar, como en esta ocasión, disociadas por el pensamiento crítico.

Rachel Weiss tampoco escapa de los afectos de lo cubano revolucionario y la identificación que provoca en el peregrino: su representación se torna *elusiva*; al reemplazar la *supresión* de Luis Camnitzer, delinea una evolución de la *immagini infamanti*.

Aunque veneran la memoria escribiendo parte de la historia del arte cubano, Luis Camnitzer y Rachel Weiss, desde sus circunstancias peregrinas, la hacen estéril al mismo tiempo «olvidando» asuntos trascendentales, atribuyéndose la legitimación de lo que debe y no puede ser conservado. No porque se tengan como textos referenciales, las contribuciones de Camnitzer y Weiss resuelven las aporías vinculadas a la naturaleza mnemónica del relato peregrino.

Si somos conscientes de que la construcción de la memoria no se opone al olvido, y que este, en tanto acontecimiento, encierra un tipo de conocimiento, entonces debemos ser coherentes y aceptar que, suprimir y eludir, no es conservar. Todavía más tratándose de la censura, la desobediencia civil, los presos de conciencia y la violación de los derechos humanos, temas constantemente revertidos por el Estado cubano a modo de *immagini infamanti* para estigmatizar prácticas cívicas espontáneas, condenando a intelectuales, activistas y opositores alegando que *son* «instigados y pagados por el gobierno estadounidense».

También el discurso crítico cubano converge con el de los cuadros políticos de la cultura estableciendo tal indulgencia imaginaria: lo que el cuadro prescribe y censura desde su función de gestor cultural, el crítico lo omite en su escritura de la historia. La relación entre estas acciones reacomodan continuamente la implementación de la violencia divina: ese cúmulo de dependencias, reciprocidades y justificaciones entre la violencia revolucionaria y la represiva, cuyo mecanismo victimario resultante ha sido decisivo para la formación histórica —léase imaginaria— de la sociedad, incapacitándola para distinguir el bien del mal (Hernández 2017).

Dos publicaciones colectivas, *Antología de textos críticos: El Nuevo Arte Cubano* (2006), que recoge escritos importantes de las décadas de 1980 y 1990, y *Nosotros los más infieles. Narraciones críticas sobre arte cubano (1993-2005)* (2007), que compila escritos hasta el primer lustro del presente siglo, ilustran la tradición de no discutir la arbitrariedad que respalda la violencia divina y su quebrantamiento de los derechos elementales, ni trazar las relaciones entre victimarios y víctimas, destacando la inocencia de estas y el autoritarismo de aquellos.

Comentar la censura —más que analizarla— ha servido al correlato crítico para potenciar la contestación política y la producción de una cultura irreverente, en tanto rasgos del arte de la década de 1980, los cuales, de cara al mercado, han sido estereotipados como característica general del devenir artístico insular. Paradójicamente, dicho correlato —excepto textos puntuales— ha asegurado la no disertación respecto a la problemática censoria y los ritos victimarios consecuentes, convirtiéndola en una materia que poco aporta a la historia del arte.[2]

---

[2] El análisis en torno a la censura y la violencia política ha ganado presencia en el debate público gracias a dos eventos paralelos: el acceso de la sociedad cubana a las redes sociales y la existencia de plataformas informacionales independientes. Entre ambos eventos, hacen

Puede que los especialistas no quieran comprender mi planteamiento y defiendan que la violencia divina no es de interés para su desempeño intelectual y profesional, e incluso para ellos como persona. Ahora bien, lo que resulta innegable, es que incluir los ritos victimarios en las representaciones críticas no suena desmedido, y si así lo perciben, debido básicamente a que prefieren el ascetismo de los contenidos para «no buscarse problemas», entonces que no les quepa duda que los efectos de tal desmesura no resisten comparación alguna con los de dicha violencia.

La indulgencia imaginaria con el mal no fuerza debate alguno, ni en la esfera pública ni en el ámbito del conocimiento; antes bien, estrecha y endurece todavía más los límites en los que se producen los ritos sacrificiales. Una gradación de violencia política que efectúan en conjunto la burocracia cultural y la Seguridad del Estado, que si bien comienza con la censura, suele terminar en descrédito, difamación, marginación, expulsión, hostigamiento, golpiza, enjuiciamiento, encarcelamiento, inxilio, insilio y exilio.

Tal indulgencia resulta igual de instrumental que la violencia; la textualidad crítica se convierte en un instrumento de excelencia al mimetizarse con el ninguneo de las víctimas; los críticos se vuelven artífices de la culpabilidad infundada de las mismas. Por eso ambas, violencia política e indulgencia imaginaria, exigen y reproducen protagonismo y justificación.

Equiparar la representación crítica a la violencia no responde solamente a que lacera el conocimiento y la memoria, sino además, a que sus imágenes —fijadas por supresiones, elusiones y eufemismos— se tornan tan hostiles para la víctima como el acto violento en sí. Pues, una vez pasado este, la legitimidad discursiva heredada de dicha representación continúa haciendo caso omiso a las secuelas de la violencia: al daño acumulado por la víctima, al drama experimentado por sus allegados y a la adulteración imaginaria que perdura en la sociedad. Asunto tratado por René Girard, John Keane y Byung-Chul Han, quienes coinciden en que las representaciones hostiles no constituyen simples imágenes de la violencia colectiva, sino que explicitan una participación activa en ella.

Reconocer el vacío historiográfico sobre la violencia en el entorno artístico anuncia que la mejor manera de comenzar a insertar escrutinios al respecto es asumiendo el testimonio personal y el rumor como rutas indiciarias: como construcciones míticas válidas para escribir su historia cultural.

---

confluir testimonios, fotografías y videos personales en forma de post, noticias, artículos y entrevistas referentes a la represión contra opositores, activistas, periodistas y artistas, lo que inevitablemente, ha ido infiltrando el ejercicio crítico en torno al ámbito cultural.

I

Comienzo citando el testimonio del artista Juan-Sí González:

> *Recuerdo que Abdel Hernández, Rubén Torres Llorca y Tonel [Antonio Eligio Fernández], se convirtieron en nuestros máximos detractores entre los artistas y la oficialidad. Al extremo que hicieron lo posible para que Jorge Crespo y yo fuéramos excluidos de aquel, famoso hoy, juego de pelota en el que Rubén ejerció su autoridad como árbitro [...].3 Ellos se empeñaron en desacreditarnos dentro del Ministerio de Cultura y el DOR [Departamento de Orientación Revolucionaria], sobre todo Abdel que era el teórico y niño lindo de Carlos Aldana. [...] En aquella famosa reunión con Fidel [Castro] y Aldana en Cubanacán, Abdel dijo ciertas cosas que lo convirtieron en algo así como un joven asesor informal del ideólogo. Andaba en comidas y eventos oficiales con Aldana y la periodista Soledad Cruz [...].*
>
> *Torres Llorca era asesor de Marcia Leiseca y nos hizo mucho daño con sus juicios enfocados en la calidad de los performances, él decía que carecían de dramaturgia, que no tenían ni pie ni cabeza, y que eran burdas acciones de protesta de un grupito de frustrados que lo hacían con el único objetivo de llamar la atención y tener cierto protagonismo. Torres Llorca trató de crear una comitiva curatorial para darnos asesoramiento estético. Cuando vino [Luis] Camnitzer para acopiar información para su libro New Art of Cuba, Torres Llorca fue el asesor y quien le transmitió sus opiniones sobre la mala calidad de nuestros eventos. Camnitzer nunca fue a la esquina de 23 y G, nunca presenció ninguna de las acciones y mucho menos habló con nosotros [...].*
>
> *Muchos se empeñaban en llamarle performances y lo juzgaban y median desde esas reglas. Nosotros nunca usábamos ese término, justamente porque nuestra propuesta no era meramente estética, nosotros le llamábamos acciones públicas u obras de actitud [...] para nosotros lo más importante era crear una plataforma independiente para el intercambio y la discusión. [...] para ellos aquello era visto como activismo y el activismo era visto en aquel entonces como panfleto, como mal arte (J. González, correo-e, marzo 12, 2019).*

Lleva razón la filósofa Martha Nussbaum (2014), cuando analiza la tendencia a excluir y estigmatizar al otro como una actitud de naturaleza humana, más allá de que la misma proceda de una historia defectuosa o achaquemos su rebrote a determinadas circunstancias políticas. Esta reflexión guarda

---

3   Se refiere a *La plástica joven se dedica al béisbol* (1989).

relación con la tesis de Carl Schmitt respecto a la exclusión del amigo como un modo de construir la imagen rotunda del yo político.

Por ser parte del fundamento totalitario cubano —en perenne reinvención de la amenaza enemiga, desplazada invariablemente de la agresión estadounidense a la contrarrevolución interna—, dichas cuestiones han asentado la figura del amigo, el bienhechor, a cambio de determinar un enemigo: un malhechor. El tema no es que ser o dejar de ser el amigo por controversias cotidianas se convierta en estar a favor o en contra de la Revolución; el punto es que todo aquello clasificado como contrarrevolucionario —sea persona, objeto o evento— pierde automáticamente la empatía del amigo revolucionario.

De considerar los rituales de descrédito, reeducación y reinserción que entraña la estigmatización —por muy distanciados que parezcan tener lugar unos de otros—, no es difícil darse cuenta que la víctima es siempre real e inocente. La estigmatización está ligada a la reproducción de la desconfianza, tanto como esta agudiza el carácter pernicioso de lo estigmatizado. Por consiguiente, quien estigmatiza lo censurado se adjudica sus deberes y derechos: decide su futuro. Nadie puede solidarizarse con lo estigmatizado, ni pedir explicaciones o intentar debatir con relación a lo sucedido, pues hacerlo es signo de duda y dudar equivale a desertar del apoyo a quienes estigmatizan para pasar a ser un estigmatizado.

Si el descrédito proviene de los allegados, o sea, de familiares y amigos, y llega a matrimoniarse con la estigmatización burocrática, la crueldad aumenta y la verdad se hace inalcanzable. Por eso las sociedades míticas, como son las totalitarias, no cesan de invertir la verdad; no llega el momento en que sus miembros dejen de excusar a quienes persiguen y dejen de desaprobar al perseguido; nunca reconocen que el linchamiento unánime en el que participan —el todos contra uno— comprende un doble mimetismo: por un lado maldicen la violencia y por otro la profesan.

No llega el día en que el artista Juan-Sí González, a quien la burocracia política cultural, los críticos cubanos y cubanistas, y los amigos artistas quitaron su pertenencia al panteón de los artistas de la década de 1980, deje de ser perseguido por el descrédito.

Tal es así, que en mayo de 2018, al ser citado por Jorge Fernández en su oficina del Museo Nacional de Bellas Artes para prevenirme de los riesgos por mi participación junto al colectivo Celia-Yunior en la 00 Bienal de La Habana —recalcándome: «No me gustaría que me dijeran que no puedo trabajar contigo porque te relacionas con la disidencia»—, una vez le dijera que estaba en contra de la censura y la represión, y que cuadros políticos como él llevan responsabilidad en ello, salió a relucir, además del Caso Tania Bruguera y el Caso Luis Manuel Otero, el Caso ART-DE. Al hablarme sobre este e intentando descalificar la obra de Bruguera y Otero, Fernández retomó los estereotipos fomentados por el artista asesor del Ministerio de Cultura Rubén Torres Llorca y el crítico peregrino Luis Camnitzer: «ART-DE era un grupo de frustrados que llamaban la atención», «los performances de Juan-Sí eran mediocres», «los especialistas siempre han dicho que no tienen ningún mérito» (sic).

El lenguaje, considera el profesor Byung-Chul Han (2016), es más que relacional: es diabólico. Con el lenguaje la violencia política se dota de una sofisticada herramienta que difama, denigra, prohíbe, destierra: que proporciona todo lo necesario para generar la enemistad. La violencia lingüística, punta de lanza del imaginario totalitario, se prolonga haciendo valer su holística divinidad.

Jorge Fernández deja claro que no hay operación más costosa que desarticular una *immagini infamanti* y su particular forma de castigo; todavía más cuando ha sido creada por un par del condenado, quiero decir, por otro amigo o colega: un artista como Torres Llorca o un especialista como Fernández.

Tal es así, que en una entrevista para *Smithsonian Archive of American Art* en enero de 1998, Rubén Torres Llorca explica las prácticas artísticas en el espacio público durante la década de 1980 como un montaje —*setup*— del Partido Comunista, encabezado por su ideólogo Carlos Aldana y el cuadro político Sergio Corrieri, para sabotear la gestión democrática del Ministerio de Cultura en torno al arte. Según Torres Llorca, Aldana y Corrieri buscaron «un grupo de artistas» —cuyos nombres prefiere no mencionar debido a que también vivían en Miami como él—, para que hicieran «cagadas en la calle», o sea, «cosas poco serias desde el punto de vista artístico», que cobraran forma de «escándalo público» y les dieran la posibilidad de «poner un dedo acusador en el Ministerio de Cultura»; que les permitieran corregir al ministro Armando Hart, a la viceministra Marcia Leiseca y otros funcionarios, diciéndoles «miren el relajo, miren las inmoralidades que la libertad propicia» (Martínez 1998).

Con esto anoto dos cuestiones cuyo análisis queda pendiente, pero que hacen palpable el descrédito sobre las acciones de ART-DE y otras prácticas artísticas relacionadas con el espacio público. Por un lado, los calificativos de *cagadas callejeras*, *arte poco serio* y *escándalo público*, con los que Torres Llorca, prácticamente una década después de los sucesos a los que se refiere y viviendo en el exilio, continúa vilipendiando dichas prácticas; y por otro lado, su menosprecio hacia la autonomía de los artistas en cuestión, subrayando sus actividades como resultado de una maniobra política y no como un proceso artístico y social espontáneo, realizado por propia voluntad.

La degradación provocada por la *immagini infamanti* es determinante porque reproduce la desconfianza y el estigma; aquella, como he dicho, agrava el carácter pernicioso de quien carga con este. Del mismo modo que Torres Llorca y Luis Camnitzer no se preocuparon en su día por crear conciencia pública sobre la inocencia de la víctima ni del mal que multiplica la represión, Fernández renueva hoy la hostilidad hacia ella con una vieja imagen del descrédito, elemento fundador del mito ART-DE. Cuestión importante para entender cómo el mimetismo con la estigmatización de lo censurado se conserva y transmite más fácilmente que la reparación y la admiración, pero sobre todo, cómo la perpetuidad imaginaria acontece igualmente a través del linchamiento y la unanimidad que lo rodea.

Esta otra experiencia de Juan-Sí González es axiomática al respecto:

> *Consuelo [Castañeda] lleva más de treinta años sepultándome. Nunca he entendido qué la impulsa a dañarme de esa manera, no lo necesita. Luego que salió el documental [*El arte de intervenir, *2016] de Coco Fusco sobre mis acciones callejeras y su libro* Pasos peligrosos: performance y política en Cuba, *algunos colegas me contaron que Consuelo comenzó a decir que "todo eso era mentira, que yo fui, soy y seré, un fraude" –palabras textuales–. Al mismo tiempo, elogia mis logros en privado y comparte conmigo todo lo que ella hace, es algo muy hipócrita y enfermizo (J. González, correo-e, noviembre 6, 2018).*

Dicho de otra manera: para que una imagen nacida del sacrificio perdure en el tiempo, tiene que ser regularmente alimentada con la misma savia. Por eso, volver a linchar lo sacrificado, es avivar su suerte mítica. En esta ocasión, la de González como un artista fraudulento, cuya pretensión ha sido siempre llamar la atención.

El descrédito, como ritual victimario, no es exclusivo del Caso ART-DE; constituye un procedimiento político colectivamente aprendido, transmitido de generación en generación y que solamente optando por dejar de ponerlo en práctica puede desarraigarse de comportamientos futuros. Establecido con el asesoramiento de Rubén Torres Llorca, Abdel Hernández y Antonio Eligio Fernández (Tonel), y legitimado por la autoridad crítica de Luis Camnitzer, el descrédito contra la actitud activista de González y sus colegas de ART-DE en tanto práctica artística, se perfila transhistórico al ser actualizado por el cuadro Jorge Fernández y la artista Consuelo Castañeda.

Basta apreciar el mimetismo con el mecanismo victimario y atender el sentido indiciario de la representación, para reconocer en el Caso ART-DE —como diría el mitólogo Mircea Eliade— un modelo de sacrificio creador. Indiscutiblemente, el paroxismo de la crisis sacrificial no es aquí causado por la víctima, sino por la circunstancia totalitaria en la que vive: Juan-Sí González y sus colegas de ART-DE expían la movida desobediente de una generación de artistas que intentó plantar cara a dicha condición y a la burocracia que la personaliza, produciendo obras de agudeza crítica y discursos públicos de oposición.

En tanto víctima propiciatoria, González resulta igual de atávico que Heberto Padilla. Si hasta el Caso Padilla y la firma de la *Declaración del Primer Congreso Nacional de Educación y Cultura* por las élites del entorno cultural en 1971, estas admiten cierta ingenuidad con relación a la censura bienintencionada y otros eventos de violencia divina, veinte años después, entre 1987 y 1991, cuando tienen lugar las actividades del Grupo ART-DE4 y la represión subsiguiente, la desobediencia que menciono define la extinción de tal ingenuidad y hace patente la concientización de que los victimarios, sean agentes de la Seguridad del Estado, cuadros políticos, especialistas y amigos de dicho entorno, tienen claro cuándo y cómo seleccionar la víctima, hasta dónde exigir unanimidad para su linchamiento y qué dar u obtener a cambio.

El Caso ART-DE exhibe la tipología del chivo expiatorio, pues propicia la selección de la víctima y la violencia unánime en su contra, incluyendo la de los amigos artistas; provoca que el mimetismo con dicha violencia colectiva sea tan compacto, que actualmente se vea renovado en el silencio de amigos que vivieron el acontecimiento, en la indiferencia de artistas noveles, y en las *immagini infamanti* de Castañeda y Fernández; sana a los artistas y a la burocracia del mal que los hace antagónicos, es decir, de la contestación de aquellos y el autoritarismo de esta; convence a la comunidad artística de que víctimas como Juan-Sí González y sus colegas de ART-DE son culpables universales, y que justamente siendo linchadas —censuradas, desprestigiadas, golpeadas, encarceladas y expulsadas— regresará la cohesión y la armonía; e instituye los mitos positivos y negativos consecuencia de la censura.

---

⁴ El nombre del grupo muta durante dicha temporalidad: inicialmente se llama Proyecto Imán, luego Grupo Re-unión y finalmente Grupo Ritual ART-DE; también varían sus miembros: Eliseo Valdés, Jorge Crespo, Juan-Sí González, Marco Antonio Abad, Ramón García y Ricardo Vega. Véase Madrigal 2017; Machado 2018).

Los miembros de ART-DE —parafraseando a René Girard— encarnan el chivo de los chivos: la víctima de las víctimas. De esto que, cohesionados artistas y burocracia después de linchar a González y sus colegas, y llegado el momento de historiar, hayan sido ellos, los censurados de la década de 1980 con los que más se ensañaron, borrados del correlato crítico; aun cuando la censura —insisto— se manejara como uno de los pilares míticos del mismo y de su consecuente categoría *nuevo arte cubano*.

No comparo si la represión, encarcelamiento y expulsión del país que soportan Marco Antonio Abad, Jorge Crespo y Juan-Sí González, resultan más contundentes que la reclusión del artista Ángel Delgado, o si la censura, multa e ilegalización burocrática del artista Ítalo Expósito (Hernández 2020) es menos ejemplarizante que el hostigamiento y encarcelamiento frecuente al que son sometidos Luis Manuel Otero y sus colegas del Movimiento San Isidro, ni busco diferenciar la parametración implícita en estos casos de la que padecieron los intelectuales firmantes de *La Carta de los Diez* y los que sufrieron la violencia encabezada por Luis Pavón Tamayo durante la década de 1970; puesto que de hacerlo, estaría reproduciendo la exigencia totalitaria de convivir con el sentimiento de culpa en cuanto al mal menor.

Culpabilidad por partida doble, ya que la víctima ha de resignarse a ser condenada por un delito infundado, y a la vez debe sentirse culpable porque la misma burocracia que le impone el castigo le recuerde que este es generoso con relación al de otras víctimas de su tipo.

No se trata de jerarquizar niveles de violencia, sino de divisar las diferencias cualitativas que la misma promueve. Una de ellas es que Juan-Sí González figura como el mito negativo: el artista cuya obra no es analizada por los críticos, el censurado maldito. Y otros amigos, como José Ángel Toirac, Glexis Novoa y René Francisco Rodríguez, por citar nombres incluidos en otro evento censorio mitificado como el *Proyecto Castillo de la Fuerza* (1989), ocupan la plaza del mito positivo: del artista encarecido por la crítica y el censurado bendito.

En esto consiste ser el chivo primordial: en que el estigma de uno expíe la falta —también infundada— del resto de sus semejantes; lo que implica acarrear la ambivalencia superlativa del *pharmakos* y el *pharmakon*: ser la mayor epidemia convertida en el más eficaz de los remedios.

En torno a González y sus colegas de ART-DE se concibe el consenso entre burocracia, especialistas, gestores y artistas, respecto a qué víctima de la censura debe ser seleccionada, separada del resto de las víctimas y tipificada como la más nociva, para unificar en su estigmatización dos clasificaciones que complacen tanto a la arenga política como al correlato crítico: ser contrarrevolucionario y realizar una obra fraudulenta. Después de esto, viene la complacencia de los artistas en su acto creativo: no producir obras frontales y gestos públicos motivados por, o relacionados con, el activismo, el debate político, los derechos civiles, los presos políticos u otros temas —recordando a Luis Camnitzer, Rachel Weiss y Rubén Torres Llorca— *ambiguos, tabú* o *poco serios.*

Se postula así, alrededor del Caso ART-DE, lo siguiente: siempre hay una censura bienintencionada que junto a su motivo bienhechor, o sea, el gesto artístico censurado, tendrán que ser subsanados por una fechoría mayor, es decir, por un gesto artístico salido de los patrones censorios establecidos, acompañado de su correspondiente estigmatización.

El Caso ART-DE complementa el terror —en tanto fusión de intimidación y reverencia— institucionalizado a partir del Caso Padilla:

> *… fuimos incluidos como grupo en la exposición El objeto esculturado [1990]. Luego del cierre de la exposición debido al performance de Ángel Delgado, desmontaron nuestras piezas y las confiscaron y nunca nos las devolvieron. Pasaron dos semanas de reuniones entre los curadores, personal del Ministerio de Cultura, personal del Centro de Desarrollo de las Artes Visuales, algunos artistas y agentes de la Seguridad del Estado. Una de las condiciones que puso la Seguridad fue que nosotros no fuéramos incluidos en la reapertura de la exhibición por nuestro supuesto vínculo con el agregado cultural de la Oficina de Intereses [de Estado Unidos]. Según me contaron, a partir de ahí Tonel [Antonio Eligio Fernández] se hizo eco de ese estribillo, para echarnos tierra. Todo esto que te estoy contando no proviene de ningún documento escrito o publicado, fueron cosas que me dijeron.*
>
> *Antes de esas reuniones muchos amigos artistas frecuentaban el parque [de 23 y G], mi casa y la casa de Jorge Crespo. Luego se desaparecieron, tomaron distancia y dejaron de hablarnos. Según tengo entendido, fue debido a la carta que pusieron en circulación firmada por Rubén del Valle y Abel Prieto, donde se le daba a conocer a los miembros de la UNEAC, sobre nuestro vínculo con el enemigo imperialista (J. González, correo-e, marzo 12, 2019).*[5]

La intención ejemplarizante amplificada por la burocracia cultural a través del Caso Padilla, se desplaza con el Caso ART-DE del ámbito literario al de

---

[5]   Prieto desempeñaba la función de presidente de la UNEAC [Unión Nacional de Escritores y Artistas de Cuba] desde 1988.

las artes visuales, aleccionando así, dicha burocracia, al gremio con uno de sus amigos. La acusación forzada y pública entre amigos que establece el Caso Padilla se reorganiza con el Caso ART-DE, siendo los amigos antes que los cuadros políticos quienes guían la reprobación, manteniéndola en el plano del rumor y sin consentir objeciones de la víctima. El reclamo público e internacional de justicia ante la censura y la violencia consiguiente que padecen las víctimas del Caso Padilla, muere en el Caso ART-DE, feneciendo con ello, además, cualquier posibilidad de producir y conservar documentación relacionada con el acontecimiento, más allá del cruce de un artículo condenatorio y su réplica en el periódico *Juventud Rebelde* (Machado 2018: 45).

Si el Caso Padilla institucionaliza la intervención de Departamento de Seguridad del Estado en el entorno cultural para controlar qué se dice y se hace, y plantear cómo reeducar al condenado antes de reanudar su vida personal y profesional, el Caso ART-DE normaliza el secuestro:

> *Iba caminando por un costado del Hotel Habana Libre, cerca de la parada de la ruta 37. Llegando a la parada, se detuvo un carro con chapa misteriosa. Abrieron la puerta de atrás y me metieron a empujones. Me colocaron en el centro del asiento trasero, entre dos agentes vestidos de civil. El carro arrancó y el chofer me dijo mirándome por el retrovisor: "vamos a dar un lindo paseo por la costa". Cogieron rumbo al túnel, en cuanto entramos en la oscuridad, empezaron a darme codazos; uno de ellos me tenía puesta una pistola en las costillas. Entre golpes y codazos me reía, aquel cañón en las costillas me daba risa, y ellos me pegaban más duro.*
>
> *Luego de rodar un rato, pararon aquel Lada rojo frente al mar, en un área que no conocía. Dejaron el motor del carro prendido, me bajaron y recostaron al maletero. Yo tenía la vista nublada y una sensación de inflamación en los ojos; mi nariz y mi boca sangraban. Uno de ellos me cogió por el cuello y cerca del oído me susurró que era la última vez que me advertirían, que si seguía incentivando, promoviendo y realizando aquellos eventos en el parque, me iban a dar unas largas vacaciones en el Combinado.*
>
> *Luego me dejaron recostado al carro y caminaron unos veinte pasos rumbo al mar; me dieron la espalda, prendieron unos cigarros y empezaron a hablar entre ellos. Cuando terminaron de fumar, regresaron, me abrieron la puerta y me dijeron: "Entra… que te vamos a llevar de regreso". Yo estaba con la cabeza hacia arriba tratando de parar el sangramiento. Me dejaron en el malecón, entre el Hotel Riviera y la Fuente de la Juventud. La Habana dormía, le pregunté a alguien la hora y me dijo: "las dos menos diez", y siguió su rumbo (Castillo 2019).*

El Caso ART-DE también normaliza el registro abusivo de la vivienda y la incautación caprichosa de cuanto objeto la Seguridad del Estado dicte sospechoso, sea de índole personal o profesional:

> *... en 1991, cuando le hicieron el repudio a nuestra amiga María Elena Cruz Varela en su casa de Alamar, Marco Abad estaba filmando y la Seguridad lo arrestó y le quitó la cámara y el material filmado, luego fueron por Jorge, ya que al registrar la casa de Marco encontraron documentos, material grafico y una película que habíamos hecho titulada Un día cualquiera. Por esa película casera, que no ha sido mostrada en público, fue por lo que nos condenaron. La Seguridad del Estado dijo que era un atentado contra la integridad política y moral de Fidel Castro (J. González, correo-e, mayo 10, 2019).[6]*

El mito maldito advierte que nadie puede solidarizarse con el estigmatizado ni debatir su caso aunque hayan pasado años desde su condena. La pérdida de la memoria se convierte en uno de los elementos más espectaculares del imaginario totalitario; o hablando sabiamente: es de tal modo que la sociedad totalitaria instaura la memoria como la voluntad por eliminar, además de la víctima, toda información que pueda reivindicar su existencia, probar las arbitrariedades y exigir responsabilidades a sus victimarios. Cualquier dato evocador de la inocencia de la víctima puede hallarse amenazante para estos, sean los artistas amigos de Juan-Sí González, quienes han olvidado haberlo condenado de forma oral o firmado la carta, o sea Rubén del Valle, quien con una trayectoria censoria y actualmente cesado de sus funciones como cuadro político, procura ejercer la gestión cultural y la crítica de arte con estándares democráticos.

Discutir sobre el olvido resulta complejo. Todavía más cuando el mismo se formula, en palabras de la filósofa Amelia Valcárcel (2010: 51), como deber y su dimensión ética se torna una «instrucción explícita, un imperativo, que se enuncia como «olvídalo» o «debes olvidarlo»». Por eso, una

---

[6] En 1988, antes de confiscar las obras expuestas en *El objeto esculturado*, la Seguridad del Estado registró las casas de Juan-Sí González y Jorge Crespo, e incautó seis murales de estilo similar al impreso en la portada de esta compilación (Madrigal 2017: 84-86), además de algunas camisetas con el logo del grupo y otros documentos. Métele caña Moisés (1990), el mural de dicha portada, fue entregado junto a otras obras gráficas por González y Crespo al agregado cultural de la Oficina de Intereses de Estados Unidos en La Habana para que las resguardara. En 1996, mientras González disfrutaba de una residencia artística en South Florida Art Center en Miami Beach, otro funcionario de la misma oficina visitó su estudio en Lincoln Road y le devolvió dichas obras.

vez sacrificada la víctima, sus victimarios la exhortan a no hacer público lo ocurrido, y si con el paso del tiempo la víctima pone en marcha la revancha del recuerdo, dichos victimarios lo consideran inmaduro: alegan que les da un golpe bajo.

A esto se debe, esencialmente, el desasosiego que prevalece en la afirmación de González: «Todo esto que te estoy contando no proviene de ningún documento escrito o publicado, fueron cosas que me dijeron».

El vacío documental, es decir, el no tener constancia de las conjeturas y los argumentos con los que cuadros políticos, agentes de la Seguridad del Estado, especialistas y artistas —en función o no de asesores del Ministerio de Cultura—, subscriben el borramiento de su persona individual, moral y jurídica —lo que por supuesto incluye su quehacer artístico—, resulta hoy, como en su momento, traumático para González.[7]

No me refiero meramente a las reuniones a raíz de la inclusión del Grupo ART-DE en la exposición *El objeto esculturado* y su posterior exclusión como una de las condiciones políticas para reabrir la misma, sino a la arbitrariedad de que a sus miembros, en tanto víctimas, no se les diera tan siquiera la oportunidad de objetar la carta que firmada por artistas, especialistas y funcionarios, los desacreditaba artísticamente y los condenaba por relacionarse con el «enemigo imperialista» y ser «colaboradores de la CIA». Me refiero además, a que la atmósfera de descrédito sobre la obra de ART-DE, se tomara como «pretexto estético» para infundir dicha acusación política y su consecuente desprestigio personal.

Traigo a colación el borramiento del músico Mike Porcel, quien también durante la década de 1980 vivió la represión a través de una carta condenatoria firmada por sus amigos, los músicos del Movimiento de la Nueva Trova.

---

⁷ En su contribución al libro Juan Sí González y el Grupo AR-DE, la artista Sandra Ceballos alude a la complicidad de los amigos y colegas en tal borramiento:
[E]l PROYECTO G (1988), evento cuya esencia, por fortuna, pecaba más de anarquista que de ortodoxa. En el momento de su efervescencia y éxito —que no se le podrá invalidar— fue víctima también de estos arquetipos, fue subvalorado por un grupo de «artistas/teóricos/geniales» que, en aquella época, fueron los consejeros de la llamada institución arte. Eran jueces que interactuaban directamente con los representantes (Ministerio de Cultura, CNAP y otras instituciones gubernamentales) del gobierno revolucionario cubano, así que decidieron quienes eran los «buenos», los «mediocres» y los «malos» artistas emergentes de aquella década. Ellos asumieron que tenían la verdad y me pregunto: ¿cuál verdad? ¿cuál es el sistema puramente racional evaluativo (sin contaminantes del subconsciente: vicios costumbristas/escolásticos, intereses personales y sensores emotivos traumáticos o no) que puede actuar con justeza con relación al arte? (Madrigal 2017: 116).

A diferencia de Juan-Sí González, a quien un cuadro del Partido Comunista mostró la carta contra él y sus colegas de ART-DE en 1989, Mike Porcel la recibió de forma anónima por debajo de la puerta de su casa, teniendo así la posibilidad de conservarla y leer detenidamente las *immagini infamanti* creadas por sus amigos: «apóstata»; «traidor»; «cobarde»; «piensa que donde quiera que vayas te seguirá nuestro odio» (citado en Bisquet 2020). Posibilidad nula para González, pues dicho cuadro nunca le entregó copia del documento que lo estigmatizaba. Aunque los motivos de los victimarios para emitir ambas cartas parezcan diferentes, en el caso de Porcel por decidir emigrar durante el éxodo del Mariel y en el de González por radicalizar su práctica artística y actitud crítica, lo trascendental es que las dos persiguen un único fin: instrumentalizar la violencia represiva a la que nunca ha renunciado la política cultural cubana.[8]

Anoto estos detalles comparativos para indicar que conocer hoy el contenido de la carta contra Mike Porcel, es tener una prueba que define a sus amigos como victimarios y viabiliza su sosiego en tanto víctima —lo que no significa reparar los daños por él padecidos—, pero sobre todo, es poner en claro que el vacío documental que perturba a Juan-Sí González, específicamente la inexistencia de la carta que un día vio y la amnesia generalizada de los artistas que afirman no tener idea de la misma y menos aún haberla firmado, no invalida su testimonio.

---

[8]   La emisión institucional, firma colectiva de cuadros políticos, artistas e intelectuales, publicación en la prensa oficial y otras manipulaciones de la carta condenatoria en tanto método punitivo, fueron también empleadas contra los firmantes de la *Declaración de Intelectuales Cubanos* aparecida en mayo de 1991. Conocida como *La carta de los diez*, dicha *Declaración…* fue firmada inicialmente por Ángel Mas Betancourt, Bernardo Marqués Ravelo, Fernando Velázquez Medina, Jorge Pomar Montalvo, María Elena Cruz Varela, Nancy Estrada Galbán, Raúl Rivero, Roberto Luque Escalona, Víctor Manuel Serpa y Manuel Díaz Martínez; luego la firmarían Fernando Velázquez, Luque Escalona, Jorge Crespo y Marco Antonio Abad. Convocado por Abel Prieto, presidente de la UNEAC y miembro del Buró Político del Partido Comunista en aquel momento, el primer documento punitivo contra dichos intelectuales firmantes se tituló *Pronunciamiento del Consejo Nacional ampliado de la UNEAC*, se publicó en el periódico *Granma* e igualmente fue suscrito por los amigos del ámbito cultural. En tal *Pronunciamiento…* aparecían *immagini infamanti* semejantes a las dispuestas en los casos Porcel y ART-DE: «traición»; «maniobra de la CIA»; «abyecta colaboración con los enemigos históricos de la nación cubana». Como parte de esta campaña de descrédito y linchamiento, los firmantes de *La carta de los diez* padecieron la represión: interrogatorios, amenazas, golpizas, allanamientos de sus viviendas e incautaciones, actos de repudio en sus barrios y centros laborales, la expulsión de dichos centros y de organizaciones culturales como la UNEAC y la UPEC (Unión de Periodistas de Cuba), y por supuesto, la prisión y el exilio. Entre uno y otro actos represivos, los condenados tuvieron que escuchar y leer otras cartas en su contra. Véase Díaz Martínez 1996.

Como modelo de instrumento represivo, la carta del Caso Mike Porcel llena dicho vacío documental y explica la indefensión totalitaria compuesta por la invención, tergiversación, incautación y escamoteo de indicios, cuya secuela todavía impide a González llevar a cabo su *acting out*.

El trauma, atendiendo los criterios de Dominick LaCapra (2005), es una experiencia que trastorna, que desarticula el yo generando huecos en la existencia, cuyos efectos tardíos son difíciles de controlar. En el *acting out* «los tiempos hacen implosión, como si uno estuviera de nuevo en el pasado viviendo otra vez la escena traumática» (LaCapra 2005: 42): en la medida en que reelabora su experiencia traumática, quien la padece puede diferenciarla como tiempo pasado con relación al presente, donde los perjuicios de la misma aún perduran, lo que debe ayudarle a distinguir estos en el futuro, apartándolos para reconciliarse con la vida.

Tal propósito equivale, respecto a Juan-Sí González, a restituir su inocencia y reivindicar su prestigio frente al estigma compartido entre burocracia, especialistas y artistas, y de cara a la experiencia colectiva, a disolver el trauma del mecanismo victimario como hábito de socialización del entorno del arte y la cultura: a establecer vínculos con determinados acontecimientos violentos del pasado, de modo que al ir insertando dicho trauma en este proceso, vayan desapareciendo sus rasgos amenazantes.

Evidentemente, primero habrá que identificar el trauma y admitir las expiaciones pasadas con sus habituales ritos violentos como esencia de su origen; habrá que reconocer además la despersonalización de la violencia divina y la insensibilidad que ello estimula, para aprender luego a evitarla por siempre.

II

La revancha —parafraseando a Valcárcel— es el principio de cualquier sistema de orden; el temor que provoca llega a ser tan misericordioso como su propia naturaleza. Coexistimos con la revancha en tanto acto de voluntad subjetiva, intentando conseguir con ella una justicia de forma casual; voluntad que obedece a la ley de la costumbre y luego se convierte en un gesto solidario con la víctima. No pasemos por alto que la sociedad cubana continúa encontrando su dignidad en la venganza política como advenimiento de conmoción colectiva: como una vivencia épica con la que honrar héroes y líderes, muertos y vivos.

Conociendo que la reparación suele traer consigo dramas inevitables, es decir, suponiendo que los increpados pueden sufrir por ello, es comprensible que los amigos implicados en el linchamiento de ART-DE, o sea, Rubén Torres Llorca, Abdel Hernández, Antonio Eligio Fernández (Tonel), los firmantes anónimos de la carta condenatoria y Consuelo Castañeda con su actualización de la *immagini infamanti*, no le confieran a Juan-Sí González licencia alguna para activar su rememoración. Semejante a cuadros políticos como Omar González, presidente del CNAP (Consejo Nacional de las Artes Plásticas) a partir de 1989, Abel Prieto y Rubén del Valle, ideólogos de dicha carta, y Jorge Fernández, conservador de los estereotipos condenatorios de la misma, seguramente los amigos se sentirán molestos y se mostrarán lastimados si se les pregunta por su complicidad en el Caso ART-DE.

Si tal connivencia victimaria entre amigos y cuadros políticos causa desconcierto, es porque no se quiere apreciar que, en casos como este, la selección sacrificial se lleva a cabo por unos y otros con igual eficacia. Aunque se manifiestan enfrentados, aunque revelan las contradicciones y despechos elementales de las relaciones entre élites y poder, y aun cuando el amigo no se declara partidario de la arenga del cuadro, este lo tiene como su aliado.

Hago referencia a una sensación de lástima similar a la que exteriorizan Norma Rodríguez Derivet, actual directora del CNAP, y Fernando Rojas, viceministro de cultura, ante el Caso Ítalo Expósito (Hernández 2020).

En mayo de 2018, durante la 00 Bienal de La Habana, el artista Ítalo Expósito organizó una exposición en su Taller/Galería Yo Soy El Que Soy. En represalia por la autonomía de pensamiento y gestión que representó dicha bienal, los cuadros del Ministerio de Cultura y el CNAP censuraron dicha exposición, anularon a Expósito su Carné del Registro Nacional del Creador reduciendo su estatus al de «artista ilegal», y en conjunto con la Oficina de Planificación Física y la PNR (Policía Nacional Revolucionaria), le ordenaron demoler un jardín que había construido frente a su casa y lo sancionaron con una multa de 3000 pesos.

En septiembre del mismo año, durante la reunión de una veintena de artistas y gestores con varios cuadros políticos de la cultura para revisar las sinrazones del Decreto 349, Rodríguez Derivet y Rojas se mantuvieron escurriendo la mirada e incluso evitando el movimiento de cabeza hacia Expósito, cada vez que algunos de los presentes pedíamos explicaciones sobre su caso.

Situaciones como esta hacen a la víctima sentir vergüenza, pero no porque se considere culpable del delito que le han adjudicado, sino por la impotencia que le genera saberse protagonista de un proceso de expiación, y percibir que la prepotencia de sus victimarios —al amparo de la impunidad estatal— es tan inmensa como grave es su padecer. Motivo por el cual, de la misma manera que Juan-Sí González experimenta desasosiego al hablar de los victimarios y ha renunciado a reclamar su inocencia, Expósito abandona la mencionada reunión en menos de una hora.

Tal es el funcionamiento del *ethos* totalitario: un sistema culturalmente organizado a partir de las emociones políticas y su respaldo al autoritarismo. La afectividad totalitaria tiene su arraigo en la astucia con que el inconsciente va infiltrando dichas emociones en el individuo, sustrayéndole comportamientos valiosos que podrían ayudarle a enjuiciar el mal y no arrogarse situaciones de linchamiento. De la significación otorgada a este, y de la participación e implicación individual en el mismo, depende la sucesión de las emociones y los estados de simpatía y apego colectivo que reproducen; lo que induce la repetición del linchamiento hasta concretar ciclos de animosidad empática.

Como recomienda Alain Badiou (2005): es capital aceptar que la planificación del mal es una modalidad de pensamiento, pues solo así se consigue desarticular inmejorablemente los procesos de absolución y detener la hipostasia del juicio. Únicamente reconociendo que el mal consumado no necesita la venia de la intención, puesto que es objetivo —se vive como víctima o victimario, como observador o guardando silencio, formando multitud o retrayéndose—, se frena dicha repetición.

Valga reconocer la violencia represiva como principio y fin de la concientización de una ilustración política fanática. De esta nace la cultura afectiva de los cuadros políticos y su conjugación de dos sensaciones básicas: el odio y la ira. La primera acarrea la aversión hacia lo política e ideológicamente inadmisible, la segunda aporta la irritabilidad indispensable para implementar la violencia que lo elimina.

La ira de los cuadros políticos aumenta o disminuye de acuerdo con las reacciones de la víctima: su irreverencia pacífica altera la ira del cuadro; su noble perseverancia después de haber sido violentada, multiplica tal alteración. El círculo afectivo se cierra: la ira se convierte en odio político, operación cardinal para la fijación de ideologías correccionales.

Una vez que los afectos se ideologizan y la historia personal se politiza, el compendio de sensaciones se desempeña como el mejor traductor del impacto de la contingencia colectiva en cada individuo. El Caso Ítalo muestra el carácter de contingencia que toma la animosidad empática: la afectividad que entretejen Norma Rodríguez Derivet y Fernando Rojas, al hacer notar prejuicios sobre ellos una vez interpelados por sus responsabilidades en la violencia contra Expósito.

Las emociones afilian; los cuadros se unen solapando sus sentimientos humanitarios con los políticos e ideológicos: primero materializan su ira en violencia, luego la recomponen como objeto de lástima. La sensación lastimosa de Rodríguez Derivet y Rojas usurpa el lugar del sentimiento de angustia de la víctima; la pena que sienten por sí mismos parece emparejarse con la de Expósito. Pero no es así, pues pese al «mal rato», Rodríguez Derivet y Rojas gozan de su impunidad. Una vez que Ítalo Expósito se retira de la reunión —lo que no entraña que renunciara a su inocencia—, la ira de Rodríguez Derivet y Rojas retoma su espacio de confort: *la praepotentia*.

La ira burocrática no desaparece, porque es identificatoria. Los cuadros políticos basan su militancia es esta máxima discutida por Peter Sloterdijk (2010: 99): «Quien quiera tener presente su ira debe guardarla en conserva de odio». La afectividad circular de ambas emociones se multiplica cuando la víctima aboga noblemente por su dignidad, por ejemplo: desobedeciendo el tratamiento pedagógico que le ofrecen sus victimarios después de sacrificarla. En el Caso Ítalo: un debate, que no es tal, sobre el Decreto 349.

Podría erradicarse, la ira política, solamente si quienes agreden admiten sus injusticias, llegando inclusive a conceder piedad. Mas reconocer haber implementado la violencia es darse a la reciprocidad de la fiscalización, así como conferir piedad burocrática a la víctima puede anular la pretensión de durabilidad de la institución. Con ambas decisiones, el cuadro político estaría exponiendo su desconcierto personal y dejando indefensa su interioridad humana.

Todo este asunto tributa una enseñanza del intelectual Primo Levi: comprender no es justificar. Comprender el «temor» de los victimarios no quiere decir justificarlos ni perdonarlos. Pues el perdón es elegible del mismo modo que la acción violenta a raíz de la cual sale a relucir: la víctima elige perdonar de la misma manera que quienes la sacrifican prefieren la violencia unánime contra ella. Además, en el totalitarismo, dicho temor solo puede verse materializado en el aspecto moral, debido a que, una vez evidenciada la culpabilidad de los victimarios en el linchamiento, es posible que los mismos sientan vergüenza a causa de la convención de que las élites son las comunidades más sensibles de las sociedades y de las cuales se espera hagan valer la justicia y la libertad.

La educación totalitaria indica que nunca se obra mal cuando de defender la patria, la revolución, el partido, sus líderes y la cultura nacional, se trata; o sea, que quien ejecuta el mal puede envalentonarse puesto que la exención lo favorece. De aparecer un ápice de temor, los victimarios lo superan con la arrogancia de la razón totalitaria; no les importa que esta minimice cualquier sensibilidad ante el mal. La habituación gana por encima de la sensibilización; los victimarios no se permiten discriminar el acto violento.

Por eso crece la dependencia entre placer y displacer victimarios, y con ella la imposibilidad de que redescubran determinadas sensibilidades humanas.

Resta apuntar un detalle sobre el perdón: los victimarios del Caso ART-DE, semejante a los del Caso Porcel y a los cuadros políticos del Caso Ítalo, no se excusarán, pues de hacerlo estarían asintiendo sus expiaciones políticas como innecesarias e injustas. Instituirse como amigo totalitario supone ser indolente ante las pautas del perdón; léase arrepentimiento, duelo, reparación y compromiso de no repetir la injusticia.

Encima de tolerar el linchamiento y agravios posteriores, la víctima debe esperar a que sus victimarios, sean cuadros políticos de la cultura, sean críticos o amigos artistas, la perdonen.

Hablo de un perdón magnánimo, condicionado por la promesa de la víctima de no reincidir en su falta. Perdón con el que el poder ostenta su poderío: la burocracia ofrece su compasión; los artistas suscriben la palabra imperativa de la política cultural; la víctima que se acoge al perdón debe ignorar que su linchamiento será olvidado; la que no consiente el olvido debe saber que a su estigma se añadirá la marca de rencorosa. Por tanto, la antedicha clemencia, no es tal.

La clemencia es una virtud que entraña atenuar el veredicto de justicia, por lo que hablar de ella, en materia de expiación totalitaria, resulta vergonzoso. Tampoco hay tal rencor, o si se prefiere, la víctima no es resentida, como se acostumbra definir en el entorno cultural a quienes no asienten la compasión burocrática y reclaman justicia por los daños de la violencia divina.

La cuestión no es quién experimenta resentimiento y cuánto dura tal estado de ánimo; la pregunta es: ¿a qué se debe que la víctima no pueda deshacerse de su pesar? La respuesta la tiene el pensador Vladimir Jankélévitch, quien esclarece que no es rencor el sentimiento que vive la víctima, sino una conmoción provocada por el horror que se eterniza una vez que la sociedad la empuja a la impotencia, haciéndola creer que nada puede hacer. El resentimiento se revela entonces como una emoción renovada e individual que subsiste protestando contra el olvido colectivo.

Pese al silencio que acompaña el desasosiego y el exilio forzado de la víctima, en una entrevista que le hiciera el crítico Roberto Madrigal, Juan-Sí González emplea el calificativo *examigos*. Cito el borrador final que me facilitara él mismo: «En 1986, recibí el Primer Premio en el Salón de la Ciudad, compartido con mis examigos Eduardo Ponjuán y René Francisco Rodríguez, junto a una exhibición en el Centro de Desarrollo de las Artes Visuales». Sin embargo, una vez publicada la entrevista en el libro *Juan Sí González y el Grupo AR-DE* (2017), dicha palabra desapareció.

No es necesario preguntar a González si hubo consenso entre Madrigal y él para suprimir la palabra *examigos* de la publicación, o si tal anulación conlleva el perdón a sus victimarios; lo notable aquí, es la relación imaginaria que calza tal decisión, venga del artista, del autor del libro, o de un acuerdo editorial. Si reconocemos la inocencia de la víctima, lo valioso es entender que rememorar eventos violentos implica para ella asumir desapegos, y que consumar estos a cualquier nivel envuelve deshacer afinidades y multiplicar pesadumbres. Pues, se trate de amigos victimarios como los del Caso ART-DE o de victimarios consanguíneos como en el caso de la artista Celia González,[9] e incluso tratándose de cuadros políticos como en el Caso Ítalo, deshacer y rehacer antipatías y empatías no siempre es un *acting out* tonificador.

Como también advierte Frank Ankersmit (2010) respecto al trauma, es propio de quien lo vive de manera irresoluble manifestar cierta incapacidad para apreciar su padecimiento, a causa de «la anestesia» que se sitúa entre él y la experiencia traumática. De esto se desprende otro tema trascendental: en el totalitarismo, los vínculos afectivos entre víctima y victimarios no se deshacen fácilmente a consecuencia de la unanimidad y la hostilidad con que cuentan los segundos, quienes disponen a partir de las mismas la soledad de la primera.

No se trata de si González determina dejar de ser amigo de Ponjuán, Rodríguez y el resto de los artistas firmantes de la carta en su contra; se trata de que fueron ellos, los amigos, quienes instituyeron a través de él una forma de estigmatizar: un prototipo de enemigo. Los artistas son quienes aleccionan al amigo con su enemistad política hasta excluirlo de la comunidad artística. Insisto: no existe enemigo sin amigo revolucionario, tampoco se origina tal enemistad sin el abismo de la hostilidad política; la cual, paradójicamente, se declara bienhechora y compasiva.

Aunque Juan-Sí González ha rehecho su vida en el exilio, la liturgia de amistad y enemistad, como forma de sociabilidad endeudada con la violencia de la política cultural, no deja de afectar su reconocimiento social y artístico, dentro y fuera de Cuba, debido a que los amigos —artistas y

---

9   El Caso Celia se legitima por su índole preventiva y saca a relucir complementos sustanciales de las bienintencionada reprobación totalitaria: la anteposición incondicional del obrar político a la familia; la prepotencia de la Seguridad del Estado para intervenir a su antojo en cualquier ámbito social; la implementación de presiones psicopedagógicas hasta calar el amor más incondicional, o sea, el dado entre congéneres; y la activación del odio diferenciador del enemigo mediante el chismorreo político para formular censuras y racionalizar castigos. Véase Hernández 2019; 2020.

especialistas— siguen liderando el correlato dominante. Esto responde, en principio y según analiza el crítico Joaquín Badajoz (2019), a que «tradicionalmente los coleccionistas europeos y estadounidenses han preferido el arte realizado por artistas que viven en la isla». Preferencia expandida a las prácticas de promoción y estudio, y que gana asiento con la categoría *nuevo arte cubano* consolidada durante la década de 1990.

Una preferencia que no se debe exclusivamente a la condición totalitaria, sino además al carácter lapidario que toma dicha categoría con relación a los artistas exiliados, tengan más o menos reputación y estén o no afianzados en el mercado.

La decisión editorial de no hacer público el sentimiento de enemistad de Juan-Sí González hacia los artistas Eduardo Ponjuán y René Francisco Rodríguez, no solo es defendible, sino que su talante autocompasivo nos remite a la prepotencia en que se regodean los victimarios producto del credo de exención. Compasión que dista notoriamente de la burocrática, porque revela el cansancio de la víctima producto del persistente encontronazo entre los mitos bendito y maldito: el *agazós* contra el *kakós*.

He dicho que el confort político de los cuadros reside en su prepotencia. Ahora anoto que de esta nace también la autoafirmación de los amigos, quienes piensan que no crean chivos expiatorios porque sus acciones no están contagiadas con la hostilidad sino con la desobediencia, mientras asumen, con clara facticidad, el linchamiento de uno de los suyos para restablecer el diálogo con la burocracia y obtener su aprobación del arte por venir.

Precisé, además, que la connivencia entre amigo totalitario y cuadro político es fáctica. Queda subrayar que lo pertinente no es evaluar si el cuadro es más violento o el amigo es menos perspicaz al mimetizarse con su violencia, o si decretando la responsabilidad —criminal, política y moral— del cuadro podemos eximir al amigo de la suya; lo justo es darse cuenta que ambos son responsables desde el momento en que eligen participar en el linchamiento: los cuadros desempeñando su función y los amigos secundándolos.

Se trata de señalar la sistematización del mecanismo victimario y preguntarse: ¿por qué acumulando las élites culturales experiencias suficientes como para detener la construcción de mitos malditos y la violencia que lo encauza, continúan resistiéndose a hacerlo?

Completo mi reflexión sobre el resentimiento y su simetría con la venganza política, rescatando el vaticinio y los subrayados de Max Scheler (1938: 24) a inicios del siglo pasado: «el sentimiento de venganza se convierte tanto más en resentimiento cuanto más se transforma en un estadio permanente, continuamente *ofensivo* y *sustraído* a la voluntad del ofendido».

Estadio a comprender, con relación a la sociedad cubana, teniendo en cuenta que el sino de su educación y a cuyo mantenimiento imaginario ha contribuido cada uno de sus miembros, es la ofensa al civismo y al sentido humanitario disfrazada con la prudencia de los juicios ideológicos y los procederes políticos. Alrededor de este ejercicio ofensivo, o sea, desde lo cotidiano que se ha hecho su rasgo vengativo, gravita el resentimiento colectivo y unánime del amigo totalitario, impidiéndole percibir su mimetismo con el deseo de violencia.

Resentimiento que ilustro nuevamente parafraseando a Scheler: el resentimiento es sentir reiteradamente la emoción de hostilidad; es una autointoxicación psíquica secuela de la represión que tiene su punto de encuentro en el impulso de venganza.

Conjuntamente con esta naturalización de la reciprocidad entre venganza y resentimiento, la sociedad cubana ha plantado en su seno el sentimiento de impotencia individual: de esa frustración personal y cívica que aparece cuando llega la hora de enfrentarse a la hostilidad colectiva fruto de tal reciprocidad. Una impotencia que se torna irremediable y que por supuesto es propia de la víctima y no del victimario. Pues este, en calidad de amigo revolucionario que ejercita la ofensa, blande su animadversión en colectivo y aporta eficacia al linchamiento burocrático, nunca es caracterizado como resentido. La inferencia se presenta aquí arrolladora: el victimario agrede y se desfoga; la víctima resiste y se ahoga.

Y concluyo con Scheler: cuando hay que poner buena cara al maltrato, teniendo que sepultar en el interior los efectos y afectos de la animosidad totalitaria, así como experimentar la repulsión hacia los victimarios, es lógico que aflore el resentimiento propio, individual, el de la víctima. Resentimiento respecto del cual hay que desprejuiciarse, pues como adelantaba, conforma y compensa un enojo retenido que no halla espacio para el desahogo y que subsiste protestando contra desmemoria deliberada.

Veámoslo entonces como un resentimiento bondadoso que conduce la reacción contra la violencia divina. La cual, para los artistas Nicolás Guillén Landrían (Almanza 2019) y Umberto Peña (Aguilera 2019) —citando otros casos de estudio—, al igual que para Marco Antonio Abad y Jorge Crespo, es asumida a través del silencio.

Si la burocracia cultural silencia la expresión del artista, qué sucede entonces cuando este revierte tal silenciamiento a manera de protesta. Manifiesto como parte del borramiento en vida producto de la estigmatización, el silencio se revela —evocando a Elías Canetti— en forma de defensa nivelando las inconvenientes y las ventajas de la víctima. Al guardar silencio, la víctima descubre el aislamiento en sí misma, pero también protege su intimidad: esa por cuyo control se desviven los victimarios una vez que la condenan. Provoca, el silencio, un tipo de mutismo que canaliza la humillación soportada por la víctima, resultado de la impotencia de no poder expresarse ni contar con la escucha de sus amigos, quienes —como relata Juan-Sí González— se distanciaron, dejaron de hablarle y le echaron tierra.

Similar a la retirada de Ítalo Expósito de la reunión a propósito del Decreto 349, el mutismo también ataca con irreverencia: la víctima que calla niega a la burocracia cultural mostrándole su indignación e indicando con desprecio su inhumanidad. Silencios análogos al de Umberto Peña han logrado suspender la palabra hostil de la política cultural; no aspirar a dialogar con sus representantes es acusar la iniquidad de los linchamientos y la impunidad de cuadros políticos como Marta Arjona (*ibíd.*). Cultivar el silencio, aun cargado de resignación, es precisar que no se cederá a la reeducación política ni se pedirá compasión.

Una vez que opta por el mutismo como protesta, la víctima prescinde de la denuncia pública y hasta de chismear con sus allegados sobre su experiencia violenta, pues prevé que no será atendida: la rutina totalitaria le vaticina que la empatía política, la sensibilidad intelectual y la fe humana, se inclinarán hacia los victimarios. Gracias a esta inercia totalitaria la víctima sabe de antemano que puede quedarse completamente sola en cualquier momento, que incluso sus familiares pueden virarse contra ella, sea porque creen en el deber de cuidar el futuro de la Revolución aunque ello entrañe iniquidades, porque son intimidados por la Seguridad del Estado o porque temen perder incentivos y recompensas institucionales.

Ante este proceso, víctimas como Umberto Peña, Nicolás Guillén Landrián e Ítalo Expósito, se niegan a contar, escuchar, preguntar y responder al otro, sea un cuadro político o un amigo, y víctimas como Juan-Sí González, guardan silencio y desisten de amigos victimarios. Para estos violentados perpetuos —como los distingue el escritor Rafael Almanza— cortar la comunicación significa desautorizar la política cultural y a quienes concretan la violencia divina que la sustenta.

III

La relación sentimiento de impotencia versus resentimiento totalitario no termina. Tanto es así, que durante su viaje familiar a Cuba en febrero de 2020 y al ser invitado a presentar su quehacer artístico en INSTAR (Instituto de

Artivismo Hannah Arendt), Juan-Sí González experimentó la misma violencia de la que fuera víctima treinta años atrás, siendo objeto de persecución:

> Me senté en el café vacío en una mesa de cuatro sillas. Pedí un sándwich de jamón y queso y un café. Empecé a tratar de conectarme [a Internet], pero desistí: la conexión estaba muy lenta. Probé el café, prendí un cigarro y me puse a leer. De repente, aparecieron dos personas, corrieron las sillas y se sentaron a mi mesa sin pedirme permiso: uno frente a mí y otro a mi derecha. Eran agentes de la Seguridad del Estado vestidos de civil. Me dijeron de inmediato que no querían alboroto y que venían a conversar amistosamente conmigo, a advertirme sobre mi presentación en INSTAR (J. González, correo-e, febrero 15, 2020).

Y recibiendo amenazas:

> El otro agente […] empezó a intimidarme. Me dijo que era así de sencillo: «Si haces esa presentación en esa casa, podemos separarte de tu hija [Frida], ya que tú, como ciudadano americano, no tienes ninguna potestad legal sobre ella, y encima de eso, estarías cometiendo un delito contra el Estado, porque nos mentiste al entrar en tu declaración de aduana, solo dijiste que venías a visitar familiares y no declaraste que venías con la intención de realizar un evento clandestino en un llamado Instituto, no reconocido como tal. También podemos invalidar tu pasaporte y no podrás regresar nunca más a ver a tu familia». […] me dijeron: «Te seguiremos observando de cerca. No más fotos y, si haces mañana la presentación en esa casa de Tejadillo [214], atente a las consecuencias» (ibíd.).

A estas arbitrariedades se suman otras: los agentes de la Seguridad del Estado difamaron ante González de la artista y directora de INSTAR Tania Bruguera; intimidaron a la propietaria del hostal en el que se hospedaban él y su familia; le decomisaron una docena de libros y otros objetos personales; le retuvieron su teléfono, copiaron sus contactos y acto seguido los borraron del mismo dejándolo incomunicado. El hostigamiento se prolongó hasta que literalmente despegó el avión en el que González, su esposa Paloma y su hija Mila, regresaron a Estados Unidos.

El desempeño más preciado del mito, en este escenario el de fondo maldito que se le continúa adjudicando a González, consiste en pautar los ritos sacrificiales y las acciones de los implicados, sean los agentes de la Seguridad del Estado, los cuadros políticos de la cultura que comparten decisiones victimarias con ellos, o los especialistas y amigos del entorno artístico que permanecen indiferentes al respecto desde hace treinta años.

He argumentado que el mito es precedido por un evento sacrificial; toca señalar que es ahora la trama mítica la que induce tal sacrificio, delineándose así, una dependencia circular a causa de la cual la víctima se convierte en centro de atracciones totalitarias.

Si la producción artística del Grupo ART-DE no representara para la política cultural cubana lo nocivo y lo ejemplarizante, quiero decir la actitud y el contenido cuya corrección burocrática ha consistido en impedir que sean asimiladas como arte, Juan-Sí González no hubiera sido violentado nuevamente; si González no materializara el mito maldito, ni él, ni su familia ni sus allegados, hubieran padecido las arbitrariedades antes enumeradas; si González no fuera el estigma en persona, la Seguridad del Estado no le hubiera propuesto hacer su presentación en una institución cultural, advirtiéndole que sería la única «forma legal» ya que INSTAR no era más que «una casa» en la que se reunían «disidentes y detractores de las verdaderas instituciones culturales del país», y que las actividades allí realizadas Tania Bruguera las costeaba con dinero que recibía de «organizaciones enemigas de la revolución» (*ibíd.*).

Esta renovación del mito maldito refuerza un absolutismo que nos remite a tiempos iniciales, bien el de 1961, cuando Fidel Castro proclamó la censura como condición *sine qua non* para la producción del entorno artístico y cultural, bien el de 1971, cuando a raíz del Caso Padilla la Seguridad del Estado se arroga la potestad para violentar a sus anchas las libertades de dicho entorno, bien el de 1990, cuando la burocracia y los artistas consolidaron su violencia unánime contra el Grupo ART-DE.

Un absolutismo relacionado con la atribución del mal, que además de machacar con el vilipendio hacia la figura del disidente y la perorata de la subvención enemiga de actividades artísticas e intelectuales, revela las correspondencias entre permisibilidad y vigilancia en tanto delimitadoras de la autonomía de los nacientes espacios autogestionados. Cuestión cuya novedad radica en discriminar dichos espacios entre estudio/galería de arte o una casa, entre proyecto cultural o «cuento de caminos» (*ibíd.*), calificativo con el que los agentes de la Seguridad del Estado explican a Juan-Sí González lo que es INSTAR.

Si los gestores no sobrepasan con sus actividades los límites de lo ilícito autorizado —digamos comercializar obras sin fiscalización alguna e invitar a extranjeros a participar en dichas actividades sin que tengan visa cultural— y lo político permitido —digamos proponer contenidos críticos pero que no interpelen frontalmente el déficit democrático gubernamental ni se crucen con el activismo político—, sus espacios serán bendecidos por los cuadros de la cultura, encarecidos por la crítica y concurridos. Ahora bien, si exceden los límites de lo político permitido, los gestores tendrán que tolerar que la burocracia cultural desapruebe lo ilícito autorizado con relación a sus espacios, que la Seguridad del Estado los hostigue tanto a ellos como a sus colaboradores cubanos y extranjeros —a quienes amedrentan por no poseer dicha visa cultural—, que la crítica no les preste atención y que la asistencia del público sea reducida.

Esto último no sucede solamente con INSTAR, sino además con las casas sede de Espacio Aglutinador, Estado de SATS y el Museo de Arte Políticamente Incómodo. Una desautorización aplicada a Ítalo Expósito, cuyo caso analicé antes; al artista Luis Trápaga, cuya Casa Galería El Círculo ha sido allanada en varias ocasiones por la Seguridad del Estado y la PNR para impedir la realización de exposiciones, encuentros literarios, presentaciones de documentales y obras de teatro (Menéndez-Conde, Alonso y Núñez 2019); y al escritor Rafael Almanza, quien además de soportar detenciones, interrogatorios y amenazas de muerte, ha visto su casa sitiada por la PNR para suspender La Peña del Júcaro, encuentro bianual e interdisciplinar de creadores mayoritariamente jóvenes, que después de diez años de actividad no podrá seguir gestionando debido al ultimátum que le diera la Seguridad del Estado en septiembre de 2019.

La casa como lugar propio y privado desde el cual cultivar determinadas libertades a compartir públicamente, sea exponer y comercializar obras, impartir talleres y conferencias, alojar a un colega en calidad de artista residente o simplemente reunirse con otros sin tener la preocupación de que el despotismo institucional irrumpa en la misma a través de inspectores culturales y agentes policiales, fue uno de los temas propuestos para revisar durante la reunión del Decreto 349 en el CNAP. Las demandas se limitaron al ámbito cultural, aun sabiendo que las permisibilidades con el mismo y su potencial desautorización están enraizadas en la prohibición gubernamental de la libre asociación y la manifestación pública, es decir, en la reprobación de la pluralidad y la autonomía como condición humana.

El deseo de hacer el mal es proporcional al regocijo que provoca el despotismo, sobre todo en cuadros como Fernando Rojas, quien lo aprovecha tanto para rehusar la discusión del Caso Ítalo alegando que de abrirla se volvería «interminable», como para afirmar que «lo que una persona haga en su casa es su absoluto derecho» (AA. VV. 2018). No estamos ante una manipulación administrativa ni una contradicción al uso; presenciamos la exaltación de una deformidad ética a través de la cual la burocracia concede a las élites de la cultura una plaza privilegiada dentro de la sociedad.

Tal deformidad se desprende de una particularidad totalitaria tratada por Hannah Arendt (1996), partiendo de la correlación entre la indolencia burocrática hacia la objetividad y su convicción de que todo es posible. La burocracia totalitaria pretende demostrar continuamente que la acción puede estar apoyada en cualquier hipótesis, por lo cual, «en el curso de una acción de dirección coherente, la hipótesis particular se convertirá en verdadera, se convertirá en realidad presente, concreta» (*ibíd.*: 97). Pongamos por hipótesis el absoluto derecho al que se refiere Fernando Rojas y como hecho que debe corroborarla su acatamiento del mismo, para darnos cuenta, ya no de su indolencia ante la objetividad y su convicción de que todo es posible, sino de su certeza respecto a que, lo expresado por él en tanto funcionario totalitario, se vuelve axiomático y efectivo porque sí.

En esto se basa la benevolencia totalitaria: en suponer que sus axiomas no tienen por qué ajustarse a lo experimentado ni atender lo realmente existente; en usurpar los Derechos Absolutos para administrarlos arbitrariamente como privilegios según la labor profesional y proyección política de cada quien; en otorgar a la persona que se desempeña como artista el derecho a hacer actividades públicas en su casa y negarlo a la persona que no es artista y que discrepa francamente de la política gubernamental; en vetar tal derecho al artista que se reúne con quien discrepa o está comprometido con el activismo, la oposición y la defensa de dichos Derechos Absolutos; y en compartir con el amigo totalitario la filia de estigmatizar al artista vetado.

BIBLIOGRAFÍA

AA.VV. (2018): *Transcripción. Reunión con funcionarios del Ministerio de Cultura por motivo de la carta de rechazo al Decreto 349 firmada por artistas e intelectuales cubanos en el patio del Consejo Nacional de las Artes Plásticas, La Habana, 27-9-2018.*
Aguilera, Carlos A. (2019): *Archivo y terror. Operaciones entre literatura, política, teatro y arte.* Virginia: Casa vacía.
Almanza, Rafael (2019): «El arte del violentado: Nicolás Guillén Landrián». En *Hypermedia Magazine* [En línea], 16/07/19.
Ankersmit, Frank (2010): *La experiencia histórica sublime.* México D.F.: Universidad Iberoamericana.
Arendt, Hannah (1996): *Entre el pasado y el futuro. Ocho ejercicios sobre la reflexión política.* Barcelona: Península.

Badajoz, Joaquín (2019): «'Here come the Cubans'. La (id)entidad nacional como constructo, y otros espejismos del arte cubano contemporáneo». En Greiner, Clemens y Hernández, Henry Eric (eds.): *Pan fresco. Textos críticos en torno al arte cubano*. Leiden: Almenara Press-Reinbeckhallen Foundation, 183-201.

Badiou, Alain (2005): *El siglo*. Buenos Aires: Manantial.

Bisquet, Katherine (2020): «Excompañero *mon amour*: un diálogo sobre el amor y la censura». En *Hypermedia Magazine* [En línea], 2/03/20.

Castillo, Héctor A. (2019): «Juan Sí González o el horizonte de la orfandad». En *Hypermedia Magazine* [En línea], 9/07/19.

Díaz Martínez, Manuel (1996): «La carta de los diez». En *Encuentro de la Cultura Cubana*, 2, 22-30.

Fusco, Coco (2017): *Pasos peligrosos: performance y política en Cuba*. Madrid: Turner.

Girard, René (1989): *La ruta antigua de los hombres perversos*. Barcelona: Anagrama.

Han, Byung-Chul (2016): *Topología de la violencia*. Barcelona: Herder.

Hernández, Henry Eric (2017): *Mártir, líder y pachanga. El cine de peregrinaje político hacia la revolución cubana*. Leiden: Almenara.

— (2019): «Esa condición *sine qua non* llamada censura». En Greiner, Clemens y Hernández, Henry Eric (eds.): *Pan fresco. Textos críticos en torno al arte cubano*. Leiden: Almenara Press - Reinbeckhallen Foundation, 157-182.

— (2020): «El funcionario totalitario». En *Hypermedia Magazine* [En línea], 11/09/20.

— (2021): «La *immagini infamanti* en el arte cubano». En *Artishock* [En línea], 03/02/2021.

Keane, John (2007): *Reflexiones sobre la violencia*. Madrid: Alianza Editorial.

LaCapra, Dominick (2005): *Escribir la historia, escribir el trauma*. Buenos Aires: Nueva Visión.

Machado, Mailyn (2018): *El circuito del arte cubano. Open Studio I*. Leiden: Almenara.

Madrigal, Roberto (2017): *Juan Sí González y el Grupo AR-DE*. Praga: inCUBAdora Ediciones - Libri Prohibiti [E-Book].

Martínez, Juan (1998): «Oral History Interview with Rubén Torres Llorca, 1998, January 31». En *Smithsonian Archive of American Art*. [En línea].

Menéndez-Conde, Ernesto, Alonso Gómez, Sara y Núñez Leyva, Yanelys (2019): «Un arte público en ciernes. Diálogo sobre arte e intervenciones públicas en la Cuba contemporánea». En Greiner, Clemens y Hernández, Henry Eric (eds.): *Pan fresco. Textos críticos en torno al arte cubano*. Leiden: Almenara Press-Reinbeckhallen Foundation, 303-341.

Nussbaum, Martha C. (2014): *Emociones política. ¿Por qué el amor es importante para la justicia?* Barcelona: Paidós.

Scheler, Max (1938): *El resentimiento en la moral*. Buenos Aires: Espasa Calpe.

Sloterdijk, Peter (2010): *Ira y tiempo. Ensayo psicopolítico*. Madrid: Siruela.

Valcárcel, Amelia (2010): *La memoria y el perdón*. Barcelona: Herder.

GALERÍA

Cortesía de Juan Sí González

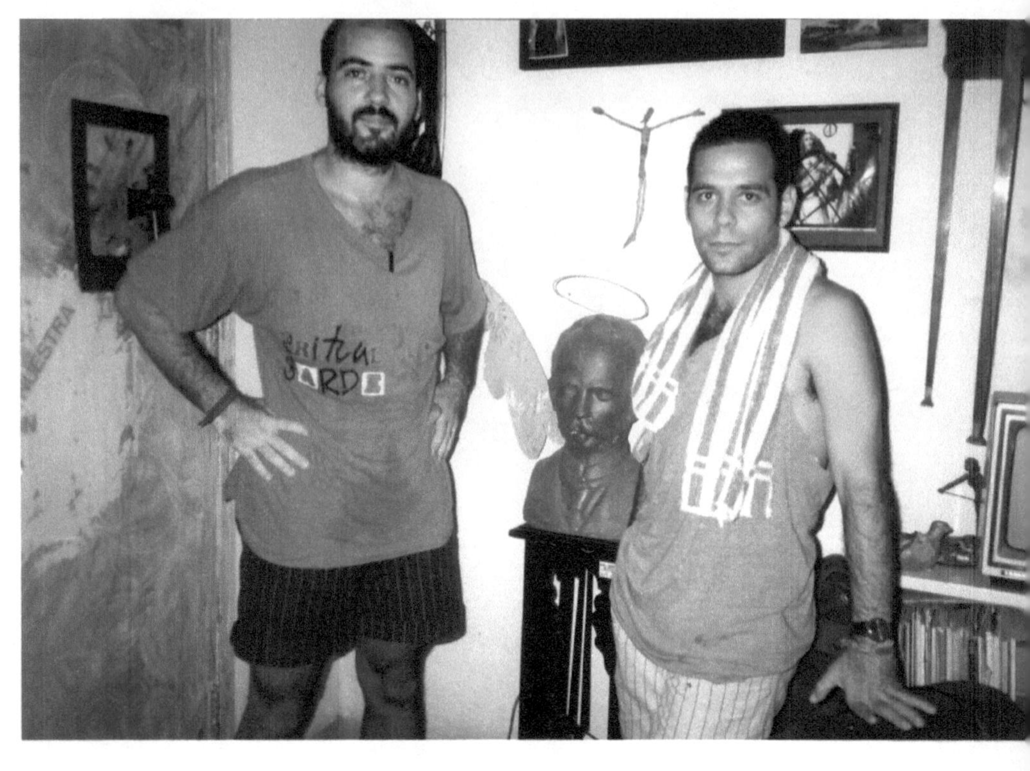

Juan Sí González (derecha) y Marco Antonio Abad en el estudio de éste. La Habana, 1991.

Cena de despedida de Juan Sí González antes de partir al exilio en Costa Rica. La Habana, 1991. De izquierda a derecha: Jorge Antonio Crespo, Juan Sí González, Ana Lidia y Marco Antonio Abad.

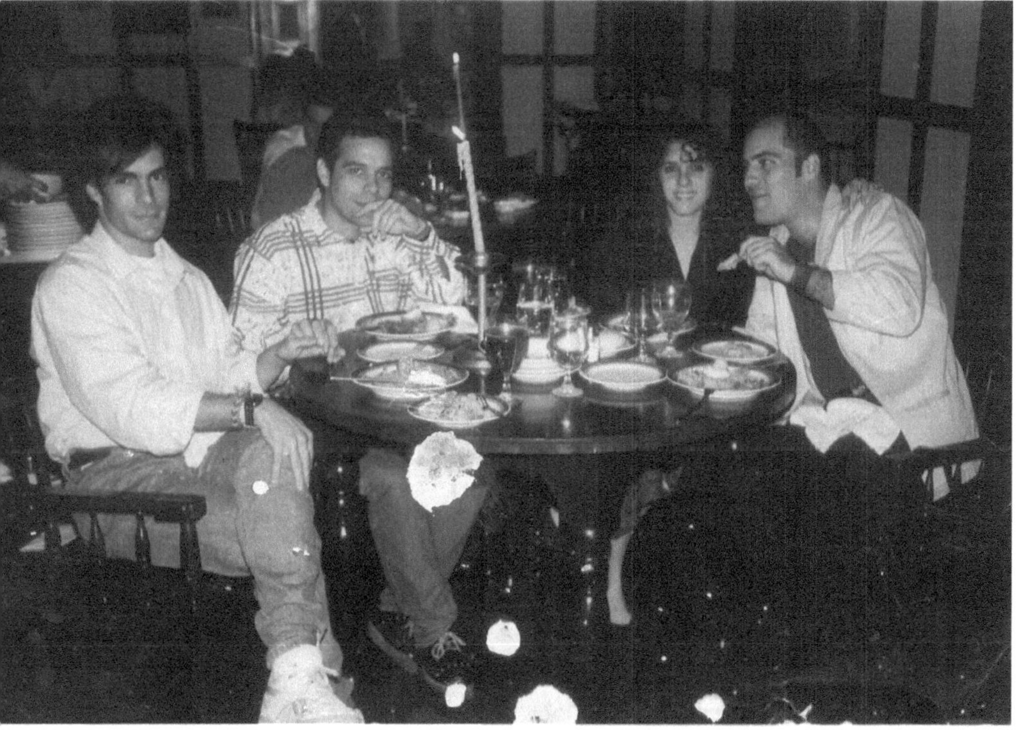

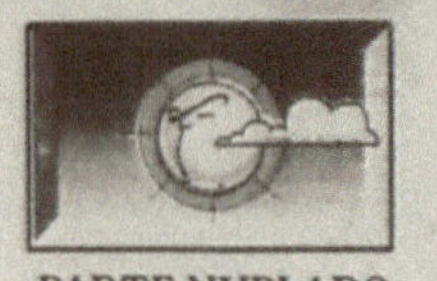

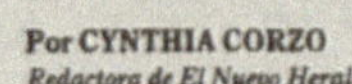

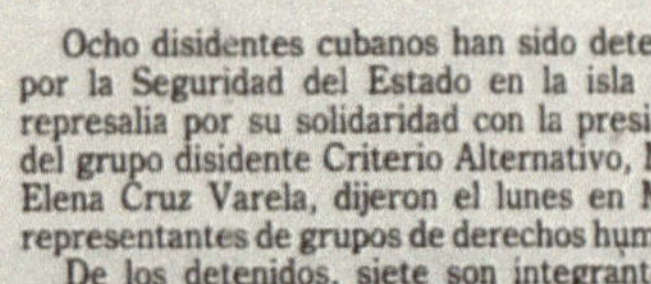

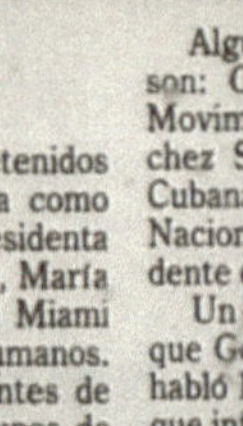

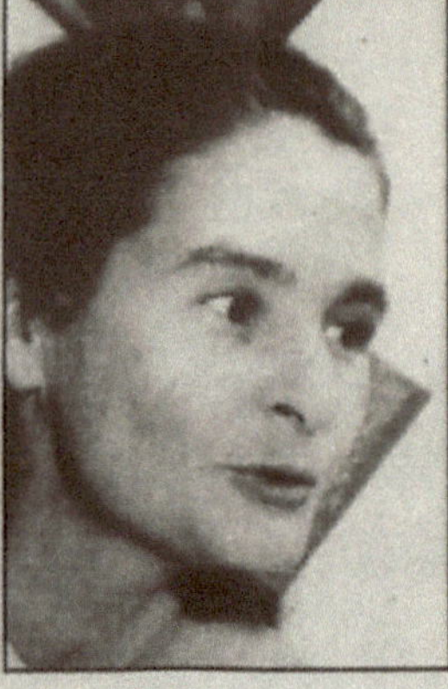

Recorte de prensa

Juan Sí González (centro) y María Montero reciben a Marco Antonio Abad (izquierda) en el aeropuerto de Miami, en 1993, después de cumplir dos años de condena en el centro penitenciario Combinado del Este, en La Habana.

POR DENTRO

PEPSI SUEÑA CON REFRESCO INCOLORO. **3B.**

AUTO DESTRUYE PEQUEÑO COMERCIO. **1B.**

REINICIADA REUNION DE EL SALVADOR. **3A.**

TWA INTENTA COMPRAR PAN AM EXPRESS. **3B.**

SUPLEMENTO THE MIAMI HERALD

entes en Cuba
imas de actos de repudio

mas de actos de repudio ardiñas, presidente del Cristiano; Elizardo Sán- sidente de la Comisión umanos y Reconciliación García Alderete, presi- o Arte Libre (APAL).

te y Derecho, Juan Enri- ncuentra en Costa Rica, a con amistades en Cuba estaba sucediendo.

os, el gobierno se preo- ce la oposición y tendría ó González. "Establecer n frente común trae como as violentas".

riterio Alternativo dete- : Elvira Baró, Pastor uado, Eliezer Aguirre, nando Velázquez Medina

y Jorge Pomar. El otro detenido, Marcos Antonio Abad, es miembro de Arte y Derecho.

Abad, escritor y director de documentales, fue arrestado el pasado martes cuando filmaba el acto de repudio realizado contra Cruz Varela en su apartamento del barrio habanero de Alamar.

"El filmó cuando la turba arrastraba a María Elena Cruz Varela por las escaleras", dijo Gisela Hidalgo, activista de derechos humanos en Miami. "Le confiscaron el vídeo y lo arrestaron. Nadie sabe dónde está detenido".

Cruz Varela fue objeto de una manifestación de repudio realizada el pasado martes por turbas movilizadas por el gobierno cubano.

Las turbas entraron a su apartamento, destrozaron sus muebles y pertenencias, la golpearon y la arrastraron por las escaleras. Además, le introdujeron papeles en la boca y la obligaron a tragarlos.

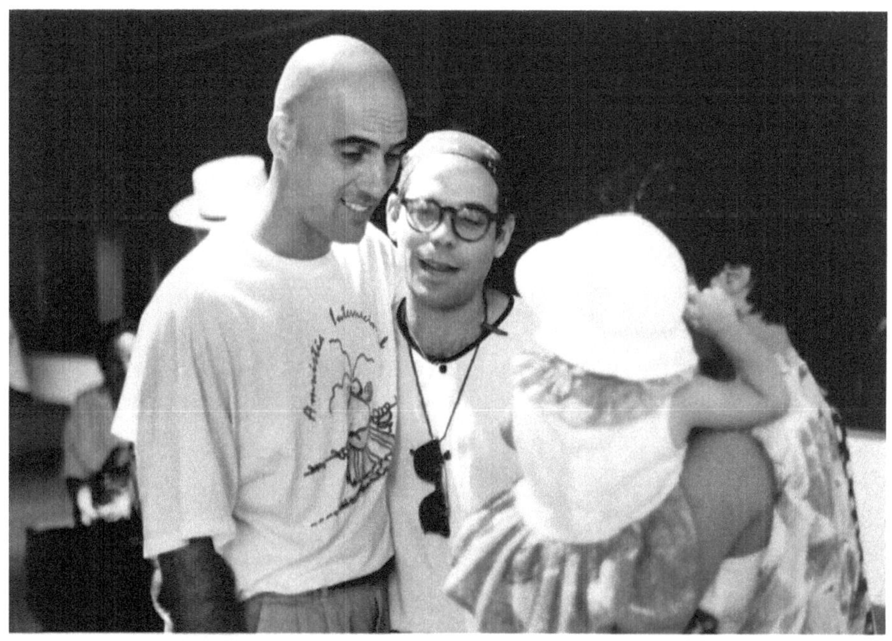

EL TOTALITARISMO Y EL DISEÑO DE POLÍTICA EXTERIOR CUBANO BAJO EL RÉGIMEN CASTRISTA.

Oscar Grandío Moráguez

Cuba desde 1959 inauguró un proceso político y social que podría caracterizarse como totalitario tomando en cuenta las variables definitorias de un término que se ha adaptado perfectamente al caso cubano. Este carácter totalitario del régimen creado y moldeado por Fidel Castro se impondría sobre todas las instituciones del Estado.

En este contexto el Estado totalitario de tipo leninista —que se definió y consolidó en un proceso muy rápido a partir de 1960— junto a sus corporaciones subordinadas, han sido los únicos instrumentos de poder y control en Cuba. Esto significa que todos los instrumentos directos y medios de poder han estado en manos del Estado cubano, o más exactamente, en poder de unas élites reducidas que lo han controlado por mas de 60 años. Un control político, social y económico totalmente absoluto que no puede denominarse de otra manera más que como totalitario.

Este carácter de control absoluto por parte del Estado cubano concuerda perfectamente con aquella definición inicial fascista expresada por Mussolini, que señalaba al Estado como la verdadera realidad del individuo, que se erigía como la única razón por la cual este podía considerarse seriamente, porque para el fascista todo estaba dentro del Estado y fuera de él nada legal o espiritual podía existir o poseer valor (Mussolini, 1932).

También la definición de Arendt de totalitarismo de 1952 reflejaba la esencia totalitaria del régimen cubano pos 1959, en la que el terror funcionaba como momento definitorio en la conversión de un régimen determinado hacia uno de tipo totalitario, que se combinaba con un alto grado de apoyo popular (Arendt, 1952). Friedrich y Brzezinski cuatro años después darían una definición mas ampliada, incluyendo seis elementos definitorios para clasificar un régimen como totalitario: un partido de masas único, basado en una ideología única, que ejerce el monopolio absoluto del uso de la fuerza y del control de la información, con un control central de la economía y que perpetúa su poder mediante el uso de una policía secreta todopoderosa (Friedrich y Brzezinski, 1956).

Para fines de los setentas, un autor como Gurian se concentró mas en trabajar las características del liderazgo totalitario, y la concentración sobre este de un sistema cerrado de poder, muy unificado y puesto en función de un proceso de dominación total de toda la sociedad bajo una creencia absoluta en su misión —mesiánica con una perspectiva política cuasi religiosa—, que se materializaba en la necesidad de dominación de unas élites, que excluirían en lo social y lo político la posibilidad de circulación de grupos diferentes como detentadores del poder. Elites que además se consideraban como las representantes legítimas de la voluntad popular (Gurian, 1978).

La revisión de estos y otros marcos teóricos relacionados con el término «totalitarismo», nos ofrecen una explicación coherente que se ajusta perfectamente al fenómeno cubano, y nos ayudan a entender como ha funcionado la dinámica del poder de un proceso histórico a todas luces totalitario desde su concepción, con un líder que impuso su visón única de una concepción de estado que penetró todas sus instituciones, incluyendo aquellas encargadas de la implementación de la política exterior del país.

Si el régimen instaurado por Fidel Castro es catalogado como de tipo totalitario, donde su figura jugó un papel esencial en el diseño del estado ¿cómo influyó este carácter totalitario personalista cuando se trata de definir la política exterior implementada por el régimen castrista? ¿Bajo qué premisas se ha diseñado esta política exterior? ¿Quién o quiénes han tenido un rol protagónico en este diseño? ¿Han sido este diseño de política internacional un reflejo de la voluntad popular que ha dicho representar el régimen o esta representa la voluntad de un solo individuo o un grupo cerrado de personas? ¿Cuáles han sido las consecuencias más importantes de un diseño de política exterior totalitaria?

Para comenzar a responder estas preguntas es importante entender que Cuba —después de su independencia formal de España y su incorporación al sistema internacional como un estado soberano— había conducido sus relaciones exteriores e interactuado con otros estados a través de su política exterior y, por lo tanto, la política exterior cubana en la política internacional funcionó como un marco que mostraba las áreas de acuerdos y desacuerdos de los diversos intereses nacionales cubanos y aquellos provenientes del exterior. En otras palabras, la política exterior cubana, como la de cualquier país, había sido formulada para salvaguardar y promover los «intereses nacionales» en relación con aquellos de otros países, reflejados en los marcos bilaterales y multilaterales. Estos «intereses» cubanos reflejaban de manera directa los valores tradicionales del país, sus políticas nacionales en general, y las aspiraciones y auto-percepciones de la nación como un conjunto.

Este diseño de política exterior como salvaguarda de los «intereses nacionales» antes de 1959 siempre se vió limitada por la alta dependencia de Cuba como nación soberana hacia los Estados Unidos. Esta dependencia condicionaba esos intereses locales, representados por unas élites políticas que entendían bien cuales eran sus limitaciones en este diseño, que además estaban afectados por un conjunto de actores nacionales, como organizaciones políticas, sociales, empresariales, sindicales, y de toda índole no estatal, que no solo interactuaban, supervisaban, y condicionaban el diseño de política exterior cubano, sino que lo hacían muy complejo y plural.

La Cuba republicana de antes de 1959, aún con un democracia imperfecta —interrumpida en 1952 por el golpe de Estado autoritario de Batista— permitía a su ciudadanía tener un cierto impacto en la política exterior de los diferentes gobiernos que habían sido electos de una manera formalmente democrática. Este impacto hacia que la implementación de programas de política exterior de los gobiernos de turno fuese a menudo difícil, y sobre todo lenta. Las élites políticas y económicas que se sometían a un proceso votación popular cada cierto tiempo para refrendar su control del estado cubano, debían en la práctica responder a demandas públicas de los votantes y los diversos grupos de presión no estatales. En consonancia con esta realidad, el estado cubano debía formular una política exterior dentro de los límites nacionales definidos por estas demandas, a los que se sumaban intereses foráneos no menos significativos.

Este proceso se transformaría radicalmente con la llegada al poder de las nuevas élites supeditadas al liderazgo absoluto y mesiánico de Fidel Castro. Se construiría un sistema de organizaciones e instituciones políticas eminentemente totalitarias que en gran medida influirían en el cambio en la política exterior del país. Con el nuevo régimen, bajo el nuevo diseño totalitario, se harían mas fáciles, rápidas y radicales las decisiones emanadas desde el Estado con relación a sus relaciones exteriores, tanto en lo bilateral con otros estados soberanos, como en lo multilateral.

En el nuevo diseño totalitario el poder único de decisión sobre el rumbo de la política exterior cubana descansaría sobre un solo individuo: Fidel Castro, asistido por una cohorte de subordinados leales encargados de implementar su voluntad. Castro inauguraría un proceso inédito en Cuba en cuanto a la toma de desiciones que afectaban el accionar externo de la nación: estas se tomarían por él sin ninguna restricción o consultas; donde sus decisiones de política exterior serían generalmente conflictivas, con un costo enorme para el país.[1]

---

[1]   Damián Fernández coincide con este criterio que pone a Fidel Castro como la figura clave, de tipo carismático, en el diseño de política exterior cubano pos 1959. La toma de decisiones hacia lo externo se centralizaban en su figura. (Fernández, D, 1991)

Este diseño e implementación de política exterior de tipo voluntarista, tenia un carácter de supervivencia primario y brutal. La necesidad de sobrevivir del nuevo régimen mesiánico imponía para el líder todopoderoso que controlaba el poder la búsqueda de un marco definitorio que lo protegiese y legitimase, en lo interno y lo externo. Este marco, muy vago en su primer año, caracterizaba al nuevo régimen como democrático popular, con un carácter nacionalista y de justicia social, donde el país que había marcado la pauta en el diseño de políticas externas (los Estados Unidos), y la región prioritaria de inserción internacional (América Latina), continuaron jugando un papel preponderante. Los primeros viajes internacionales de Fidel Castro a Washington y a países latinoamericanos, indicaban una clara tendencia hacia el mantenimiento de un sistema de dependencia e integración con la región geográfica natural de Cuba. No había una ruptura radical con el diseño exterior del pasado.

La negativa al reconocimiento del nuevo régimen cubano, y el profundo carácter conflictivo que se comenzó a otorgar a la relación bilateral por parte del gobierno norteamericano, harían que la percepción de amenaza a la supervivencia del régimen castrista se agudizase. Esta percepción produciría una transición rápida y dramática de un sistema político hasta ese momento autoritario de tipo mesiánico, hacia un totalitarismo clásico, donde el diseño de política exterior sería modificado inmediatamente por el líder único. No habría debate o referéndum democrático para decidir el nuevo rumbo exterior, que afectaría dramáticamente el rumbo interior: unilateralmente Castro decidiría aliarse, en un contexto de guerra fría, con el mayor enemigo de Washington, la Unión de Repúblicas Socialistas Soviéticas (URSS).

Esta decisión totalitaria de un darle un cambio radical a la orientación de la política exterior del país, marcaría el rumbo hacia lo interno. El cambio en política exterior condicionaría la manera de hacer política en lo interior. Una alianza con la URSS implicaba que se debía construir un estado totalitario a semejanza del nuevo aliado. La construcción de un sistema de estado totalitario, de partido único bajo una ideología marxista-leninista, resultó muy conveniente para un líder movido por unas ansias de consolidación de un poder cada vez totalitario, donde el partido único, el terror, el dogma político religioso, el control absoluto por parte del estado y sus élites de la sociedad, marcarían las pautas no solo de la agenda agenda interna, sino de la externa. Lo externo condicionaría lo interno y viceversa.

Aquí la agenda totalitaria de política exterior —diseñada por un solo individuo— se vendería como una agenda de soberanía basada en la voluntad popular de un pueblo que reclamaba el derecho a la autodeterminación, en un proceso de construcción de una sociedad igualitaria y justa, donde una nueva manera de construcción democrática garantizaba el acceso a la vida política activa de grandes sectores poblacionales. Este derecho a la autodeterminación señalaba a los Estados Unidos como la principal amenaza a la soberanía cubana. El gobierno de Washington, definido como el imperialismo norteamericano, sería a partir de entonces el tema central de la agenda negativa de la política exterior cubana: un tema central marcado por la conflictividad.

Esta agenda de conflicto con los Estados Unidos como una respuesta defensiva, que buscó una alianza profunda y dependiente con un poder extra continental y antagónico a los Estados Unidos, marcarían el inicio de la llamada «diplomacia revolucionaria», que empezaría a tomar forma a mediados de 1960 y se definiría en septiembre de eso año con la Primera Declaración de la Habana, que se constituyó en una suerte de plataforma programática de la política exterior del nuevo régimen.

Esta plataforma, que se lanzaba como emanada de un ente abstracto denominado «Asamblea General Nacional del Pueblo de Cuba», no sería otra cosa que una declaración de principios del único hacedor de políticas públicas hacia lo interno y externo, Fidel Castro, quien esbozaba a grandes rasgos los profundos cambios en política exterior de la nación. La Primera Declaración de la Habana marcaría una nueva manera de hacer política exterior desde una tribuna pública, donde un público numeroso e hipnotizado funcionaba como validador pasivo de los diseños individuales de política exterior de Castro.

La fracasada invasión de exiliados cubanos en abril de 1961 por Bahía de Cochinos o Playa Girón, con el apoyo logístico norteamericano, produciría un doble efecto en lo inmediato en la continuación de este nuevo diseño de doble significado: el aumento del conflicto con la antigua potencia extranjera, hegemónica en la isla; y el crecimiento de la dependencia hacia la nueva potencia extracontinental, garante de la supervivencia del sistema totalitario castrista. Esta se reflejaría en la proclamación oficial por Castro de lo que era ya evidente: el carácter socialista del proceso, y su adherencia a los principios del marxismo leninismo.

Las repercusiones no tardarían. Cuba sería castigada por un embargo unilateral impuesto por los Estado Unidos, mientras era expulsada de los mecanismos políticos y económicos del sistema interamericano de naciones. La isla rompería relaciones diplomáticas con prácticamente todos los países regionales. Esta expulsión y hostilidad continental produciría una reacción trascendental por parte de Castro, con repercusiones sustanciales para todo el futuro del relacionamiento cubano con los otrora aliados americanos del viejo régimen cubano: materializada en la Segunda Declaración de la Habana.

Nuevamente una proclama en forma de declaración programática se enunciaría mediante un discurso dado ante una concentración multitudinaria, que también bajo una falsa aprobación popular por aclamación de la voluntad única del líder, declaraba su intención de convertir a Cuba en una fuente de conflicto regional con la potencia hegemónica continental y sus países dependientes. Esto significaría en la práctica que el régimen cubano declaraba su intención de exportar el sistema político cubano hacia todos los países de la región, en franco y abierto conflicto con el país que continuaba siendo declarado como el enemigo acérrimo de Castro: el llamado «imperialismo norteamericano». Esta proclama de la voluntad de un líder totalitario sería definitoria para todo el accionar exterior de Cuba durante mas de medio siglo.

Paralelamente el país se integraría de manera absoluta al eje soviético, donde el establecimiento de mecanismos de defensa hacia el joven régimen totalitario por parte de la URSS —un proceso planificado y concertado unilateralmente por Fidel y los soviéticos— produciría en octubre de 1962 una de las mayores crisis de seguridad en la historia de la humanidad, con la instalación de cohetes nucleares en la isla, que casi produce una conflagración nuclear con consecuencias catastróficas para la humanidad.

La decisión soviética de negociar la retirada del armamento nuclear de Cuba, sin consultar con Castro, produciría una primera gran crisis bilateral cubano soviética, que demostraría que la política exterior diseñada por Fidel, ademas de ser dictada por un instinto político y de conservación muy agudo, también estaba marcada por un ego superlativo, que también tendría consecuencias dramáticas para el país y su proyección internacional.

La Cuba de Fidel Castro después de la crisis de los misiles de 1962, tenía garantizada su supervivencia como régimen, que se consolidaría por un continuo y vasto subsidio del eje soviético, que contribuiría a la construcción de un enorme aparato de seguridad militar y de seguridad interna, capaz de garantizar la obediencia forzada hacia un líder y todo el sistema construido para reforzar su poder totalitario, que se ampliaría hacia el exterior con el rediseño total del sistema diplomático heredado del sistema republicano pre 1959.

Este sistema de accionar exterior se ampliaría considerablemente: en lo formal en el ámbito diplomático se abrirían nuevas embajadas en países antes no prioritarios, sobre todo en África y países del tercer mundo, fundamentales en el nuevo rediseño de política exterior; mientras se potenciaría el accionar cubano en organismos multilaterales del sistema de la Organización de Naciones Unidas (ONU), y otros organismos multilaterales; en lo informal, los nuevos órganos de inteligencia cubanos comenzarían trabajar de manera global activa, con una capacidad operativa impresionante, con operaciones encubiertas mayúsculas de desestabilización y fomento de revoluciones en los países que se catalogaban como enemigos bajo los principios establecidos por la Segunda Declaración de la Habana.

En los años 70 se consolidaría aún mas esta expansión de la agenda exterior cubana, marcada por la megalomanía mesiánica de un líder totalitario que consideraba que una isla nación pobre y pequeña como Cuba debía insertarse en un rol protagónico en el sistema internacional de naciones. Este rol ya no sería defensivo sino ofensivo, y se apoyaba en los cada vez más crecientes subsidios de los soviéticos —estos últimos se beneficiaban del accionar agresivo y pendenciero de Fidel Castro a nivel internacional, sin que esto significase que este se supeditase de una manera sumisa a la agenda de la URSS (Pavlov Y., 1994:97ff).

Castro tenía su propia agenda internacional, que casualmente coincidía con la soviética y sus aliados. Esta agenda autónoma castrista en cuanto a política exterior no significaba que fuera el reflejo de una verdadera voluntad popular, sino todo lo contrario: con una marcada tendencia totalitaria, la voluntad popular se moldeaba a la de Fidel Castro y sus élites subordinadas: serían los cubanos y cubanas los que servirían como peones de estos designios grandiosos de política exterior con un alto costo humano para Cuba y su población.[2]

Para mediados de la década, la Cuba de Castro ya poseía un ejército formidable, que como el de una gran potencia, llegó a operar con tropas en un sinnúmero de guerras regulares e irregulares en varios continentes. La «cooperación fraternal» de la URSS permitió que el ejército cubano recibiera anualmente suministros, entrenamiento y equipo por un valor aproximado de mil millones de dólares. En el pico de expansión, a fines de la década de 1970 y durante sus campañas en África, las fuerzas armadas cubanas tenían entre 470 000 y 510 000 miembros. Un analista con conocimiento de causa como Brian Latell, ex oficial de la CIA observó:

---

[2]   Edward González delineó los procesos internos de diseño de política exterior, argumentando que la institucionalización posterior a 1970 había creado un patrón reconocible de élites políticas bajo el liderazgo de Fidel Castro, con nuevas estructuras de política exterior piramidales divorciadas de la voluntad popular. (González, E., 1977)

*Era la fuerza militar más grande de América Latina y mucho más grande
que las de países del tamaño de Cuba en cualquier parte del mundo. Además, hombre por hombre durante las décadas de 1970 y 1980, pudo haber
sido la mejor y más experimentada fuerza de combate de cualquier nación
pequeña, con la única excepción de Israel (Latell B., 2003: 10-11).*

Para los años 80 Cuba había consolidado su rol de país pequeño con la
política exterior de una gran potencia (Dominguez, 2009: 37) gracias a la
megalomanía castrista que había potenciado la construcción de este ejército enorme, que operaba en variados frentes internacionales, primaria-
mente africanos, y que combinaba estas intervenciones militares directas
con operaciones encubiertas, manejadas por organismos cubanos de inteligencia, de fomento de insurgencias y guerrillas, la mayoría en la región
latinoamericana —aunque en un contexto mas selectivo que en décadas
anteriores.

El complicado y enorme aparato diplomático creado por Castro con
dinero soviético, también se amplió con la llegada de los 80, cuando el aislamiento diplomático regional, que había comenzado a romperse en la década anterior, sería casi desmantelado, con el establecimiento de relaciones
diplomáticas bilaterales oficiales con la mayoría de los países Latinoamericanos y del Caribe, y con una integración parcial, al margen de los Estados
Unidos, en algunos mecanismos multilaterales regionales globales.

Esta diplomacia oficial, que se había expandido hacia todos los continentes —con embajadas operando en países muy pequeños como algunas
islas nación del Pacífico— operaba en conjunción y de una manera muy
eficiente con la imposición propagandística de una imagen que favorecía
al régimen en el plano internacional. La ayuda de civiles cubanos para el
desarrollo de países emergentes pobres —que se nombró por el régimen
como Interacionalismo— posibilitó la propagación del la influencia global
cubana. Esta ayuda —hasta el fin de los 80 proporcionada de manera gratuita, pero financiada por dinero soviético— en salud pública y campañas
de alfabetización, en reconstrucciones posteriores a desastres, en deportes y otros sectores, se constituyó en un mecanismo de la política exterior
castrista tan o mas importante que el poder duro de las intervenciones o
las injerencias militares cubanas (Kirk y Erisman, 2009; Feinsilver J., 2010;
Kirk J., 2015).

Este fomento de imagen —conocido como poder suave (*soft power*), mediante la cooperación, ademas de la exaltación de las supuestas cualidades
positivas de un régimen que se enfrentaba con éxito a una potencia deno-

minada y percibida como imperial, no apreciada en la región y en el mundo en desarrollo en general— tendría un poder seductivo sobre amplios sectores de izquierda a nivel global, en particular en el contexto latinoamericano, que se tradujo en movimientos políticos cercanos al castrismo accediendo al poder por vías electorales o revolucionarias.[3]

Para el fin de los 80, Fidel Castro había logrado imponer su agenda exterior expansiva como una necesidad para un pueblo que no había participado en su diseño y que no se había beneficiado de sus resultados, pero que al que se le imponía forzadamente con la ayuda de los círculos subordinados al poder de Fidel Castro, que se encargaron de implementarla de una manera muy eficiente.[4]

Estos círculos de poder y las instituciones de apoyo totalitarias creadas para este fin, contarían desde su creación con personas comprometidas, capaces y creyentes en la figura cuasi religiosa del líder y su misión. Serían estas personas —inicialmente proveníentes del viejo régimen, como Raúl Roa o Manuel Piñeiro— las que se plegaron a la agenda fidelista para construir el sofisticado aparato de accionar exterior diplomático y de inteligencia, que llevó la voluntad castrista hacia un complejo entramado de política exterior totalitaria.

Este entramado se vió amenazado a inicios de los 90 con el derrumbe de la URSS y su sistema de estados socialistas satélites, lo que dió inicio a un nueva etapa en el diseño totalitario de política exterior cubana —del que no se sale aún—, donde la supervivencia y no un accionar ofensivo marcarían nuevamente la pauta. La megalomanía totalitaria de la política exterior de gran potencia preconizada por Castro se frenaría en primer lugar por la carencia de recursos para llevarla a cabo, y en segundo por la desaparición del sistema extra continental de naturaleza ideológica al que se había integrado el país a partir de 1960. Este proceso se reflejaría en ciertas dinámicas concretas:

Un mantenimiento de la tensión y la retórica conflictiva con los Estados Unidos; un gradual desmantelamiento del ejército mastodóntico cubano,

---

3   El tema del poder suave en las relaciones internacionales está bien tratado por Nye (Nye, J. S,. 2004).

4   Para Dominguez existían dos círculos en el entramado de diseño cubano de política exterior, en el centro Castro, rodeándolo , un equipo de liderazgo que implementaba sus decisiones. Fidel estaba guiado en sus ideario de política exterior por ideas arraigadas: sobre la incompatibilidad cubano-estadounidense, sobre el papel de vanguardia de Cuba en las luchas antiimperialistas, sobre la importancia de acelerar los procesos históricos y sobre la misión histórica de Cuba. Por otra parte, equipo circundante ejecutor de la voluntad de Fidel se había caracterizado en el pedido desde 1962 hasta 1985 por una notable continuidad. (Domínguez 1989, 249–51)

y con él sus intervenciones exteriores; un cese casi total de operaciones encubiertas de fomento de guerrillas y movimientos subversivos en lo global y regional; una precarización y disminución —pero no paralización ni cierre— de las actividades diplomáticas y de inteligencia en los planos bilaterales y multilaterales; la sustitución casi total de mecanismos de política exterior «duros» por «suaves», con un énfasis en el aumento de la cooperación civil cubana en el plano global; la búsqueda de la reinserción del país en mecanismos económicos y políticos que habían sido abandonados por la alineación con el desaparecido eje soviético; un re enfoque de la diplomacia multilateral en combatir un factor que había tenido un impacto casi nulo en el marco de la guerra fría, el embargo norteamericano; y un acercamiento con una potencia que había sido desechada como socio importante desde los 60s: China, y un posterior realineamiento con Rusia.

Fidel Castro se mostraría durante este periodo mas proclive acercamientos con potencias occidentales diferentes a los Estados Unidos, mientras cortejaba a funcionarios y políticos de estos estados. Las antiguas visitas a países del bloque del este y a sus cumbres serían sustituidas por visitas de Fidel a cumbres donde se buscaba la reinserción diplomática y económica a mecanismos regionales y globales multilaterales antes desdeñados.

Esta estrategia fue exitosa, logrando Castro el ingreso de su gobierno a prácticamente todas las iniciativas regionales: ALBA, ALADI, Asociación de Estados del Caribe, AEC, Cariforum, CELAC, CEPAL; mientras se beneficiaba de un mecanismo adoptado por primera vez por la Unión Europea (UE) con un país latinoamericano, el de «posición común», en el que la UE declaraba su oposición al embargo norteamericano, y señalaba su voluntad de ampliar sus relaciones con Cuba y de mantener su ayuda humanitaria, aunque se condicionaban estos dos últimos puntos con una mejoría de la situación de los derechos humanos en el país, un último punto que sería ignorado flagrantemente por el régimen cubano.5

En la practica la estrategia de Fidel en este periodo mantuvo intacto el sistema de toma de decisiones totalitario de diseño de política internacional, que era cumplido a cabalidad por un aceitado sistema de aceptación de las directrices del líder totalitario supremo, que se materializaban por parte de las élites de funcionarios relevantes de los diversos organismos e instituciones del Estado vinculados con el sistema de política exterior

---

cubana, como el Departamento de Relaciones Internacionales del Comité Central, los ministerios correspondientes —entre ellos el de Relaciones Exteriores, el Ministerio del Interior y el de las Fuerzas Armadas— y sus respectivas burocracias y tecnocracias; apoyados estos por otro conjunto de instituciones mas periféricas de apoyo, como el ICAP, Prensa Latina, centros de investigación sobre política internacional y otros ministerios menos relevantes, todos vistos por el comandante en jefe supremo de Cuba como meros instrumentos de su política exterior, y no de su diseño (Kapcia, Antoni, 2006).

En este sentido, la apuesta política de Castro de apoyar a un casi desconocido militar golpista venezolano en su afán de conquistar el poder de su país de una manera democrática, rendiría frutos. La abrumadora victoria de Hugo Chávez en las elecciones venezolanas de 1999 modificaría radicalmente la posición exterior cubana, que encontraría un nuevo mecenas que sustituiría de una manera mas modesta, pero aún sustancial, a la URSS, que comenzaría a subsidiar la economía cubana, mientras se reactivaban los mecanismos de apoyo regional hacia Cuba, con nuevos gobiernos favorables al régimen cubano accediendo al poder de manera legal con la ayuda logística y financiera cubana venezolana. El proceso encontraría su cenit con la creación de un sistema multilateral de integración soñado por Fidel, el ALBA, que le permitió a la dictadura castrista asumir un papel regional más activo, casi protagónico a nivel regional.

Una vez más, una decisión de política exterior unilateralmente tomada por Fidel Castro tendría repercusiones mayúsculas hacia lo interno: el apoyo venezolano permitió al régimen cubano controlar el sector privado emergente —que se había tolerado a regañadientes ante el colapso económico de los 90s— además de paralizar reformas que hubiesen sido fundamentales en el acontecer político económico cubano, que a la poste evitaron el inicio de un proceso de democratización en la isla.

La enfermedad, salida del poder, y posterior muerte de Fidel Castro en un periodo entre el 2006 y el 2016 pareciera que produciría un cataclismo sin precedentes en la estructura y los mecanismos de toma de decisiones en una Cuba totalitaria, incluyendo aquellos relacionados con la política exterior. Sin embargo este proceso no se produjo. La transición del poder totalitario de Fidel Castro a su hermano Raúl Castro sería tranquila y bien planeada, con un traspaso total de la funciones todo poderosas de Fidel a su hermano, donde lo relacionado con el diseño fidelista de relaciones exteriores no sería transformado en lo fundamental: se mantuvo a Venezuela como el pilar exterior vital para la supervivencia del régimen, mientras la confrontación con los Estados Unidos continuó como eje primario de política exterior.

La muerte de Chavez, su sustitución por Nicolás Maduro, y la profundización de la crisis política y económica venezolana como consecuencia de la adopción de un sistema modelado con el cubano, —que se agravaría aún mas con por el efecto de las sanciones de Washington contra Maduro— se reflejaría en una caída del intercambio comercial de Cuba con Venezuela (Mesa-Lago, 2019), y un consiguiente empeoramiento dramático de la situación económica de Cuba.

Raúl Castro, un hombre de menores alcances y ambiciones que su hermano, pero con igual vocación totalitaria —que en lo formal desde el 2018 ha ido cediendo el poder nominal a funcionarios títeres hacedores de su voluntad— ha debido de modificar de cierta manera el diseño original de política exterior heredado de su hermano, pero sin transformar su naturaleza totalitaria: se buscó un acercamiento con los Estados Unidos bajo la administración de Barack Obama, que concluiría con la apertura de relaciones bilaterales oficiales a nivel de embajadas; a la vez que se intensificaron las relaciones con China y Rusia; mientras que se negociaría un Acuerdo de Diálogo Político y de Cooperación (ADPC) con la UE que permitió superar las trabas de la Posición Común de la UE, las cuales habían condicionado las relaciones de la UE con Cuba desde 1996.[6]

La llegada de Trump en el 2017 a la presidencia norteamericana daría al traste con el acercamiento de Raúl Castro con su vecino del norte, sin que se modificase el enfriamiento bilateral con la llegada de Biden a la presidencia cuatro años después. La llegada de la pandemia de Covid 19, y sus efectos devastadores en lo político y económico para el país, con un aumento inusitado del accionar contestatario de una naciente sociedad civil harta de ser ignorada y reprimida por la élite totalitaria castrista, produciría consecuencias tangibles en cuanto al relacionamiento internacional del régimen de Raúl Castro: este estaría aislado y rodeado de gobiernos cada vez más hostiles o por lo menos más indiferentes a los intereses del régimen totalitario cubano.

En este proceso el poder propagandístico del régimen ha comenzado a mostrar signos de desgaste. Esto no significa que el sistema totalitario cubano haya perdido influencia en muchos países en desarrollo, que aún se benefician de un enorme mecanismo de exportación de personal técnico cubano, princi-

---

6   William LeoGrande señaló tres componentes básicos que, hasta ese momento, habían formado la base de la política exterior cubana bajo Raúl Castro: la diversificación de las relaciones económicas, el fortalecimiento del apoyo diplomático (regional y global) a través de un activo papel en las organizaciones internacionales, y la búsqueda de relaciones normales con los Estados Unidos (Leogrande, 2015).

palmente del sector salud, que en condiciones de semi esclavitud son usados como peones de proceso de diplomacia civil, que no solo beneficia a la élite castrista en lo propagandístico, sino también en lo económico, como fuente fundamental de ingresos para una economía incapaz de generar riqueza de una manera que no sea explotando a sus ciudadanos.

Lo que si queda claro es que el sistema político impuesto por Fidel Castro, aún impoluto en su esencia totalitaria pese a su ausencia física, inauguraría una manera de hacer política exterior en Cuba, que pese a que se ha autodefinido como soberana y emanada de la voluntad popular, solo ha reflejado la voluntad de un caudillo megalómano camuflaba con soberanía y autodeterminación. Estas decisiones totalitarias en materia internacional tendrían consecuencias drásticas y trágicas en lo interno, modificando el devenir de la nación en lo político, lo social y lo económico.

Sería el pueblo cubano —al que se le han impuesto estas decisiones, las que se han mostrado como falsamente emanadas desde lo colectivo— el que pagaría y paga las consecuencias de un diseño externo totalitario divorciado de las necesidades y realidades históricas de la nación. Serían los cubanos y cubanas los que pagarían con sacrificios inútiles los caprichos megalómanos de un dictador con una torcida necesidad de convertir a un país pequeño en una gran potencia. Las vidas de las tropas cubanas perdidas en guerras africanas, o de los médicos que en condiciones de esclavitud moderna padecen condiciones indecibles en geografías inhóspitas y poco amigables, prueban la falacia de un mal llamado internacionalismo desinteresado que solo beneficia a un exigua minoría. No quedan dudas de que el totalitarismo castrista, pasado y presente, ha sido una estructura de poder esencialmente piramidal, que se reproduce continuamente en los procesos de toma de decisiones e implementación de política exterior, controlada desde su creación por un solo individuo, y que ha estado divorciada de una relación orgánica real con los verdaderos intereses nacionales.

BIBLIOGRAFÍA:

Arendt, Hannah, The Origins of Totalitarism, New York, Schocken Books, 1951.
Domínguez, Jorge I., To Make a World Safe for Revolution: Cuba's Foreign Policy, Cambridge, Harvard University Press, 1989.
Domínguez, Jorge I., La Política Exterior de Cuba (1962-2009), Madrid, Ediciones Colibrí, 2009.
Fernández, Damián, «Opening the Blackest of Black Boxes: Theory and Practice of Decision-Making in Cuba's Foreign Policy,» Cuban Studies, no. 22, 1992, p. 53–78.

González, Edward, «Complexities of Cuban Foreign Policy.»Problems of Communism, November/December, 1977, p. 1–15,

Feinsilver, Julie M., «Fifty Years of Cuba's Medical Diplomacy: From Idealism to Pragmatism», Cuban Studies, n°41, 2010, p. 85-104.

Friedrich, Carl J. y Zbigniew K. Brzezinski, Totalitarian Dictatorship and Autocracy, Cambridge, Harvard University Press, 1956.

Gurian, W., «The Totalitarian State», The Review of Politics, 40(4), 1978, p. 514–527.

Instituto de Relaciones Europeo Latinoamericano, Cuba: Apertura Económica y Relaciones con Europa, Madrid, IRELA, 1994

Latell, Brian, The Cuban Military and Transition Dynamics, University of Miami, Institute for Cuban and Cuban – American Studies, 2003.

LeoGrande, William M. & Peter Kornbluh, Back Channel to Cuba: The Hidden History of Negotiations between Washington and Havana, Chapel Hill, University of North Carolina Press, 2014.

LeoGrande, William M.,«Cuba's Perilous Political Transition to the Post-Castro Era.» *Journal of Latin American Studies*, vol. 47, no. 2, Cambridge University Press, 2015, p. 377–405.

Kapcia, Antoni, «Political Change in Cuba: The Domestic Context for Foreign Policy», en: Redefining Cuban Foreign Policy, the Impact of the «Special Period», editado por H. Michael Erisman y John M. Kirk, Gainesville, University of Florida Press, 2006.

Kirk, John M., Healthcare without Borders: Understanding Cuban Medical Internationalism, Gainesville, University Press of Florida, 2015.

Kirk, John D. and H. Michael Erisman, Cuban Medical Internationalism: Origins, Evolution and Goals, New York, Palgrave Macmillan, 2009.

Mussolini, Benito, La Doctrina del Fascismo, Florencia, Vallecchi Editore, 1932.

Nye, Joseph S., Soft Power: The Means of Success in World Politics, Public Affairs, New York, 2004

Pavlov, Yuri, Soviet – Cuban Alliance: 1959 – 1991, New Brunswick, North – South Center of the University of Miami and Transaction Publishers, 1994.

GALERÍA

Lorena Gutiérrez Camejo
Nelson Jalil
José Miguel Kano

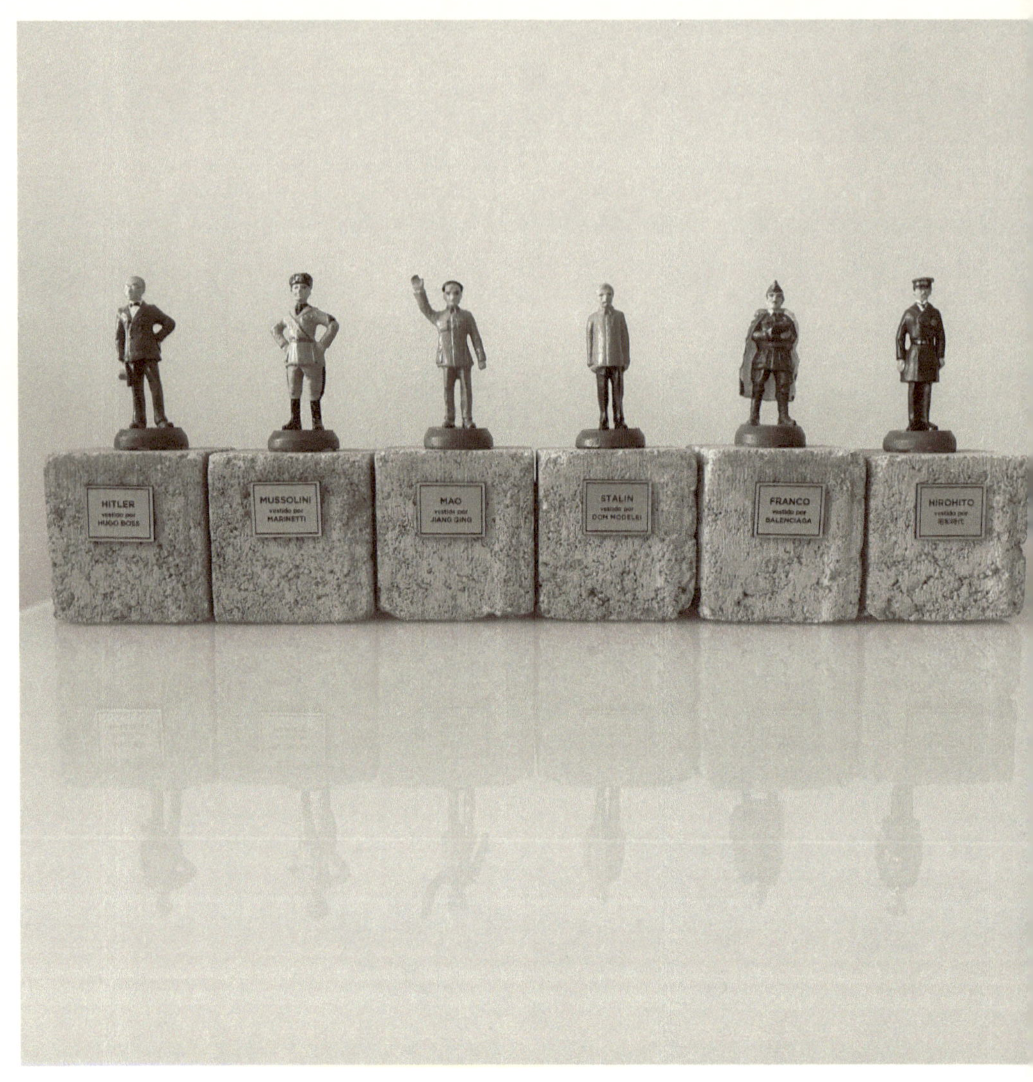

© Lorena Gutiérrez Camejo
El traje nuevo del emperador, 2021. De la serie *No son todos los que están*
Figura de plomo pintada a mano, metacrilato, cemento.
Cortesía de la artista.

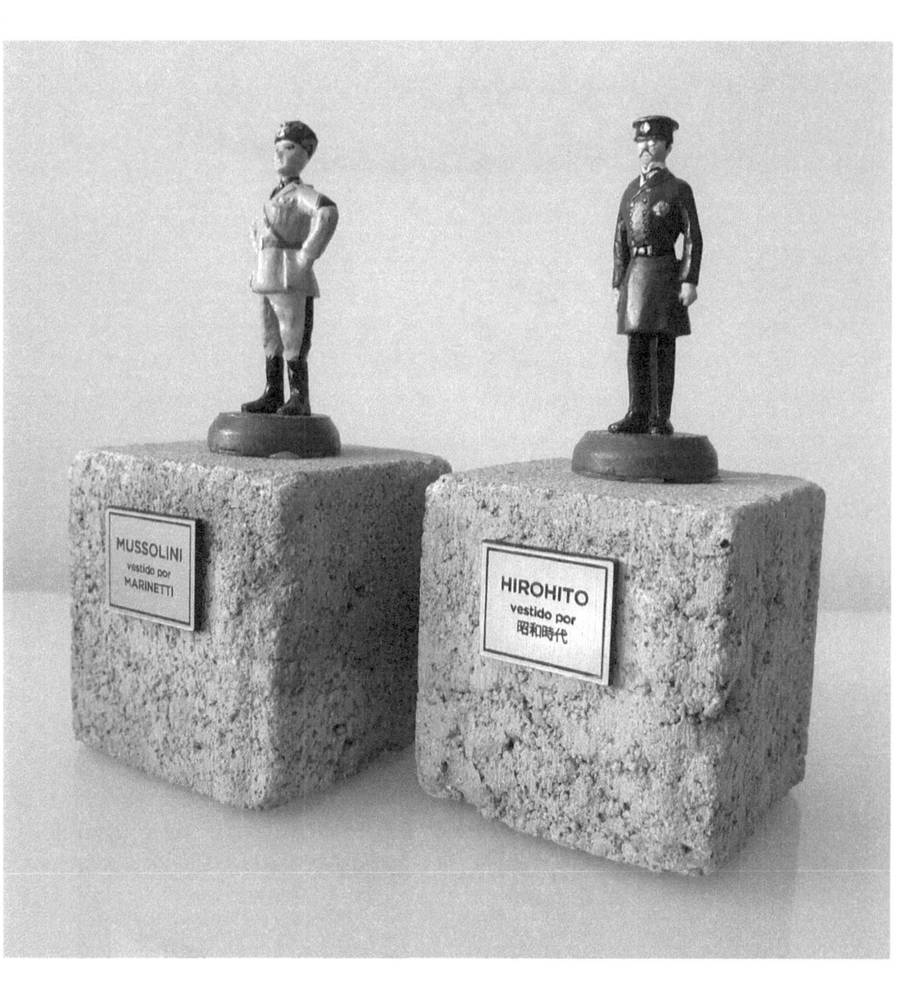
MUSSOLINI
vestido por
MARINETTI
HIROHITO
vestido por
昭和時代

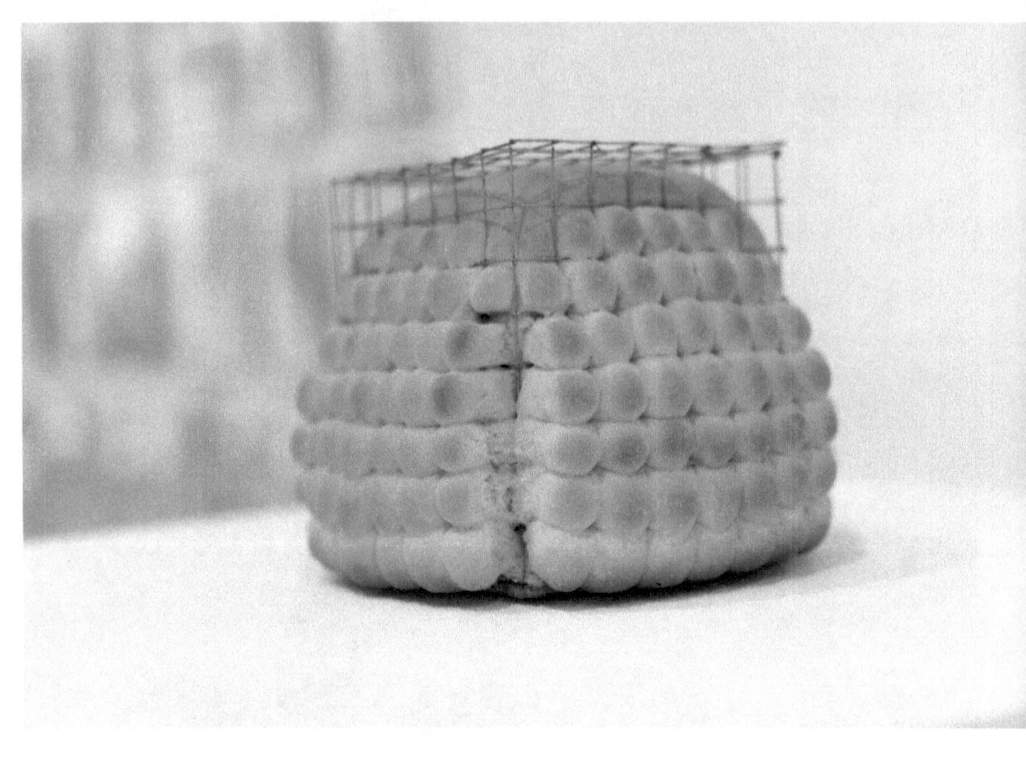

© Nelson Jalil
Algo vivo dentro de algo muerto, 2021
Masa de pan horneada y jaula metálica.
Colección del Museo DOM de Viena.
Cortesía del artista.

S/T, 2020. De la serie *Establishment*
Objeto intervenido (serrote).

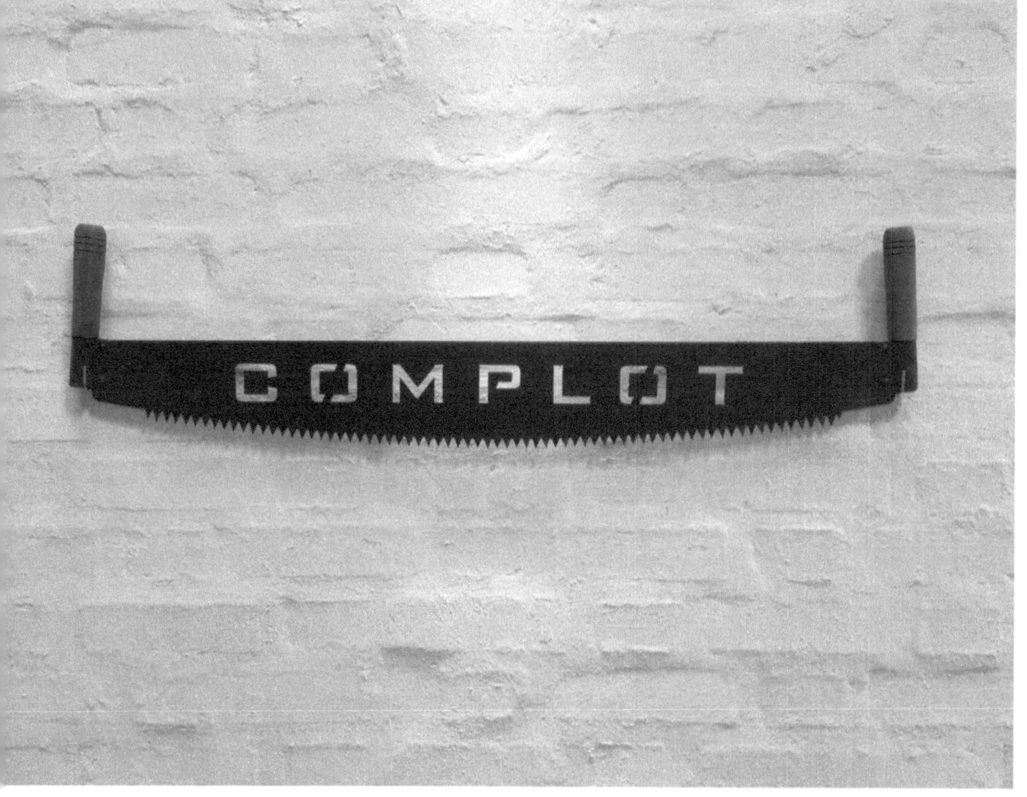

ÍNDICE